《墨子》特殊语言现象研究

张 萍 著

上海大学出版社
·上海·

图书在版编目(CIP)数据

《墨子》特殊语言现象研究/张萍著. —上海：
上海大学出版社,2018.1
　　ISBN 978-7-5671-0448-8

Ⅰ.①墨… Ⅱ.①张… Ⅲ.①墨家②《墨子》-研究
Ⅳ.①B224.5

中国版本图书馆 CIP 数据核字(2018)第 015683 号

策　划　农雪玲
责任编辑　农雪玲
封面设计　缪炎栩
技术编辑　金　鑫　章　斐

《墨子》特殊语言现象研究

张　萍　著

上海大学出版社出版发行
(上海市上大路99号　邮政编码200444)
(http://www.press.shu.edu.cn　发行热线 021-66135112)
出版人　戴骏豪

＊

南京展望文化发展有限公司排版
上海华业装潢印刷有限公司印刷　各地新华书店经销
开本 710 mm×1000 mm　1/16　印张 20.75　字数 328 千
2018 年 2 月第 1 版　2018 年 2 月第 1 次印刷
ISBN 978-7-5671-0448-8/B・096　定价　48.00 元

上海市教育委员会科研创新项目资助(14YS014)
上海市哲学社会科学"十二五"规划青年课题(2014EYY004)阶段性成果
教育部人文社会科学研究青年基金项目(17YJC740118)阶段性成果

目 录

绪论 …………………………………………………………… 1
  一、《墨子》汉语史研究价值 ……………………………… 1
    (一) 保存句式特殊性 …………………………………… 2
    (二) 保存语言多样性 …………………………………… 5
    (三) 词语凝固呈标志 …………………………………… 8
    (四) 词义演变存线索 …………………………………… 10
  二、《墨子》语言现象研究感悟 …………………………… 12
    (一) 研究思路与视角 …………………………………… 12
    (二) 研究方法与细节 …………………………………… 14
  三、关于本书研究的一些说明 …………………………… 16
    (一) 关于研究底本 ……………………………………… 16
    (二) 关于参考译注本 …………………………………… 17
    (三) 关于例句标注 ……………………………………… 17

第一章 《墨子》特殊句式 ………………………………… 19
  第一节 "以……以为"句式 ……………………………… 19
    一、《墨子》"以……以为"句式 ………………………… 19
    二、"以……以为"的汉语史意义 ………………………… 22
  第二节 "何故以""何故之以"句式 ……………………… 27
    一、"何故以"句式 ……………………………………… 27

二、"何故之以"句式 ………………………………… 32
第三节 "有 NP 所以 VP 者"句式 ………………………… 36
　　一、"所"的性质及句式解析 …………………………… 37
　　二、句式的特殊汉语史意义 …………………………… 39

第二章　《墨子》疑问代词特殊用法 …………………………… 44
第一节　疑问代词作定语特例 …………………………… 44
　　一、恶许 ……………………………………………… 45
　　二、焉故 ……………………………………………… 53
第二节　疑问代词作宾语特例 …………………………… 57
　　一、何自/胡自 ………………………………………… 58
　　二、奚以 ……………………………………………… 65
第三节　疑问代词作状语特例 …………………………… 68
　　一、何说 ……………………………………………… 68
　　二、胡说 ……………………………………………… 72
　　三、奚说 ……………………………………………… 74

第三章　《墨子》代词"之"特殊用法 …………………………… 79
第一节　"之"作形式宾语 ………………………………… 79
　　一、"吾闻之(曰)"句式 ………………………………… 82
　　二、"语言有之曰"句式 ………………………………… 100
　　三、"道之曰"句式 …………………………………… 105
第二节　"之"作嵌宾语(一) ……………………………… 116
　　一、"嵌宾语"句式 …………………………………… 116
　　二、《墨子》"若之何"句式 …………………………… 117
　　三、先秦"如之何"类句式 …………………………… 119
第三节　"之"作嵌宾语(二) ……………………………… 127
　　一、"譬之 V 比方"句式 ……………………………… 128
　　二、"譬 V 比方"句式 ………………………………… 136
　　三、"譬之"句式 ……………………………………… 152

第四章 《墨子》特殊连词 ································ 159
第一节 允及 ································ 159
一、"允"通"以" ································ 159
二、"以及"成词 ································ 161
第二节 特殊选择连词 ································ 165
一、"意亡"词法 ································ 166
二、"意"通"抑" ································ 167
三、其他选择连词 ································ 169
第三节 特殊假设连词 ································ 179
一、若苟 ································ 179
二、"藉"系假设词 ································ 191
三、若使 ································ 197
四、当使 ································ 216

第五章 《墨子》特殊实词 ································ 241
第一节 贤可 ································ 241
一、《墨子》"贤可"例 ································ 241
二、"贤可"同义联合 ································ 243
三、《管子》"贤可"例 ································ 248
第二节 选择 ································ 253
一、《墨子》"选"用法 ································ 255
二、《墨子》"择"用法 ································ 261
三、《墨子》"选择"成词 ································ 269
第三节 劝沮 ································ 272
一、《墨子》"劝""沮"对举 ································ 273
二、《墨子》"劝""沮"单用 ································ 276
三、"沮""阻"文字关系 ································ 280

第六章 《墨子》句法语义个案辨析 ································ 285
第一节 "籍设而亲VP"之"而"辨析 ································ 285

一、关于"而"的不同看法 …………………………………… 286
　　二、"籍设"的性质及使用规律 ………………………………… 288
　　三、"而亲"非必然语义组合 …………………………………… 292
第二节　"沮以为善"解诂 …………………………………………… 294
　　一、"沮"为"阻"、"以"为"其"的看法 …………………… 294
　　二、"沮"为形容词、"以"为连词 …………………………… 296
　　三、"沮"非"且"、"以"非"于" …………………………… 299
第三节　"使穴师选本"校勘解读 …………………………………… 301
　　一、关于讹字"本"的看法及对"选"的解读 ……………… 301
　　二、"本"为"卒"而非"士" ………………………………… 302
　　三、"选"作定语而非谓语 …………………………………… 304

参考文献 ……………………………………………………………… 308

后记 …………………………………………………………………… 318

绪　　论

在正文展开之前,笔者首先从几个主要的方面概要阐述《墨子》文本语料在汉语史研究中的重要价值,希望能进一步引起汉语史研究,尤其是词汇、语法演变研究中对《墨子》材料的重视;其次简要总结本书研究《墨子》特殊语言现象的过程中所得出的研究感悟与体会,希望通过研究实践总结出一些具有较为普遍意义的研究思路与方法,为相关研究的后续进一步开展提供一些参考;最后交代与本书研究相关的一些其他问题。

一、《墨子》汉语史研究价值

《墨子》一书今本五十三篇,内容较为驳杂,加之西汉后尊儒盛行,墨学衰微,治墨者少,直至清代方有较为全面的校订整理。今汉语史研究者对其使用仍持谨慎态度,或至摒而不用。其实晚清以来,对《墨子》进行整理研究的著作颇丰,其中一些成果诚可供我们参考。吴毓江《墨子各篇真伪考》考证得出:"今本《墨子》以卷二至十四为可信,其中尚需除去《节用中》及《非儒下》后半篇。"[1]我们认为这一结论可以参考,尤其当我们所考察的用例正处于学界较为公认的篇目中时,更可放心加以使用。正确认识到《墨子》语料的特殊价值,对汉语史语法、词汇研究都具有重要意义。

---

[1] 即可信的篇目有:尚贤上中下、尚同上中下、兼爱上中下、非攻上中下、节用上、节葬下、天志上中下、明鬼下、非乐上、非命上中下、非儒上前半篇、经上下、经说上下、大取、小取、耕柱、贵义、公孟、鲁问、公输、备城门、备高临、备梯、备水、备突、备穴、备蛾傅。其中卷十四《备城门》至《备蛾傅》7篇,仍有学者视为汉代伪书,我们认为这7篇内容为汉守方法,其语体与其他论述篇目有异,在汉语史研究中不致混同。参见吴毓江.墨子各篇真伪考[M]//吴毓江,孙启治.墨子校注.北京:中华书局,2006:1012-1041.

关注《墨子》特殊语言现象,将其纳入汉语史研究,尤其是语法史、双音词成词演变研究中,可发现《墨子》语言材料具有重要的价值,尤其突出表现在以下几个方面:保存了特殊句式,为汉语史研究提供启发或参证;保存了语言的多样性,为汉语演变选择过程的呈现提供丰富的材料;一批双音词在《墨子》形成或发展中成熟,《墨子》成为这批双音词凝固成词的时代标志;一些特有词汇、句法现象能够为词义演变的挖掘提供有益线索[①]。

(一)保存句式特殊性

《墨子》保存了一些特殊句式,在先秦其他典籍中未见或罕见。正确看待这些特殊句式的使用,并重视其特殊性,将其与汉语史演变联系起来,往往能为汉语史研究中的一些关键问题提供思路与启发,也能为先秦其他典籍中偶尔出现的语例提供佐证,或与上古汉语中较为普遍存在的其他相关语言现象形成不同层面的照应,进一步构建语言内部丰富的表达系统。

《墨子》保存了 8 例"以……以为"句式,用于意谓表达,该句式相对于古汉语中普遍存在的"以……为"句式,极其罕见于先秦其他典籍,故容易将第二个"以"字看作衍文或单纯重复前面的"以",即看作是"以……为"句式的讹变或形式复叠。《墨子》该句式见用不止一二处,8 例足以引起重视,如:

(1)若以众之耳目之请(情)以为不足信也,不以断疑,不识若昔者三代圣王尧、舜、禹、汤、文、武者,足以为法乎?(《明鬼下》)[②]

(2)既以天之意以为不可不慎已,然则天之将何欲何憎?(《天志中》)

《墨子》"以……以为"句式合乎句法,是通过介词"以"将意谓动词"以为"的对象提前的一种特殊句式。该句式有其汉语史背景,即在《墨子》中双音词"以为"处于成词之初,还不具有普遍带主谓小句宾语的成熟用法,此时沿用"以为"成词前的"以……为"结构中通过介词"以"将意谓对象提前的用法,不过此时"以为"已独立表达意谓语义,故前面的"以"与"以为"之间的关

[①] 我们曾从特殊句式与部分双音词成词时代标志两个角度窥探《墨子》独特的汉语史语料价值,参见张萍.《墨子》在汉语史研究中的语料价值[J].枣庄学院学报,2016,(3).

[②] 本书以研究《墨子》语言现象为主线,研究论述中多引用《墨子》语句,也旁及其他典籍中的语例。为求行文简洁,在引用《墨子》语例时,出处仅注明篇名,不再注书名,引用其他典籍语例,则并出书名兼篇名。

联有所弱化,不像"以……为"结构前后密切关联,共同组合表达意谓语义。

同时,《墨子》"以……以为"句式诸多用例,也为"以"的"以为"义的产生提供了重要线索。从词的本义与引申义角度来看,"以"的"认为"义找不到合理的溯源路径,导致学界虽一般都承认古汉语中"以"有表"认为"义的动词用法,但对其来源鲜有讨论和阐释。结合"以为"成词的背景,在"以……为"结构基础上,演变出"以……以为""以为……为"两种新的意谓表达句式。在特定的句法环境中,为表达意谓语义,同时避免文字复赘,介词"以"感染了"以为"的动词词义,典型的例子如"老臣以媪为长安君计短也"(《战国策·赵策四》),其中"为"不再是"以……为"结构中的动词,而是介词,引介"计"的对象"长安君",此时"以"处在"以为"的句法地位上,因而具有了"认为"义。

此外,《墨子》多例"以……以为"可以为《国语》一见"以……以为"句式提供参证。

《墨子》中独有"何故之以"句式,用于设问提问,引起下文,是一种凸显原因询问的强化句式。与"何故之以"相应,《墨子》还有"何故以"句式,其中"何故以 VP"的用法也偶见于其他典籍,但《墨子》特有"何故以"单独作谓语的用法。《墨子》保存"何故之以"以及"何故以"独立作谓语的用法,一方面体现出墨子论述尤为重视前后因果关联的逻辑论证,另一方面在句法句式上,又与见于先秦其他典籍中的"A 故之以"以及"以 NP 故"单独作谓语的句式形成照应,一为疑问句式,一为陈述句式,两者具有相应的转换关系。

《墨子》中独有两例"有 NP 所以 VP 者"句式,即"今人处若家得罪,将犹有异家所以避逃之者。……今人处若国得罪,将犹有异国所以避逃之者矣"(《墨子·天志下》)。对这两个句子的正确分析,在汉语史上有着重要意义,它能够为"有以""无以"的词汇化源结构提供佐证语例。我们赞同吕叔湘《文言虚字》"'有以''无以'实为'有所以''无所以'之略"的看法①,认为"有/无所以"正是"有以/无以"的源结构,且该源结构在先秦典籍中也有所见,主要有:《墨子》3 例,《荀子》1 例,《吕氏春秋》1 例。《墨子》语言现象对于论证"有以""无以"源结构具有重要意义,不仅"有/无所以 VP"例《墨子》中最多,且保留了独特的"有 NP 所以 VP 者"例,足见其语料的特殊价值。

---

① 吕叔湘. 文言虚字[M]. 上海:开明书店,1957:67.

《墨子》征引古典及古人言论共有四五十处,然其征引表达句式相当丰富,且呈现出一些独有的句式,除常见的"NP曰"句式,还有"NP闻之(曰)""NP有之曰""古者有语(曰)""NP语之曰""NP道之曰""NP之道曰""NP之言然曰""NP之道之曰"以及相应变式,共8种以上征引句式。其中"NP之道之曰"句式当为"NP之道曰"与"NP道之曰"两种句式的杂糅式,其中一"之"为衍文。这些征引句式中,"古者有语(曰)""NP语之曰""NP道之曰""NP之道曰""NP之言然曰""NP之道之曰"均是《墨子》独有,不见于先秦其他典籍。从上古形式宾语句句式来看,《墨子》特有"语之曰""道之曰"形式宾语句,与《礼记》中"言之(曰)"形式宾语句,构成"语""道""言"系列言说动词形式宾语句的平行句式。《墨子》"语之曰"句式引用一般性的言语,形式宾语"之"代替的是"语"的受事成分,这与上古典籍一般的"语之曰"中代词"之"为"语"的间接宾语不同。《墨子》中"语之曰""道之曰"形式宾语句与"有语曰""××之道曰"共现,呈现出"语""道"动词、名词两种词性两种征引句式对称的语言现象。

　　此外,《墨子》还保存了其他特殊句式,在汉语句式演变研究中,提供了重要语例,成为较为关键的语料。如《墨子》中"未VP(之)时"句式是先秦典籍中见用最早的,且语例较多,如:

　　(3) 古之民<u>未知为宫室时</u>,就陵阜而居,穴而处,下润湿伤民,故圣王作为宫室。……古之民<u>未知为衣服时</u>,衣皮带茭,冬则不轻而温,夏则不轻而清。……古之民<u>未知为饮食时</u>,素食而分处,故圣人作诲男耕稼树艺,以为民食。……古之民<u>未知为舟车时</u>,重任不移,远道不至,故圣王作为舟车,以便民之事。(《辞过》)

　　(4) 古者民始生<u>未有刑政之时</u>,盖其语"人异义"。(《尚同上》)

　　(5) 方今之时,复古之民始生<u>未有正长之时</u>,盖其语曰"天下之人异义"。(《尚同中》)

　　(6) 古者人之始生<u>未有宫室之时</u>,因陵丘堀穴而处焉。(《节用中》)

　　(7) 古者有夏,<u>方未有祸之时</u>,百兽贞虫,允及飞鸟,莫不比方。(《明鬼下》)

　　(8) 公输子谓子墨子曰:"吾<u>未得见之时</u>,我欲得宋,自我得见之后,予我宋而不义,我不为。"(《鲁问》)

例(8)后面还有相应的肯定句式"自 VP 之后"。也有与"未 VP 之时"相对应的"始 VP 之时""方 VP 之时"句式:

(9) 南则荆吴之王,北则齐晋之君,<u>始封于天下之时</u>,其土地之方,未至有数百里也;人徒之众,未至有数十万人也。(《非攻中》)

(10) 故昔者三代圣王禹汤文武<u>方为政乎天下之时</u>,曰:"必务举孝子而劝之事亲,尊贤良之人而教之为善。"(《非命下》)

《墨子》"未 VP(之)时"句式用例,在"未 VP 前""没有 VP 前"句式演变的考察研究中是不能忽视的,该句式正是由"未 VP"向"未 VP 之时"继而向"未 VP 前"演变而来。其中,"未 VP"向"未 VP 之时"的变化,在《墨子》中呈现典型用法。张福通考察战国时期"未 VP"发展为"未 VP 时",举《墨子·辞过》"未 VP 时"例,即例(3)第一句,另有《庄子·秋水》"不若未生之时";当阐释"未 VP"演变为"未 VP 时"这一发展"受到其他事件背景类时间结构变化的类推"时,说先秦时期"同时类时间结构开始使用'VP 时'形式",举例为《庄子·养生主》"始臣之解牛之时"与《吕氏春秋·知士》"王方为太子之时"两例,又通过汉代注疏加以印证,"郑玄笺注《诗经》的'未+VP'形式时,往往使用'未+VP+时'",如《诗经·周南·汝坟》"未见君子,惄如调饥",郑笺"未见君子之时,如朝饥之思食"①。与张文所举例子相比,"未 VP 之时"在《墨子》中出现早且用法已典型,时代大可提前。

"未 VP(之)时"句式在"未 VP"句式上加上时间名词"时",是表义明确性要求在句法上的体现。先秦典籍中,此类句式在《墨子》中出现最早,数量最多,伴随句式复杂化而体现出的是表义的确切性,也能凸显《墨子》表述语言讲究明确的特色。

(二) 保存语言多样性

《墨子》语言使用中,表现出多平行结构、相同功能句式多样化现象。如上文提到《墨子》中有多种征引句式,其中部分为《墨子》特有,大为丰富了上古汉语征引表达句式。此外,《墨子》在"譬"系列比方句式、疑问代词、假设

---

① 张福通.形式对应与词汇兴替——"未+动词性结构+前"的演变机制[J].汉语学报,2017,(3).

连词以及相同语义单音词与双音词并用等方面都体现出用法多样化的特点。

先秦汉语"譬"系列比方句有"譬之 $V_{比方}$""譬 $V_{比方}$"系列（$V_{比方}$主要指"如、若、犹"等比喻动词）以及"譬之（诸）""譬于"等句式。《墨子》中该系列比方句多达45例，且共有6种句式（无"譬如""譬诸""譬于"句式），为先秦典籍中"譬"系列比方句数量最多、用法最丰富。《墨子》"譬之 $V_{比方}$"句式平行化共现，即上古主要比方词"如、犹、若"都有，呈现"譬之如""譬之犹""譬之若"3种平行句式，而其他典籍或有1种或有2种，均没有3种同现的；且"譬之若""譬之犹"在《墨子》中出现最早；《墨子》"譬犹""譬若"使用丰富，在先秦典籍中数量最多。

《墨子》中"焉""胡""恶"等疑问代词呈现特殊的用法，与"何"或其他疑问代词相关用法形成功能照应。"何所VP"句式在上古汉语中颇为常见，其中"何"可以被其他疑问代词替代，但其使用也相当有限，先秦汉语中"焉所VP"仅《墨子·天志中》2例"焉所从事"，"恶所VP"亦罕见，《墨子·非乐上》"吾将恶许用之"句"恶许VP"实则为"恶所VP"，应该说《墨子》这3例为"疑问代词＋所VP"句式的丰富多样性提供了极为重要的例证。"恶许"不是"定语＋处所名词"结构，而是"恶许VP"句式，其中"许"通"所"，"恶许VP"即"恶所VP"，属于"何所VP"一类句式。

《墨子·尚贤下》"焉故必知（智）哉"1例"焉故VP"是上古典籍中仅见的"焉故"用法，为疑问代词"焉"作定语修饰名词提供了极为宝贵的语例，其用法特殊性在于这一例"焉故"表示反问，《墨子》中多例"何故"多用于设问，没有表反问的用法。《墨子》"焉故"例为"何"之外其他疑问代词作定语提供了平行句式语例。

《墨子》中有"何""胡"与介词"自"组合的用例，"何自"3例、"胡自"2例，为《墨子》特有，不见于其他先秦典籍。如《鲁问》篇"病何自至哉"，《兼爱下》篇"此胡自生"。与《墨子》"何自""胡自"用法平行的"奚自"见于其他典籍，如《论语》《庄子》《吕氏春秋》，但《墨子》中不见"奚自"的用法，不过有功能相似的"奚以"。

上古汉语中有"何说""胡说""奚说"系列"疑问代词＋说"句式，其中"疑问代词＋说"通常被看作"何故"类表询问原因的"定中"结构，其实质当为"状中"结构，其后加VP或小句形式宾语，有时通过"以"或"而"对指称化的

VP进行标记。该类句式集中出现在《墨子》中,多处于假设推理语篇中,对后续成分加以反诘否定,或直接对某一情况的可能性加以否定,或对某一事实的合理性加以反诘,进而对假设前提进行否定。"说"是墨家论辩的一个特殊概念,表示"推理,论证",而"疑问代词+说"句式结构、语义上的特殊性与"说"的这一特殊语义有着密切关联。

《墨子》擅用假设句来阐明问题,使用了丰富的假设连词,其中"藉""籍而""黄(藉)若"为《墨子》特有,又有"籍设"为动词,也用于表假设。《墨子》中"藉"相关假设词具有特殊的汉语史语料价值,体现在两个方面:一是为"藉(籍)"由动词向介词、连词演变的语法化过程保存了重要例证,这些用法是语言动态演变的化石;二是为"藉(籍)"与"假"平行演变提供了重要材料,可见一组功能相近的词在词汇史上经历了选择的演变过程,《墨子》"藉(籍)"保存了选择结果之前的语言多样性。

"若苟"是《墨子》中独特的双音连词,数量最多(先秦其他典籍中零星见用),用法典型。其后多承接上文内容,进一步推论,得出结果,也用于引出新的话题。《墨子》中"若苟"并非单纯假设连词,更主要是起着篇章衔接的功能。从"若苟"用例的分布来看,集中在"墨论"部分;从篇章语意关联来看,有"流水式""总分式""正反式""排比式"等多种推导。"若苟"用法体现出《墨子》"墨论"部分论述讲究逻辑性、严密性的语言特色。此外,《墨子》也是双音假设连词"若使"使用最多的典籍,多用"若使"来进行假设推理,"若使"在篇章语段中还可以标记上下文假设推论之间的正反关联。

《墨子》中还有相同功能单音、双音词并用的现象,呈现出单音词向双音词凝固的动态过程。《墨子》"立""置""置立"三者单音、双音并用于"$VP_1+NP_1+VP_2+Conj+VP_3+NP_2$"句式中 VP_2 位置,而未呈现完全统一的状况;也有"选""择""选择"分别独立用于"$VP_1+NP_1+VP_2+Conj+VP_3+NP_2$"句式中 VP_1 位置。如:

(11) 夫明虖天下之所以乱者,生于无政长。是故选天下之贤可者,立以为天子。天子立,以其力为未足,又选择天下之贤可者,置立之以为三公。……诸侯国君既已立,以其力为未足,又选择其国之贤可者,置立之以为正长。(《尚同上》)

这些多样化语言现象的使用,为揭示汉语双音词形成的规律提供了重要的动态演变材料。

(三) 词语凝固呈标志

近年来,汉语语法化与词汇化研究成为汉语史研究中两个极为突出的内容,对汉语中核心双音词的成词过程和机制的研究取得了颇为丰富的成果,汉语语料的检索利用在这些研究中有着重要地位,最为关键的即是给某一双音词形成于何时下结论。《墨子》双音词使用较为丰富,有一部分双音词凝固成词的时代正是《墨子》时期,《墨子》语料为这些双音词凝固提供了重要的语例。这些双音词主要有"以为""选择""是以""然而""于是"等。

姚振武阐述了"以为"的成词过程,认为"以 N_1 为 N_2"中 N_1 移至"为"后,N_2 恢复陈述性,此时"以"和"为"便凝结在一起,构成双音节动词"以为",并指出这种后移最早发生在战国中期的《墨子》之中①。可以说,《墨子》语料是"以为"形成的时代标志。

《墨子》中 10 例"选择",在上古汉语中见用较早且集中。考察《墨子》中"选"与"择"各自的用法,发现"选"的对象主要是人,且对象多为积极语义,并由此发展出"齐"义形容词用法;而"择"的对象不仅有人也有物,对象以积极语义为主,也有消极语义的,多见"从往往具有对立性的 A 与 B 两方中选择一方",并由此发展出"区别"义用法。《墨子》"选择"9 例用于"VP_1＋NP_1＋VP_2＋Conj(以/而)＋VP_3(为)＋NP_2"句式中的 VP_1,1 例为"选择 NP"句式;语义上,其对象均为人,与"选"的动词功能一致,没有了带其他事物对象的用法,也没有带范围对象或省略宾语的用法,这两个是"择"区别于"选"的特别用法。可见,"选择"在《墨子》中集中出现,成为一个双音词,其功能相当于"选",或者说是"选"与"择"的共性用法,而不是简单的"选"和"择"用法的加和(并列词组的表现)。也就是说,可以确定"选择"是在《墨子》中凝固成双音词,其后"选择"在句式及语义上均有扩展。

我们考察了结果连词"是以"凝固成词的演变过程,得出结论:结果连词"是以"产生于《左传》,"是以"开始向小句句首前移,但仍呈现既有位于主语前又有位于主语后的过渡状态,至《墨子》中"是以"均表示原因,而表示凭

---

① 姚振武."以为"的形成及相关问题[J].古汉语研究,1997,(3).

借或对象等则以"以此"为主,语义分工专一化,句式上"是以"位于小句句首基本定型,标志着结果连词"是以"用法成熟①。

刘利考察了从《左传》到《史记》12种上古汉语文献,得出结论:"双音词的'然而'最早见于成书于战国初期的《墨子》,其后在《荀子》《韩非子》《战国策》《管子》等一系列属战国中、晚期的文献中都有用例出现,到西汉的《史记》,不仅用例数量进一步增加,用法也跟现代汉语更加接近。"他把"虽"与"然而"的搭配使用视为判定"然而"成词的标志,认为"'然'所回指的前文中出现'虽'之后,'虽'的语义与'然'的语用值就形成了重合的局面,从而消解了'然'字回指的必要性,使其成为一个虚设的成分",而"A则A矣"是由"则"构成的专门表示让步的固定结构,其功能相当于"虽"②。这样的例句最早出现在《墨子》中,如:

(12) 今有子先其父死,弟先兄死者矣。意虽使然,然而天下之陈物,曰先生者先死。(《明鬼下》)

(13) 子墨子曰:"难则难矣,然而未仁也。"(《鲁问》)

此外,在《墨子》中凝固成双音词的还有"于是"。王慧兰研究了"于是"词汇化的过程,认为"只有位于主语前的'于是'才能算是真正的连词。《左传》中还存在很多位于主语之后的'于是',这个阶段的'于是'很可能处于词汇化的过渡阶段",她指出:"在公元前3世纪的作品《韩非子》和公元前2世纪的作品《淮南子》中,'于是'不再出现在主语和谓语之间,在主语没有缺损脱落的句子中,'于是'均位于主语之前。这个时期的'于是'处于词汇化比较成熟的阶段,其表示时间关系的意义已经消失了。"③谢德三《墨子虚词用法诠释》总结《墨子》"于"有一种用法:"'于'与'是'连用成熟语'于是',用于句中表示二事先后相承,与'于是'用法同,口语亦沿用'于是'。"④考察《墨子》"于是"用法,无处于主谓之间的用法,主语多承上省略,且其表达前后因果相承的语义功能已经较为显著,如:

---

① 张萍.试论古汉语中结果连词"是以"的词汇化[J].中国语文通讯,2012,(1).
② 刘利.上古汉语的双音节连词"然而"[J].中国语文,2005,(2).
③ 王慧兰."于是"的词汇化——兼谈连词词汇化过程中的代词并入现象[M].沈家煊,吴福祥,李宗江.语法化与语法研究(三).北京:商务印书馆,2007:231-245.
④ 谢德三.墨子虚词用法诠释[M].台北:学海出版社,1982:8.

(14) 古者圣人为猛禽狡兽暴人害民,于是教民以兵行,日带剑,为刺则入,击则断,旁击而不折,此剑之利也。……古者圣王为大川广谷之不可济,于是利为舟楫,足以将之则止。……古者人之始生未有宫室之时,因陵丘堀穴而处焉。圣王虑之,以为堀穴,曰:"冬可以辟风寒。"逮夏,下润湿,上熏烝,恐伤民之气,于是作为宫室而利。(《节用中》)

据此,我们认为考察"于是"成词的过程,《左传》之后,《墨子》语料具有特殊性,其中"于是"用法已表现出成熟连词的用法。王文中指出的《韩非子》《淮南子》时代较晚,"于是"成词当可由战国末期提前至《墨子》时代。

与双音词"以为""选择""然而"产生于《墨子》不同,结果连词"是以"则是成熟于《墨子》,它的产生要更早,这是不同双音词演变的特性。"是以"在上古汉语中使用频率极高,成词也早①,但在上古汉语向中古汉语转型中,它却由于多种因素被"所以"等新兴的结果连词取代而消亡②,而"以为""选择""然而"则一直活跃至现代汉语,成为常用词。这些双音词成词案例为我们发现《墨子》语料的特殊性提供了一个很好的样本,那就是研究上古汉语双音词成词过程,《墨子》是继《左传》之后具有时代典型性的语料,可以作为战国初期向中期过渡的标志性语料。"以为""选择""然而"等汉语经典双音词的形成时代,也给我们启示,《墨子》语料在汉语双音词发展史研究中具有重要地位。

(四) 词义演变存线索

《墨子》中有些特殊的词汇、句法现象,可以为词的特殊用法以及功能演变提供线索与启发,典型的有"贤可"的使用、"试"义"尝"用于"尝 VP"句式、多与"劝"对举并用的"沮"等用法现象。

《墨子》中 4 例形容词"贤可",为《墨子》独特词语,它是"形容词+形容词"联合式复合词,其存在说明"可"具有"有才能"的形容词义;为《管子·宙合》"依贤可,用仁良"例断句提供了极为重要的佐证,并有力证明其中"可"

---

① 张萍.试论古汉语中的单纯连接词"是以"——兼与结果连词"是以"比较[J].语言科学,2010,(1).

② 张萍.古汉语结果连词"是以"消亡原因探讨——兼论源结构对词汇化所成双音节词的影响[M]//《词汇学理论与应用》编委会.词汇学理论与应用(七).北京:商务印书馆,2014:214-224.

非"才"之讹,这一例又为"贤可"词条补充了名词义项。"贤可"是"贤×"式同义(近义)复用双音词族中的一个,与其他"贤×"一样,兼有形容词和名词两种用法。同时,《墨子》中有与"贤可"用法相似的"贤良",形容词用法突出,与先秦其他典籍中"贤良"多为名词用法不同,从汉语词汇史角度说明形容词、名词两种词性的"贤良"具有不同的内在词法结构,分别为"形容词+形容词"组合、"名词+名词"组合,属于同形异构词。《汉语大词典》"贤良"等词多列有形容词义项与名词义项,但两者之间实则并不存在引申关系;"贤良"形容词用法的引例当由《汉语大词典》引证的《汉书》时代提早至《墨子》时代。

《墨子》中"尝"最突出的用法有两种,均处于"尝VP"句式,一种是"曾经"义,一种是"试"义,两种用法数量相当。后一义多用来表达某一提议或假设话题,引出下文推理,它不同于一般所说的"尝"的"试"义动词用法。"尝"的这种特殊用法在《墨子》中最为典型,《墨子》之前的典籍中罕见。已有研究中多未注意到"试"义"尝"的副词用法,或认为"试"义"尝"有作副词之用,但所举例子实多可释为"试"义动词,并未关注到《墨子》中的"试"义"尝"的特殊用法。该用法区别于"试"义动词"尝",不再表示尝试某种具体的行为,可看作表假定的情态副词。这一研究为"当"的假设用法通"尝"提供了重要线索。

《墨子》中"劝沮"连用出现最早,且《墨子》中多"劝""沮"正反对举的用法,这种用法是上古典籍中最为突出的。《墨子》14例"沮",其中有13次与"劝"正反对举,仅有1例"沮"单独使用,为《尚贤下》篇"是以使百姓皆攸心解体,沮以为善,垂其股肱之力,而不相劳来也"。当"劝""沮"受事作主语时,动词为被动语义,由此"沮"发展出形容词义"消极的、懈怠的"。"沮"原为"阻止"动词义,该施动义演变为被动义,进一步演变为主观化形容词义。"阻"原义为"险阻",是客观性的形容词,由"险阻"义引申出"阻止"义动词用法。"阻止"义"沮"后被"阻"字替换,"沮"主要用于表达形容词词义,此时"阻"则完成了由形容词义向动词义的引申转变,即在"禁止、阻止"义上,"沮"与"阻"构成古今字关系,而不是通假字与本字的关系,这一语言真相与两者的词义引申演变有关,使得"禁止、阻止"这一词义上经历了"沮""阻"两字的替换更迭。

从以上几个方面可以看出,《墨子》一书有着重要的语言学价值,其语言现象能为汉语史研究提供极为重要的语料佐证。我们赞同谢德三的看法："《墨子》一书文词亦足资代表战国之世虚词运用之特性。"[①]不唯虚词，在实词以及句式方面，《墨子》语料在上古汉语中也呈现出典型用法和特殊价值。

  墨学思想在中国科学史、哲学史上的价值及其当代社会价值引起了广泛注意和重视，前人对《墨子》的思想研究颇为重视，对其语言学研究价值关注却不够。从汉语史角度重视《墨子》的语料价值，研究其语言现象，能够为《墨子》文本校勘提供更为合理有力的证据，从而为《墨子》文意思想的解读提供基础。

二、《墨子》语言现象研究感悟

  在对《墨子》特殊语言现象进行研究的过程中，我们也不断产生一些感悟，现就汉语史研究的思路视角与方法细节的思考，简单谈几点。

（一）研究思路与视角

  关于汉语史研究的思路与视角，主要有以下几点：

  一是尊重典籍语言事实极为重要。语言现象的多样性、丰富性恰恰保存了语言演变的动态轨迹，在古籍流传及校勘中，简单追求上下文句法、词汇的一致性，继而轻易处理文字衍脱问题，很可能造成磨灭多样性及动态演变关联的痕迹，因此对汉语史研究来说，保证语料的原始性、可靠性是极为重要的。同时，汉语史演变规律与事实，又将为古籍校勘理解提供有力的论证。

  二是汉语史研究与哲学研究相互关联。汉语史研究不单纯是语言研究，其与哲学思想解读有着密切关联。在研究《墨子》语言现象时，语言现象规律的揭示可以帮助正确解读墨学思想；同时，墨学思想的解析也能佐证语言学规律。如分析《墨子》"择"的用法，可发现"择"往往用于表达从具有对立性的A与B两方中选择一方，这一语义特点恰可用《经说上》"取此择彼，问故观宜"中"取此择彼"来概括，"此""彼"即为对立的A、B两方，由此可佐证将"择"解为"释"不当。又如对《大取》"断指与断腕，利于天下相若，无择也；死生利若一，无择也"的"择"，多解为"选择"义，吴毓江阐释为："此示墨

[①] 谢德三.墨子虚词用法诠释[M].台北：学海出版社，1982：3.

家牺牲精神之伟大。苟利天下,断指可,断腕亦可,生可,死亦可,举无择也。"①胡适则说:"有一件事是肯定的,墨家从不主张以自私自利为标准。一件事是'小害'还是'大利',这要依它的社会价值来定。"②我们认为这两个"无择"之"择"不是"选择"义,而是"区别"义,讲"没有区别"是从客观价值判断标准而言,如胡适所解,而不是从主观选择角度来推衍出墨家的牺牲精神。

　　三是重视语言类型学的参考。语言是思维的表达和体现,不同语言之间存在着广泛的相似性和普遍的规律性。在汉语史研究中,其他语言中的相似现象或规律往往能提供语言类型学的佐证和启示。如《墨子》中用于征引古语的典型句式"吾闻之曰……""语言有之曰……"中的"之",谢德三看作"语气词,用于句中,无义"③;此类"之",杨伯峻、何乐士看作"他称代词宾语""所代不见于上下文而可以意会的"④;郭锡良看作表"泛称"的指示代词,"泛指一种道理或情况"⑤。英语中有一种形式宾语句,当宾语成分是小句形式时,主句宾语位置用 it 来完形,其后用 that 等引导词引出真正的宾语内容,即宾语从句。这种形式宾语 it 给我们启发,"闻之曰……""有之曰……"句式中"之"的性质说成"形式宾语"当是更为恰当的,其功能并不在于真正指代什么内容,而在于在句法形式上占据宾语的位置,起到主句完形的功能。又如张美兰分析《荀子》"譬之 NP"双宾语句式,将其看作"述语+$O_{1间接}+O_{2直接}$"⑥,"之"实则是被比方对象,为"譬"的直接宾语,NP 是比方对象,为"譬"的间接宾语,而不是相反。参考英语中相似语义表达句式"compare A to B",语义关系更为明晰,显然 A 是 compare 的直接宾语,只不过英语中必须有介词 to 引介 B,而古汉语中可以直接构成双宾语结构。

　　四是重视篇章功能的研究视野。这一点尤其表现在连词的研究中,以往一般仅从复句内部语义关联简单描述其功能,如"若苟""若使"等,将其单纯看作"假设连词"。仔细考察"若苟""若使"使用的语境,可发现"若苟"后

---

① 吴毓江,孙启治.墨子校注[M].北京:中华书局,2006:605.
② 胡适.《先秦名学史》翻译组.先秦名学史[M].上海:学林出版社,1983:83.
③ 谢德三.墨子虚词用法诠释[M].台北:学海出版社,1982:47.
④ 杨伯峻,何乐士.古汉语语法及其发展(修订本)[M].北京:语文出版社,2012:124.
⑤ 郭锡良.汉语第三人称代词的起源和发展[M]//郭锡良.汉语史论集.北京:商务印书馆,1997:3.
⑥ 张美兰.汉语双宾语结构句法及其语义的历时研究[M].北京:清华大学出版社,2014:117-118.

面的内容多复述前文内容,具有明显的篇章衔接功能,而不仅仅是其所在复句内部的表假设的功能,甚至篇章衔接功能比表假设的功能更为显著;与此相似,"若使"也不仅仅是表示假设,也起着篇章衔接的功能,"若使"多用于从正反两方面进行对比论述,将这两方面衔接起来。

五是重视语体差异的研究视角。功能相似的词语或句式,有时候其细微差异体现在语体风格上,表现在不同语体风格篇章上会有一定的分布差异。《墨子》中"墨论""墨经""墨语""墨守"诸部分有着较为明显的语体差异[1],考察某一类语言现象在不同篇章中的分布,可以对其用法作出更为明确的辨析。如"譬"系列比方句式,主要集中于"墨论"与"墨语"诸篇,《墨经》6篇以及《备城门》到《杂守》"墨守"11篇不见使用,表明打比方是《墨子》论说观点的一种论述方式。"墨语"诸篇用"譬犹""譬若",而不用"譬之犹""譬之若",后者主要集中于"墨论"部分。"墨语"部分"体裁类似《论语》,记载墨子和后学、时人的对话,是墨子的言行录和传记资料,是研究墨子生平事业和思想的重要参考,价值甚高"[2],其口语性质较为明显,双音"譬犹""譬若"的使用符合其口语语体特色,而"譬之犹""譬之若"句式书面语色彩浓厚,符合"墨论"部分论说文语体风格。

(二) 研究方法与细节

在研究《墨子》特殊语言现象过程中,有一些具体的研究方法,我们认为对汉语史研究颇为重要,也对一些研究细节感受颇深,兹列几点以作交流。

一是专书研究与专题研究相结合。研究某一专书的语言现象,不仅仅限于该书某一语言现象的描写与讨论,而是将该语言现象作为特定专题,开展历时研究,在历时演变的主线中,给该专书中的语言现象以明确的定位,对其加以阐释。这么做,一方面能够更全面地把握特定语言现象的本质,使得解释能够更为深入和准确;另一方面,以专题历时演变为坐标,能够凸显某一专书中相关语言现象的独特性,进而揭示其特殊的价值。如对《墨子》"譬"系列比方句式考察时,将"譬"系列比方句式作为专题,对其在上古汉语

---

[1] 孙中原把《墨子》篇目组成分为《墨经》、"杂论"(《亲士》到《三辩》7篇)、"墨语"(《非儒下》、《耕柱》到《公输》共6篇)、"墨守"(《备城门》到《杂守》11篇)、"墨论"(墨子十论诸篇),参见孙中原.墨学七讲[M].北京:中国人民大学出版社,2013:20-22.

[2] 孙中原.墨学七讲[M].北京:中国人民大学出版社,2013:21.

中的演变情况作了细致考察;对《墨子》"闻之曰""有之曰"等句式考察时,对上古汉语形式宾语句式的演变作了细致考察。

二是特殊用例与普遍句式相结合。重视特殊用例的阐释,多比较,多解释,不轻易凭语感对其否定,或加以校改,或随意解析。对专书中出现的特殊句式等较为罕见于其他典籍的语言现象,容易对其轻下断定,然而特定时期的语言本是具有多样性的,不存在绝对的一致性。因此,对于这些特殊语例,应持尊重语言事实的基本态度,将其与普遍句式加以比较研究,考察其合理性与独特性,其合理性能说明语言的多样性,其独特性又往往能够给汉语史动态演变事实的揭示提供启发。如《墨子》中"以……以为"句式,与"以……为"进行异同比较,可知它是合乎语法的句式,是"以……为"之外上古汉语中意谓表达的另一种方式,这种特殊句式的存在又与"以为"凝固成词但用法尚不成熟的演变背景密切关联。又如《非乐上》"吾将恶许用之"句中"恶许"多被看作疑问代词"恶"作定语修饰名词"许",但"恶"的这种用法仅此一例①。将此例"恶许 VP"与上古汉语中较为常见的"何所 VP"进行比较研究,可发现该例"恶"可能并不是作"许"的定语,"许"并非名词,而是通"所",为结构助词,"恶许 VP"当属于"所(许)"字结构。

三是具体分析与全面考察相结合。汉语史研究中,对例句的斟酌、辨析极为重要。典型的例句能够说明语言事实,这是加以解释的基础。对每一个例句都作具体的细致分析,同时,对专书某一语言现象要做穷尽式全面考察,不轻易以一概全。注重语例之间的关联性,注重相关语言现象之间的类比,可以帮助更准确地揭示用法实质。如《汉语大词典》列"当若"词条,释为"倘若",举例引自《墨子》。"当若"用法确实为《墨子》特有,不见于其他典籍,尽管在有些句子里看作假设连词似乎合乎语意,但通过对《墨子》11 例"当若"句逐一作具体的分析,可发现其中"当"为"遭遇、面对、针对"义,"若"的用法分两种情况:一是"若"为列举义动词,犹"如",表示"对像……,……";二是"若"为"此"义特指代词,作用是加强针对性。"此"义加强针对性的"若"可以省略,《墨子》中多有"当""当若"并用。将《墨子》"当""当若"句式

---

① 杨树达以此例说明"恶"字"亦有用于偏次者","'恶许'者,何处也"。见杨树达. 马氏文通刊误[M]. 上海:上海古籍出版社,2013:56。王海棻说"恶"组成疑问词语,修饰名词的仅有"恶许","用于处所询问,相当于'什么地方'",并明确指出"先秦仅《墨子》中一见",即此例,见王海棻. 古汉语疑问范畴词典[M]. 南京:江苏教育出版社,2001:187。

进行比较,可发现"若"的本质并不表假设。

四是词汇研究与语法研究相结合。汉语史词汇研究与语法研究往往密切相关,在词汇演变研究中,伴随着语法的演变,语法的演变可能带来词汇的演变。如"以"的"认为"义并不是其本义或引申义,而是介词"以"在特定的句式中由于某种语义、语用需要而"突变"产生。如双音词"选择"的词汇化研究,不仅与"选""择"两词的语义异同有关,而且与两者所处的语法句式有关。

五是语义范畴与句法研究相结合。词汇、语法都是语义表达的手段或形式,在汉语史研究中,注重从语义范畴角度来考察句法的演变,能让考察更为全面深入。如将"譬如""譬之如"等"譬"系列句式纳入古汉语比方范畴表达加以考察,可以凸显这种比方句式在该语义范畴表达中的独特性。如研究"闻之曰""有之曰"等形式宾语句,将其纳入古汉语征引范畴表达加以考察,可以凸显形式宾语句式在该语义范畴表达中的重要性。以语义范畴为中心,研究相关词汇、句法演变,是我们今后进一步拓展研究的方向。

汉语史研究就像是考古挖掘,依据的是对语料语例的显微镜观察,以及如侦探般的逻辑推理,由此揭开掩藏久远的面纱,显露汉语词汇、句法使用与演变的真相。

三、关于本书研究的一些说明

(一)关于研究底本

本书采用的底本是孙诒让《墨子间诂》,这是《墨子》研究多所据用的底本。

在研究中,我们也发现孙注看法多有可参考性。如《法仪》"当皆法其父母奚若"等句中"当"通"倘"还是"尝",王引之云"'当'并与'倘'同",多有同王引之看法,孙诒让则注:"当与尝通。尝,试也。"又如《备城门》"我亟使穴师选本"之"本"为"士"还是"卒"之讹,王念孙以为"选本"当为"选士",孙诒让认为"卒"可能性较大。诸如此类的一些问题,我们通过研究论证发现孙诒让的看法更具参考性。

《墨子间诂》偶有一些断句等问题,因此我们在选用其作为底本的同时,也参考吴毓江撰《墨子校注》。如《经说上》:"取此择彼,问故观宜。以人之有黑者有不黑者也,止黑人;与以有爱于人有不爱于人,心(止)爱人:是孰宜心(止)?"其中的"取此择彼",《墨子间诂》作"取此择读彼"①,《墨子校注》作"取此择彼"②,《墨子间诂》多一"读"字,于文意不达,故采《墨子校注》版。

此外,王焕镳撰《墨子集诂》以及近年出版的姜宝昌《墨论训释》《墨守训释》系列著作对《墨子》文本也有细致考校,在研究中也有比照参用。

(二) 关于参考译注本

由谭家健、孙中原译注的《墨子今注今译》在《墨子》诸多译注本中最具参考价值,其注释译文多切合文意,且表达清晰通达。这也是我们在研究中参考最多的《墨子》译注本。

个别句子断句也采该版本。如《大取》:"断指与断腕,利于天下相若,无择也。死生利若一,无择也。""死生利若一,无择也",《墨子间诂》作"死生利若,一无择也",并谓"当作'非无择也',谓必舍死取生"③。谭、孙译注《墨子今注今译》断句为"死生利若一,无择也"④。通过研究,我们认为"一"不是"非"之讹,且属上,"若一"连文,表示"等同、一致",与前面"相若"功能一致,"相若"之"若"因为前面有了表互指的副词"相",不能再带其他宾语,但后面没有"相",则"若"需带宾语,"若一"字面义为"像一样"。据此,采《墨子今注今译》断句法。

谭、孙译注《墨子今注今译》在"前言"中交代具体分工:《墨子》53篇,按内容分成5组,第一组从《修身》到《三辩》7篇,第二组从《尚贤上》到《非儒下》24篇,第三组从《经上》到《小取》6篇,第四组从《耕柱》到《公输》5篇,第五组从《备城门》到《杂守》11篇。谭家健负责第一、二、四组,孙中原负责第三、五组⑤。在本书研究中,参考引用该译注本内容时,根据具体篇目,在文中往往径言谭家健译注或孙中原译注,在注释中则注明该著作完整出版信息。

(三) 关于例句标注

本书研究对象是《墨子》中特殊的语言现象,故多有引用《墨子》语例,同

---

① 孙诒让,孙启治.墨子间诂[M].北京:中华书局,2001:354.
② 吴毓江,孙启治.墨子校注[M].北京:中华书局,2006:474.
③ 孙诒让,孙启治.墨子间诂[M].北京:中华书局,2001:404.
④ 谭家健,孙中原.墨子今注今译[M].北京:商务印书馆,2009:347.
⑤ 谭家健,孙中原.墨子今注今译[M].北京:商务印书馆,2009:前言.

时在研究中也引用其他典籍语例。在例句出处标注时,为使行文简洁,凡出自《墨子》例句,其后出处仅标明具体篇名,不再赘附书名。引用其他典籍例句,则一并注明书名与篇名。

每一章内部分若干节,因每一节内容相对独立,故每一节例句独立编号。

第一章 《墨子》特殊句式

《墨子》保存了一些特殊的句式,这些句式或为汉语史词汇、语法研究提供重要的语料和启示,或为汉语句式的多样性提供阐释。兹以"以……以为""何故以,何故之以""有 NP 所以 VP 者"为例,研究其特殊用法,揭示其在汉语史词汇、语法研究中的特殊价值,呈现《墨子》特殊句式的宝贵语料价值。

第一节 "以……以为"句式

上古典籍中多见"以……为"句式,多表达意谓语义,后又在"以……为"结构基础上形成双音词"以为",但《墨子》中出现了看似两者杂糅体的特殊句式,即"以……以为"句式,在《墨子》中共有 8 见,一般不见于其他典籍。正确解析"以……以为"句式,尊重语言使用事实,对判断"以为"成词的时代以及阐释"以"的"认为"义的产生有着重要意义。

一、《墨子》"以……以为"句式

《墨子》8 例"以……以为"用例如下:

(1) 或<u>以</u>厚葬久丧<u>以为</u>仁也,义也,孝子之事也;或<u>以</u>厚葬久丧<u>以为</u>非仁义,非孝子之事也。(《节葬下》)

(2) 既<u>以</u>天之意<u>以为</u>不可不慎已,然则天之将何欲何憎?(《天

志中》）

（3）若<u>以</u>众之耳目之请（情）<u>以为</u>不足信也，不以断疑，不识若昔者三代圣王尧、舜、禹、汤、文、武者，足以为法乎？（《明鬼下》）

（4）是故子墨子之所以非乐者，非<u>以</u>大钟鸣鼓、琴瑟竽笙之声<u>以为</u>不乐也，非<u>以</u>刻镂华文章之色<u>以为</u>不美也，非<u>以</u>刍豢煎炙之味<u>以为</u>不甘也，非<u>以</u>高台厚榭邃野之居<u>以为</u>不安也。（《非乐上》）

《墨子》上述例子中的"以……以为"所处的语境，与"以……为"相同，完全可以用"以……为"替换。与"以……为"的高频见用不同，"以……以为"在古汉语典籍中极为罕见。此外，"以……以为"在形式上似有重复赘余之嫌。基于这些因素，《墨子》中的"以……以为"形式多被视为"以……为"结构多了一个"以"，如谢德三谈及《墨子》中"以……为"结构时，说"有时重复用'以'字成为'以……以为'"①，王焕镳在《墨子集诂》中对句（3）给出按语："下'以'字，衡之语法，当是衍文。惟全书此例甚多，或墨子语言如此。"②显然是把此类"以……以为"看作了"以……为"结构的"衍字变异"。然而"以……以为"在《墨子》中并非仅出现一两处，共有8见，这表明不大可能由"以……为"衍出一个"以"而成，故《墨子集诂》说"惟全书此例甚多，或墨子语言如此"，这就一语道出了《墨子》语料的独特性。

"以……为"在古汉语中多表达意谓语义，以上例句中"以……以为"同样表达意谓，且"以……为"多见，而"以……以为"在除《墨子》外的其他典籍中罕见，这是将"以……以为"中后一个"以"字视为衍文的原因。实际上，《墨子》中的这种"以……以为"句式与"以……为"一样，是合乎语法的，两者既有共同点，又有本质差别。

"以……以为"本质异于"以……为"，且不是表面上重复一个"以"字形成的。"以……为"这一整体表达意谓，其中"为"是动词，表示"作为"，不单独表示意谓概念；而"以……以为"中"以为"是凝固的双音节动词，它单独表达意谓，与前面的"以"字结合并不紧密，介词"以"的作用主要是引介对象，即"以为"的对象，也就是"以为"之后内容所描述的对象，而不再参与"意谓"

---

① 谢德三.墨子虚词用法诠释[M].台北：学海出版社，1982：82.
② 王焕镳.墨子集诂[M].上海：上海古籍出版社，2005：758.

的构成。"以为"成词前的源结构正是"以……为"结构。

例(1)中"以厚葬久丧以为仁也,义也,孝子之事也"意即"以为厚葬久丧仁也,义也,孝子之事也";例(2)"以天之意以为不可不慎已"即是"以为天之意不可不慎已";例(3)中"以众之耳目之请(情)以为不足信"即"以为众之耳目之请(情)不足信";例(4)中"以大钟鸣鼓、琴瑟竽笙之声以为不乐"即"以为大钟鸣鼓、琴瑟竽笙之声不乐",后三句类此。

这几例表述的对象或紧承前文已出现的话题而言,如例(1)(2)(3)中的"厚葬久丧""天之意""众之耳目之请(情)"均是前文所言及的话题;或在形式上比较长,而"以为"之后的述语较短,如例(4),此时所述对象通过介词"以"引介至前,而不是位于"以为"之后,则句子结构得到平衡,且清晰明了。这种通过"以"把表述对象提前的句式,形式上与"以……为"很相似。两者的区别在于,"以……为"中"为"不是意谓动词,其后不能带前面"以"引介的对象作为主语的句子,而成熟的"以为"却可以,但《墨子》"以……以为"句式的 8 见使用说明《墨子》时代"以为"用法尚不成熟,表现在其形式上受先秦时期表达意谓最常见的结构"以……为"的影响,"以为"的对象通过"以"提前,而没有直接与表述性成分连接成主谓句作为"以为"的宾语。

将《墨子》"以……以为"例句与下列句子加以比照:

(5) 世俗之沟犹瞀儒,嚾嚾然不知其所非也,遂受而传之,以为仲尼、子游(当作"子弓")为兹厚于后世。(《荀子·非十二子》)

(6) 人人各自以为孟尝君亲己。(《史记·孟尝君列传》)

(7) 今王不与猛虎而与群羊,臣窃以为大王之计过也。(《史记·张仪列传》)

这三例"以为"后表述的对象没有如例(1)—(4)通过"以"提前,但考察战国中期之前的典籍,如例(5)这种双音节动词"以为"后带一个主谓完整的句子作宾语的现象还比较少见,更多的是"以为"后省略表述对象,而直接加谓词性的成分作宾语,如"吾子以为奚若"(《庄子·齐物论》)"王自以为与周公孰仁且智"(《孟子·公孙丑上》)至《战国策》中带主谓句较多,《史记》中较为普遍,可见"以为"的用法在战国末期至西汉时期趋于成熟。

二、"以……以为"的汉语史意义

由上分析可见,《墨子》中存有的"以……以为"结构并非不合语法的衍文而致,恰恰是"以为"成词的明证。姚振武《"以为"的形成及相关问题》一文详细论述了"以为"的成词过程,认为"以 N_1 为 N_2"中 N_1 移至"为"后,N_2 恢复陈述性,此时"以"和"为"便凝结在一起,构成双音节动词"以为"[①]。姚文指出这种后移最早发生在战国中期的《墨子》之中,如:

(8) 王公大人怠乎听狱治政,卿大夫怠乎治官府,则我<u>以为</u>天下必乱矣。(《非命下》)

我们赞同这一判断,"以为"的词汇化完成于《墨子》时期。同时,值得注意的是,"以为"从成词到其用法成熟也需经历一个过程,而《墨子》中保留的"以……以为"正是"以为"刚成词用法尚未成熟的一个表现。《墨子》中"以为"后带主谓形式复杂宾语的用法还不普遍,更多的是带谓词性成分,如:

(9) 君自<u>以为</u>圣智而不问事,自<u>以为</u>安强而无守备,四邻谋之不知戒,五患也。(《七患》)

(10) 我<u>以为</u>必能射御之士喜,不能射御之士惧。(《尚贤下》)

不同于"以……为"整体结构表达意谓,"以……以为"中"以为"已经是可以独立表达意谓的双音词,其中介词"以"的作用,仅仅是将"以为"的表述对象提前。当"以为"用法发展成熟后,后面接例(8)式的主谓形式复杂宾语成为其主要用法,一直延续至现代汉语。

双音词"以为"由表达意谓的"以……为"结构词汇化而来,于《墨子》时期成词,但用法尚未成熟,当其表述对象在形式上较长时,仍沿用了源结构"以……为"的形式,通过介词"以"将意谓对象保留在"以为"的前面,从而产生了"以……以为"句式。其实春秋时期其他典籍中"以……以为"也偶有用例,如:

[①] 姚振武."以为"的形成及相关问题[J].古汉语研究,1997,(3).

(11) 不闻其以观大、视侈、淫色以为明,而以察清浊为聪。(《国语·楚语上》)

《国语》中的这个例子,前后两句语意相承,句式相仿,但前一分句也不是凭空多了第二个"以"字。前后两个小分句,一个用"以……以为",一个用"以……为",两者均表意谓,先秦时期,后者为常,而"以为"双音节动词表意谓则是新词,通过介词"以"把表述对象提前。这里之所以前后分别各用一种方式,我们推测主要是"以……为"结构表意谓,要求"以"与"为"联系比较紧密,而当"以"后面的成分较长时,"以……"之后形成一个较长的停顿,这就破坏了"以"与"为"之间的紧密性,也就打破了"以……为"表意谓的结构。在这样的情况下,同是表意谓的动词"以为"就自然被拿过来使用,"以为"具有较强的独立性,与前面的"以"具有关系但又不受其限制,这就是在前一分句中用"以为"而不用"为"的原因。也就是说,例(11)前一分句"以"的对象"观大、视侈、淫色"较长,其后语气上有一个停顿,故用了"以为";而后一分句"以"的对象"察清浊"较短,符合"以……为"结构紧凑的要求。

《国语》此例是《墨子》之外仅见的一例"以……以为"句式,且与"以……为"先后使用,故前面小句中的"以……以为"也容易被视为"以……为"结构衍出了一个"以"字。《墨子》8例"以……以为"句式无疑为《国语》此例提供了佐证,足证其并非孤例,并非"以……为"结构之衍。同时,《墨子》保留"以……以为"这一特殊语言现象最突出,也最能说明"以为"成词发展的轨迹。这一特殊句式的使用,建立在"以为"成词的基础上,是"以……为"与"以为"两种意谓表达结构的结合体。其使用为我们思考"以"的"认为"义提供了重要的启发。

古汉语中"以"有"认为"义,王力主编《古代汉语》中提道:"'以'字又表示'以为'(认为)的意思。"[1]所举例子为:

(12) 老臣以媪为长安君计短也。(《战国策·赵策四》)

"以"的"认为"义也为《汉语大词典》收录,一般认为这也是"以"的一个

---

① 王力.古代汉语:第2册(重排修订本)[M].北京:中华书局,1999:454.

本义,而并不对其来源加以考究。我们赞同裘锡圭提出的看法,认为"以"字初文之形"象人手提一物""其本义大概是提挈、携带这一类意思"①。郭锡良在此基础上,提出"'以'的本义应是提携、携带",继而引申出率领等义②。"认为"义是一种抽象的"心理动词"义,与"以"字字形上考察得出的本义"提挈、携带"及其引申义似乎没有相关性,那么"以"的"认为"义从何而来,就值得探讨。我们正是从《墨子》"以……以为"句式得到启发,解决了"以"的"认为"义来源的问题。

上文提到"以……以为"句式是"以……为"与"以为"两种意谓表达式的结合体,"以为"成词后,还出现了另一种结合体,即"以为……为"。

(13) 夫夷子信<u>以为</u>人之亲其兄之子<u>为</u>若亲其邻之赤子乎?(《孟子·滕文公上》)

(14) 今秦有梁君之心矣,而王与诸臣不事为尊秦以定韩者,臣窃<u>以为</u>王之明<u>为</u>不如昭厘侯,而王之诸臣忠莫如申不害也。(《战国策·韩策三》)

这两例"以为……为"也是表达意谓,但它与"以……为"有着本质的区别。"以为"成词后,作为意谓动词,其后跟的成分是主语对某个事物或某一事件的判断,因此这种"以为 NP 为 VP"句式中后一个"为"实际上已经变成了系词。在"以……为"表达意谓时,"为"是动词,表示"作为""当作"义,而成词的"以为"本身就能独立表达意谓,故"以为……为"中后一个"为"的角色已由"以……为"中的动词变成了系词。

然而,上古汉语中"以为 NP 为 VP"表达意谓的用例很少,以上 2 例外,《史记》《新语》各有 1 例(《史记·田叔列传》:"武帝闻之,以为任安为详邪,不傅事,何也?"《新语·术事》:"世俗以为自古而传之者为重,以今之作者为轻,淡于所见,甘于所闻,惑于外貌,失于中情。")。其所以用例少,主要原因在于"以为……为"形式上给人以"赘余"的感觉。"以为……为"的功能与"以……为"完全相同,都是表达意谓,后者形式上更为简洁。

---

① 裘锡圭. 说"以"[M]//裘锡圭. 古文字论集. 北京:中华书局,1992:106-110.
② 郭锡良. 介词"以"的起源和发展[J]. 古汉语研究,1998,(1).

(15)臣窃以王吏之明为过见。(《商君书·徕民》)

(16)尧、舜,其民未至为之祷也,今王病,而民以牛祷,病愈,杀牛塞祷,故臣窃以王为过尧、舜也。(《韩非子·外储说右下》)

对照例(13)(14)与例(15)(16),不难发现例(13)(14)"以为……为"表达的语义与例(15)(16)"以……为"完全等同。"以……为"表达意谓,是上古汉语最常见的方式,尽管在"以为"成词之后,表达意谓出现了新的手段,但功能替代是有限的,"以……为"表达意谓仍占据优势,尤其是相对于看似形式赘余的"以为……为"句式。

以上所述"以……以为""以为……为"两种结合体表明,随着"以为"的成词,原先表达意谓的"以……为"结构发生了"改造"。"以……为"中介词"以"与动词"为"共同参与意谓的构成,而后出现的两种结合体却不是如此。就"以……以为"而言,意谓完全由"以为"体现,介词"以"就不需参与意谓的构成,仅仅引介"以为"的对象,仅在"以为"成词之初且特定语用需求下使用,"以为"成熟后,其对象可直接位于其后作为表述句的主语,介词"以"也就失去用武之地了;就"以为……为"而言,"以为"表达意谓,其后"为"不再参与意谓的构成,它在句中的角色由原先的动词转变成了系词,且该系词"为"可以省略。

"以……以为""以为……为"对"以……为"的改造以及其本身所蕴含的发展可能性,给介词"以"产生"认为"义提供了很大的契机。

上文例(12)"老臣以媪为长安君计短也"中"以"是"认为"义。如果说这个"以"仍然是"以……为"中的介词"以",那么这个句子就不成立。因为"以……为"表达意谓,需要"为"是动词,表示"作为、当作",而这个句子中的"为"是介词,表示"给、替",引介"长安君",作"计"的状语。这个句子要合法,有两条途径,一是使用"以为",而不是介词"以";二是保留介词"以",则当有一个动词"为",那将变成"老臣以媪为为长安君计短也",检遍上古汉语语料,这样的表达仅《史记·平原君虞卿列传》一例("言予之,恐王以臣为为秦也"),其罕见性足见这种形式上两个"为"字"叠赘"的表达是不被汉语所接受的。很可能正是由于这个问题,为了既表达意谓的语义,同时又避免文字形式上的赘余,原先表达意谓的"以……为"结构中"为"因为承担了给动词"计"引介对象"长安君"的介词功能,介词"以"感染了在这个位置上合法的"以为"的语义,从而变成了一个表达意谓的动词。

"认为"义的"以"表达意谓,与"以……为"结构功能相当,但并非由"以……为"直接省缩而来,"以……为"结构凝固成双音词"以为",这是"以……为"的主流演变,"以……为"结构无法省缩为单独的"以"或"为",使其分别具有"认为"义,根源在于表达意谓的"以……为"结构结合极为紧密,其中"为"之所以能够另作他用,正是在"以为"成词的背景下,"以……以为"或"以为……为"结构中"以为"承担了表达意谓的功能,原先表达意谓的"以……为"结构得以"解体"。鉴于"以为"成词与"以"的"认为"义产生的时间、逻辑上的相关性,我们主张"以"的"认为"义感染自意谓动词"以为"。

"以……以为"与"以为……为"结构的存在,证明了随着意谓动词"以为"的产生与发展,原先的意谓结构"以……为"获得了变化的机遇,意谓功能可由"以为"这个双音词独立承担,"以……为"结构中"以"与"为"之间紧密结合的关系解除,从而使得"以"有了独立使用的环境,"以……以为"结构中"以"就是脱离了"为"而独立存在的(不参与意谓语义的表达)。在"以"获得独立的基础上,在特殊的语境中,正如上文所论,"以"出现在了"以为"的合法位置上,因而感染了"以为"的词义而具有了"认为"义动词用法。可见,"以为"的成词是"以"的"认为"义产生的前提。

综上,《墨子》"以……以为"句式正是"以为"成词之初,"以为"与其源结构"以……为"在形式和语义上的一个糅合产物。与此类似,"以为……为"也是"以为"成词后在"以……为"基础上产生的另一种新形式,后面的"为"转变为系词,当"以为"用法成熟后,这种系词是非必需成分,当其尚未成熟时,保留源结构框架,形式上却不如"以……为"简洁,当"以"出现在"以为……为"中"以为"位置上时,介词"以"就感染了该位置上动词"以为"的语义。由此我们认为"以"的"认为"义并非其本义或引申义,而是介词"以"在意谓表达语境中感染"以为"的语义而来①。

对《墨子》中独特的"以……以为"句式的正确认识,能够更好地帮助我们了解汉语中最重要的一个意谓表达双音词"以为"的成词发展过程,也能给我们追溯古汉语中"以"的"认为"义的来源提供重要的启示。

---

① 关于"以"的"认为"义的来源,笔者已撰文发表,更详细的论证参见:张萍. 论古汉语"认为"义动词"以"的产生[M]//北京大学中国语言学研究中心《语言学论丛》编委会. 语言学论丛(第53辑). 北京:商务印书馆,2016:127-146.

第二节 "何故以""何故之以"句式

王海棻《古汉语疑问范畴词典》"原因询问"下收"何故以""何故之以",将两者的性质与功能表述为"介宾短语,用于原因询问,相当于'因为什么缘故''为什么'",并特别指出"见于《墨子》"①。通过对先秦典籍的考察,"何故以"句式较少见于其他典籍,而"何故之以"则独见于《墨子》。本节就《墨子》中"何故以""何故之以"具体的用例,研究其句式特点和表义功能的特殊性。

一、"何故以"句式

(1) 然者吾所以贵尧舜禹汤文武之道者,<u>何故以</u>哉?以其唯毋临众发政而治民,使天下之为善者可而劝也,为暴者可而沮也。(《尚贤下》)

(2) 今此何为人上而不能治其下,为人下而不能事其上?则是上下相贼也,<u>何故以</u>然?则义不同也。……故计上之赏誉,不足以劝善,计其毁罚,不足以沮暴。此<u>何故以</u>然?则义不同也。(《尚同下》)

(3) 若以天为不爱天下之百姓,则<u>何故以</u>人与人相杀,而天予之不祥?此我所以知天之爱天下之百姓也。(《天志上》)

《墨子》中"何故以"句式共有4例,分布在《尚贤下》《尚同下》《天志上》3篇,如上所示。例(1)"吾所以贵尧舜禹汤文武之道者",作话题主语,"何故以哉"独立作谓语,通过设问,再进一步引出原因"以其VP"。"何故以"为介宾结构,即"以何故",介词"以"承接前面的"所以VP",照应下文"以其VP"。例(2)两例"何故以然"作谓语,"何故以"作状语,修饰"然",代词"然"复指前面的话题主语所说的状况,后一句"此何故以然"成小句,主语"此"复指前面的情况。例(3)"何故以"作状语修饰后面的复句形式谓语。

王海棻《古汉语疑问范畴词典》"何故以"仅列"[S]·何故以"句式,注明

---

① 王海棻.古汉语疑问范畴词典[M].南京:江苏教育出版社,2001:204.

"'何故以'作谓语"①。举例即为上文的例(1)。从《墨子》4 例"何故以"用法来看,"何故以"主要还是作状语,修饰谓词"然"和谓语"人与人相杀,而天予之不祥"。考察先秦典籍,"何故以"作谓语,确实独见于《墨子》,不过"何故以"作状语,后加其他谓词性成分的用例,在其他典籍中也偶有见用,如:

(4) 若复旧职,将承王官,何故以役诸侯?(《左传·定公元年》)
(5) 康回冯怒,墬何故以东南倾?(《楚辞·天问》)

这两例"何故以"均作状语,修饰后面的 VP 成分。

上古汉语中疑问代词"何"常作宾语,与表原因的介词"以"构成"何以",直至中古汉语中都是用来询问原因的常见方式。"何故以"中"何"作定语,与"故"构成疑问词组"何故",作介词"以"的宾语。同是询问原因,显然"何以"比"何故以"形式上更为经济,且"何以"构成双音节节奏,比"何故以"更具有韵律上的优势,这正是"何故以"在其他典籍中少见的原因所在。

比较"何以"与"何故以"的用法,可以更为清晰地看出"何故以"的特殊性。"何以"表示询问原因,一般作状语,修饰 VP 谓语,《墨子》中"何以"有与"何故以"相似的句法用例:

(6) 逮至昔三代圣王既没,天下失义,诸侯力正,是以存夫为人君臣上下者之不惠忠也……是以天下乱。此其故何以然也?则皆以疑惑鬼神之有与无之别,不明乎鬼神之能赏贤而罚暴也。(《明鬼下》)
(7) 昔三代之暴王桀纣幽厉,此反天意而得罚者也。然则禹汤文武其得赏何以也?子墨子言曰:其事上尊天,中事鬼神,下爱人。……然则桀纣幽厉得其罚何以也?子墨子言曰:其事上诟天,中诟鬼,下贼人。(《天志上》)

例(6)"何以然"作谓语,"何以"作状语修饰"然",而"此其故何以然也"与例(2)"此何故以然"语义相同,句式表达有差异,例(6)"其故"作主语,明确"何以"询问的是原因,例(2)则直接用"何故以"在谓语中表明询问原因。

---
① 王海棻.古汉语疑问范畴词典[M].南京:江苏教育出版社,2001:204.

例(7)两例"何以"独立作谓语,用法与例(1)"何故以哉"相似,不过先秦典籍中"何以"独立作谓语的用法,表示询问原因的较少,更多是表示询问凭借或方式。如《墨子》中"何以"单独作谓语表询问方式、方法的有:

(8) 今王公大人欲王天下、正诸侯,夫无德义,将何以哉?其说将必挟震威强。(《尚贤中》)

其他典籍中,"何以"位于句末询问方式、方法的有:

(9) 以吾一日长乎尔,无吾以也。居则曰:"不吾知也。"如或知尔,则何以哉?(《论语·先进》)

(10) 公曰:"嘻,美哉!子道广矣。"曰:"由德径径,吾恐悟而不能用也,何以哉?"(《大戴礼记·四代》)

(11) 子柳之母死,子硕请具。子柳曰:"何以哉?"既葬,子硕欲以赙布之余具祭器。(《礼记·檀弓上》)

(12) 美恶皆在其心,不见其色也,欲一以穷之,舍礼何以哉?(《礼记·礼运》)

(13) 晏婴,齐之习辞者也,今方来,吾欲辱之,何以也?(《晏子春秋·内篇杂下》)

以上诸例"何以"单独作谓语的用法,句末也往往有语气词"哉"或"也"。与"何故以"单独作谓语相比,显然"何以"单独作谓语的用法要稍微多见一些,不过表示询问原因的用例还是较为有限,除上文《墨子》例(7)外,我们在《战国策》中还发现两例:

(14) 韩求相工陈籍而周不听,魏求相綦母恢而周不听,何以也?(《战国策·楚策一》)

(15) 君无咫尺之地、骨肉之亲,处尊位,受厚禄,一国之众见君,莫不敛衽而拜,抚委而服,何以也?(《战国策·楚策一》)

这两例"何以也"都是对前述某种事实或现象的原因进行发问。这种用法的"何以"在上古典籍中用例颇少。

与《墨子》"何故以"作状语修饰谓语表询问原因相对,"何以"常见作状语修饰 VP 的用法,不过在《墨子》中"何以 VP"主要用来询问方式、方法,如:

(16) 既以非之,何以易之?子墨子言曰:以兼相爱、交相利之法易之。(《兼爱中》)

(17) 杀其父而赏其子,何以异食其子而赏其父者哉?苟不用仁义,何以非夷人食其子也?(《鲁问》)

例(16)询问"易之"的方法,后句"以兼相爱、交相利之法"正明确了"以"的"方法"义;例(17)两例"何以 VP"反问,"怎么"义,也是就方法而言。

由上分析,我们可以推知《墨子》"何故以"用法的特殊之处。由于"何以"除询问原因外,还常用于询问方式,当语意强调因果关系时,"何故以"在表意上更为明确,因为"故"正是表示原因的名词。"何故以"的使用能更好地与前文"所以 VP"相照应,当然"何故以然""何故以哉"在音节上组成四音节节奏,这在韵律上达到了新的谐调。

类似于"何故以"这样的疑问代词"何"作定语连同其修饰的名词中心语一起前置于介词的情况,即"何 N 以"结构,在上古汉语中有类似的用法,如:

(18) 先君若问与夷,其将何辞以对?(《左传·隐公三年》)

(19) 虽四方之诸侯,则何实以事吴?(《国语·吴语》)

(20) 若死者有知,我将何面目以见仲父乎?(《吕氏春秋·知接》)

以上几例中"何辞以对""何实以事吴""何面目以见仲父",均是"何 N 以 VP"结构。其中例(20)表示反问。

如上,"何故以"等"何 N 以"句式,当其作状语,后面有其他谓词性成分出现时,"以"的功能似乎并不是主要来引介前面的"何故"等"何 N"成分的,因为"何故"等"何 N"成分可以独自作状语修饰 VP,此时"以"更多起到连接的功能,连接前面的"何 N"与其修饰的 VP 成分,可见该"以"看作连词更符合语句的连贯性。

王海棻《古汉语疑问范畴词典》将"何说"也看作"何故"类"偏正短语",以"用于原因询问,相当于'为什么''什么理由'",并列了3种格式用法"[S]·何说""S·何说·V""S·何说·以·V",其中第三种"S·何说·以·V"格式,注明"'何说'在V前作状语,与V间有'以'"①,所举例子正出自《墨子》:

(21) 去若不善言,学乡长之善言;去若不善行,学乡长之善行。则乡<u>何说</u>以乱哉?……则国<u>何说</u>以乱哉?……则天下<u>何说</u>以乱哉?(《尚同上》)

《古汉语疑问范畴词典》前面说"何故以"是介宾短语,这里对"何说以VP"中的"何说以"并没有说是"介宾短语",只是说"何说"作状语,与VP之间有"以",可见,是将该"以"看作了连词。这一看法或是受《墨子》例(22)影响:

(22) 乡长固乡之贤者也,举乡人以法乡长,夫乡<u>何说而</u>不治哉?……国君固国之贤者也,举国人以法国君,夫国<u>何说而</u>不治哉?……天子者,固天下之仁人也,举天下之万民以法天子,夫天下<u>何说而</u>不治哉?(《尚同中》)

《尚同中》例(22)与《尚同上》例(21)语意相同,句式相似,"何说而VP"中"而"的连词性质较为明确,似可佐证《尚同中》例(21)"何说以VP"中"以"不是介词。《古汉语疑问范畴词典》把"何说"看作同"何故"的"何N"结构,却把"何故以"看作介宾结构,而将"何说以"中"以"看作连词,两处处理方式不一致,可能并不合适。其对"何说以"的理解可以说明"何故以VP"句式中"以"未必要看作介词,其处于"何故"与VP之间,具有较为明显的连词意味。不过,《墨子》中的"何说"并不是"何故"类定语中心语式偏正短语,《墨子》中"说"具有特殊的内涵,指解释、阐释与论证,"何说"中"说"当是动词,而不是与"故"相似的表因名词,后续成分为"说"的宾语,此时例(21)"以"当为介词,例(22)"而"用同"以"。关于《墨子》中特殊的"何说"用法,我们在第

---

① 王海棻.古汉语疑问范畴词典[M].南京:江苏教育出版社,2001:209-210.

二章详细论述。

二、"何故之以"句式

《墨子》共有5例"何故之以",且都在《尚同中》篇:

(23) 乡长固乡之贤者也,举乡人以法乡长,夫乡何说而不治哉?察乡长之所以治乡者,何故之以也?曰:唯以其能一同其乡之义,是以乡治。……国君固国之贤者也,举国人以法国君,夫国何说而不治哉?察国君之所以治国而国治者,何故之以也?曰:唯以其能一同其国之义,是以国治。……天子者,固天下之仁人也,举天下之万民以法天子,夫天下何说而不治哉?察天子之所以治天下者,何故之以也?曰:唯以其能一同天下之义,是以天下治。(《尚同中》)

(24) 其为政若此,是以谋事得,举事成,入守固,出诛胜者,何故之以也?曰:唯以尚同为政者也。(《尚同中》)

(25) 今天下之人曰:方今之时,天下之正长犹未废乎天下也,而天下之所以乱者,何故之以也?子墨子曰:方今之时之以正长,则本与古者异矣,……。(《尚同中》)

《墨子》5例"何故之以"均独立作谓语,且句末有语气词"也",用法同例(1)"何故以","何故以"后带语气词"哉",上文提到表询问原因的"何以"独立作谓语,其后也是带"也",而表询问方法、方式的则带"哉"居多。

谢德三《墨子虚词用法诠释》举例(23)中"察乡长之所以治乡者,何故之以也?"与例(24),说明《墨子》中"以"有名词用法,"意犹'故'也,相当口语之'缘故''理由'"①。结合这两例来看,将"以"字释为名词不确。疑问代词"何"修饰名词"故"已构成定语加中心语的偏正结构"何故",表示询问缘故、理由,若"以"又释为"故",则成"什么缘故的缘故",如此赘言不合语言事实。

谢著盖认为"何故之以"中的"之"为结构助词,则"何故"为句末名词"以"的定语。这并不符合句法结构,上述例中"何故之以"与例(1)独立作谓语的"何故以"句式相似,均为前宾语结构,其中"以"为介词,引介"何故",表

---

① 谢德三.墨子虚词用法诠释[M].台北:学海出版社,1982:81.

询问原因。

例(23)3个"何故之以也"用于3段连续的层递句式中,由"乡"而"国"而"天下",由"乡长"而"国君"而"天子",由小及大逐层论述。"何故之以"承接前面的"NP之所以VP",对VP的原因加以发问,这实际上是一个设问,后面直接引出原因所在"唯以……是以……"。"何故之以也"起到提请注意的作用。《尚同中》这3个连续的"何故之以也"在《尚同上》《尚同下》篇相似语段中均用"何也",如下:

(26) 察乡之所治者,<u>何也</u>?乡长唯能壹同乡之义,是以乡治也。……察国之所以治者,<u>何也</u>?国君唯能壹同国之义,是以国治也。……察天子之所以治者,<u>何也</u>?天子唯能壹同天下之义,是以天下治也。(《尚同上》)

(27) 然计若家之所以治者,<u>何也</u>?唯以尚同一义为政故也。……然计若国之所以治者,<u>何也</u>?唯能以尚同一义为政故也。……然计天下之所以治者,<u>何也</u>?唯而以尚同一义为政故也。(《尚同下》)

比较例(23)与例(26)、(27)的表述,《尚同上》与《尚同下》的表述更趋简洁,而《尚同中》表述句式普遍较复杂。例(26)、(27)用"何也"来设问,单独的疑问代词"何"作谓语询问原因,是最为简洁的设问方式。与"何也"相比,例(23)"何故之以也"句式则复杂得多,先是疑问代词修饰表因名词"故",再用表因的介词"以"加以引介,且"何故"作"以"的前宾语,中间还插入了"之",可见"何故之以"通过多重手段加强了对询问原因的语义表达。

例(24)"何故之以"承接前面的"是以VP者"发问,例(25)承接前面的"NP之所以VP者"发问,关照其中的表因语义。与例(24)相似的语境,在《尚同下》篇中也用了"何也":

(28) 然而使天下之为寇乱盗贼者,周流天下无所重足者,<u>何也</u>?其以尚同为政善也。(《尚同下》)

此例句式为"VP者,何也?",是对VP的原因进行询问的最简方式。《尚同中》篇则用了"何故之以也"。可见,在同一篇中,询问原因的句式是相对保持统一的。

　　独立作谓语的"何故以"只能是介宾结构,而不像"何故以 VP"中"以"可视为连词。"何故之以"只有独立作谓语的用法,其中"以"也是介词,且不同于"何故以"可以作状语,"何故之以"没有作状语的用法,故两者仍有较为显著的差异。

　　疑问代词本就是句中信息焦点所在,且"何故"作为"以"的宾语,前置已是将其标记为信息焦点的一种方式,这里又使用了一种标记方式,即插入"之"。这里的"之"即为上古汉语中宾语提前时常见的"之",如"周公方且膺之,子是之学,亦为不善变矣"(《孟子·滕文公上》)。王力认为此种情况下的"之"是代词复指提前的宾语①;易孟醇提出"有的宾语提前之后,在宾语与介词间加一助词'之',作为形态标志",认为前置宾语句中的"之"是助词,是一种形态标志②。在前宾语句式中,"之"的具体指代性是较弱的,"形态标志"式的"助词"性质可能更为恰当,在前宾语结构中,"之"对前面的宾语成分加以标记,起到对其凸显的作用,语义上更显示其焦点地位。如此,相比于"何故以","何故之以"因为"之"字的焦点标记作用而使得"何故"成为对比焦点,因而进一步削弱了其后介词"以"的地位,这也可以视作"何故之以"无带后续谓语成分用法的原因。

　　"何故之以"通过对宾语"何故"的双重标记(前置、加"之"),其语用效果就是强调询问原因。这一语言结构的使用,能够很好地引起关注,进而引出自己的论述观点。

　　"何故之以"的例子仅见于《墨子》,先秦其他典籍中却有与之相对应的陈述式"A 故之以",不过用例也极少,如:

　　(29) 鲁朝夕伐我,几亡矣。我之不共,<u>鲁故之以</u>。(《左传·昭公十三年》)

　　(30) 毛得必亡,是昆吾稔之日也,<u>侈故之以</u>。(《左传·昭公十八年》)

---

① 王力先生说:"有时候为了强调宾语,可以把宾语提前,在宾语后面用'是'字、'实'字或'之'字复指。""用代词'是'字或'之'字复指提前的宾语,是古代汉语变更动宾词序的一种语法手段。"参见王力. 古代汉语:第 1 册(重排修订本)[M]. 北京:中华书局,1999:253-254.
② 易孟醇. 先秦语法[M]. 长沙:湖南大学出版社,2005:465.

第一章 《墨子》特殊句式

此二例"鲁故之以""佴故之以"中"以"的宾语"鲁故""佴故"为名词性成分,将其提前,需有"之"的参与,起到强调语义重点的效果,当然此处四字格式也与语段句式风格相一致,这也是这一结构使用的一个原因。介词"以"可以直接带宾语 A 表示原因,"A 故"式不是汉语中的常式表达,其使用一是强调原因,一是音节因素,故"A 故之以"在古汉语中也极为少见。

《墨子》中的"何故之以",除了体现《墨子》论说语言的独特性,还与《左传》所见的"A 故之以"构成了疑问式与陈述式的对应,从这一角度而言,《墨子》"何故之以"有其独特的语料价值。

上古汉语中有一种常见的句式,即"何 N 之有","何故之以"在形式上与此颇为相似,两者都是前宾语结构,不过表义不同,且句法上有细微差异。通检上古主要典籍,并没有"何故之有"的用法,"何故之以"中的"以"并不是与"有"相当的动词。从两个方面来看,一个方面是"何 N 之有"结构通常表示反诘,是对 N 的否定,N 则是前文出现的或与前文相关的某个具体的对象,如:

(31) 晋侯其无后乎！王赐之命,而惰于受瑞,先自弃也已,其<u>何继之有</u>？(《左传·僖公十一年》)

(32) 吾从北方闻子为梯,将以攻宋。宋<u>何罪之有</u>？(《墨子·公输》)

(33) 鲁侯见而问焉,曰:"子何术以为焉？"对曰:"臣工人,<u>何术之有</u>！"(《庄子·达生》)

(34) 臣请譬之:君者壤地也,臣者草木也,必壤地美然后草木硕大,亦君之力也,臣<u>何力之有</u>？(《韩非子·难二》)

以上例子中"何 N 之有"均表示反诘,而"何故之以"则是对原因提出询问,并非反诘,其中"故"并不是要被否定的对象。可见,"何故之以"与"何 N 之有"这两种结构的功能是有别的,相应的,"以"的性质也不能等同于"有"。

另一个方面,观察"何故之以"所处的句式,或为"NP 之所以者,何故之以也",或为"是以 VP 者,何故之以也",上古汉语中有与之对应的陈述表达式,即"VP,以 NP 故也"或"NP 所以 VP 者,以 NP 故也",如:

35

(35) 夏,诸侯伐郑,<u>以其逃首止之盟故</u>也。(《左传·僖公六年》)

(36) 此鼠所以不可得杀者,<u>以社故</u>也。(《晏子春秋·内篇问上》)

  以上两例与"何故之以"句式相比较,可见是陈述句与疑问句之间的转换,"何故之以"中"何"正是对"以 NP 故"之 NP 进行提问。由"以 NP 故"转换为"何故之以","以"的性质并未改变。

  由上分析,《墨子》中"何故以""何故之以"有其特殊性,"何故之以"仅见于《墨子》,且集中于《尚同中》一篇中,均独立作谓语;"何故以"在《墨子》中既有独立作谓语的用法,又有作状语修饰其他谓语成分的用法,后一用法也见于其他典籍,但独立作谓语的用法为《墨子》独有。《墨子》"何故之以"句式的使用,为其他典籍中存在的陈述句式"以 NP 故"以及"A 故之以"提供了相照应的疑问句式例证,更显其语例的宝贵性。

第三节　"有 NP 所以 VP 者"句式

《墨子》中有两例特殊的"有 NP 所以 VP 者"句式,如下:

(1) 今人处若家得罪,将犹<u>有异家所以避逃之者</u>。然且父以戒子,兄以戒弟,曰:"戒之慎之,处人之家不戒不慎之,而有处人之国者乎?"今人处若国得罪,将犹<u>有异国所以避逃之者</u>矣。然且父以戒子,兄以戒弟,曰:"戒之慎之,处人之国者不可不戒慎也!"今人皆处天下而事天,得罪于天,将<u>无所以避逃之者</u>矣。(《天志下》)

  例(1)中"将犹有异家所以避逃之者""将犹有异国所以避逃之者",孙诒让《墨子间诂》在"所"字之后读开,作"将犹有异家所,以避逃之者""将犹有异国所,以避逃之者矣",并认为"所"当训为"处所"。王引之则言:"所以,可以也。"孙诒让按曰:"此'所'当从毕训为'处所',王说非。"[1]谭家健《墨子今注今译》在"所以"前读开,作"将犹有异家,所以避逃之者"

---

[1] 孙诒让,孙启治.墨子间诂[M].北京:中华书局,2001:209.

"将犹有异国,所以避逃之者矣"①。例(1)这两例"所"后究竟能否读开?"所"究竟是何性质?相应的,后面的"无所以避逃之者"中"所"的用法当与前二例一致。

一、"所"的性质及句式解析

与例(1)《天志下》篇语段内容相似,《天志上》中有如下语段:

(2)若处家得罪于家长,犹有邻家所避逃之。然且亲戚、兄弟、所知识共相儆戒,皆曰:"不可不戒矣,不可不慎矣,恶有处家而得罪于家长而可为也!"非独处家者为然,虽处国亦然。处国得罪于国君,犹有邻国所避逃之。然且亲戚、兄弟、所知识共相儆戒,皆曰:"不可不戒矣,不可不慎矣,谁亦有处国得罪于国君而可为也!"此有所避逃之者也,相儆戒犹若此其厚。况无所避逃之者,相儆戒岂不愈厚然后可哉。且语言有之曰:"焉而晏日,焉而得罪,将恶避逃之?"曰:无所避逃之。(《天志上》)

对"犹有邻家所避逃之"句中的"所",毕沅引《广雅》"所,尻也",又引《玉篇》"处所";王引之云:"所,犹'可'也。言有邻家可避逃也。下文同。毕引《广雅》'所,尻也'失之。"对此,孙诒让按:"此当从毕说。下文云'此有所避逃之者也',又云'无所避逃之',即承此文。"②对王、孙的看法,王焕镳则云:"窃谓王训'所'为'可'是也。既云邻家,即是'所'矣,不必复赘'所'字。又孙所引两句'所'字,训'处'训'可'皆通。"③姜宝昌也将其中的"所"注释为"处所",释此句为"谓尚有邻舍之处作为避逃地也"④。

正是把"此有所避逃之者也""无所避逃之"以及"犹有邻家所避逃之"中的"所"解作"处所"义的实词,孙诒让注将例(1)中的"所"也视同此用,故在"所"后读开,作"将犹有异家所,以避逃之者"与"将犹有异国所,以避逃之者矣"。

---

① 谭家健,孙中原.墨子今注今译[M].北京:商务印书馆,2009:161.
② 孙诒让,孙启治.墨子间诂[M].北京:中华书局,2001:191.
③ 王焕镳.墨子集诂[M].上海:上海古籍出版社,2005:634.
④ 姜宝昌.墨论训释[M].济南:齐鲁书社,2016:406.

先来看"此有所避逃之者"与"无所避逃之"中的"所",将其视作"处所"义的实词,大概是由于汉语自然节奏为双音节的缘故,语感上易将"有所""无所"联结在一起,而将"所"解为"有""无"的名词宾语。实际上,"所"带动词等谓词性成分构成的"所"字结构具有指称性,这两句中,"有""无"的宾语并非"所",而是"所避逃之者""所避逃之",这一"所"字结构指称"避逃之"的处所对象。正是"所"字结构具有指称性,其后还可以加表示指称性质的助词"者"字,如果将"所"解作"处所"义的实词,"无所避逃之"或可通,但"此有所避逃之者也"中"者"的使用则不合句法。将"有邻家所避逃之"中"所"释为"尻(居)"或"处所"义,这与"所避逃之"这一"所"字结构指称"避逃之"的所处对象有关,但句法上,"所"并不是独立的名词,而是与后面的VP"避逃之"紧密联系的结构助词。

"所"与动词等谓词性成分构成的"所"字结构"所VP"中,"所"是一个助词。类似的,"所以VP"也是"所"字结构的一种,《墨子》中"所以"的这种用法,如例(1)中的"无所以避逃之者",又如:

(3) 其然也,<u>有所以然</u>也。其然也同,其<u>所以然</u>不必同。其取之也,<u>有所以取之</u>。其取之也同,其<u>所以取之</u>不必同。(《小取》)

例(3)"有所以然"中"所以然"指称"然"的原因,"有所以取之"中"所以取之"即指称"取之"的原因,其中介词"以"表原因,正因为"所以VP"是指称性质的,后面"其所以然""其所以取之"可以作"不必同"的主语。而例(1)"无所以避逃之者"与同一语段中前两句极为相似,若是在"所"后读开,则"者"字不合句法,当是"所以避逃之者"作为一个指称性的"所"字结构,整体上作"无"的宾语。与例(3)中"以"表原因不同,例(1)"以"则是表凭借,"所以避逃之者"具体来说,是指"避逃之"所凭借的对象,隐含的是某一处所,由此可见,"所"并不表具体的处所义。同样的,例(2)中"所"也并不是具体的处所名词,"所VP"指称与VP相关的某个语义对象,而"所以VP"则通过介词"以"将该语义对象进一步加以明确。

例(1)"有异家/异国所以避逃之者"本可以直接表达作"有所以避逃之者",但"所以避逃之者"这一"所"字结构仅能指称"避逃之"的处所对象,而不能明确具体的什么处所,因此,这里出现了具体的处所名词"异家""异国",来与前面的"若家""若国"相对应①。这样一来,在句法上,"异家""异国"作"有"的宾语,而"所"字结构"所以避逃之者"则成了该宾语的补语,补充说明处所宾语是"用来逃罪的"(介词"以"表凭借义)。实际上"异家""异国"与"所以避逃之者"是同位语关系,只不过在指称性质上,前者具体,后者是泛指。王引之将句中"所以"释为"可以",在语意上也是通的,但句法上"所以避逃之者"其实是一个整体结构。

与此相似,例(2)"有邻家所避逃之""有邻国所避逃之"也是"有 NP 所 VP"结构,与后面的"有所避逃之者""无所避逃之者"相比,前面省略了助词"者",这里的"邻家""邻国"也是将"所避逃之"指称的语义对象具体化,动因在于与前面的"家""国"形成对比照应。这种"有 NP 所 VP"结构,在"有所 VP"句式中增加"所 VP"具体的指称对象 NP 的用法,也是《墨子》特殊用例,上古典籍中罕见。

综上,明确了"所以避逃之者"为一个指称性的"所"字结构,在句法上是一个整体,便可知不当在"所"后读开,"所"亦不是"处所"义的实词。在汉语语法史上,"有/无"带"所"字结构宾语极为常见,但如例(1)出现"所"字结构所指称的具体对象,又附以该"所"字结构作其补语的,则极为少见,《墨子》中此二例当为特殊现象。

二、句式的特殊汉语史意义

对例(1)两个"有 NP 所以 VP 者"句式的正确分析,在汉语史上有着重要意义,它能够为"有以""无以"的词汇化源结构提供佐证语例。

关于"有以、无以"的来源,吕叔湘《文言虚字》认为"'有以''无以'实为'有所以''无所以'之略"②。方有国从句型变换角度证明了吕先生的看法。他认为首先是"何以 V"中"何"字为"所"替换,变换为"所以 V",该"所"字结

---

① 谭家健将"处若家""处若国"注释成"应为'若处家''若处国'",见谭家健,孙中原. 墨子今注今译[M]. 北京:商务印书馆,2009:164;姜宝昌也认为当作"若处家""若处国",见姜宝昌. 墨论训释[M]. 济南:齐鲁书社,2016:450. 然而《墨子》另见"若家""若国"之用,如《尚同下》篇有:"是以徧<u>若家</u>之人,皆欲得其长上之赏誉,辟其毁罚。是以善言之,不善言之,家君得善人而赏之,得暴人而罚之。善人之赏,而暴人之罚,则家必治矣。然计<u>若家</u>之所以治者,何也?唯以尚同一义为政故也。""是以徧<u>若国</u>之人,皆欲得其长上之赏誉,避其毁罚。是以民见善者言之,见不善者言之,国君得善人而赏,得暴人而罚之。善人赏而暴人罚,则国必治矣。然计<u>若国</u>之所以治者,何也?唯能以尚同一义为政故也。"则例(1)"处若家""处若国"无误,"若"为指示代词,义"此",对"家""国"加以限定,正与后面的"邻家""邻国"相对应。
② 吕叔湘. 文言虚字[M]. 上海:开明书店,1957:67.

构功能是使其后面的动词性成分变为修饰性成分,修饰或限定"所"指代的对象,"所"字结构为名词性结构,故其可置于"有""无"动词之后作为其宾语,形成"有/无所以 V",最后省略"所"字而形成"有/无以"①。韩峥嵘则认为是"有……以……""无……以……"这两个固定格式的简化,省略了"有""无"的宾语②。我们赞同吕、方的看法,认为"有/无所以"正是"有/无以"的源结构,且该源结构在先秦典籍中也有所见,主要有:《墨子》3 例,《荀子》1例,《吕氏春秋》1 例。《墨子》中的 3 例即例(1)"今人皆处天下而事天,得罪于天,将无所以避逃之者矣"与例(3)中的"有所以然""有所以取之"。《荀子》《吕氏春秋》例如下:

　　(4) 夫天生蒸民,<u>有所以取之</u>,志意致修,德行致厚,智虑致明,是天子之所以取天下也。(《荀子·荣辱》)

　　(5) 所谓死者,无<u>有所以知</u>,复其未生也。(《吕氏春秋·贵生》)

　　这几例都是动词"有/无"带"所"字结构的宾语,例(4)表示方式、方法,例(5)含有"凭借"义。这类有"所"的结构在上古汉语中确实很少,但我们推测"有/无所以 VP"中"所"省略有其内在机制,那就是"有/无"作为表存在性的动词,它们的使用隐含着某种指代性,这与"所"字的功能相似,因此在这样的语境中,"所"就成了非必要成分;还有一个是音节方面的因素,单音节"有/无"后面是虚化的成分"所以",而 VP 因为是具体的动词,音节上独立性也比较强,"有/无"就有与其后"所以"在音节上自动靠拢结合成双音节奏的自发性,由于"以"在深层语义上起着重要作用,因此相对羡余的"所"自然会退出。

　　例(1)"有 NP 所以 VP 者"句式的存在,能进一步佐证上述推理。两例中"有"的后面有具体的名词性宾语"异家""异国",后面的"所以避逃之者"是名词性结构,本可以直接作宾语,如例(1)"将无所以避逃之者"中"所以避逃之者"即作"无"的宾语,但是这两个句子中则是作为名词词组"异家""异国"的同位补语,对其进行补充说明。两例中"有"后面出现名词性宾语"异

---

① 方有国.论"有以""无以"的形成和结构关系[M]//方有国.上古汉语语法研究.成都:巴蜀书社,2002:63-77.
② 韩峥嵘.古汉语虚词手册[M].长春:吉林人民出版社,1984:485.

家""异国"是为了与前面的"若家""若国"相照应,语义上更为明确,因为"所"字结构"所以避逃之者"只能指称某个"用来逃避罪罚的地方"(该"地方"并非"所"字实义,"所"已经虚化成"所"字结构中的助词,其作用是表指称,"处所"义是由句意隐含的)。从这两个例子可以看出,"所以 VP"是对"有/无"的宾语进行补充说明的,我们用 NP 来表示这个宾语,则 NP 与 VP 的关系是"[以 NP]VP"("以"表凭借义)。由此,我们认为"有/无以 VP"的源结构为"有/无所以 VP"当是确定的。

《墨子》中共有 20 例"有以",其后均有动词性成分,为"有以 VP"句式,如:

(6) 非人者,必<u>有以</u>易之。若非人而无以易之,譬之犹以水救火也,其说将必无可焉。(《兼爱下》)

(7) 是蕡我(梦义)者,则岂<u>有以</u>异是蕡黑白甘苦之辩者哉?(《天志下》)

《墨子》中有 20 例"无以",其中 18 例后接动词性成分,为"无以 VP",2 例位于句末,如:

(8) 仁者之为天下度也,辟之<u>无以</u>异乎孝子之为亲度也。(《节葬下》)
(9) 夫天之有天下也,将无已(以)异此。^①(《天志中》)
(10) 知之否之,足用也,谆,说在<u>无以</u>也。(《经下》)
(11) 智论之,非智<u>无以</u>也。(《经说下》)

"有以 VP"即"有所以 VP",义为"有用来 VP 的对象";"无以 VP"即"无所以 VP",义为"没有用来 VP 的对象"。例(10)(11)两个"无以"位于句末,此"以"仍是"凭借"义介词,即相当于"无所以",即"没有凭借的对象"。

位于句末的"有以""无以",多有将其看作动宾结构,认为"以"是名词,意思是"原因"或"道理"。如张福德分析《史记》中此类"以"的用法即看作名

---

① "无已"即"无以","已""以"通假。

词"缘故"①,例如:

(12) 太史公读列封至便侯,曰:<u>有以</u>也夫!(《史记·惠景间侯者年表》)

又如,敖桂华、刘乃叔新解《孟子·梁惠王上》中"无以"例也作此类解:

(13) 仲尼之徒无道桓文之事者,是以后世无传焉,臣未之闻也。<u>无以</u>,则王乎!(《孟子·梁惠王上》)

其文认为:"以"当为名词,在此处乃"办法"之义,"无以"即"没有办法",且是因为介词"以"的宾语常常省略,"以"字渐渐取代整个介宾结构的作用,特别是用在动词之后时,向两个方向异化,一是连词,一为名词,名词"以"主要用在表存在的动词"有""无"之后,进而认为"无+以+动词""有+以+动词"格式中的"以"也多可以用名词释之②。

上述看法对"有以""无以"的来源和性质解释不确。我们认为位于句末的"无以"中"以"字仍是介词,表示"凭借"之义。"无以"即"无所以",相当于"无得"即"无所得",如:

(14) 易牙、竖刀、常之巫相与作乱,塞宫门,筑高墙,不通人,故<u>无所得</u>。(《吕氏春秋·知接》)

(15) 于是竭池而求之,<u>无得</u>,鱼死焉。(《吕氏春秋·必己》)

例(15)"无得"即例(14)"无所得","无得"之"得"乃动词,而不是名词。同样的,"有以""无以"位于句末,其中"以"仍然是谓词性质的,没有变为名词。介词与动词均可以作谓词。

从上述语例可见,《墨子》语言现象对于论证"有以""无以"源结构的重要性,《墨子》中不仅"有/无所以 VP"例最多,且保留了独特的"有 NP 所以

---

① 张福德.《史记》中的"以"字析论[J].古汉语研究,1997,(1).
② 敖桂华,刘乃叔.《孟子》书中"无以"新解[J].古籍整理研究学刊,1999,(6).

VP 者"例,足见其语料的特殊价值。

以上三节分别论述了《墨子》中特殊的"以……以为""何以故""何以之故"以及"有 NP 所以 VP 者"句式。其中"以……以为"与"何以故 VP"用法偶见于先秦其他典籍,但《墨子》中用例最多,最为典型;"何以故"独立作谓语的用法、"何以之故"的用法以及"有 NP 所以 VP 者""有 NP 所 VP 者"句式均为《墨子》所特有。尊重语言使用事实,并加以合理阐释,可发现《墨子》中这些特殊句式对于阐释汉语史发展与演变中的现象与问题有着重要的作用。

"以……以为"句式不仅不是如一些注释所说衍出后一个"以"字,而且该特殊句式的保存,恰恰为"以为"成词的时代提供了参考,也为汉语史发展中介词"以"如何产生"认为"义提供了重要的启示。《墨子》特有的独立作谓语的"何故以""何故之以",不仅反映出《墨子》重视前后因果逻辑的论证艺术,更为古汉语中"A 故之以"及"以 NP 故"等句式提供了相应的疑问句式例证。《墨子》特有的"有 NP 所以 VP 者",对其正确句读理解,即可发现其中"所"的特殊性,此类例句罕见,但可为"有以""无以"源头结构的探讨提供重要的例证和启发。

《墨子》一书,因其语言材料丰富、校改较少,保留了一些其他典籍所不见或少见的特殊句式,这为汉语史研究提供了极为宝贵的语料,具有很高的语料价值;同时,在对其进行校注时,充分地引入汉语史研究成果,对其加以正确理解与传承,不致以讹传讹、以误传误,这对保存古书的价值具有更为重要的意义。

第二章 《墨子》疑问代词特殊用法

王力认为上古汉语疑问代词大致分为三类,从语音上归为ʑ系、ɣ系、○系,分别对应指人的"谁、孰",指物的"何、曷、胡、奚"等,专指处所的"恶、安、焉",认为这三类疑问代词的分别"在先秦是相当清楚的,到汉代以后,界限变为不那么清楚了"①。姚振武指出"这个大致的分野确实存在,但由于语法成分的综合性,东周以后,各类疑问代词之间的界限就开始日趋模糊了",他说:"东汉以后,'曷(害、割)、胡(遐)、安、焉、恶、奚'等也逐渐退隐,让位并最终统一于功能相对较全的'何'。"②

我们看到王力所举例子并未考察《墨子》疑问代词用例,而《墨子》中"焉""恶""胡"等疑问代词的特殊用法更能为姚振武所说的"语法成分的综合性"提供佐证,即疑问代词功能界限趋向模糊,在很多功能上都有用同"何"的特殊语例,而这正是疑问代词系统趋向"何"演变的一个必然过程,即由多样性趋向专一性,包括两个阶段:第一个阶段是系统内部多样化的疑问代词,存在较为明显的功能分工;第二个阶段是多样化的疑问代词用法趋同,此时发生优胜劣汰,最终最为强大的"何"胜出。

第一节 疑问代词作定语特例

本节主要讨论《墨子》中疑问代词"恶""焉"用作定语的特殊用法。"恶"

---

① 王力.汉语史稿[M].北京:中华书局,1980:333-338.
② 姚振武.上古汉语语法史[M].上海:上海古籍出版社,2015:234.

"焉"用作定语的用法很罕见,但在《墨子》中各有 1 例,其中"恶"处于"恶许 VP"句式,该"恶"多被看作修饰名词"许"的定语,我们认为它可能是"所(许)"字结构的一种。"焉故"之"焉"作定语修饰名词"故",这是没有疑义的,但此用法为特例,也有其表义特殊性。此外,《墨子》还有"焉所 VP"用例,不见于其他典籍。

一、恶许

(一)《墨子》"恶许"例之特殊性

《墨子》有 1 例"恶许",形式上为"恶+名词",似能为上古疑问代词"恶"作定语修饰名词的功能提供极为重要的例证。

(1) 古者圣王亦尝厚措敛乎万民,以为舟车,既以成矣,曰:"吾将<u>恶许</u>用之?"曰:"舟用之水,车用之陆,君子息其足焉,小人休其肩背焉。"(《非乐上》)

《马氏文通》:"'奚''曷''胡''恶''安''焉'六字,亦所以为诘问者也,而用如代字者,则惟在宾次耳。……凡此六字,用为状字者为其常。"①马氏区分代字与状字,实则作状语也是代词,而非另外的一类词,正如王力主编《古代汉语》所说:"这六个疑问代词只能用作宾语(动词宾语和介词宾语)和状语,用作状语要比用作宾语常见。"②

杨树达《马氏文通刊误》举了"奚时、奚道、奚疾、奚方、奚故"等"奚"作定语修饰名词的例子。还提到"恶"字"亦有用于偏次者",所举例子即上文例(1)《墨子·非乐上》中的"恶许":"'恶许'者,何处也。"③

王海棻《古汉语疑问范畴词典》中"恶"组成疑问词语,修饰名词的仅有"恶许",其"用于处所询问,相当于'什么地方'",并明确指出"先秦仅《墨子》中一见",即《非乐上》之例④。我们通过检索北京大学 CCL"古代汉语"语料库,发现先秦时期"恶许"确实仅此一例,其后亦无用例。

---

① 马建忠.马氏文通[M].北京:商务印书馆,2010:74.
② 王力.古代汉语:第 1 册(校订重排本)[M].北京:中华书局,1999:276.
③ 杨树达.马氏文通刊误[M].上海:上海古籍出版社,2013:56.
④ 王海棻.古汉语疑问范畴词典[M].南京:江苏教育出版社,2001:187.

由上可知,《墨子》此例"恶许"是疑问代词"恶"作定语极为重要的一个例证,假如这一例可靠,则具有较为明显的汉语史价值。

(二)《墨子》"恶"作定语用法辨析

谢德三《墨子虚词用法诠释》将"恶"的这一用法概括为:"形容词,系疑问形容词,与'何'同,置于名之上。"①其所举例子,除了上文例(1)"恶许",还有以下两例:

(2) 且语言有之曰:"焉而晏日,焉而得罪,将<u>恶</u>避逃之?"曰:无所避逃之。(《天志上》)

(3) 子墨子曰:"子之义将匿邪?意将以告人乎?"巫马子曰:"我何故匿我义?吾将以告人。"子墨子曰:"然则……说子亦欲杀子,不说子亦欲杀子,是所谓经者口也,杀常之身者也。"子墨子曰:"子之言<u>恶</u>利也?若无所利而言,是荡口也。"(《耕柱》)

《墨子虚词用法诠释》所说"疑问形容词"用法是指疑问代词作定语修饰名词的用法。《天志上》一例,《墨子虚词用法诠释》按:"恶避逃"即"恶所避逃"。该句中疑问代词"恶"不是作定语,而是作状语,修饰谓语"避逃之",询问处所,义为"哪里"。"恶"是直接修饰谓语"避逃之",其后并无"所"。

《墨子虚词用法诠释》所谓"'恶避逃'即'恶所避逃'"当是受了答句中的"无所避逃之"的影响,"无所避逃之"中的"所"并非名词,而是结构助词,"无所 VP",指"没有 VP 的一个对象",这个对象与 VP 语义相关。

《耕柱》一例,《墨子虚词用法诠释》按:"《墨子间诂》亦曰:恶利,恶所利也。"王焕镳《墨子集诂》则按:"'恶'为'爱恶'之'恶'。此言巫马子以利己致杀身之祸,故墨子以为巫马子之言非真能爱利者,实恶利也。与下文'是非好勇也,是恶勇也'同一措之法。"②

该例中的"恶"确实是疑问代词,而不是"爱恶"之"恶",即动词;虽是疑问代词,但用法并非作定语,因为其后的"利"在这里并非名词。该例中墨子

---

① 谢德三. 墨子虚词用法诠释[M]. 台北:学海出版社,1982:279-280.
② 王焕镳. 墨子集诂[M]. 上海:上海古籍出版社,2005:1030.

说的"子之言"是承接前面巫马子所说的"吾将以告人",即"告人"之"言",墨子进而从正反两面分析,得出结论"说子亦欲杀子,不说子亦欲杀子",也就是这个话"告人"之后,别人相信也好不相信也好,最终后果都是"杀子(你)",表明"子之言"只会招致杀身之祸,紧接着墨子又以反诘的形式"子之言恶利也?"进一步追问巫马子。由此,这一问并没有与"爱利""恶利"相联系。下文"是非好勇也,是恶勇也",前面有一个话题:"子墨子谓骆滑氂曰:'吾闻子好勇。'"接着通过对话,墨子对其"好勇"作出判断,而前面巫马子段与这一段之间并无内容上的直接相关性,其"措词之法"亦并非相同或相似。

"恶利"很容易被看成是疑问代词"恶"修饰名词"利"。如《墨子今注今译》就将"子之言恶利也?若无所利而言,是荡口也"译为:"你的话有何利?如果没有利还一定要说,那就是信口胡说了。"①乍看似乎是"恶利"对应译文的"何利",实际上"恶利"真正对应的是"有何利","恶"对应"何",而"恶利"之"利"则对应"有利",也就是"恶利"之"利"不是名词,而是形容词。后句中"无所利"紧承前面"恶利"反诘进一步说明,"无所利"中"利"不是名词,而是谓词性成分,因为它处于"无所VP"结构中VP的位置。《王力古汉语字典》"利"义项一是"锐利,快";义项二是"财利,钱财方面的好处",引申为有利②。"恶利"之利即"有利"义,其中"恶"是疑问代词作前宾语,"恶利"义为:"对什么有利?"即:"有什么好处?"其用法与"利国利民"相似。

《墨子间诂》用"恶所利"来注"恶利",也是明确其中"利"为非名词,不过"恶利,言恶所利"这样的注解,若不得其用心所在,是很容易让人迷惑的,因为"利"既有名词用法,又有形容词用法。相比之下,曹耀湘注要更易理解:"恶,读为'乌'。言子何所利而为此言也。"③用"何所利"来译"恶利",而"何所利"正好对应后句的"无所利"。"所利"为指称性结构,疑问代词"何"作定语功能是比较显著的,而"恶"后面却并未使用"所利",自然"恶"与"何"功能也有所差异,即"恶"不是定语,而是宾语。由此可见,"恶"作定语确实不如"何"功能强大。《墨子间诂》释以"恶所利"盖为了突出"利"为谓词性成分,而非名词,却未必注意到"恶"作定语修饰指称性成分这一功能的限制性。

由此,可以确定的疑问代词"恶"作定语之例,似乎仅有《墨子》中"恶许"

---

① 谭家健,孙中原.墨子今注今译[M].北京:商务印书馆,2009:379.
② 王力.王力古汉语字典[M].北京:中华书局,2000:69.
③ 王焕镳.墨子集诂[M].上海:上海古籍出版社,2005:1030.

一例,该例是否真的为疑问代词"恶"作定语提供了宝贵的例证呢?对于《墨子》"孤例"当以谨慎态度进一步斟酌。

(三)"恶许"本质属"何所VP"类句式

这里还有一个问题,那就是"恶许"之"许"到底是不是处所名词?上古汉语中多见"许可、允许"等义动词"许",而"地方、处所"义名词"许"的用法实际上并不早见。《汉语大词典》"许"义项9为"犹处,处所",共举2例,一为《墨子》"恶许"例,引孙诒让《墨子间诂》:"毕云:'恶许,犹言何许。'王引之云:'言吾将何所用之也。'"一为《世说新语·文学》"孙安国往殷中军许共论,往反精苦,客主无间"例。"许"表"处所"义在《世说新语》中多见,在上古汉语中却少见,《墨子》此例值得推敲。

"许"的"处所"义并非"许"本身词义引申的结果,而是作为处所词"所"的变体而具有的功能。一般认为"许"作"所"用,为音近通假,如《诗经·小雅·伐木》作"伐木许许",《说文·斤部》引作"伐木所所"(拟伐木声)。王引之《经传释词》卷四释李善注《文选》"许,犹'所'也"时,引用了《墨子》该例,并说"言吾将何所用之也",黄侃批注:"'许'为'所'者,本字为'处'。"①《通假字汇释》也引用该例作为"许"通"处"最早的例子,其他例子均为魏晋之后"许"表"处所、地方"的用法;另立词条"许"通"所",即"所所,伐木声";又"所"词条,释为通"处",认为"'所'的本义是伐木声,象声词,后借为'处',本义遂废,今则通用为处所字"②。由此,很可能是"所"通"处"而具有了"处所"义,而"许"如杨树达所言,亦是通"处"具有了"处所"义。不过,"所"之"处所"义究竟是否由通"处"而来,"所"与"许"互为通假之用似绕开"处"亦极可能,这还值得进一步探讨。

同为疑问代词,"何"比"焉"等其他疑问代词功能更为强大,通过检索北京大学CCL"古代汉语"语料库,上古汉语"何处"用法仅有3例,均为动词"处"的用法,"何"为其宾语,如《庄子·山木》:"'……先生将何处?'庄子笑曰:'周将处乎材与不材之间。'"即没有"何+名词'处'"的用法,若"所"之"处所"义由通"处"而来,那么很难解释"何所"中"所"为名词用法。上古汉

---

① 王引之.经传释词(黄侃、杨树达批本)[M].长沙:岳麓书社,1982:82.
② 冯其庸,邓安生.通假字汇释[M].北京:北京大学出版社,2006:938"许"词条、591"所"词条.

语中"何所 VP"中"所"一般都不是"处所"义名词,而是虚词,"所"与后面的动词组成常称的"所"字结构或词组。王力指出:"'何所……'是主谓倒装的疑问句式,'所'字词组用作主语,'何'字用作谓语,'何所不容'就是'所不容(者)何';这种说法在意思上带有周遍性,'何所不容'意思是'无所不容'。"①其所举例子"何所不容"是反问句式,表示否定其存在性,这个意义上同"无所 VP",其"具有周遍性",实际上是"无指"。上古汉语中"何所 V"有用于反问表否定的,还有用来询问与 VP 相关的某个语义成分的。如:

(4) 虞、虢、焦、滑、霍、杨、韩、魏,皆姬姓也,晋是以大。若非侵小,将<u>何所取</u>?(《左传·襄公二十九年》)

(5) 若又勿坏,是无所藏币以重罪也。敢请执事:将<u>何所命之</u>?(《左传·襄公三十一年》)

例(4)"将何所取"是反问句,义同"无所取","何"所针对的是"取"的方式,照应前面的"若非侵小",除了"侵小"这种方式,还将有什么方式可以取得(领土)?也就是说"何所取"中"所取"指的是"取"的方式,"何"对这一方式加以发问,用反问的方式对其进行否定,即别无他法。这一句尽管可以译成"如果不是进攻小国,将要在哪里取得"②,但其中"所"并非处所名词,"何所"并不对应"哪里"。例(5)"何所 VP"之"所"不表处所更为明显,"所命之"指称的是与"命"这一动词相关的某个语义成分,这个语义成分就是"命"的内容,即其直接宾语对象,"命之"带了间接宾语"之",指代说话人,"何"对"命"的直接宾语对象进行发问,这是一个询问句,义为:"谨敢请问执事:对我们将有什么指示?"③

在"何所 VP"结构中,疑问代词"何"可以用其他疑问代词来替代,成"焉所 VP""安所 VP""恶所 VP"等结构,如:

(6) 尧舜禹汤文武<u>焉所从事</u>?曰:从事兼,不从事别。……桀纣幽厉<u>焉所从事</u>?曰:从事别,不从事兼。(《墨子·天志中》)

---

① 王力.古代汉语:第1册(校订重排本)[M].北京:中华书局,1999:370.
② 沈玉成.左传译文[M].北京:中华书局,1981:357.
③ 沈玉成.左传译文[M].北京:中华书局,1981:370.

(7) 帝曰:"大将军不知为此。"问之<u>安所受计策</u>,对曰:"受之待诏者东郭先生。"(《史记·滑稽列传》)

(8) 世有覆寡人之邪,救寡人之过,非君<u>恶所望之</u>?(《新序·杂事三》)

例(6)"焉所从事"中"焉"询问的是"从事"的受事对象,"所VP"结构"所从事"对该受事对象进行指称化,前一句答语"从事兼,不从事别"就是对"焉"的回答,"所从事"的语义指向,在问句中是"焉",在答句中是"兼",后一句类此。例(7)"所受计策"指称化的是"受"的与事,即间接宾语成分,其受事即直接宾语成分为"计策","安"便是对与事成分加以询问,答句"受之待诏者东郭先生"中的"待诏者东郭先生"回答的正是这一语义成分。例(8)《新序校释》注"恶,安也""'非君恶所望',言非君相知之深,更望何人也"①,可见其中"恶"询问的也是人,而不是处所。以上诸例均非问处所,则其中"所"不是"处所"义名词。相应的,前面的疑问代词也不是修饰"所"的,而是修饰"所VP"结构的,是对"所VP"进行发问,"所VP"所指代的语义则是与VP所相关的某个语义对象,并非处所。

此类"何所VP"等"疑问代词+所VP"用法,前人多将其看作是疑问代词修饰名词"所",却忽略了"所VP"的整体性。楚永安《文言复式虚词》将上述"何所"类结构看作是"名词性结构",认为"'所'是表处所的名词,'何'是'所'的定语,'何所'即'何处''什么地方'"②;洪成玉《古汉语复音虚词和固定结构》认为:"安所"为"代词性结构,用在动词谓语前,表示询问处所,可对译为'何处''哪里'。疑问代词'安',主要用作状语,一般不能修饰名词。修饰名词时,只限于修饰'所'字。"所举例子中即有例(7),并将其中"问之"句译为"问他从哪里接受计策"③。事实上例(7)"问"的是"受计策"的与事成分,对象是人,而不是严格的"处所"义。这些理解其实是受到了韵律和语用关系作用而产生的"语感"的误导。

"何所VP"实际上是一个特定的句式,其中"何所"不是一个双音虚词,其所以容易将"何所"看成是复音虚词,很大原因在于"何所VP"句式中,疑

---

① 石光瑛,陈新.新序校释[M].北京:中华书局,2001:348.
② 楚永安.文言复式虚词[M].北京:中国人民大学出版社,1986:119.
③ 洪成玉.古汉语复音虚词和固定结构[M].杭州:浙江人民出版社,1983:1.

问代词占据着语义焦点的位置。由于汉语韵律特点,单音疑问代词与"所"倾向于黏着,如此,"所"对其后VP的指称化限定性也显得颇为松散,甚至可以说"何所VP"句式中"VP"被"所"指称化的痕迹相当不明显。正因为这里的"所VP"是一个指称化较弱的成分,"安、焉"等其他疑问代词才能位居其前,其位置实则是定语之位,而定语功能恰恰是这些疑问代词极为薄弱的功能,一般不能替换"何N"中的定语"何"。也就是说,语义焦点"何"等疑问代词,指向的是"何所VP"中"VP"密切相关的某个语义成分,因此,在语用上,"何所VP"中"何"与"VP"就成了凸显成分,"所"实际的作用是句法上的"完形"功能,使得"何"与"VP"在句法形式上能够"合法",即满足"何"修饰的是名词性成分这一条件。这一句法形式在韵律作用下受到了影响,即韵律上单音疑问代词与单音的"所"倾向于黏着,VP因此似乎获得了自由,即恢复陈述性,而实际上整个句子语义聚焦在疑问代词,而不是陈述VP,所以不会引起语义分歧。由此"所"就显得可有可无,甚至主要起到音节作用,附着于"何",导致今天我们将其看作"何所"式"复式虚词"或"复音虚词"的语感。

《文言复式虚词》认为"'许'与'所'古音相近,可以通用,所以'何所'又作'何许','恶所'又作'恶许'"①,尽管其认为"何所"等是"定语+名词"结构这一看法不当,但其对"'恶所'又作'恶许'"的看法是值得肯定的。我们认为《墨子》一例"恶许"用法,亦如上面所说的"恶所VP"结构,其中"许"确实是通"所",但并不是处所名词,而是结构助词的用法。例(1)"吾将恶许用之"是对"用之"的目的成分进行发问,而不是问处所,"舟车"造好了,用来干什么呢?问的就是这个,而不是"我将在什么地方用它呢",这可以进一步从答句看出,"舟用之水,车用之陆,君子息其足焉,小人休其肩背焉"回答的正是使用舟车的目的。诚如例(5)"将何所命之","吾将恶许用之"中"恶许"确实同"何所",只不过其中"许"与"所"都不是"处所"义名词,而都是"何所VP"类句式,"恶许VP"正是如例(8)"恶所VP"。

"何所VP"句式在上古汉语中颇为常见,其中"何"可以被其他疑问代词替代,但其使用也相当有限,先秦汉语中"焉所VP"仅《墨子·天志中》2例,"恶所VP"亦罕见,《墨子·非乐上》"恶许VP"实则为"恶所VP",应该说

---

① 楚永安.文言复式虚词[M].北京:中国人民大学出版社,1986:119.

《墨子》这 3 例为"疑问代词＋所 VP"句式的丰富多样性提供了极为重要的例证。

(四)"恶许"非"恶乎(虖)"

冯赫《处所词"所"与"许"的关系》则明确处所词"许"出现于东汉以后,"疑问代词＋许"只有"何"与"许"构成的"何许",始见于东汉时期,并指出:"先秦时期仅见到《墨子·非乐上》'恶许'一例,这个'恶许'即'恶乎(虖)',其中的'许'不是'所'的变体。"[1]其看法是"恶许"即"恶乎(虖)",尚未见其论证,不过若说是通假之用,则或未必成立。

上古汉语中,疑问代词"恶"确实常见与"乎"连用于"恶乎 VP"句式,一般认为"恶乎"是介宾短语,《古汉语疑问范畴词典》释"恶乎"为介宾结构,主要用于处所询问、原因询问、方法询问[2]。王引之《经传释词》卷四释"恶"说"盖'恶'本训'何','恶乎',犹言'何所',不必训为'于何'也"[3],其说"恶乎"犹言"何所",当从语义而言,并非指结构,"乎"也非"所"。

根据《上古音手册》,"所""许""乎""虖"诸字声韵调如表 2-1 所示:

表 2-1 "所""许""乎""虖"上古声韵调表[4]

字	声纽	韵部	声调
许	晓	鱼	上
所	生	鱼	上
虖	晓	鱼	平
乎	匣	鱼	平

"许"与"所"上古汉语中有互为通假之用。"虖"可通"乎",为旁纽通假,《墨子·尚同上》即有用例,"夫明虖天下之所以乱者,生于无政长"中"虖"通"乎",为介词。尽管"许"与"虖"声母和韵部相同,声调不同,也符合通假字音近的原则,但判定通假用法,还有一个很重要的方面,即要有充分的文献例证。上面提到的"许"与"所"互通以及"虖"通"乎",均列于《通假字汇释》,有多个例证,但"许"通"虖"或"乎"则没有文献用例佐证。由此,我们认为

---

[1] 冯赫.处所词"所"与"许"的关系[J].中国语文,2013,(6).
[2] 王海棻.古汉语疑问范畴词典[M].南京:江苏教育出版社,2001:186、250、335.
[3] 王引之.经传释词(黄侃、杨树达批本)[M].长沙:岳麓书社,1982:78.
[4] 唐作藩.上古音手册(增订本)[M].北京:中华书局,2013.

《墨子》"恶许"并非"恶乎"。

综上,"恶许"不是"定语+处所名词"结构,而是"恶许 VP"句式,其中"许"通"所","恶许 VP"即"恶所 VP",属于"何所 VP"一类句式,其中"恶"也可看作是定语,但并非修饰"名词'许'",而是修饰整个"许(所)VP"指称性结构。

二、焉故

(一)《墨子》"焉故"例

《墨子》中有 1 例"焉故"的用法,其中"焉"为疑问代词作定语。疑问代词作定语,"何"的这一用法比较明显,"何故"常见,但其他疑问代词作定语的功能是相当受限的,"焉故"用法几不见于上古典籍,仅有《墨子》1 例。

(9) 今王公大人其所富,其所贵,皆王公大人骨肉之亲、无故富贵面目美好者也。今王公大人骨肉之亲、无故富贵面目美好者,焉故必知哉?若不知,使治其国家,则其国家之乱可得而知也。(《尚贤下》)

《文言复式虚词》讲到"何故"时,说:"'何故'又可以写作'奚故';《墨子》中又作'焉故'。"所举例子即《吕氏春秋》中 2 例"奚故"和《墨子·尚贤下》中的"焉故"句①。王海棻《疑问代词"奚"及其与"何"字用法的比较》一文统计"奚故"用于提问或设问,"用于提问 3 次,用于设问 4 次,全部出自《吕氏春秋》"②。《墨子》中"焉故"用来表示反问。

例(9)"焉故必知哉"之"知"即如后面的"若不知"之"知",义为"聪明",后作"智",整句译为:"怎么就必定聪明啊?"《文言复式虚词》引此例为:"今王公大人骨肉之亲无故富贵面目美好者,焉故必知哉?"并译为:"现在那些王公大人的子孙,无缘无故地富贵起来,面目长得很漂亮,他们为什么一定就明智呢?"前半句的断句及译文有误,"王公大人骨肉之亲"与"无故富贵面目美好者"并列,指两类人,后者为"者"字结构。引例译文解成主谓句式,忽略了上下文语境。《墨子·尚贤中》与该段文意相似的句子如下:

---

① 楚永安.文言复式虚词[M].北京:中国人民大学出版社,1986:106-107.
② 王海棻.疑问代词"奚"及其与"何"字用法的比较[M]//王海棻.古汉语论集.北京:社会科学文献出版社,2014:434-447.

(10) 逮至其国家之乱，社稷之危，则不知使能以治之，亲戚则使之，无故富贵面目佼好则使之。夫无故富贵面目佼好则使之，<u>岂必智且有慧哉</u>！若使之治国家，则此使不智慧者治国家也，国家之乱既可得而知已。（《尚贤中》）

例(10)中"亲戚则使之，无故富贵面目佼好则使之"针对两类人分别叙述，可以为例(9)中合文句式断句及理解提供很好的参考。此句中用"岂必智且有慧哉"，用词不同，但语义表达功能同例(9)"焉故必知哉"，均是反问句式，一用语气副词"岂"，一用疑问代词短语"焉故"，"岂"表"难道"，"焉故"表"怎么"，对"必智且有慧"与"必知（智）"进行否定。正因为"焉故"少见，谭家健对例(9)"焉故"专门给出了注释，释为"何故"①。不过"何故"多用来询问原因，这里"焉故"不是一般的询问原因，因此注释时若加上"表示反问"，则对理解文意更为有益。

谢德三《墨子虚词用法诠释》释"焉"为"限制词"用法："与'何''安'意同，表示疑问，如口语之'怎样''那里'。另'焉'又常与'故'连用成'焉故'之熟语，意犹'何故'，亦表询问缘故，作限制词用。"②"何"与"故"连用成"何故"是常见"熟语"，但"焉故"则并非如谢所说为"熟语"，其在《墨子》中仅一见，其他典籍中也罕见。杨树达《词诠》释"焉"有"疑问形容词"用法，"何也，用于名词之前"③，该用法即疑问代词"焉"作定语，所举2例一为《墨子·尚贤下》例，一为东汉蔡邕文中例子：

(11) 魂气飘飖，<u>焉所</u>安神。（蔡邕《司徒袁公夫人马氏碑铭》）

沈溶《虚字指南》释"焉"的用法有"形容词"条："与'何'字同，用于名词之前，当白话'什么'。"所举例子即例(11)，并译为："魂气飘来飘去，什么地方安住神灵？"④周荫同《文言虚字实词义》释疑问代词"焉"也举了这一个例子，认为是"用在名词之前，作定语，有'什么'的意思"⑤。上述诸家讨论

---

① 谭家健，孙中原. 墨子今注今译[M]. 北京：商务印书馆，2009：55.
② 谢德三. 墨子虚词用法诠释[M]. 台北：学海出版社，1982：272.
③ 杨树达. 词诠[M]. 上海：上海古籍出版社，2006：346.
④ 沈溶. 虚字指南[M]. 上海：上海东方书局，1935：140.
⑤ 周荫同. 文言虚字实词义[M]. 西安：陕西人民出版社，1983：195.

"焉"的这一用例,盖都是将其中"所"解为名词,表示"地方",则"焉"用来修饰名词"所"。我们认为这一理解或可再揣酌。

如前面辨析"恶许"时讨论"何所 VP"类句式所言,"焉所 VP"也属于此类句式,其中"所"并非"处所"义名词,而是"所 VP"指称化结构,疑问代词"焉"作定语修饰整个"所 VP"结构,最主要的是"焉所"并非一定表示询问处所,亦可以询问方法、方式,"焉所安神"即如何安神。

(二)《墨子》"焉所 VP"

《墨子》中"焉"作定语也恰有《词诠》所举的另一类型的用法,即"焉"修饰"所 VP"结构,前面讲"何所 VP"类时举到该例"焉所 VP",这里我们结合《墨子》文意再作进一步讨论。"焉所 VP"在《墨子》中共 2 例,均为"焉所从事",出现在同一段内容中,如例(12)所示:

(12) 夫爱人利人,顺天之意,得天之赏者,谁也?曰:若昔三代圣王,尧舜禹汤文武者是也。尧舜禹汤文武焉所从事?曰:从事兼,不从事别。……夫憎人贼人,反天之意,得天之罚者,谁也?曰:若昔者三代暴王桀纣幽厉者是也。桀纣幽厉焉所从事?曰:从事别,不从事兼。(《天志中》)

例(12)两处"焉所从事"中"焉"都是对"从事"的对象进行询问,而不是"从事"的处所,显然其中"所"非处所名词。比较下例:

(13) 从王命以纾诸侯,晋国无忧;是之不务,而又焉从事?(《左传·昭公三十二年》)

例(13)中"是之不务,而又焉从事"义为"不致力这个,又从事什么",前后两个小句照应,都是前宾语结构,"务"与"从事"义近,表示"致力于做(某种事情)",前句复指代词"是"前置,"之"为标记,后句疑问代词作宾语前置是常态,无需前置标记,"焉从事"即"从事焉",此句是反问句,义即"无所从事,唯有务是"。尽管"何所 VP"既可以表示反问也可以表示一般询问,不过"焉所 VP"仅见于《墨子》,从例(12)与例(13)的比较来看,显然区别在于前者表示一般的询问,用于设问句式,后者则是反问句式。"焉所从事"与"焉从事"表达的语义是相似的,但句式结构是不同的,前者是"焉"作定语,对"所VP"发问,后者"焉"是VP的宾语,也就是说前者的VP被指称化了,后者的VP还是陈述性的,这种情况下,前者表示一般询问的可能性更大。

结合上下文,例(12)两处"焉所从事"其实是针对"圣王得天之赏""暴王得天之罚"的原因而提问的,也就是说"他们究竟做了什么事,才得到上天赏赐或惩罚的"。《墨子·天志上》与例(12)文段语意相似的一段内容中,则是直接询问原因,如例(14)所示:

(14)然则是谁顺天意而得赏者?谁反天意而得罚者?子墨子言曰:昔三代圣王禹汤文武,此顺天意而得赏也。昔三代之暴王桀纣幽厉,此反天意而得罚者也。然则禹汤文武其得赏何以也?子墨子言曰:其事上尊天,中事鬼神,下爱人。故天意曰:"此之我所爱,兼而爱之;我所利,兼而利之。爱人者此为博焉,利人者此为厚焉。"故使贵为天子,富有天下,业万世子孙,传称其善,方施天下,至今称之,谓之圣王。然则桀纣幽厉其得罚何以也?子墨子言曰:其事上诟天,中诟鬼,下贼人。故天意曰:"此之我所爱,别而恶之;我所利,交而贼之。恶人者此为之博也,贼人者此为之厚也。"故使不得终其寿,不殁其世,至今毁之,谓之暴王。(《天志上》)

这一段中用"然则禹汤文武其得赏何以也""然则桀纣幽厉其得罚何以也"直接对"得赏""得罚"进行发问,"何以"即"以何",义为"为什么"。将例(12)与例(14)加以对比,更可以看出例(12)中"焉所从事"语义重点并非在于"从事"这一行为,而在于"焉",为了进一步突出语义重点,其采用的句法手段即在"从事"(VP)之前增加"所"字,使得VP由陈述性转而指称化,其目的是弱化VP的焦点核心度,使得前面的"焉"得到进一步的凸显,也可以说"所"的介入,其实是对"焉"的一种焦点标记,而例(13)没有"所"的"焉从事",尽管疑问代词天然占据语义焦点位置,但"从事"(VP)作为谓语动词,其核心地位是不容忽视的。

《墨子·尚贤下》1例"焉故VP"是上古典籍中仅见的"焉故"用法,为疑问代词"焉"作定语修饰名词提供了极为宝贵的语例,其用法特殊性在于这一例"焉故"表示反问,《墨子》中多例"何故"多用于设问,没有表反问的用法。《墨子·天志中》2例"焉所从事"为"焉"可以替换"何所VP"句式中"何"提供了重要语例,用于设问;《墨子》中没有"何所VP"的用法,另有1例"恶许用之",即"恶所VP",也是用于设问。《墨子》中"焉""恶"疑问代词用作定语的例子,呈现出来的是"何"之外其他疑问代词作定语的多样化现象,其中或有功能的细微差异,如"何故"表一般询问,"焉故"表反问。

这又进一步启发我们产生一个大胆的猜测:传世文献中"何"之外其他疑问代词作定语的用法,或许未必真的如我们今天所见这般罕见,历代对典籍的校改、整理中,一些作定语的其他疑问代词或有可能被改成了"何",因为"何"在上古汉语疑问代词系统中独霸天下,在一些疑问代词构成的凝固句式或结构中也是最为牢固,这从注家对典籍中偶有出现的"焉、恶"等其他疑问代词作定语多采用"何"加以注释可窥一斑。

孙良明从先秦典籍与汉人注释看古代汉语语法的变化,发现"几部书原文问物(包括时、地、原因等)代词,'何'字外尚有'爰''曷''害(hé)''胡''奚''恶(wū)''盍''焉''安'等,注文均变为'何'",得出"问物代词'何'字化"的结论①。

在注重解经释义而非语言本体研究的古代典籍注解中,在不影响语意理解的前提下,对文字原本性缺乏语料学意义的严谨求实的态度,进而擅自更改文字的情况,或有存在,即如将"焉故"改作"何故"等,或许这是"焉故VP"不见于其他先秦典籍的一个原因。相比于其他典籍,《墨子》文本的校改程度要低得多,正因为如此,它保留了多样化的语言现象,为我们了解先秦语言事实提供了极为重要的语料,而这正是我们进一步探讨语言使用及发展演变规律的基础。

第二节 疑问代词作宾语特例

本节主要讨论《墨子》中"何自""胡自""奚以"等结构,其中疑问代词作介词的宾语,在《墨子》中均有其特殊用法。

---

① 孙良明.古代汉语语法变化研究[M].北京:语文出版社,1994:23.

一、何自/胡自

王力指出"'奚'用于宾语的比较少见,'曷''胡'用于宾语的更是个别的情况"①。《马氏文通》引《诗经·邶风·式微》"胡为乎泥中",说"盖'胡''曷'二字,惟为'为'字所司,未见有司于其他介字者"②。上古汉语中,"以"是多功能介词,最发达的是表示原因和凭借、方法的用法,"何以"最常见,"奚、曷、胡"均有替换其中"何"的用法;"为"是上古汉语中专门表原因的介词,其与疑问代词组合也比较强大,不仅有"何为",也有"奚为""曷为""胡为"的用法。《古汉语疑问范畴词典》列有"何/奚/曷/胡以"系列、"何/奚/曷/胡为"各项词条,"何/奚/曷"还有与介词"由"组合成表示询问方法的"何/奚/曷由",没有"胡由"③。此外上古汉语中"何"等疑问代词少有与其他介词组合而用。

(一)《墨子》介宾结构"何自""胡自"

《墨子》中有"何""胡"与介词"自"组合的用例,"何自"3例(另有1例"何自VP"中"自"是副词而不是介词,后面讨论)、"胡自"2例,这是《墨子》独有用法,不见于其他先秦典籍。用例如下:

(1) 今子事鬼唯祭而已矣,而曰:"病<u>何自</u>至哉?"是犹百门而闭一门焉,曰:"盗<u>何从</u>入?"若是而求福于有怪之鬼,岂可哉?(《鲁问》)

(2) 圣人以治天下为事者也,不可不察乱之<u>所自</u>起。当察乱<u>何自</u>起?起不相爱。……察此<u>何自</u>起?皆起不相爱。(《兼爱上》)

(3) 姑尝本原若众害之<u>所自</u>生,此<u>胡自</u>生? 此<u>自</u>爱人利人生与? 即必曰非然也,必曰<u>从</u>恶人贼人生。……姑尝本原若众利之<u>所自</u>生,此<u>胡自</u>生? 此<u>自</u>恶人贼人生与? 即必曰非然也,必曰<u>从</u>爱人利人生。(《兼爱下》)

例(1)"何自"修饰的谓语动词是"至","自"是一个处所介词,表示始发

---

① 王力. 汉语史稿[M]. 北京:中华书局,1980:337.
② 马建忠. 马氏文通[M]. 北京:商务印书馆,2010:75.
③ 王海棻. 古汉语疑问范畴词典[M]. 南京:江苏教育出版社,2001:606-607、612-613.

处,后面"盗何从入"中"从"是典型的表示起点处所的介词。"病何自至哉"字面译为"病从哪里来啊",发此问是自以为"事鬼"已经做到很好了,不当再有病了,前文指出"今子处高爵禄而不以让贤,一不祥也;多财而不以分贫,二不祥也",说明"唯祭"的方式来"事鬼"显然是不够的,正与后文"犹百门而闭一门"情况相似。此处"何自至"确实当为"自何至"。例(2)2例"何自起"与例(3)"胡自生"用法相似,都表示询问"乱""害""利"等产生的原因,其询问的对象即"所自起""所自生",从例(3)设问答句中能较好地看出"自"为介词的性质,"自爱人利人生"与"从恶人贼人生","自恶人贼人生"与"从爱人利人生"先后正反照应而言,均是一用"自"一用"从","自""从"带宾语"爱人利人""恶人贼人"构成介宾结构,修饰"生",表示产生的原因。例(2)设问答语中没有出现"自",似乎该"自"不是介词,不过"何自起"如上所说是表示原因,其答语直接用"起不相爱"是可以的,"起"为"起源"义,表示原因。《兼爱上》中另有"起不相爱"回答问句中不用"起"的用法:

(4) 父自爱也不爱子,故亏子而自利;兄自爱也不爱弟,故亏弟而自利;君自爱也不爱臣,故亏臣而自利。<u>是何也? 皆起不相爱</u>。虽至天下之为盗贼者亦然,盗爱其室,不爱其异室,故窃异室以利其室;贼爱其身,不爱人,故贼人以利其身。<u>此何也? 皆起不相爱</u>。(《兼爱上》)

例(4)中2处"起不相爱"均用来回答询问原因的"何也",由此例(2)中虽用"何自起"发问,但答语中仍用"起不相爱",而非"自不相爱起",也是合理的。

与《兼爱上》《兼爱下》内容有相似之处的《兼爱中》有如下表达:

(5) 凡天下祸篡怨恨,其<u>所以起</u>者,<u>以</u>不相爱生也,是以仁者非之。……凡天下祸篡怨恨可使毋起者,以相爱生也,是以仁者誉之。(《兼爱中》)

这一段中"所以起"与例(2)、例(3)的"所自起""所自生"为同一结构,仅有介词差别,《兼爱上》《兼爱下》用"自",《兼爱中》用"以"。例(5)前用"起",后用"生",例(3)答语中"自爱人利人生"与、例(5)"以不相爱生",表达语义相似,"自"功能同"以"。

由例(3)可知,介词"自"与"从"在《墨子》中有混用现象,《墨子》中与例(2)、例(3)"何自起、胡自生"及其相对的肯定式"所自起、所自生"相平行的,还有"何从出"与"所从出",如下:

(6)子墨子言曰:今天下之君子之欲为仁义者,则不可不察义之<u>所从出</u>。既曰不可以不察义之所欲出,然则义<u>何从出</u>?子墨子曰:义不<u>从</u>愚且贱者出,必<u>自</u>贵且知者出。(《天志中》)

根据例(6)答语中"从……出,自……出"可知,"自"同"从",都显然是介词,"何从 V"与"何自 V""胡自 V"句式都是表示询问原因,V 主要是"起、生、出"等表示"产生"义动词,所以介词"自""从"表示事物产生的起源处,属于广义的"处所"义,而不是实际的位移起点。由此,可以确定,《墨子》语料为疑问代词"何、胡"提供了作介词"自""从"宾语的例证。

(二)"何自"之"自"介词或副词辨析

《墨子》中另有 1 例"何自",或当为"何/自 VP",而非"何自/VP",即"自"为副词,表示"自己、自行"发出某一动作行为,"自"不是引介"何"的介词。

(7)事则不与,禄则不分,请问天下之贤人将何自至乎王公大人之侧哉?若苟贤者不至乎王公大人之侧,则此不肖者在左右也。(《尚贤中》)

关于例(7)中的"何自"颇有争议,其中"自"究竟是介词,还是副词,关系到对"何自"是否能判断成疑问代词作介词宾语。两种看法都有:南开大学《古代汉语读本》举例(7)作为"疑问代词充当介词的宾语,一般也放在介词前面"的一个例子,说明"'何自'意思是'从哪儿',疑问代词'何'充当介词'自'的宾语,放在介词'自'的前面"①。谭家健则将其译为:"政事既不让人

---

① 南开大学中文系古代汉语教研室.古代汉语读本[M].天津:天津人民出版社,1981:133.

参与,俸禄又不分给别人,请问天下的贤人怎么会自己跑到王公大人身边来呢?"①显然是将"自"看作副词,黏着于"至",即"自己跑到",而不是将"何自"看作介宾结构。

夏先培讨论"于何"等疑问代词作特定介词宾语一般为后置宾语组合时,提到"只有'自何'也说'何自',我们在《墨子》的《尚贤中》和《兼爱上》中共发现3例,但《尚贤中》'请问天下之贤人,将何自至乎王公大人之侧哉?'一例,'自'还有可能是副词,而不是介词。"②

我们认为这一例"何自 VP"中"自"当是副词,而不是介词。其原因主要有以下三方面:

第一,这一例与前面几例"何自 V"比较,最大的区别在于主语不同,前面例子的主语是抽象事物,不具有生命性,"何自 V"的 V 也是抽象的,即并未发生实际的位移行为,"何自 V"不论从字面上译为"从哪里",还是意译为"为什么",都是可以的;这一例"何自至"的主语是"贤人",是可以发生具体的位移行为的,那么,如果"自"是介词,则"何自"则是实在地对"至"的起始处所发问,显然这与文意不符。

第二,正因为"何自至"的主语是"贤人","至"的施动者"贤人"具有自主性,"自"作副词,正是表示某一动作行为是自发的、主动的,两者具有一致性,这与后文"若苟贤者不至乎王公大人之侧"形成照应,"贤者不至"也是贤者的主动性选择。

第三,其他典籍相佐证。例(7)语意与例(8)中的《韩非子》引文颇为相似:

(8) 且官职所以任贤也,爵禄所以赏功也,设官职,陈爵禄,而士自至,君人者奚其劳哉!(《韩非子·难二》)

例(7)"事则不与,禄则不分"语义与例(8)"设官职,陈爵禄"相对应,"设官职"就是"任贤",让贤人"与事","陈爵禄"就是"赏功",给贤人"分禄"。例(8)从正面来说,做到这两点,则"士自至",也就是"有才能的人自会到来",

---

① 谭家健,孙中原.墨子今注今译[M].北京:商务印书馆,2009:48.
② 夏先培.上古汉语疑问代词宾语后置现象探析[M]//《中国语言学报》编委会.中国语言学报(第15期).北京:商务印书馆,2012:121.

例(7)则是从反面来说,"何"疑问代词作状语,用反问表否定,义即不会"自己主动到来"。比照例(8),例(7)中"自"为副词,修饰"至",表示"至"的自发主动性,这一点更为明确。

我们推测,大概正因为上古汉语中"自"的副词功能很发达,常位于动词前,如果介词"自"出现在"何自VP"句式,则极易产生歧义理解,仅有《墨子》诸例有上下文应方可判断其为介词,其他更多"何自VP"中"自"用为副词。判断其为副词,有一个语义特征可以帮助把握,那就是"自"谓语动词前,往往突出的是某一动作行为的自发、主动性,如果语句中有前后语义形成比照,突出了这一种自发主动性,那么这个"自"就是副词。

《文言复式虚词》"何自"词条认为:"'何自'有时候还可以用同'何以',表示原因。相当于'为什么''怎么'。"①其所举2例均出自《史记》:

(9) 雒阳剧孟尝过袁盎,盎善待之。安陵富人有谓盎曰:"吾闻剧孟博徒,将军何自通之?"盎曰:"剧孟虽博徒,然母死,客送葬车千余乘,此亦有过人者。且缓急人所有。夫一旦有急叩门,不以亲为解,不以存亡为辞,天下所望者,独季心、剧孟耳。今公常从数骑,一旦有缓急,宁足恃乎!"骂富人,弗与通。(《史记·袁盎列传》)

(10) 上乃大惊,曰:"吾求公数岁,公辟逃我,今公何自从吾儿游乎?"四人皆曰:"陛下轻士善骂,臣等义不受辱,故恐而亡匿。窃闻太子为人仁孝,恭敬爱士,天下莫不延颈欲为太子死者,故臣等来耳。"(《史记·留侯世家》)

例(9)"何自通之"中"自"强调的是主动行为,因"剧孟博徒",所以就有一个大家要避之不及的预设,但袁盎却"善待之",不仅没有回避,反而有种主动接近的意味,"何自通之"中副词"自"正是强调了这一点,突出的是说话人的意外,即当事人的行为与说话人的预设形成了极大反差。这里的"自通之"与后文"骂富人,弗与通"又形成对比,都是袁盎"自主"采取的行为态度。例(10)"何自从吾儿游"中"自"也是副词,强调后面的"从吾儿游"行为的自发主动性,建立在与前面的"公辟逃我"的反差基础之上,答语中"恐而亡匿"

---

① 楚永安. 文言复式虚词[M]. 北京:中国人民大学出版社,1986:145.

与"臣等来耳"分别照应前文,体现的正是一个消极回避,一个积极主动。可见这两例"何自 VP"中"自"都不是介词,而是副词,疑问代词"何"作状语,表示询问原因。

《史记》中共有 6 例"何自 VP",除上述 2 例,还有 4 例,用法也都相同,其中"自"也都是副词:

(11) 吕媪怒吕公曰:"公始常欲奇此女,与贵人。沛令善公,求之不与,何自妄许与刘季?"(《史记·高祖本纪》)

(12) 孝惠帝为东朝长乐宫,及闲往,数跸烦人,迺作复道,方筑武库南。叔孙生奏事,因请闲曰:"陛下何自筑复道高寝,衣冠月出游高庙? 高庙,汉太祖,奈何令后世子孙乘宗庙道上行哉?"孝惠帝大惧,曰:"急坏之。"(《史记·叔孙通列传》)

(13) 鲁相初到,民自言相,讼王取其财物百余人。田叔取其渠率二十人,各笞五十,余各搏二十,怒之曰:"王非若主邪? 何自敢言若主!"鲁王闻之大惭。(《史记·田叔列传》)

(14) 文帝辇过,问唐曰:"父老何自为郎? 家安在?"唐具以实对。(《史记·冯唐列传》)

例(11)—例(13)"何"发问其实都不是真的询问,而是表示一种质疑,都不需要对"何"作出回答,副词"自"出现在某人之某一行为之前,突出这是某人个人的行为,即"擅自"义,这一"自"的使用,上下文都有一个与这一行为形成反差的事实或预设。例(11)前面是"沛令善公,求之不与",后面"自妄许与刘季","自"与"妄"同义复用,即"擅自随便地"。例(12)后文"奈何令后世子孙乘宗庙道上行哉"明确指出了惠帝"筑复道"的失策,这是显然不能做的事情,"自"突出惠帝这一行为是"私自的、没有经由与大臣商量的",因而是欠考虑的、不妥的,惠帝反应为"大惧",正与"自"的"轻率"形成照应;例(13)中丞相在百姓面前维护鲁王的权威,"何自敢言若主"中"自"为"私自、擅自"义,前提是"王非若主邪"即"王是若主,不可对其妄言",一个"自"凸显的是其后 VP 的不合理性。

例(14)"何自为郎",多有纷解。吕叔湘、徐仲华《文言虚词例解》认为"何自"义为"从哪儿,怎么样",举该例,译为:"老先生您怎么样当的郎官?

家乡在什么地方?"①王海棻《古汉语疑问范畴词典》中"何"用于"时间询问",相当于"什么时候",举该例,译为:"老人家从什么时候作了郎的?"又将例(10)"今公何自从吾儿游乎"译为:"而你们从什么时候开始跟从我儿子的呢?"②例(14)只是叙以"具以实对",究竟什么样的"实"未交代,但例(10)的答语显然是回答了先后两种做法的原因,而不是"从什么时候"。可见将"何自VP"中"何"理解为表示询问时间是不当的。徐仁甫《广释词》释"自"为"由、因",认为例(14)"'何自'与'安在'并列,'在'是动词,则'自'亦动词,谓为郎何因也"③。"何自"与"安在"看似结构相似,实则有别,"何自"后面有VP,而"安在"后面没有,"在"是动词,但"自"不是动词。尽管"自"确实有"由、因"义,如上文解《墨子》"何自/胡自"时所说,但单独的"何"作状语,也可以表示询问原因,不必"何自"介宾组合。

例(14),王有宗注释"言年已老矣,何乃自为郎也"④。我们倾向于赞同该例"自"也是副词,这里也有一个说话人的预设,即冯唐年事已高,理当是退休之龄,但他还在担任着中郎署长之职,所以作为长官的文帝对其进行慰问以示关心时,或许首先要问的就是:"您老人家怎么还做着郎官呢?"加上"自"表达的是当事人自己主动的行为选择,而不是文帝任命他的,若是文帝任命的,就不会有这么一问,更不会有"家安在"之问。

吴昌莹《经词衍释》"自"条,在《经传释词》"自,词之'用'也"基础上,提出"自训为'用',用,'以'也",举例有例(11)"何自妄许与刘季";又列"'由'也,'由'通'犹',故自亦训'犹'",并注"此义《释词》不载",其所举例子为《汉书·冯唐传》中"帝谓唐曰:'父老,何自为郎?'",并说:"言父已老,何犹为郎也。师古曰:'年已老,何自为郎。'意近是,但自字未明训耳。"又引《史记·秦纪》"后子富如此,何以自亡?"释为"谓何以犹出亡也"⑤。例(11)"何"即有表因义,不需"自"释为"以"。释"自"为"犹",尽管也是副词义,却是通过"由"通假"犹"而来,此义似不足成立。"何自为郎"与"何以自亡"中"自"还是指向后面VP的自发性、主观性,所谓"犹"意,乃是前后语句之间隐含的转折关系,并不是"自"的功能。

---

① 吕叔湘,徐仲华. 文言虚词例解[M]. 北京:北京出版社,1965:29.
② 王海棻. 古汉语疑问范畴词典[M]. 南京:江苏教育出版社,2001:125-126.
③ 徐仁甫. 广释词[M]. 成都:四川人民出版社,1981:360.
④ 王有宗,高军强,凌朝栋. 分段详注评点史记菁华录[M]. 北京:商务印书馆,2014:304.
⑤ 吴昌莹. 经词衍释[M]. 北京:中华书局,1956:138-140.

综上,上古汉语中,"何自"为介宾结构的用法确实少见,可以确定的例子仅《墨子》3 例,而"胡自"则仅有《墨子》2 例。"自"有多种功能,其副词功能常见,在与疑问代词组合中,理解容易产生歧义,这当是其使用受限的主要原因之一。

二、奚以

与《墨子》"何自""胡自"用法平行的"奚自"见于其他典籍,如《论语》《庄子》《吕氏春秋》,但《墨子》中不见"奚自"的用法,不过有功能相似的"奚以"。

(15) 子路宿于石门。晨门曰:"奚自?"子路曰:"自孔氏。"曰:"是知其不可而为之者与?"(《论语·宪问》)

(16) 子列子问关尹曰:"至人潜行不窒,蹈火不热,行乎万物之上而不栗。请问何以至于此?"关尹曰:"是纯气之守也,非知巧、果敢之列。……夫若是者,其天守全,其神无郤,物奚自入焉?"(《庄子·达生》)

(17) 人主之患,欲闻枉而恶直言,是障其源而欲其水也,水奚自至?是贱其所欲而贵其所恶也,所欲奚自来?(《吕氏春秋·贵直》)

例(15)中《论语》"奚自"后面省略了动词,答语"自孔氏","自"显然为介词,"奚自"介宾结构独立成句。这一例可以确定"奚"可以做介词"自"的前宾语。这个"自"是位移起点处所介词。例(16)中《庄子》句,"奚自入"译为"从哪里侵入",照应前面的"守全""无郤",反问句表否定,即没有地方可以侵入,也就是无法侵入。陈鼓应译为:"像这样的人,他的天性完备,他的精神凝聚,外物怎样侵入呢?"①用"怎样侵入"译"奚自入"语意上完全合理。其中"自"不是副词用法。例(17)中"水奚自至"表示"水从哪里来",照应前面的"障其源",水必从源头来,源头堵住了,水就无处来了;"所欲奚自来"表示"想要得到的东西从哪里来"。

"奚自 VP"中 VP 除了以上"入、至、来"等位移动词,还可以是抽象动词"知","奚自"由表示询问处所抽象为表示途径,即"怎么、如何"。《吕氏春

---

① 陈鼓应.庄子今注今译[M].北京:商务印书馆,2012:549.

秋》有"奚自知"用法：

(18) 夫尧恶得贤天下而试舜？舜恶得贤天下而试禹？断之于耳而已矣。耳之可以断也，反性命之情也。今夫惑者，非知反性命之情，其次非知观于五帝、三王之所以成也，则奚自知其世之不可也？奚自知其身之不逮也？（《吕氏春秋·谨听》）

例(18)中"奚自知"之"自"究竟是介词还是副词，也有不同理解。陈奇猷释为："谓今世之惑者，求贤而任之，不察之以法、揆之以量、验之以数，徒效尧、舜断之于耳而试舜、禹，殊不知断之于耳乃反性命之情之举，其次又不知观察五帝、三王之成功系由于学贤问知，则此惑者奚以自知其时代不是尧、舜之时代而不可断之以耳，又奚以自知其身不及尧、舜之贤耶？"[①]释文用"奚以"释原文中的"奚"，"自"附着于"知"，则是将其看作副词。张双棣等却译为："现在那些昏惑的人，不知道复归人的本性，又不知道观察五帝三王之所以成就帝业的原因，那又从哪里知道世道不好呢？从哪里知道自身赶不上五帝三王呢？"[②]

译文中用"从哪里知道"来译"奚自知"，则是将"自"解作介词。前文"知反性命之情""知观于五帝、三王之所以成"是"知其世之不可""知其身之不逮"的途径，前面"非知"，显然后面就无法做到，"奚自知"来反问，"从哪儿知道"，即没法知道。"奚"作介词"自"的宾语成"奚自VP"句式，如上文所举例子，在《吕氏春秋》中并非仅此孤例，这一例作此解当是符合语言规律的。

《墨子》中虽无"奚自"用法，但有与例(18)相似的句式"奚以知"。

(19) 奚以知天之欲人之相爱相利，而不欲人之相恶相贼也？以其兼而爱之、兼而利之也。奚以知天兼而爱之、兼而利之也？以其兼而有之、兼而食之也。（《法仪》）

《墨子·法仪》2 见"奚以知"即"依据什么知道"，介词"以"表示依据、根

---

① 陈奇猷.吕氏春秋新校释[M].上海：上海古籍出版社，2002：715.
② 张双棣,等.吕氏春秋译注[M].北京：北京大学出版社，2000：357.

第二章 《墨子》疑问代词特殊用法

据。其义与"奚自知"(从哪里知道)是一致的。与介词"以"组合成介宾结构的疑问代词,"何"最常见,其次当属"奚",另外还有少数"胡以"用例①。"奚以"在《墨子》共5见,除上述2见,另有3见如下:

(20) 然则<u>奚以</u>为治法而可?……故父母、学、君三者,莫可以为治法。然则<u>奚以</u>为治法而可?故曰莫若法天。(《法仪》)

(21) 盗人,人也;多盗,非多人也;无盗,非无人也。<u>奚以</u>明之?恶多盗,非恶多人也;欲无盗,非欲无人也。(《小取》)

"奚以 VP"中 VP 分别是"为治法""明之"。"奚以为治法"义为"用什么来作为治理国家的法则","奚以明之"义为"依据什么(怎么)知道这一点"。2 见"奚以为治法"中"奚"询问"以 N_1 为 N_2"句式中 N_1 这一对象,《墨子》中其他 3 见"奚以 VP"都可以看作是询问 VP 的依据、方法。

此外,《吕氏春秋》中有多例询问原因的"奚由 VP"例,《墨子》中介词"由"表示事件开始、终止的时间,没有与疑问代词构成介宾结构的用法。

(22) 民之为淫暴寇乱盗贼,以兵刃毒药水火退无罪人乎道路率径,夺人车马衣裘以自利者,并作,<u>由此始</u>,是以天下乱。……民之为淫暴寇乱盗贼,以兵刃毒药水火退无罪人乎道路,夺车马衣裘以自利者,<u>由此止</u>。(《明鬼下》)

"由此始""由此止",介词"由"引介代词"此",表示"从这时开始""从这时绝迹"。

---

① 通过北京大学 CCL"古代汉语"语料库检索上古主要典籍,介宾结构"胡以"仅见 2 例,一是"我胡以得是于智伯?夫智伯之为人也,贪而无信,必欲攻我而无道也,故为大钟,方车二轨以遗君(《吕氏春秋·权勋》)","胡以"句义为"我们为什么会从智伯那里得到这东西?"另一例是"公曰:国门则塞,百姓谨欲,胡以备之?择天下之所寓,择鬼之所当,择人天之所戴,而亟付其身,此所以安之也(《管子·侈靡》)","国门……备之"句义为"国门阻塞,百姓躁动不安,怎么防备这种情况呢?""胡以"表示"用什么方法"。《汉语大词典》有"胡以"词条,释为"何以,为什么",所举 2 例为明代胡应麟《少室山房笔丛·史书占毕一》:"夫李延寿尝与修诸史矣,胡以弗《南》《北》若也?"以及《四部正讹下》:"胡以弗诧之温、韦诸子,而诧之偃?"可见《汉语大词典》"胡以"引例过晚,且不仅有表询问原因的用法,也有表询问方法的用法,与"以"表原因与方法两大功能一致。

第三节 疑问代词作状语特例

"何"之外的其他疑问代词,以作状语为常。不过,《墨子》中有特殊的用法:《墨子》独有"胡说""奚说"用例,另外"何说"主要见于《墨子》。这是一组"疑问代词+说"平行结构,多有将其看作"何故"类的"定中偏正结构",其中的"说"究竟是名词还是动词,"何说"等究竟是什么结构,还值得探讨。

一、何说

《墨子》共有6见"何说",集中于《尚同上》《尚同中》两篇,如下:

(1) 里长发政里之百姓,言曰:"闻善而不善,必以告其乡长。乡长之所是必皆是之,乡长之所非必皆非之。去若不善言,学乡长之善言;去若不善行,学乡长之善行。"则乡何说以乱哉?察乡之所治者,何也?乡长唯能壹同乡之义,是以乡治也。乡长者,乡之仁人也。乡长发政乡之百姓,言曰:"闻善而不善者,必以告国君。国君之所是必皆是之,国君之所非必皆非之。去若不善言,学国君之善言;去若不善行,学国君之善行。"则国何说以乱哉?察国之所以治者,何也?国君唯能壹同国之义,是以国治也。国君者,国之仁人也。国君发政国之百姓,言曰:"闻善而不善,必以告天子。天子之所是皆是之,天子之所非皆非之。去若不善言,学天子之善言;去若不善行,学天子之善行。"则天下何说以乱哉?(《尚同上》)

(2) 乡长固乡之贤者也,举乡人以法乡长,夫乡何说而不治哉?……国君固国之贤者也,举国人以法国君,夫国何说而不治哉?……天子者,固天下之仁人也,举天下之万民以法天子,夫天下何说而不治哉?(《尚同中》)

谢德三《墨子虚词用法诠释》释"何"的用法为"形容词,置于名词之上,以修饰名词,其意如口语之'什么'",首举两例即《尚同上》"则乡何说以乱哉"与《尚同中》"夫国何说而不治哉"①。可见,这是将"何说"看作"定语＋中心语"的偏正结构,其中"说"为名词。

关于"何说"的性质,上述看法具有一定的普遍性。王海棻讲到疑问代词"何""作名词修饰语"的用法时,第一条是用在名词"故"前,询问原因,第二条就是"用在名词'说'前,意即'什么说法''什么理由',用于动词前询问原因",举了《墨子》"则天下何说以乱哉"之例②。其《古汉语疑问范畴词典》收有"何说"词条:"偏正短语。用于原因询问,相当于'为什么''什么理由'。"并列了3种格式用法"[S]·何说""S·何说·V""S·何说·以·V",第一种举例如下文例(3),第二种举例如下文例(6),第三种例子即上面例(1)《墨子·尚同上》3个"何说以"③。

  (3)"今之诸侯取之于民也,犹御也。苟善其礼际矣,斯君子受之,敢问何说也?"曰:"子以为有王者作,将比今之诸侯而诛之乎? 其教之不改而后诛之乎? 夫谓非其有而取之者盗也,充类至义之尽也。孔子之仕于鲁也,鲁人猎较,孔子亦猎较。猎较犹可,而况受其赐乎?"(《孟子·万章下》)

先来看例(3)《孟子》之例。杨伯峻《孟子译注》将"苟善"这一句译为:"假若把交际的礼节搞好,君子也就接受了,请问这又是什么道理呢?"④将"何说"解为"什么道理",不知是否如字面对应的解为定中结构。崔立斌认为这一例中"'何'作状语,表示对事物状况或行为方式的询问,可译为'怎么'"⑤,则是将"何说"看作是状中结构,显然是把"说"看作是动词。金良年《孟子译注》将其译为:"如果他们好好地以礼仪来接待,君子就接受,请问怎样解释呢?"⑥应该也是将"说"解为动词,义为"解释"。

以上看法对例(3)"何说"主要集中在"定中"或"状中"两种理解。我们

---

① 谢德三.墨子虚词用法诠释[M].台北:学海出版社,1982:163.
② 王海棻.疑问代词"奚"及其与"何"字用法的比较[M]//王海棻.古汉语论集.北京:社会科学文献出版社,2014:443-444.
③ 王海棻.古汉语疑问范畴词典[M].南京:江苏教育出版社,2001:209-210.
④ 杨伯峻.孟子译注[M].北京:中华书局,1960:241.
⑤ 崔立斌.《孟子》词类研究[M].开封:河南大学出版社,2004:188.
⑥ 金良年.孟子译注[M].上海:上海古籍出版社,2012:157.

认为这一例"何说"或当同"何谓","何说"为动宾式,即"说何",义为"指什么"。问句中的"苟善其礼际矣,斯君子受之"所指的正是上文孟子提到的"其交也以道,其接也以礼,斯孔子受之矣",问句对此不理解,进一步发问,例(3)"何说"功能即相当于以下例子中的"何谓":

(4) 孟子曰:"封之也;或曰放焉。"……"敢问'或曰放'者何谓也?"曰:"象不得有为于其国,天子使吏治其国而纳其贡税焉,故谓之放。"(《孟子·万章上》)

(5) 子濯孺子曰:"今日我疾作,不可以执弓,吾死矣夫!"问其仆曰:"追我者谁也?"其仆曰:"庾公之斯也。"曰:"吾生矣。"其仆曰:"庾公之斯,卫之善射者也,夫子曰'吾生',何谓也?"曰:"庾公之斯学射于尹公之他,尹公之他学射于我。夫尹公之他,端人也,其取友必端矣。"(《孟子·离娄下》)

以上两例"何谓"都是《孟子》对话体语境中一方对另一方所说的话不明白、不理解,进而针对其言进一步作出的发问。《孟子》中此类"何谓也"用例较多,仅《万章下》1例用"何说",该例"[S]·何说"的用法当同"[S]·何谓"。《古汉语疑问范畴词典》指出"何谓"可以"用于事物询问(主要问涵义),相当于'什么意思''指什么而言'等",为"动宾式复合疑问词","[S]·何谓"中,"何谓"作谓语,S为某种说法或引文①。例(3)"何说"使用语境与此正相同,故我们认为这一例"何说"不是定中或状中式偏正结构,而是动宾式。

(6) 亚夫笑曰:"臣之兄已代父侯矣,有如卒,子当代,亚夫何说侯乎?然既已贵如负言,又何说饿死?指示我。"(《史记·绛侯周勃世家》)

这一例《古汉语疑问范畴词典》引来作为"S·何说·V"的例子,将"亚夫"句至"又何说饿死"句译为:"我周亚夫为什么会封侯呢?既然已经尊贵得如你

---

① 王海棻.古汉语疑问范畴词典[M].南京:江苏教育出版社,2001:62.

第二章 《墨子》疑问代词特殊用法

所说了,又为什么会饿死?"释"何说"为询问原因。韩兆琦注"何说"为"犹言'何因''何由'"①。例(7)《论衡》中文字引用了例(6)《史记》上段内容:

(7)周亚夫未封侯之时,许负相之,曰:"君后三岁而入将相,持国秉,贵重矣,于人臣无两。其后九岁而君饿死。"亚夫笑曰:"臣之兄已代父侯矣,有如父卒,子当代,亚夫何说侯乎?然既已贵如负言,又何说饿死?指示我!"(《论衡·骨相》)

北京大学历史系《论衡》注释小组将"亚夫何说侯乎"与"又何说饿死"分别注为"我怎么能谈得上封侯呢""又怎么谈得上饿死呢"②。陈蒲清、梅季注译《论衡》将"亚夫笑曰"的整段话译为:"我的哥哥已接替了父亲的侯爵。如果哥哥死了,他儿子会接替,我怎么谈得上封侯呢?而且,我如果像您所说的那样显贵了,又怎么谈得上饿死呢?请您指给我看看。"③

这两种注释、译文当是将"何说VP"中"何说"看作是状中结构,这里的"VP"实则非陈述性成分,而是指称化了的成分,复指前面所说的"侯"(封侯)和"饿死"的情况,也就是说它是"说"的宾语成分。诚如例(7)所引,例(6)前面也有一段内容,后面的两个"何说"正是与其相照应,即:"条侯亚夫自未侯为河内守时,许负相之,曰:'君后三岁而侯。侯八岁为将相,持国秉,贵重矣,于人臣无两。其后九岁而君饿死。'"可见,这两处"何说"语义并非单纯的询问原因,表示"为什么",而是对可能出现的某种情况的反诘、质疑。

现在再由《史记》时代往前,回到《墨子》中。《墨子》6见"何说"分别出现在"何说以……"与"何说而……"句式中,"何说以……"中的"以"为介词,其后宾语成分是"说"的真正宾语,通过介词"以"引介,对此宾语成分具有焦点标记的作用;"何说而……"中的"而"用同"以",此处不是连词,也是介词,其作用也是对"何说"的宾语加以强调。

例(1)"则乡何说以乱哉"等3句"何说以"句,其义分别为"那么一个乡怎么说会混乱呢""那么一个国家怎么说会混乱呢""那么天下怎么说会混乱呢",均表反诘,意即只要这样做了,那么乡、国家、天下就不可能会混乱。例

---

① 司马迁,韩兆琦.史记(评注本)[M].长沙:岳麓书社,2004:890.
② 王充,北京大学历史系《论衡》注释小组.论衡注释[M].北京:中华书局,1979:167.
③ 陈蒲清,梅季.论衡[M]//许嘉璐.诸子集成(文白对照).广州:广东教育出版社,2006:2790.

(2)"夫乡何说而不治哉"等3句"何说而"句,其义分别为"那么一个乡怎么说会治不好呢""那么一个国家怎么说会治不好呢""那么天下怎么说会治不好呢",均表反诘,意即做到这样的话,那么乡、国家、天下就不可能会治不好。

《古汉语疑问范畴词典》将《墨子》用法归为"S·何说·以·V"格式,并认为"'何说'在V前作状语,与V间有'以'",并未列出《墨子》中另有3例"何说而……"的用法,且其中"以"和"而"均为介词,引介成分为"说"的宾语成分,"何说"对其加以反诘,表示对"以、而"后面所接情况的否定。"何说"的这种用法,在《墨子》中均有介词将其后宾语引出来,而到了《史记》中则不需要介词对其后成分加以标记了,如例(6)"何说侯""何说饿死",不必说成"何说以侯""何说以饿死"。

《墨子》中"何说"为状中结构,是先秦典籍中特有的用法,其所在的"何说以/而……"句式,也是上古汉语中特有的用法,"何说"义为"怎么说",对某一预设的情况加以反诘,进行质疑或否定。

二、胡说

《墨子》中有2例"胡说",也是疑问代词作"说"的状语,与"何说"结构相似,不过其句式、语义与"何说"又有不同:

(8)今执厚葬久丧者言曰:厚葬久丧果非圣王之道,夫胡说中国之君子为而不已、操而不择哉?子墨子曰:此所谓便其习而义其俗者也。(《节葬下》)

(9)且吾所以知天爱民之厚者,不止此而足矣。曰:杀不辜者,天予不祥。不辜者谁也?曰:人也。予之不祥者谁也?曰:天也。若天不爱民之厚,夫胡说人杀不辜而天予之不祥哉?此吾之所以知天之爱民之厚也。(《天志中》)

谢德三《墨子虚词用法诠释》释"胡"的用法为"形容词,意仍为'何'",所举2例即上述2例"胡说",并按:"以上二例'胡'字修饰名词'说','胡说'即'何说'也。"[1]王海棻《古汉语疑问范畴词典》列"胡说"词条,注明:"偏正短

---

[1] 谢德三.墨子虚词用法诠释[M].台北:学海出版社,1982:244.

语。用于原因询问,相当于'为什么'。见于《墨子》。""胡说·S·P"中,"胡说"在 S 前,作小句的状语①。《墨子》中"胡说"仅有上述 2 例,"胡说·S·P"不见于先秦其他典籍,为《墨子》独有。"胡说"不是作小句状语,"胡"并非作"说"的定语,"说"是动词,而非名词,"胡说"为状谓结构。

同是"状语+谓语中心语"结构,"胡说"和"何说"句式上又有所不同。上述 2 例都是小句作"胡说"的宾语,而《墨子》"何说以/而 VP"中"何说"的实际宾语形式上都是单纯的 VP("乱、不治"),而"胡说"2 例宾语都是主谓句式。

"何说"后面的情况是未然的、预设的,而"胡说"例中后面的情况是已然的事实,因此,"何说"是反诘表否定,而"胡说"所在的句式都是假设推理句,针对某一事实的合理性而发问,因此"胡说"可以译为"怎么说,怎么解释"。如谭家健《墨子今注今译》将例(8)句译为:"如今坚持厚葬久丧的人说:厚葬久丧果真不是圣王遵循的准则的话,怎么解释中原的君子照样做而不停止,照样实行而不放弃呢?墨子回答说:这就叫做适应那种习惯,安于那种风俗了。"②我们认为这是符合语意与"胡说"的表达规律的。

与"何说"均表反问不同,"胡说"可以表示反问,如例(9),也可以表示一般询问,如例(8)。如上所说"胡说"是对某一事实合理性的发问,以表反问的例(9)为例分析,我们把"天爱民厚"看作是"前提 P",把"人杀不辜而天予之不祥"看作是"结论 C",这一句假设推理是"若(−P),胡说 C","胡说 C"表反问即否定 C,即(−C),现在事实是 C 真实,那么反推过来,就是对(−P)的否定,双重否定也就是肯定,得出 P。也就是说:"如果天爱民不深厚,那么怎么解释有人杀了无辜而天给他不祥呢?"在例(9)的反问句中,意思是"没法解释这一事实",那么得出对假设前提的否定,进而得出"天爱民厚"的结论。尽管"胡说"译成"为什么"于整句语意理解无妨,如谭家健《墨子今注今译》将例(9)"若天"句译为:"如果天爱民不深厚,那么为什么有人杀了无辜而天给他不祥呢?"③但并不表示"胡说"等于"何故",即两者表达语义相似,但句法结构不同。"胡说"是状谓结构,字面译为"怎么说,怎么解释","何故"是定中结构,字面译为"什么原因",两者都可以用现代汉语中的"为

---

① 王海棻.古汉语疑问范畴词典[M].南京:江苏教育出版社,2001:229.
② 谭家健,孙中原.墨子今注今译[M].北京:商务印书馆,2009:142.
③ 谭家健,孙中原.墨子今注今译[M].北京:商务印书馆,2009:158.

什么"来作语义替换,但不能因此混淆两者的句法结构。

综上,"胡说"为疑问代词作状语修饰动词"说",这种用法为《墨子》独有。其在句法上带主谓式宾语,语义上指"怎么解释",表示对某一事实情况的合理性发问,处于假设推理语境中。

三、奚说

《墨子》中还有与"何说""胡说"结构上平行的"奚说",共有 3 例:

(10) 情不知其不义也,故书其言以遗后世。若知其不义也,夫<u>奚说</u>书其不义以遗后世哉?(《非攻上》)

(11) 天苟兼而有食之,夫<u>奚说</u>以不欲人之相爱相利也! 故曰爱人利人者,天必福之;恶人贼人者,天必祸之。曰杀不辜者,得不祥焉。夫<u>奚说</u>人为其相杀而天与祸乎? 是以知天欲人相爱相利,而不欲人相恶相贼也。(《法仪》)

谢德三《墨子虚词用法诠释》中"奚"释为:"形容词,与'何'同,如口语之'什么'?"所举 2 例为《法仪》"夫奚说以不欲人之相爱相利也"与《非攻上》"夫奚说书其不义以遗后世哉"①。也是将"说"看作名词,"奚"实则看作定语。王海棻《古汉语疑问范畴词典》"奚说"词条:"偏正短语。用于原因询问,相当于'什么缘故''为什么'。同原因询问的'何说''胡说'。"列举了"奚说"4 种句式:"S·奚说""S·奚说·V""奚说·S·P""S·奚说·以·V",第一种举例如下例(12),译为"(你们)发生争执为什么",后 3 种举例分别对应上述《墨子》中的 3 个"奚说"用例②。

(12) 三虱相与讼,一虱过之,曰:"讼者<u>奚说</u>?"三虱曰:"争肥饶之地。"(《韩非子·说林下》)

王海棻《疑问代词"奚"及其与"何"字用法的比较》讲"奚"作名词修饰

---

① 谢德三. 墨子虚词用法诠释[M]. 台北:学海出版社,1982:256.
② 王海棻. 古汉语疑问范畴词典[M]. 南京:江苏教育出版社,2001:252.

第二章 《墨子》疑问代词特殊用法

语,用在名词"说"前,意即"什么说法""什么理由",指出"这种用法的'奚说'有3例均见于《墨子》。有1例见于《韩非子》,是'奚说'作谓语的"①。但谈到"奚"用法特点时又说:"某种用法只限于一部或两部书。比如,'奚故'用于设问,只见于《吕氏春秋》,'奚由'同此;'奚与'用于比较问句,只见于《韩非子》;'奚说'用在动词前询问缘由,只见于《韩非子》;'奚时'只见于《韩非子》和《吕氏春秋》。对于这种情况,我们称为'奚'字用法的个性化特征。"②其所说"'奚说'用在动词前询问缘由,只见于《韩非子》"指的正是例(12),但这一例"奚说"并非"用在动词前询问缘由",而是单独作谓语,其后没有其他成分。

例(12)这一例"奚说",正如前面分析的《孟子·万章下》"敢问何说也"之"何说",也是疑问代词作动词"说"的前宾语,"奚说"即"说奚",字面即"争执的事件(或原因)是(指)什么",答语"争肥饶之地",正是回答了"说"的事件对象,"讼者"既可以指各方争执的对象,也可以指发生争执的原因,其实两者一样,因为争执正是由某一事件对象而引起,故其对象也就是原因。王海棻将"讼者奚说"译为"(你们)发生争执为什么",事实上问的是"你们争执什么"。这一句"奚说"不是定中结构,也不是状中结构,而是动宾结构。

观察《墨子》"奚说"3例用法,可见"奚说"综合了"何说"与"胡说"的用法。句式上,不仅有"胡说"的用法,即"奚说"后带小句形式宾语,而且也有"何说"的用法,即通过"以"来引介宾语。王海棻将"S·奚说·V""奚说·S·P""S·奚说·以·V"3种格式中"奚说"分别看作是在V前作状语、作小句状语以及"在V前作状语,与V间有连词'以'"。其实这些形式为V或小句的成分,都是作"奚说"的宾语,"S·奚说·以·V"中"以"不是连词,而是介词,具有对宾语成分加以标记的作用,这正与《墨子》中"何说以/而"用法具有一致性。

语义上,3例"奚说"都是表示反问,其中1例"奚说以"是表示否定,同"何说"的用法;另外2例"奚说"用同"胡说"之假设推理,是通过对某一事实情况的合理性反问,达到对前提的否定。

---

① 王海棻.疑问代词"奚"及其与"何"字用法的比较[M]//王海棻.古汉语论集.北京:社会科学文献出版社,2014:443-444.
② 王海棻.疑问代词"奚"及其与"何"字用法的比较[M]//王海棻.古汉语论集.北京:社会科学文献出版社,2014:446-447.

例(11)"天苟兼而有食之,夫奚说以不欲人之相爱相利也",《古汉语疑问范畴词典》因释"奚说"为"为什么",将整句译为:"天如果(对人)都加以保护、都给他们饭吃,为什么不想让人们之间也互相爱护、互相赞助呢?"谭家健译为:"天既然化育哺养所有的人,那么怎么能说不喜欢人们相互友爱、相互帮助呢?"①显然后者译文更符合文意表达,这是一个反诘句,表示对"奚说"宾语"不欲人之相爱相利"的否定,介词"以"对该宾语成分加以强调,整句语义是强烈肯定天"欲人之相爱相利"的。例(11)"夫奚说人为其相杀而天与祸乎",《古汉语疑问范畴词典》译为:"为什么人们因为互相杀害而上天降祸给他们呢?"《墨子今注今译》译为:"不然,怎么解释有人因为互相残杀,天就降祸于他呢?"②后者译文更符合文意。这是对"人为其相杀而天与祸"这一事实的合理性进行反问,借此对假设前提加以否定,最终得出"是以知天欲人相爱相利,而不欲人相恶相贼也"这一结论的后半部分,不过文段中省略掉了假设前提,也就是《墨子今注今译》中所添加的"不然"。

例(10)"若知其不义也,夫奚说书其不义以遗后世哉"从反面假设推理,论证"情不知其不义也"。《古汉语疑问范畴词典》将"奚说"句译为:"为什么要记下他们的不义行为去留传给后世呢?"这句中的"奚说"也是对"书其不义以遗后世"这一行为的合理性进行推理,如果知道这是不义的,就不会做出这样的事情,但这种事情发生了,怎么解释呢?通过反问表示"没法解释这一行为",进而否定假设前提,即否定"知其不义",也就是进一步对"情不知其不义"加以确认。前一句使用了副词"情"表示"确实",后一句从反面假设进一步对其强化,"奚说"的使用正满足了这一表达需求,是一般表询问原因的疑问词或词组所无法表现出来的效果。

综上,"奚说"为疑问代词作状语修饰动词"说",上古汉语中唯《墨子》所独有。其3例用法均表示反问,其中1例表示对某一判断的否定,另2例通过对某一事实存在的合理性加以反问,进而对反面假设前提进行否定,并最终得出正面结论。

《马氏文通》:"'奚'字,先秦之书,用如表词者有焉,而用为偏次者盖未

---

① 谭家健,孙中原.墨子今注今译[M].北京:商务印书馆,2009:19.
② 谭家健,孙中原.墨子今注今译[M].北京:商务印书馆,2009:19.

第二章 《墨子》疑问代词特殊用法

之见也。"①杨树达《马氏文通刊误》认为"其实不然",举了"奚时、奚道、奚疾、奚方、奚故"等"奚"作定语修饰名词的例子,还顺带提到"恶"字"亦有用于偏次者",所举例子即《墨子·非乐上》"吾将恶许用之",认为"恶许"者,何处也②。杨树达列举"奚"修饰名词之例,却没有举到"奚说",很可能也是将其中的"说"判断为动词,而非如"故"的名词。

王力《古代汉语》:"安、恶、焉、胡、奚、曷"这6个疑问代词"只能用作宾语(动词宾语和介词宾语)和状语,用作状语要比用作宾语常见"③。王海棻《疑问代词"奚"及其与"何"字用法的比较》就此认为:"实际上仍否定了'奚'作名词修饰语的可能性。据统计,'奚'作修饰语共23次,是一个不容忽视的语法现象。"④王将前面提到的4例"奚说"均计算在内,实际上不能算,《韩非子》1例"奚说"为动宾结构,"奚"作宾语;《墨子》3例"奚说"都是状中结构,"奚"作状语,都不是作定语。

与"何故"相当,"奚"作定语的"奚故"确实见用,不过也比较有限,且出现于战国中后期。据北京大学CCL"古代汉语"语料库检索上古汉语所得"奚故"共7例:《吕氏春秋》5例,其中4例在"S,奚故(也)"句式中单独作谓语,1例"奚故杀君而取国"中作状语;此外,《庄子·知北游》"今予问乎若,若知之,奚故不近",以及《晏子春秋·内篇谏上》"晏子曰:'君奚故不朝?'对曰:'君夜发不可以朝。'晏子曰:'何故?'对曰:'梁丘据扃入歌人虞,变齐音。'"中,"奚故"用同"何故"。"奚故"用例均为询问原因,而"奚说"均表反问,两者用法显然不同,其根源在于结构不同,也在于"说"与"故"的差异。

《汉语大词典》"说"词条有一个义项为:"古代墨家逻辑的名词。指论证。"所举两例如下:

(13) 以名举实,以辞抒意,以说出故。(《墨子·小取》)

(14) 实不喻然后命,命不喻然后期,期不喻然后说,说不喻然后

---

① 马建忠. 马氏文通[M]. 北京:商务印书馆,2010:74.
② 杨树达. 马氏文通刊误[M]. 上海:上海古籍出版社,2013:56.
③ 王力. 古代汉语:第1册(校订重排本)[M]. 北京:中华书局,1999:276-277.
④ 王海棻. 疑问代词"奚"及其与"何"字用法的比较[M]//王海棻. 古汉语论集. 北京:社会科学文献出版社,2014:444.

辨。(《荀子·正名》)

《墨子·小取》"以说出故"非常清晰地表明了"说"与"故"之间的关系，也明确了两者的区别，如《墨子今注今译》所注，"说"为"推理，论证"，"故"为"原因，理由，根据"①。《墨子·经上》"说，所以明也"，即"推论是用来揭示事实，阐明道理，探究根据的"②。上述"胡说""奚说"全部出现在假设推理语境中，其中"说"即为《墨子》特有的"推理、论证"之用，这恰恰说明了为何疑问代词作动词"说"的状语的用法主要出现在《墨子》中，而罕见于其他典籍。

王力《古代汉语》指出："作为状语，'安''恶''焉'一般表示反问，可以译成'哪里''怎么'；'胡''奚''曷'一般询问原因，可以译成'为什么'。"③从《墨子》"胡说"和"奚说"用例来看，"胡、奚"也都表示反问，译为"怎么"。

结合前面所论及的《墨子》"恶、焉、胡、奚"等特殊用法，可知其使用特点在先秦早期确实如王力《古代汉语》所说，但从战国中后期开始，其使用开始呈现多样性，即在作定语、作状语甚至"所(许)"字结构等用法中，具有一定的通用性，不过用例较为有限，"何"仍具有强势地位。《墨子》语料为战国中后期疑问代词趋同混用的语言事实保存了珍贵的语例。

---

① 谭家健,孙中原.墨子今注今译[M].北京：商务印书馆,2009：363.
② 此句译文采谭家健,孙中原.墨子今注今译[M].北京：商务印书馆,2009：265.
③ 王力.古代汉语：第1册(校订重排本)[M].北京：中华书局,1999：276-277.

第三章 《墨子》代词"之"特殊用法

谢德三《墨子虚词用法诠释》释"之",有一条用法为"语气词,用于句中,无义",共举 6 例,有《亲士》"此之谓用民"、《尚贤上》"此若言之谓也",另有"吾闻之曰""语言有之曰""譬之犹""譬之若"句①。我们想要讨论的是后面 4 例,将其分为两类,一类是"吾闻之曰""语言有之曰"中的"之",一类是"譬之犹""譬之若"中的"之"。这两类"之"均非"语气词",而是代词。前一类"之"我们称之为"形式宾语",尽管语义上确实"无义",但于句法结构上有着独特作用,考察此类句式使用特点,有助于解决《墨子》一些句子的文字校勘问题;后一类"之"为古汉语嵌宾语典型类型中的一种,具有复指性,相比于同时期其他典籍,《墨子》中"譬之若/犹/如"平行结构的使用也有其独特性。

第一节 "之"作形式宾语

代词"之"一般指代在上文出现过的内容,但古汉语有一种句式,其中"之"很特殊,其所指代的内容并不出现在上文,而是紧随其后,这是古汉语中引用古语或其他典籍内容时所采用的一种特殊表达句式,如:

(1) 吾闻之曰:"非无安居也,我无安心也;非无足财也,我无足心

---

① 谢德三.墨子虚词用法诠释[M].台北:学海出版社,1982:47.其余 4 例下文将详论,此处仅列出"之"所在结构。

也。"(《亲士》)

(2)且语言有之曰:"焉而晏日,焉而得罪,将恶避逃之?"(《天志上》)

上述两例"之"并不指代上文的某一对象,而是指代"曰"后面的内容,例(1)指说话人"闻(听说)"的话,例(2)指有一种"语言(话)"这样说,两种方式都是用来引出某一引用内容,采用的方式分别是主体式与客体式。主体式即以说话人为主语,使用的谓语动词主要是"闻";客体式即以引用言语的性质名称或出处为主语,性质名称如"语言""谚""古语""野语"等,出处则一般为具体的书名或篇名,相应的谓语动词主要是"有""道"等。后一种类型在《墨子》中更为典型。

代词"之"的这种特殊性,在古汉语虚词用法研究中往往容易被忽略。解慧全等《古书虚词通解》结合多部虚词词典释义,归纳了"之"30多个义项后,分析说"可归纳出'之'主要用作代词和助词","作为代词的'之'更多的是用作人称代词,是由指示代词演化成的,可以代人,也可以代事物,一般只充当宾语,也就是说,它的功能是不完备的"①。"可以代人,也可以代事物"是对代词"之"的语义功能的说明,"充当宾语"是对其句法功能的说明,但并未对上述指代后引内容的宾语"之"的用法给予特别的关注。

杨伯峻、何乐士《古汉语语法及其发展》谈"之"作"他称代词宾语"的用法时,提到"之"字"取代在'之'字前的""取代在'之'字后的"以及"所代不见于上下文而可以意会的"3种情况②,其中第二种情况举的例子为:

(3)吾闻之:一日纵敌,数世之患也。(《左传·僖公三十三年》)

何乐士《古代汉语虚词词典》谈"之"的代词用法时,专门列出这一用法:"'之'所代的对象有时在下文。这类句子的动词常见的是'闻',其次是'有',还有'识'等。'之'所代大多是说话人引用的俗语、谚语、歌谣、前人的名言或古书的记载等。可根据文义灵活译出,或不译。"③其所举例子,除了

---

① 解慧全,崔永琳,郑天一.古书虚词通解[M].北京:中华书局,2008:1155-1156.
② 杨伯峻,何乐士.古汉语语法及其发展(修订本)[M].北京:语文出版社,2012:124.
③ 何乐士.古代汉语虚词词典[M].北京:语文出版社,2006:597.

例(3),还有:

(4)《商颂》有之曰:"不僭不滥,不敢怠皇。"(《左传·襄公二十六年》)

(5)夫子曰:"小子识之:苛政猛于虎也。"(《礼记·檀弓下》)

如上3个例子中,谓语动词分别是"闻""有""识",例(4)"有之"后面有"曰",其他两例没有"曰",后面直接跟引用内容。

上述"闻之(曰)""有之(曰)"句式,用于引用"现成(已经存在的)语句",其中"之"所指代的内容紧跟其后,语义上"之"似为多余,但在句法结构上它却有着特殊作用。这两种句式中的"之"让我们想到英语中的"形式宾语"it。"形式宾语"是英语中的一个语法概念,其定义是:"当不定式(短语)、动名词(短语)或从句在某个句子中作宾语时,为保持句子结构平衡,避免句式结构的混乱,常用it作形式宾语,而将真正的宾语放在句尾。此时it仍只起先行引导作用,本身无词义。"① 上述句式中的"之"与英语中的形式宾语it有很大的相似性。因主谓成分简短,而宾语内容较长,由于句子形式上平衡的需要,宾语由"之"代替,继而"曰"引出真正的宾语。对照英语中类似结构,我们可以看得更清楚。在英语中,形式宾语it的使用有如下情况:动词+it+that从句。如:

(6) I take it that he will come on time. 我认为他会准时来的。

(7) Rumor has it that the defence minister will soon resign. 据传闻,国防部长不久就要辞职。

例(1)(2)中的"之"即相当于例(6)(7)中的"it","曰"后面引出真正的宾语内容,起到同引导词"that"相似的功能。不过古汉语中"之"作形式宾语,其后宾语从句并不一定需要有"曰"来引导,有时候"曰"可以空缺,在"之"后面直接跟宾语从句,而不像英语中起到连接作用的"that"是不可或缺的。

我们将"之"的这种特殊用法称为"形式宾语",其所在的句式称为"形式

---

① 戴丽萍.大学英语[M].北京:北京交通大学出版社,2008:39-40.

宾语句"。当句子中宾语位置上的代词"之",其所指代的内容在上文并未出现,即它实际上并不真正指代某一特定内容,此时它就失去了"指代"功能,仅仅在句法上起到"先行完形"的作用,代词"之"由此语法化为形式宾语。与英语中的形式宾语 it 相似,"之"是古汉语中使用最为普遍的第三人称代词,作为内容宾语的先行词,出现在宾语的位置上,"之"具有其独特性,即形式宾语并未拓展至其他代词。

《墨子》中除了"闻之(曰)""有之(曰)"这两种句式外,还有特有的"语之曰""道之曰"句式。可见,《墨子》语料对研究上古汉语形式宾语句有着特殊价值。下面从《墨子》形式宾语句入手,对照上古汉语形式宾语句发展的过程,进一步分析《墨子》中形式宾语句的特殊性。

一、"吾闻之(曰)"句式

《墨子》中引用已有话语内容,包括两种类型,一是无具体出处但当为具有一定流传性的语句,类似于谚语;一是具体的某人所说的话。这两类在《墨子》中分别以"吾闻之曰"和"某语之曰"的句式出现,这两类都属于主体式引用方式,故将其归入一类,以"吾闻之曰"为代表。

(一)"吾闻之(曰)"

1.《墨子》"闻之(曰)"形式宾语句

"之"作形式宾语的"闻之"句式,《墨子》中共有 3 例,其中 2 例"吾闻之曰",1 例"翟闻之",其中 1 例为前举例(1)《亲士》篇"吾闻之曰"例,另 2 例如下:

(8) 公孟子曰:"善!<u>吾闻之曰</u>'宿善者不祥',请舍忽、易章甫,复见夫子,可乎?"子墨子曰:"请因以相见也,若必将舍忽、易章甫,而后相见,然则行果在服也。"(《公孟》)

(9) 子墨子使胜绰事项子牛。项子牛三侵鲁地,而胜绰三从。子墨子闻之,使高孙子请而退之,曰:"我使绰也,将以济骄而正嬖也。今绰也禄厚而谲夫子,夫子三侵鲁,而绰三从,是鼓鞭于马靳也。<u>翟闻之</u>:'言义而弗行,是犯明也。'绰非弗之知也,禄胜义也。"(《鲁问》)

例(1)和例(8)中的"吾闻之曰"都是说话人为引出一句现成的话而使用的句式,其中谓语动词"闻"的真正宾语,正是"曰"后面的内容,分别是"非无安居也,我无安心也;非无足财也,我无足心也"与"宿善者不祥(知道善行而不马上实施的人不会有好结果)",这两个成分都是句子形式,如果直接位于"闻"之后作宾语,则句子失衡,此时代词"之"被用于宾语的句法位置上,使得"吾闻之"在句子表层达到充分完形,而真正的宾语则通过"曰"进一步引出。例(9)"翟闻之","翟"是墨子自称,引用内容直接跟在"之"后面,没有"曰"作引导标记。

由上可见,用"闻之"句式来引出引用的语句,在《墨子》中 2 例用"闻之曰",1 例用"闻之",不用"曰",主语都是自称,其中 2 处用第一人称代词"吾",1 处用自称名。"闻之"句式引出的方式在《墨子》中使用较为有限,这种方式在《左传》《国语》中则有大量使用,且表达形式也更为丰富。

2. "闻之(曰)"句式中"曰"的演变

为了弄清楚"闻之(曰)"句式中有"曰"无"曰"的差别,弄清楚"曰"的演变过程以及《墨子》中相关句式用例在这一过程中体现出的特色,我们对春秋战国早中期 4 部典籍《论语》《左传》《国语》《墨子》中的形式宾语句"闻之(曰)"句式作了详细考察,统计其是否用"曰"、主语情况以及其他成分等特征,如表 3-1 所示:

表 3-1 《论语》《左传》《国语》《墨子》"闻之(曰)"形式宾语句比较

句式		《论语》	《左传》		《国语》	《墨子》
闻之	吾	吾闻之也 1	21	吾闻之 20	17	
				吾闻之也 1		
	臣		15	臣闻之	17	臣闻之 16
						臣固闻之 1
	寡人		1	寡人闻之	2	寡人闻之
	名	商闻之矣 1	16	舍之 1 豹 2 归生 1 侨 3 针 1 和 1 胗 3 丘 1 侨又闻之 1 吉也闻之 1 纥也闻之 1	12	成 1 突 1 克 1 至 1 针 1 侨 1 员 1 蠡 1 丘 2 偃也闻之 2	翟 1
	闻之+间接宾语				1	臣闻之贾人	
总计		2	53		49	1

(续表)

句式		《论语》	《左传》		《国语》		《墨子》
闻之曰	吾		2		4		2
	臣		3	臣闻之曰 2	6		
				臣又闻之曰 1			
	名				3	和 1 商 1 郑也闻之曰 1	
	吾+闻之+间接宾语+曰				4	先姑 1 先子 1 羊舌大夫 1 外人之言 1	
总计		0	5		17		2

如表 3-1 所示，《左传》中形式宾语句"闻之(曰)"共有 58 例，不用"曰"的"闻之"句有 53 例，有"曰"的仅 5 例，占 8.62%；《国语》中"闻之(曰)"形式宾语句共 66 例，其中有"曰"的有 17 例，占 25.76%，相比于《左传》，比例明显提高；《墨子》3 例"闻之(曰)"句式，有"曰"的 2 例，占 66.67%；《论语》中有 2 例此类句式，都没有"曰"标记，且"闻之"之后有着较为明显的停顿。可见，"闻之(曰)"句式经历了"曰"由无到有，且使用逐渐增加的演变过程。《论语》2 例如下：

(10) 司马牛忧曰："人皆有兄弟，我独亡！"子夏曰："<u>商闻之矣</u>：死生有命，富贵在天。君子敬而无失，与人恭而有礼。四海之内，皆兄弟也——君子何患乎无兄弟也？"(《论语·颜渊》)

(11) 子华使于齐，冉子为其母请粟。子曰："与之釜。"请益。曰："与之庾。"冉子与之粟五秉。子曰："赤之适齐也，乘肥马、衣轻裘。<u>吾闻之也</u>：君子周急不继富。"(《论语·雍也》)

《论语》中"闻之"形式宾语句，一为"商闻之矣"，一为"吾闻之也"，后续引用现成语句，"之"后面分别使用了"矣"和"也"两个语气词，具有明显的停顿，鲜明地体现出"之"在句法上"完形"的功能。例(11)"吾闻之也"属下，引出"君子周急不继富"的话，其中"之"并不指前面"赤之适齐也，乘肥马、衣轻裘"的情况。我们考察了上古主要典籍中"吾闻之也"句式见用的例子，全部用于引出后续某一语句，而不回指上文内容。最为典型的是《礼记》中有 6

例"吾闻之也",1例"丘闻之也"("丘"为孔子自称),均作此用,其中,《檀弓上》篇3例,《檀弓下》篇3例,《儒行》篇1例,如:

(12) 既葬,子硕欲以赙布之余具祭器。子柳曰:"不可,<u>吾闻之也</u>:君子不家于丧。请班诸兄弟之贫者。"(《礼记·檀弓上》)

(13) 子路去鲁,谓颜渊曰:"何以赠我?"曰:"<u>吾闻之也</u>:去国,则哭于墓而后行;反其国,不哭,展墓而入。"谓子路曰:"何以处我?"子路曰:"<u>吾闻之也</u>:过墓则式,过祀则下。"(《礼记·檀弓下》)

(14) 鲁哀公问于孔子曰:"夫子之服,其儒服与?"孔子对曰:"丘少居鲁,衣逢掖之衣;长居宋,冠章甫之冠。<u>丘闻之也</u>:君子之学也博,其服也乡。丘不知儒服。"(《礼记·儒行》)

其他典籍,如《大戴礼记》1例"丘闻之也"、1例"吾闻之也",《孟子》2例"吾闻之也",《荀子》1例"吾闻之也",均为形式宾语句。这种"闻之"后面带语气词的用法,在《论语》《礼记》往后见用较少,在《左传》中仅有1例,《国语》《墨子》等典籍中不再见用。《左传》1例即:

(15) (公子札)自卫如晋,将宿于戚,闻钟声焉,曰:"异哉!<u>吾闻之也</u>:辩而不德,必加于戮。夫子获罪于君以在此,惧犹不足,而又何乐?夫子之在此也,犹燕之巢于幕上。君又在殡,而可以乐乎?"遂去之。(《左传·襄公二十九年》)

这一例"吾闻之也:……"语气词"也"位于"吾闻之"这一主谓宾完形的句子后,起停顿作用,"闻"的真正宾语在下文"呼之欲出"。

"吾闻之"与后续宾语从句之间的语气词消失,替之以"曰"的兴起,形成"吾闻之曰+宾语从句"的形式宾语句,使得后续引用内容与谓语动词"闻"之间的关联更为密切,直接体现在句子表层。

(16) 叔向曰:"子叔子知礼哉!<u>吾闻之曰</u>:'忠信,礼之器也;卑让,礼之宗也。'辞不忘国,忠信也;先国后己,卑让也。《诗》曰:'敬慎威仪,以近有德。'夫子近德矣。"(《左传·昭公二年》)

(17) 舟之侨告诸其族曰:"众谓虢亡不久,吾乃今知之。君不度而贺大国之袭,于己也何瘳?吾闻之曰:'大国道,小国袭焉曰服。小国傲,大国袭焉曰诛。'民疾君之侈也,是以遂于逆命。……"(《国语·晋语二》)

如上所示,形式宾语句"闻之曰+引语"的句式在《左传》《国语》及其后兴起,有"曰"的形式宾语句至《墨子》中比例逐渐增加。"闻之曰"形式宾语句表层形式上使用了连动式"闻之曰"句式。典籍中连动式"闻之曰"使用相当普遍,其中"之"指代上文所述某一事件,某人听说了这一事件后发表某种看法或给予某一评论,往往用"闻之曰"句式,此时连动式"闻之曰"并非形式宾语句,为方便区别,我们姑称之为"原型连动式"。

《论语》中"闻之"加后续引用语句的用法,共有 9 例,其中 7 例为原型连动式,"之"指代上文陈述的事件或人物语言,引用的是说话人"现说"的语句,而不是说话人从他处引用的"现成语句",如:

(18) 季文子三思而后行。子闻之,曰:"再,斯可矣。"(《论语·公冶长》)

(19) 达巷党人曰:"大哉孔子!博学而无所成名。"子闻之,谓门弟子曰:"吾何执?执御乎?执射乎?吾执御矣。"(《论语·子罕》)

当"之"回指前文时,"闻之"独立性更为明显,多将其与后续动词"曰"用逗号读开,实际上前后构成连动式"闻之曰","闻""曰"为两个动词,都由前面的主语发出,"曰"后面为直接引语。《论语》7 例原型连动式中 6 例为"闻之曰",1 例为"闻之,谓门弟子曰",引入了行为"曰"发生时面向的对象,且用动词"谓"引入,故这里实际上是 3 个谓语动词连用,不过,"谓"与"曰"联系更为紧密。可见《论语》中,"闻之"句式究竟是原型连动式还是形式宾语句,两者是有区分的,前者有"曰",后者无"曰"。

我们认为形式宾语句中"曰"的兴起,与原型连动式"闻之曰"句式有关,当受其类化而来,其动因是形式宾语句"闻之"后必然还有其他内容,而内容恰恰多为言语性成分,这一点与原型连动式具有相似性,形式宾语句由此逐步采用了原型连动式的句式。此时形式宾语句"闻之曰"也是一个连动式,但与原型连动句不同,动词"曰"引导的内容是主语转引某一现成的语句,故是一种间接引语,而原型连动句"曰"引导的是直接引语。

原型连动句中"曰"的动词性更强,形式宾语句中"曰"相比则要虚化,表现在前者是必需成分,后者是非必需成分。此外,还跟"曰"后面引导的内容与谓语"闻"的相关性有关。原型连动句中,"曰"引导的内容并不是"闻"的必要论元,"曰"仅是承接"闻"而发生的另一个动作;形式宾语句中,"曰"引导的内容却是"闻"的真正宾语,是形式宾语"之"的补足语,"闻"与"曰"不是相继发生的动作行为关系。还有一点,下文将详述,考察形式宾语句"闻之(曰)"主语情况,发现主语为自称名时,往往不出现"曰",相对于第一人称代词,自称名主语更为明确,其对后面谓语动词的施动性更为显著,形式宾语句"闻之曰"主语多为第一人称代词,相比而言,主语对"曰"的施动性是比较弱的。与此不同,原型连动式"闻之曰"主语往往是明确的某人,多为某人名,其对后续"曰"具有明显的施动主导性。也就是说,形式宾语句中,"曰"的主语是弱化的,而原型连动式中,"曰"的主语是确指的。以上两点启发我们进一步思考形式宾语句"闻之曰"中"曰"功能的特殊性。

刘丹青认为汉语里存在补足语句标记,如"说道"的"道",他认为:"'道'是一部分动词所带的一个关系性或者说连接性的语法标记,表示其后的成分为内容宾语小句。从这点上看,'道'跟英语动词后引出小句的关系代词that 有相近的作用,两者都属于宾语小句标记或简称为标句词。"他还明确说明"在上古时期,汉语中也有类似'道'的标句词,那是用在动词后的'曰'",如"言曰""问曰""对曰"等①。张赪研究《尚书》言说动词"曰"的虚化用法时,也提到言说动词"曰"可以和另一个言说动词形成连动结构,"当'曰'前面的动词扩大到非言说义动词时,'曰'就成为一个引介命题小句的标记,类似于英语中的标句词"②。方梅论述"说"的从句标记功能时,提到"说"做宾语从句标记:"'说'引导的小句实际上是句子的宾语,我们可以把

---

① 刘丹青.汉语里的一个内容宾语标句词——从"说道"的"道"说起[M]//中国社会科学院语言研究所《中国语文》编辑部.庆祝《中国语文》创刊50周年学术论文集.北京:商务印书馆,2004:110-119.
② 张赪.《尚书》言说动词"曰"的虚化用法研究[M]//张显成.古汉语语法研究新论:出土文献与古汉语语法研讨会暨第九届海峡两岸汉语语法史研讨会论文集.重庆:西南师范大学出版社,2015:201-216.

'说+小句'替换成'这个/这些'。如'大家想问您的是,说如果他们想去可可西里,他们应该有什么样的准备。'"①上述形式宾语句"闻之曰"中的"曰"言说动词性相比于原型连动式中的"曰"弱得多,它的功能更接近于标句词的"道""说"。形式宾语句"闻之曰"中,"闻"的宾语位置由形式宾语"之"占据,起到完形作用,"曰"进而引出真正的宾语内容,该"曰"可以看作引导后续宾语从句的标句词。

3. "闻之(曰)"主语的自称形式

《墨子》3例"闻之(曰)"形式宾语句中,2例主语为第一人称代词"吾",后面都有"曰",1例主语为墨子自称名"翟",后面没有"曰"。形式宾语句主语一般为第一人称,但自称形式呈现多样化,自称形式与"曰"的出现与否也表现出一定的规律性。

《左传》"闻之"句中,主语为"吾"的有21例,自称用"臣"的有15例,用"寡人"1例,自称名作主语的有16例;句式上一般"闻之"后紧接引用内容,即"之"指代的内容。在自称名作主语的"闻之"句式中,单用名后面也可以加上语气词"也",共有2例,即"吉也闻之"(郑子太叔游吉)、"纥也闻之"(武仲臧纥)。"闻之"前还可以加副词"又",1例"侨又闻之"(子产名),承接前文的"侨闻之"。《左传》5例"闻之曰"句式中,主语为"吾"的2例,为"臣"的3例,其中1例"臣又闻之曰"加入副词"又"。

《国语》"闻之"句式主语情况与《左传》相似,有"吾""臣""寡人"及自称名,分别有17、17、2、12例。句式上,1例"臣固闻之",谓语动词"闻"前用了副词"固"(本来):

(20)既战,获王子发钩。栾书谓王子发钩曰:"子告君曰:'郤至使人劝王战,及齐、鲁之未至也。且夫战也,微郤至王必不免。'吾归子。"发钩告君,君告栾书,栾书曰:"臣固闻之,郤至欲为难,使苦成叔缓齐、鲁之师,已劝君战,战败,将纳孙周,事不成,故免楚王。然战而擅舍国君,而受其问,不亦大罪乎?且今君若使之于周,必见孙周。"(《国语·晋语六》)

---

① 方梅.北京话里"说"的语法化——从言说动词到从句标记[J].中国方言学报,2006,(1).

"臣固闻之(我本来就听说)",听说的内容即下文"郤至欲为难,使苦成叔缓齐、鲁之师,已劝君战,战败,将纳孙周"。可见,"闻之"形式宾语句除了常见的引用某话语之外,还可以引出一般事件情况。例(20)中"闻"的内容宾语显然是栾书杜撰的,乃其陷害郤至圈套中的一环。此类"闻之"形式宾语句使用不多,上古汉语中另见《淮南子》1例,语境与此相似:

(21)居一年,伍子奢游人于王侧,言太子甚仁且勇,能得民心。王以告费无忌。无忌曰:"臣固闻之,太子内抚百姓,外约诸侯,齐、晋又辅之,将以害楚,其事已构矣。"(《淮南子·人间训》)

例(21)也是"臣固闻之"句式,形式宾语"之"先行完形,"闻"的真正宾语是"太子内抚百姓,外约诸侯,齐、晋又辅之,将以害楚",是说话人杜撰的"早前听闻的事件"。形式宾语句"闻之"句式后面往往引用具有一定流传度和可信度的现成言语内容,"闻之"句式的使用因而具有增强说服力的语用效果,这两例"臣固闻之"后面的内容其实是说话人杜撰的,但说话人却通过"闻之"形式宾语句式来引起,其目的是一来引起听话人的注意,二来增强说服力。故这两例"臣固闻之"的用法当属特殊的修辞用法,从句法层面拓展到了语用层面。

从主语与是否用"曰"来看,《左传》《墨子》呈现出一致性,即自称名作主语不用"曰",《墨子》中"闻之(曰)"形式宾语句共3例,其中2例"吾闻之曰",1例"翟闻之"不用"曰"。《左传》自称名作主语16例,均为"闻之"句式,不用"曰"。在《国语》中,"闻之曰"形式宾语句共17例,相比于《左传》,比例大为提高,且出现了3例自称名作主语的用法。形式宾语句中主语多为第一人称,且自称名时多不用"曰",这与原型连动式"闻之曰"主语往往是他称人名形成对立,也体现出两种句式中"曰"的区别。

4."闻之+间接宾语+(曰)"句式

《国语》中"闻之(曰)"形式宾语句有多例在"闻之"后出现"闻"间接宾语的用法,即补充了引语来源成分,形成"闻之+间接宾语(来源)+(曰)"双宾语结构句式,有1例"臣闻之贾人",4例"闻之+间接宾语+曰",主语都是"吾",引语来源分别为"先姑、先子、羊舌大夫、外人之言":

(22) 大夫种进对曰:"臣闻之贾人,夏则资皮,冬则资绨,旱则资舟,水则资车,以待乏也。夫虽无四方之忧,然谋臣与爪牙之士,不可不养而择也。譬如蓑笠,时雨既至必求之。今君王既栖于会稽之上,然后乃求谋臣,无乃后乎?"(《国语·越语上》)

(23) 季康子问于公父文伯之母曰:"主亦有以语肥也。"对曰:"吾能老而已,何以语子?康子曰:"虽然,肥愿有闻于主。"对曰:"吾闻之先姑曰:'君子能劳,后世有继。'"(《国语·鲁语下》)

(24) 文伯之母闻之,怒曰:"吾闻之先子曰:'祭养尸,飨养上宾。'鳖于何有?而使夫人怒也!"(《国语·鲁语下》)

(25) 太子曰:"吾闻之羊舌大夫曰:'事君以敬,事父以孝。'受命不迁为敬,敬顺所安为孝。弃命不敬,作令不孝,又何图焉?……"(《国语·晋语一》)

(26) 公曰:"夫岂惠其民而不惠于其父乎?"骊姬曰:"妾亦惧矣。吾闻之外人之言曰:为仁与为国不同。为仁者,爱亲之谓仁;为国者,利国之谓仁。……"(《国语·晋语一》)

例(22)"臣闻之贾人"中"闻"真正的受事宾语即后面的"夏则资皮,冬则资绨,旱则资舟,水则资车,以待乏也",这些话是从"贾人"那听说的。例(23)"吾闻之先姑曰"表明后续听说的话来源是"过世的婆婆";又有"吾闻之先子曰",来源是"过世的公公"。"闻之"后有引语来源的5例中,4例为说话人,1例为"外人之言","吾闻之外人之言曰"相当于"吾闻之外人曰",来源不用"外人",而用"外人之言",更显得客观化,增强了说服力。值得注意的是,3例"吾闻之+话语人(引语来源)+曰"句式中"曰"主语并非前面的"话语人","话语人"是"闻"的间接宾语,与"外人之言"相同,这种情况下,"曰"与主语"吾"距离更远,其作为"吾闻之"后续宾语从句的标句词功能更加明显,该标句词"曰"可以不用,如例(22)"臣闻之贾人"后面直接加宾语从句,而不用"曰"。

显然,"吾闻之(曰)"句式中插入话语来源的成分,形成"闻之+间接宾语+(曰)+引语"句式,是"吾闻之(曰)"句式进一步发展的结果,表明后面所引用的话语有明确根据,而非"本人杜撰"。这种句式更为复杂,增加了语义成分。

5. "闻之曰"中"之"辨析

需要注意的是,主体式引用表达句式中"之"是形式宾语,其所指代的内容在下文,而不在上文。前面说过,形式宾语句"闻之曰"中"曰"由原型连动式"闻之曰"类化而来,两者在句子表层是一样的,但语义指向上需要辨析。原型连动式"闻之曰"在上古汉语中广泛使用,其中"之"复指上文的事件,它不是形式宾语。《墨子》中这两种句式都有,语义指向上还需要具体辨析。

(27) 叶公子高问政于仲尼曰:"善为政者若之何?"仲尼对曰:"善为政者,远者近之,而旧者新之。"子墨子闻之曰:"叶公子高未得其问也,仲尼亦未得其所以对也。叶公子高岂不知善为政者之远者近也,而旧者新是哉?问所以为之若之何也。不以人之所不智告人,以所智告之,故叶公子高未得其问也,仲尼亦未得其所以对也。"(《耕柱》)

(28) 鲁君之嬖人死,鲁君(人)为之诔,鲁人(君)因说而用之。子墨子闻之曰:"诔者,道死人之志也,今因说而用之,是犹以来首从服也。"(《鲁问》)

(29) 鲁祝以一豚祭,而求百福于鬼神。子墨子闻之曰:"是不可。今施人薄而望人厚,则人唯恐其有赐于己也。今以一豚祭,而求百福于鬼神,唯恐其以牛羊祀也。古者圣王事鬼神,祭而已矣。今以豚祭而求百福,则其富不如其贫也。"(《鲁问》)

这 3 例"闻之曰"是原型连动式,不是宾语从句,"之"指代上文事件或情况,分别指叶公子高与孔子问答的情况、鲁人因给鲁君爱妾作了篇诔文讨得鲁君欢心而受到重用的事情、"鲁祝以一豚祭,而求百福于鬼神"的做法。"曰"为动词,后面引用部分即其宾语,表示听说了某件事情然后说了后面的话,正是针对前面的事件所发表的看法或评论。

同是"闻之曰……",却是两种有着本质差异的句式,一是原型连动式,一是形式宾语句(宾语从句的一种)。相应的,"之"指代的内容不同,前者复指上文事件情况,后者所指内容出现在下文;"曰"在前种格式中是言说动词,在后种格式中更为虚化,可以看作是引出宾语从句的标句词。

在上古汉语中,原型连动式"闻之曰"是比较常见的用法,这也是"之"一般的用法,指代前面已经出现的内容,《左传·襄公三十一年》"……仲尼闻是语也,曰'以是观之,人谓子产不仁,吾不信也。'"句中"闻是语也,曰"用"是语"来指代前面他人话语,更多情况下是直接用"闻之曰"句式,用代词"之"来代"是语"。"之"作形式宾语的"闻之曰"一般用于引用现成的话,且主语是说话人自称,用"吾"最多,表明是说话人引用其所听到、知道的话;原型连动式"闻之曰"主语一般是第三人称,表达其在听说了某件事后发表一定的言论。

6."闻之(曰)"形式宾语"之"溯源

在西周早期文献中,多见"闻(曰)"句式,"闻"后面一般没有形式宾语"之",直接跟引用内容。《尚书》中无"闻之(曰)"句式,仅有"闻(曰)"句式,如下:

(30)王曰:"呜呼!小子封,恫瘝乃身,敬哉!……<u>我闻曰</u>:'怨不在大,亦不在小;惠不惠,懋不懋。'……"(《尚书·康诰》)

(31)<u>我闻曰</u>:"上帝引逸。"有夏不适逸,则惟帝降格,向于时。(《尚书·多士》)

(32)周公曰:"呜呼!<u>我闻曰</u>:昔在殷王中宗,严恭寅畏,天命自度,治民祗惧,不敢荒宁,肆中宗之享国七十有五年。其在高宗……其在祖甲……自时厥后立王,生则逸;生则逸,不知稼穑之艰难,不闻小人之劳,惟耽乐之从。自时厥后,亦罔或克寿,或十年,或七八年,或五六年,或四三年。"……周公曰:"呜呼!<u>我闻曰</u>:'古之人犹胥训告,胥保惠,胥教诲,民无或胥诪张为幻。'此厥不听,人乃训之,乃变乱先王之正刑,至于小大,民否则厥心违怨,否则厥口诅祝。"(《尚书·无逸》)

(33)王曰:"封!<u>我闻惟曰</u>:在昔殷先哲王迪畏天显,小民经德秉哲。……"……<u>我闻亦惟曰</u>:"在今后嗣王酗身,厥命罔显,于民只保越怨,不易,诞惟厥纵淫泆于非彝。……"(《尚书·酒诰》)

上述例子为《尚书》"闻曰"句式,其中例(33)2例"曰"前分别插入了语气副词"惟"及副词"亦",为"闻曰"式变式。《尚书》还有不用"曰",在"闻"后直接引出内容的:

(34)箕子乃言曰:"<u>我闻</u>在昔鲧陻洪水,汩陈其五行。帝乃震怒,

不彝洪范九畴,彝伦攸斁。……"(《尚书·洪范》)

(35)公曰:"君奭!我闻在昔,成汤既受命,时则有若伊尹,格于皇天。在太甲时,则有若保衡。在太戊时,……"(《尚书·君奭》)

例(30),孙星衍疏引《晋语》智伯国曰:"《周书》有之曰:'怨不在大,亦不在小。'"又引《左传·昭公八年》子旗曰:"《周书》曰:'惠不惠,茂不茂。'康叔所以服弘大也。"①"闻曰"引用的很可能是古语;例(31)"上帝引逸",王世舜、王翠叶译注《尚书》与李民、王健《尚书译注》均注为"古时成语"②,孙星衍疏引《论衡·语增》篇云:"经曰'上帝引逸',谓虞舜也。舜承安继治,任贤使能,恭己无为,而天下治。"③似也可解为古人做法,同例(32)第二个"我闻曰"用法,由此例(31)不能确定为引用现成古语,姑且看作两可之例。

其余"闻曰"例以及"闻"例,均非引用现成语句,而是总结历史经验教训,例(32)第一处"我闻曰"引出"昔在殷王中宗……其在高宗……其在祖甲……自时厥后立王……"一整段论述,总结殷的教训,列举中宗、高宗、祖甲三个国王作为正面的典型,又列举殷的后王作为反面典型,其他例用法与此相似。这些"(我)闻(曰)"句式并非表示引用,而是起到发起论述、引起注意的作用。

《逸周书》周初篇目中"闻(曰)"句式也较常见,如:

(36)呜呼!于来后之人,余开(闻)在昔曰:明明非常,维德曰为明。……朕闻用人不以谋说,说恶谄言。……朕闻曰:谋有共轵,如乃而舍。(《逸周书·小开解》)

(37)王在鄗,召周公旦曰:"呜呼,敬哉!朕闻曰:何修非躬,躬有四位、九德;何择非人,人有十奸;何有非谋,谋有十散,不围我哉;何慎非言,言有三信。……"(《逸周书·宝典解》)

(38)允哉!余闻曰:"维乃予谋,谋时用臧。不泄不竭,维天而已。"(《逸周书·寤儆解》)

---

① 孙星衍,陈抗,盛冬铃.尚书今古文注疏[M].北京:中华书局,1986:362.引《左传》句中"茂"字,杨伯峻注"茂,今《书》作'懋',相同,勉也",见杨伯峻·春秋左传注(修订本)[M].北京:中华书局,2009:1303.

② 王世舜,王翠叶.尚书[M].北京:中华书局,2012:245;李明,王健.尚书译注[M].上海:上海古籍出版社,2012:241.

③ 孙星衍,陈抗,盛冬铃.尚书今古文注疏[M].北京:中华书局,1986:425.

(39)允哉,维予闻曰:"何乡非怀?怀人惟思。思若不及,祸格无日。"(《逸周书·成开解》)

(40)我闻曰:"以言取人,人饰其言;以行取人,人竭其行。饰言无庸,竭行有成。"惟尔小子,饰言事王,寔蕃有徒。(《逸周书·芮良夫解》)

"闻曰"句式引出语句的有6例,例(36)在"曰"前插入"在昔"。6例主语都是第一人称代词,2用"余",2用"朕",1用"予",1用"我"。《逸周书》诸篇有"闻"直接引出听说的情况,而不用"曰"的,如例(36)"朕闻用人不以谋说,说恶谐言",又如"余闻在昔,训典中规(我听说从前训教的法典合于法规)"(《逸周书·小开武解》)。

张赪将例(32)第二处"我闻曰"看作"言说动词'曰'和另一个言说动词形成连动结构",认为其中"曰"是动词,并比较例(33)两例,说:"'曰'和前面的动词之间可以插入副词",进而提出"当'曰'前面的动词扩大到非言说义动词时,如'知曰、念曰','曰'就成为一个引介命题小句的标记,类似于英语中的标句词。"①通过对《尚书》《逸周书》"闻曰"用法的考察,可见"闻曰"后面并非都是引用他人言语,更多情况下"闻曰"起到提请注意、发起阐述的作用。"闻"与"言"等言说动词还是有所区别,更确切来说,"闻"是感知动词,与"知"更为接近,由此,上述"闻曰"之"曰"也可看作引介后续小句的标记。这一标记也可不用,"闻"后直接加宾语从句。

值得注意的是,《逸周书》中有2处用"闻之"句式引出他人话语,为:

(41)周公再拜稽首曰:"臣闻之文考:能求士者,智也;与民利者,仁也;能收民狱者,义也;能督民过者,德也;为民犯难者,武也。……"(《逸周书·本典解》)

(42)周公曰:"闻之文考,来远宾,廉近者,道别其阴阳之利,相土地之宜、水土之便,营邑制,命之曰大聚。……"(《逸周书·大聚解》)

这两例"闻之文考"是双宾语结构,相比于更常见的"闻曰"句式,它的特

---

① 张赪.《尚书》言说动词"曰"的虚化用法研究[M]//张显成.古汉语语法研究新论:出土文献与古汉语语法研讨会暨第九届海峡两岸汉语语法史研讨会论文集.重庆:西南师范大学出版社,2015:201-216.

殊性在于"闻曰"句式仅出现"闻"的内容,即受事成分,而"闻之文考",后面不仅出现了受事内容,而且增加了话语来源,即"闻"的间接宾语"文考",同时出现了形式宾语"之"。形式宾语"之"出现在双宾语结构中,与间接宾语的出现以及消解歧义的需要有关。

例(41)前文有"王在东宫,召公告周公曰:呜呼!朕闻武考不知乃问,不得乃学,俾资不肖,永无惑矣"。"朕闻"句,黄怀信译为:"我听说先父武王不知道就问,问不到就学,才使得本来不贤明的资质永远没有疑惑。"①张闻玉指出这一理解不妥,并指明:"这里的'朕闻武考'当是'朕闻之武考',与下'臣闻之文考'句式同,即我听武王说。"②我们同意张解。句法上而言,"闻武考+引用内容"是"闻+间接宾语+直接宾语"结构的双宾语,是古汉语中较常见的双宾语结构,如"语之故";但由于"闻"的特殊性,其后通常直接加内容宾语,当插入间接宾语表明引用话语来源时,却容易产生歧义,该间接宾语容易被误解成后续宾语小句的主语,上引黄译即由此误解。当"闻"式双宾语结构调整为"闻+直接宾语+间接宾语"格式时,上述歧义即可消除,但是双宾语结构是相当紧凑的结构,两个宾语成分紧紧黏附于动词,如果直接宾语是小句形式,在其后再加上间接宾语,双宾语的紧凑性显然会遭到破坏,因而不被汉语表达所接受。在这种情况下,代词"之"被用在了直接宾语的位置上,形成"闻之+间接宾语"的双宾语结构,而真正的直接宾语内容则在其后出现,如此既避免了句法歧义,又补足了语义。

如上,西周时期,"闻(曰)"句式中基本不用形式宾语"之",这是因为"闻(曰)"最主要的用法并不是引用某一语句,而是用来提请注意、发起阐述。当明确引用某人说的话时,形式宾语出现在"闻之+间接宾语+引用内容"句式中,其动因是解决句法歧义,同时也是因为后面的内容确实是"闻"的受事宾语。春秋战国时期,形式宾语"闻之(曰)"句式兴起,这与"闻之(曰)"句式逐渐用于引用某一现成语句这一专门化功能有关。

形式宾语"之"不是语义表达的必需成分,故在早期汉语文献中,并不存在形式宾语"之",它是随着汉语句式发展而产生的,由"主语+闻+宾语小句"到"主语+闻之+宾语小句",再到"主语+闻之曰+宾语小句",句法形

---

① 黄怀信.逸周书校补注译(修订本)[M].西安:三秦出版社,2006:300.
② 张闻玉.逸周书全译[M].贵阳:贵州人民出版社,2000:372.

式上不断完善。形式宾语"之"起到完形作用,使得"主语(多为单音第一人称代词)+闻+之"形成独立的足句形式,后续宾语小句进一步补足语义,从而使得句子趋向平衡;标句词"曰"进一步将宾语从句与前面的"闻"关联起来,将两者之间密切的语义关联标记化。

(二)"语之曰"

《墨子》中还有直接引用具体某人说的话,也使用了"之"作为形式宾语,共有3例,为"诸侯传而语之曰"句式,出现在《明鬼下》篇3段文意相似的文段中:

(43)诸侯传而语之曰:"凡杀不辜者,其得不祥,鬼神之诛若此其憯遫也!"以若书之说观之,则鬼神之有岂可疑哉?……诸侯传而语之曰:"诸不敬慎祭祀者,鬼神之诛至若此其憯遫也!"以若书之说观之,鬼神之有岂可疑哉?……诸侯传而语之曰:"请品先不以其请者,鬼神之诛至若此其憯遫也!"以若书之说观之,鬼神之有岂可疑哉?(《明鬼下》)

"诸侯传而语之曰"意思是"诸侯互相转告说","曰"后面的内容为"语"的真正宾语,也就是"语"后面形式上的宾语"之"所指代的内容。这里主语就是后面引用话语的发出者,相应的,谓语动词也不再是"闻",而是主动言说的"语"。《墨子·非攻中》有类似的表达,却没有使用形式宾语"之",即"及若此,则韩魏亦相从而谋曰:'古者有语:唇亡则齿寒。赵氏朝亡,我夕从之;赵氏夕亡,我朝从之。《诗》曰:鱼水不务,陆将何及乎!'"。该句中"从而谋曰"与"传而语之曰"在结构、语义上都是相似的,差别在于"谋"后面没有使用形式宾语"之",可见形式宾语"之"的使用具有一定随意性,即它并非必需成分。

这种"之"作形式宾语的"语之曰"为《墨子》特例,其他典籍中一般为连动式,如《左传·襄公三十一年》"穆叔至自会,见孟孝伯,语之曰:'赵孟将死矣。……'",其中"之"指代前面的"孟孝伯","之"为"语"的间接宾语,《墨子》"传而语之"中"之"是直接宾语。

《墨子》中独有形式宾语句"语之曰",与此相应的,《墨子》中还有一种独特的表示征引古语的句式,即"古者有语(曰)",其中"语"是名词,作"有"的宾语。言说动词"语"通过词义引申产生表示"话语"的名词义。

《墨子》中用"古者有语(曰)"句式引出征引内容的,共有 4 例,1 例在《尚同下》篇,3 例在《非攻中》篇:

(44) 古者有语焉,曰:"一目之视也,不若二目之视也。一耳之听也,不若二耳之听也。一手之操也,不若二手之强也。"夫唯能信身而从事,故利若此。(《尚同下》)

(45) 是故子墨子曰:古者有语:"谋而不得,则以往知来,以见知隐。"谋若此,可得而知矣。(《非攻中》)

(46) 及若此,则韩魏亦相从而谋曰:"古者有语:'唇亡则齿寒。'赵氏朝亡,我夕从之;赵氏夕亡,我朝从之。《诗》曰:'鱼水不务,陆将何及乎!'"(《非攻中》)

(47) 是故子墨子言曰:古者有语曰:"君子不镜于水,而镜于人。镜于水见面之容,镜于人则知吉与凶。"今以攻战为利,则盖尝鉴之于智伯之事乎?此其为不吉而凶,既可得而知矣。(《非攻中》)

《尚同下》1 例为"古者有语焉曰",即在"有语"后插入了兼词"焉",《非攻中》2 例为"古者有语",其后直接跟征引内容,1 例"古者有语曰"通过"曰"引出征引内容。

两种词性的"语"由于句法地位的差异,形成两种表示征引语句的句式。"古者有语(曰)"句式中,"语"作"有"的宾语,而"语之曰"句式中,"语"作谓语,由于"语"的宾语为句子形式的较为复杂的成分,形式宾语"之"出现在"语"的宾语位置上,其功能是句法完形,真正的宾语由"曰"进一步引出。例(41)中"语之曰"句式突出了"语"的主语"诸侯",表明后面的引语有明确的说话者来源,而"古者有语(曰)"则仅仅表明后面的引"语"是古语,并不指明特定的说话者。两种句式中"语"尽管词性和句法地位不同,但词义具有密切相关性。《墨子》中出现"语之曰"句式与"有语(曰)"句式,两者具有一定的相应性,均为《墨子》特有。

"有语(曰)"句式为《墨子》独有,先秦其他典籍中,多为"有言(曰)",如"我言维服,勿以为笑。先民有言:'询于刍荛。'"(《诗经·大雅·板》)"古人有言曰:'人,无于水监,当于民监。'"(《尚书·酒诰》)且有"曰"标记的为常见,"有言"式主要是《诗经》数例,或受句式字数限制。与"语"的两种词性形成两种征引句式相似,"言"也可形成多种征引句式。由"古人有言曰"句式进行转换,其中的"言"提前作话题主语时,"有"后面宾语位置空缺,由形式宾语"之"补位,形成"言有之(曰)"句式,这一点下文谈"有之(曰)"句式时再详论。此外,上古典籍中,也有如"语之曰"这样的主体式征引句式,即"S+言之(曰)"句式,该句式见用也较受限,仅见于《礼记》。

《礼记》中形式宾语句"言之(曰)"用例共12例,"言之"9例,其中1例在《坊记》中,其余8例在《表记》中;"言之曰"共3见。

(48) 子言之:君子之道,辟则坊与,坊民之所不足者也。大为之坊,民犹逾之。故君子礼以坊德,刑以坊淫,命以坊欲。(《礼记·坊记》)

(49) 子言之:归乎!君子隐而显,不矜而庄,不厉而威,不言而信。子曰:……子言之:仁者,天下之表也;义者,天下之制也;报者,天下之利也。子曰:……(《礼记·表记》)

(50) 子言之曰:后世虽有作者,虞帝弗可及也已矣;君天下,生无私,死不厚其子;子民如父母,有憯怛之爱,有忠利之教;亲而尊,安而敬,威而爱,富而有礼,惠而能散;其君子尊仁畏义,耻费轻实,忠而不犯,义而顺,文而静,宽而有辨。《甫刑》曰:德威惟威,德明惟明。非虞帝其孰能如此乎?(《礼记·表记》)

《礼记·表记》中8例"子言之",如例(49)2例,与例(50)"子言之曰",或与本篇体例相关。《礼记正义》孔颖达疏:"此一篇总论君子及小人为行之本,并论虞、夏、殷、周质文之异,又论为臣事君之道,各依文解之。称'子言之',凡有八所。皇氏云:'皆是发端起义,事之头首,记者详之,故称"子言之"。若于"子言之"下更广开其事,或曲说其理,则直称"子曰"。'今检上下体例,或如皇氏之言。今依用之。"①王梦鸥注译《礼记今注今译》解说:"按此篇所说之事,依次为:君子行为的根本、仁与义的相互关系、仁的要素、义的要素、虞夏商周的政教得失、事君之道、言行待人之道及卜筮等八项,其分段皆甚明显,且各以'子言之'发端。唯'君子不以辞尽人'一节,作'子曰',

---

① 李学勤,《十三经注疏》整理委员会. 十三经注疏·礼记正义[M]. 北京:北京大学出版社,1999:1468.

而此处实为阐述'言行待人'之首;而'后世虽有作者'一节,本为述'虞夏商周政教'之末,而称'子言之曰',非惟不合于行文的体例,且辞句突兀,与他处不同,孙希旦疑为传写之误,盖或近之。"①

《礼记·表记》每段或以"子言之"或"子曰"或"子言之曰"开头,"子言之曰"仅一处,即例(50)。皇侃总结出"子言之"与"子曰"使用的体例,即讨论一话题以"子言之"发端,同一话题内部每节以"子曰"发起,则"子言之"起到一个切分内容段的作用。王梦鸥指出两处不合皇侃体例,一处当用"子言之",却用了"子曰",一处当用"子曰",却用了"子言之曰",并说这一处"子言之曰"是"非惟不合于行文的体例,且辞句突兀,与他处不同",由此认为是"传写之误"。

从语义表达上来说,"子言之曰"与"子言之""子曰"是功能相同的句式,只是句式构成稍有差异,"子曰"为主谓式,动词"曰"后直接引出内容,"子言之"与"子言之曰"都使用了形式宾语"之",后面再引出较长的宾语内容,两者差异在于"子言之"后面宾语从句没有标句词"曰","子言之曰"使用了标句词"曰",句式同前面讨论过的形式宾语句"吾闻之曰"。

从《礼记·表记》"子言之"的使用来看,或许《礼记》成书者确实是有意为之,如皇侃如言"发端起义,事之头首,记者详之,故称'子言之'",不过因内容繁多,或有一两处未尽如其例,亦是情理之中。将"子言之曰"看作"辞句突兀,与他处不同",盖未明其本质与"子言之"同,其后"曰"本就是可有可无,而且《礼记》中"子言之曰"并非孤例,《檀弓上》及《缁衣》篇各有1例:

(51) 子夏曰:"圣人之葬人与? 人之葬圣人也。子何观焉? 昔者夫子言之曰:'吾见封之若堂者矣,见若坊者矣,见若覆夏屋者矣,见若斧者矣。'从若斧者焉。马鬣封之谓也。今一日而三斩板,而已封,尚行夫子之志乎哉!"(《礼记·檀弓上》)

(52) 子言之曰:为上易事也,为下易知也,则刑不烦矣。(《礼记·缁衣》)

例(51)《礼记·檀弓上》子夏言语中引用孔子所说的话,用了"夫子言之

---

① 王梦鸥. 礼记今注今译[M]. 北京:新世界出版社,2011:465.

曰……"句式,其中"之"不回指上文内容,指代的正是后面的引文。例(52)《缁衣》是《表记》后一篇,被看作是续《表记》而作,其开篇即用"子言之曰……",由此可证《表记》"子言之曰"并非"辞句突兀"。

《礼记·檀弓下》有1例"言之曰",但其中"之"并非形式宾语:

(53)季孙之母死,哀公吊焉,曾子与子贡吊焉,阍人为君在,弗内也。曾子与子贡入于其厩而修容焉。子贡先入,阍人曰:"乡者已告矣。"曾子后入,阍人辟之。涉内溜,卿大夫皆辟位,公降一等而揖之。君子言之曰:"尽饰之道,斯其行者远矣。"(《礼记·檀弓下》)

例(53)中"言之曰"的"之"回指前面的事件,"曰"后面的内容是指对这一事件的评论。

《礼记》3例形式宾语句"言之曰"主语是"夫子、子",都指孔子,为某人;《墨子》"语之曰"主语也是某人。同样作为言说动词,《礼记》中"言之曰"形式宾语句可以为《墨子》"语之曰"的合理性提供旁证。《礼记》"言之"主语都为"子(孔子)",是引发孔子言论的一种说辞,形式宾语"之"指代后文整段的内容。

二、"语言有之曰"句式

《墨子》中引用现成的话,主要还是客体式的表达方式,即如"语言有之曰"句式,主语更多是某书某篇名。谓语动词"有"后紧跟形式宾语"之",再由"曰"引出真正的引用内容。其中"有之曰"5例,另有3例"道之曰"、4例"《××》之道之曰"或当为"之道曰",后文专门讨论其校勘辨析,暂不于此讨论。

(一)《墨子》"语言有之曰"句式

《墨子》"有之曰"形式宾语句共有5例,1例"语言有之曰"即本节开头所引例(2)《天志上》篇例子,其余4例主语为某书篇名,如下:

(54)曰先王之书汤之《官刑》有之曰:"其恒舞于宫,是谓巫风。其刑,君子出丝二卫,小人否,似二伯黄径。"(《非乐上》)

(55)有于《三代》《不(百)国》有之曰:"女毋崇天之有命也。"命《三》《不国》(今《三代》《百国》)亦言命之无也。(《非命中》)

(56)曰：何书焉存？禹之《总德》有之曰："允不著（若），惟天民不而葆。既防凶心，天加之咎，不慎厥德，天命焉葆？"(《非命下》)

(57)故先王之书《子亦》有之曰："亓傲也，出于子，不祥。"此言为不善之有罚，为善之有赏。(《公孟》)

5例"有之曰"引出引用的语句，1例主语为"语言"，即一般流传的话，谭家健注"语言"为"俗语"①，"语言有之曰"即"俗语有这种说法"，也即"俗话说"；4例主语为古代某典籍之某一篇名，表示"某篇里面有这样的说法"。例(55)《墨子间诂》引苏时学云"所引盖古逸书，'不'字疑误。"孙诒让按"'不'当作'百'，《三代》《百国》，或皆古史记之名"②。5例中"之"都是形式宾语，"有"的真正宾语为"曰"后面的句子。

(二)《左传》《国语》"有之(曰)"句式

为了追溯《墨子》"有之曰"形式宾语句的源头和发展过程，我们考察了《左传》《国语》中"有之(曰)"形式宾语句式(《论语》无"有之(曰)"引用句)，并与《墨子》加以比较，如表3-2所示：

表3-2 《左传》《国语》《墨子》"有之(曰)"形式宾语句式比较

句式			左传		国语		墨子	
有之	某书+有之	某志	3	周志1军志1志1				
		其他古书	5	郑书1周书1周易3				
	一般谚语		3	周谚1谚1童谣1	2	谚1童谣1	1	语言
有之曰	某书+有之曰	某志	3	前志2史佚之志1	2	礼志1志1		
		其他古书	4	夏训1周诗1商颂1郑书1	13	书1夏书3周制1秩官1诗1周诗2西方之书1周书1训语1祭典1	4	官刑1三代、不(百)国1总德1子亦1
	其他记载				2	先王之令1铭1		
总计			18		19		5	

---

① 谭家健,孙中原.墨子今注今译[M].北京:商务印书馆,2009:146.
② 孙诒让,孙启治.墨子间诂[M].北京:中华书局,2001:277.

《左传》"有之(曰)"句式表达引用内容的共 18 例,其中"有之"后直接加引用内容的有 8 例,有"曰"的"有之曰"句式有 10 例,见用频次相当,"有之曰"略多,有"曰"无"曰"带有一定的随意性,如主语为"(某)志"的句式,3 例"有之",3 例"有之曰"。《国语》中均为"有之曰"句式,共 19 例,无"有之"句式。《墨子》如上所述,5 例均为"有之曰"句式,不用"有之"句式,同《国语》。《左传》《国语》用例如:

(58) 瞫曰:"《周志》<u>有之</u>:'勇则害上,不登于明堂。'……"(《左传·文公二年》)

(59) 臾骈曰:"不可。吾闻《前志》<u>有之曰</u>:'敌惠敌怨,不在后嗣,忠之道也。'……"(《左传·文公六年》)

(60) 仲尼曰:"《志》<u>有之</u>:'言以足志,文以足言。'不言,谁知其志?言之无文,行而不远。晋为伯,郑入陈,非文辞不为功。慎辞哉!"(《左传·襄公二十五年》)

(61) (士茁)对曰:"臣以秉笔事君,志<u>有之曰</u>:'高山峻原,不生草木。松柏之地,其土不肥。'今土木胜,臣惧其不安人也。"(《国语·晋语九》)

例(58)杨伯峻《春秋左传注》引杜预注"《周志》,周书也",并注如下:

古书多名为志,《楚语上》云:"教之《故志》,使知兴废者而戒惧焉。"韦注云:"《故志》谓所记前世成败之书。"文六年及成十五年《传》之《前志》,恐即《楚语九》具引《志》,僖二十八年、宣十二年、昭二十一年诸《传》并引《军志》,皆以志名书者也。

又引杜预注例(60)"《志》,古书"①。《国语》也有 1 例"志有之曰",即例(61),单"志"或未必是书名,也可能就是"(以前的)记载"义,如"铭",不过视之为笼统之"古书",亦未尝不可。

"闻之(曰)"句式一般不明确引用语句的出处,但"有之(曰)"则是明确

---

① 杨伯峻. 春秋左传注(修订本)[M]. 北京:中华书局,2009:520、1106.

出处的,《左传》中"闻之(曰)"尚无加补出处的用法,例(59)"吾闻《前志》有之曰"正是两者的综合句式,"《前志》有之曰……"整体作为"闻"的宾语,其语义重点实际上还是"之",即"曰"后面的引用内容,同时也明确了引用语句的出处是《前志》,更有说服力。

在引用流传的语句或某书篇中的语句时,上古典籍多直接说"某某曰",用动词"曰"引出,也用"云",如《左传》有"童谣云""《诗》云""《仲虺之志》云"等,这种"云"有 29 用。《国语》仅 6 用"云",如"《诗》云""《郑诗》云"。但《墓子》中只用"曰",不用动词"云",如"于《仲虺之告》曰:'我闻于夏人,矫天命,布命于下,帝伐之恶,龚丧厥师。'此言汤之所以非桀之执有命也。"(《非命上》)"某某曰"直接引用外,还常用"有之(曰)"形式宾语句,前者简洁明了,后者语义上有突出所引内容确实存在之效果。

(62) 今执无鬼者之言曰:"先王之书,慎无一尺之帛,一篇之书,语数鬼神之有,重有重之,亦何书之有哉?"子墓子曰:《周书·大雅》有之,《大雅》曰:"文王在上,于昭于天。周虽旧邦,其命维新。有周不显,帝命不时。文王陟降,在帝左右。穆穆文王,令问不已。"若鬼神无有,则文王既死,彼岂能在帝之左右哉?此吾所以知《周书》之鬼也。(《明鬼下》)

例(62)"《周书·大雅》有之,《大雅》曰……"中,"《周书·大雅》有之"承接前面的"亦何书之有哉"(即"亦何书有之哉")作答,"有之"中"之"指代的是"鬼神之有",先肯定《诗经·大雅》(孙诒让注"古者《诗》《书》多互称")中有,继而引出相关语句。当不需响应前文而直接引用某语句作为下文论述的依据时,"有之(曰)"句式被使用,强调了其存在性、可靠性,此时"之"为形式宾语,真正的宾语为下文引用的内容,而不是回指上文内容。

(三)"有之(曰)"形式宾语"之"溯源

先秦较早期文献中,《逸周书》不见"有"字句式表达引用某现成语句内容,《尚书》"有"引出现成语句,但不用形式宾语"之",多见"有言曰"句式,即用"言"作宾语,再由"曰"引出"言"的内容,共有 4 例,其中 3 例主语为"古人",1 例为"迟任(古代贤人)":

(63) 王曰:"古人有言曰:'牝鸡无晨;牝鸡之晨,惟家之索。'……"(《尚书·牧誓》)

(64) 王曰:"封!予不惟若兹多诰。古人有言曰:'人,无于水监,当于民监。'今惟殷坠厥命,我其可不大监抚于时。……"(《尚书·酒诰》)

(65) 王若曰:"……迟任有言曰:'人惟求旧,器非求旧,惟新。'……"(《尚书·盘庚上》)

(66) 公曰:"嗟!我士!听无哗!予誓告汝群言之首。古人有言曰:'民讫自若是多盘,责人斯无难,惟受责俾如流,是惟艰哉。'……"(《尚书·秦誓》)

《尚书》中这种"有言曰"句式引用古语或他人言语的用法,先秦典籍中见用较为普遍,如:《论语》中有2见,主语分别为"南人"和"周任";《左传》有25例,主语为"古人"7见,"人"4见,"先民"1见,"上国"1见,其余为具体人名,有"史佚"4见、"周任"2见、"仲虺"2见、"臧文仲"1见、"先大夫子犯"1见、"臧孙纥"1见、"叔向"1见;《国语》有12例,"古人"1见、"人"7见、"先人"2见、"先民"1见、"史佚"1见;《墨子》1见,主语为"夫子";其他战国典籍如《庄子》《荀子》《孟子》等都有见用。其用法与"有之曰"的区别在于主语,"有言曰"以人为主,"有之曰"则以"客体"为主,如"野语"及书篇名称。我们认为"有之曰"形式宾语句的产生与"有言曰"句式有着直接的关联。

张赪认为《尚书》"古人有言曰"句式,是言说动词"言"体词化,"与动词'有'形成述宾结构'有+V','曰'和'有+V'并列"①。其实"S有言曰"(S指主语,即"古人"或其他指人名词)中"言"不是言说动词"体词化"而来,而是言说动词"言"本身引申出名词用法,表示"说的话",做"有"的宾语。当这个宾语成分由于语用需要提前作为话题主语时,如不出现说话人S,表达还保留"有"句式的话,其后就出现一个空位,此时形式宾语"之"就被用来填补这一空位,形成"言有之曰"句式,其中"言"可以扩充为其他言语名词或具体的书篇名。如张赪所言,"有言曰"句式中"有言"与"曰"是并列关系,而到

---

① 张赪.《尚书》言说动词"曰"的虚化用法研究[M]//张显成.古汉语语法研究新论:出土文献与古汉语语法研讨会暨第九届海峡两岸汉语语法史研讨会论文集.重庆:西南师范大学出版社,2015:201-216.

"言有之曰"句式中,由于施事说话人不出现,"曰"的言说动词性质弱化,又由于"曰"本与"言有之"复用,此时"曰"功能更多体现在句法结构的衔接上,作为标句词,引导后续宾语从句,补充"有之"的语义内容。这一标句词可以不用,为"有之＋宾语从句"句式,有"曰"的"有之曰＋宾语从句"句式在《左传》《国语》中较多使用,逐渐成为"有"字形式宾语句的主要句式。

三、"道之曰"句式

《墨子》中除了"闻之(曰)""有之曰"句式,表达某书篇中引用语句时,还有"道之曰""之道曰""之道之曰"3种句式,这3种句式不见于其他先秦典籍,为《墨子》特有。此3种句式究竟是否都合理,还是有讹误,在前人校勘中也是众说纷纭,我们试图从形式宾语表达句式的角度,结合《墨子》用语的特殊性,来对其加以梳理辨析。

(一) 道之曰

"道之曰"在《墨子》中共3见,《尚贤中》2见,《天志中》1见。

(67) 先王之书《吕刑》<u>道之曰</u>:"皇帝清问下民,有辞有苗,曰:'群后之肆在下,明明不常,鳏寡不盖,德威维威,德明维明。'乃名三后,伯夷降典,哲民维刑。禹平水土,主名山川。稷隆播种,农殖嘉谷。三后成功,维假于民。"(《尚贤中》)

(68)《周颂》<u>道之曰</u>:"圣人之德,若天之高,若地之普,其有昭于天下也。若地之固,若山之承,不坼不崩。若日之光,若月之明,与天地同常。"则此言圣人之德章明博大,埴固以修久也。故圣人之德盖总乎天地者也。(《尚贤中》)

(69)《皇矣》<u>道之曰</u>:"帝谓文王,予怀明德,不大声以色,不长夏以革,不识不知,顺帝之则。"帝善其顺法则也,故举殷以赏之,使贵为天子,富有天下,名誉至今不息。(《天志中》)

以上3例"《××》道之曰"句式,用法与上面论及的"有之曰"极为相似,仅将谓语动词"有"改为"道","道"为言说动词,这种句式中"之"也是形式宾语,后面的"曰"不再是动词,而是引导后面真正宾语句的标记。"道之曰"的用法于古籍中罕见,上古汉语中可以确定的仅出现在《墨子》中。因其于句法、语义上通达,一般点校、译注对其并无特别注意,不过尹桐阳释例(67)时,注:"《吕刑》,《书》篇名。《大传》作《甫刑》。道,言也。"①正是这一句式罕见,故尹释特别指出"道,言也"。

《墨子》中"道"多用为名词,"××之道"常见,"之道"主要用于两种情况,一是"NP之道",指某某人的原则、做法,如"兼王之道""圣王之道""君子之道""尧舜禹汤之道""知者之道";二是"VP之道",指做某事的原则、方法、途径,如"为贤之道""治民一众之道""为衣裳之道""治国家、利万民之道"。不过,《墨子》中"道"确实也有动词用法,如:

(70) 是故子墨子曰:凡使民尚同者,爱民不疾,民无可使,曰必疾爱而使之,致信而持之,富贵以<u>道</u>其前,明罚以率其后。(《尚同下》)

(71) 今有负其子而汲者,队其子于井中,其母必从而<u>道</u>之。(《七患》)

这两例"道"分别是"引导""援引"义,后作"导"。又如前文例(28)《鲁问》"诔者,道死人之志也"中"道"是言说义动词,意为"诔文是讲述死者心志的",由此可见,"道"有动词"言"之用,则"道之曰"句式虽不见于其他上古典籍,但于句法是合理的,其句式类似于"有之曰"形式宾语句。

(二) 之道曰

《墨子》中有3例"NP之道曰",NP为某书篇名,出现在《尚同中》相邻语段中:

(72) 子墨子曰:方今之时之以正长,则本与古者异矣,譬之若有苗之以五刑然。昔者圣王制为五刑,以治天下,逮至有苗之制五刑,以乱天下。则此岂刑不善哉?用刑则不善也。是以先王之书《吕刑》<u>之道曰</u>:"苗民否用练,折则刑,唯作五杀之刑,曰法。"则此言善用刑者以治民,不善用刑者以为五杀。则此岂刑不善哉?用刑则不善,故遂以为五杀。是以先王之书《术令》<u>之道曰</u>:"唯口出好兴戎。"则此言善用口者出

---

① 见《墨子集诂》引尹桐阳释文,载王焕镳.墨子集诂[M].上海:上海古籍出版社,2005:174.

好,不善用口者以为谗贼寇戎。则此岂口不善哉?用口则不善也,故遂以为谗贼寇戎。故古者之置正长也,将以治民也。譬之若丝缕之有纪,而罔罟之有纲也,将以运役天下淫暴而一同其义也。是以先王之书《相年》之道曰:"夫建国设都,乃作后王君公,否用泰也,轻大夫师长,否用佚也,维辩使治天均。"则此语古者上帝鬼神之建设国都立正长也,非高其爵、厚其禄、富贵佚而错之也,将以为万民兴利除害、富贵贫寡、安危治乱也。故古者圣王之为若此。(《尚同中》)

"《吕刑》之道",《墨子间诂》引毕沅校云"道之",孙诒让按"下文两云'之道',此疑不倒"①,《墨子集诂》引吴汝纶云:"之道,犹'之言'也。下'术令之道''相年之道'并同。非误倒。"王焕镳按:"'道'下当挽'之'字。下文两云'之道'亦然。原文作'吕刑之道之',下文'术令之道',正德本'道'下有'之'字,可证。"②

我们赞同吴汝纶"之道,犹'之言'"的看法,即"道"为名词,相当于"言",即"说法"义。王焕镳"之道之"说似不确,于文法不通,下文将继续讨论。这里还有一个较为重要的问题是"相年"究竟是古代逸书名还是指老年人。与"相年"相关的还有《尚贤中》"距年"与《尚贤下》"竖年":

(73) 今王公大人中实将欲治其国家,欲修保而勿失,胡不察尚贤为政之本也?且以尚贤为政之本者,亦岂独子墨子之言哉!此圣王之道,先王之书《距年》之言也。传曰:"求圣君哲人,以裨辅而身。"汤誓曰:"聿求元圣,与之戮力同心,以治天下。"则此言圣之不失以尚贤使能为政也。(《尚贤中》)

(74) 是何也?则以尚贤及之,于先王之书《竖年》之言然,曰:"晞夫圣武知人,以屏辅而身。"此言先王之治天下也,必选择贤者以为其群属辅佐。(《尚贤下》)

李渔叔《墨子今注今译》认为:"此'相年'二字,毕沅以为当作'拒年',

---

① 孙诒让,孙启治.墨子间诂[M].北京:中华书局,2001:84.
② 王焕镳.墨子集诂[M].上海:上海古籍出版社,2005:250.

'远年'之意。按《尚贤中》篇作'距年',下篇又作'竖年',均不明其意,或以为古代逸书之名,或以为系大年之意,是说前辈老年人,也可通。"译为"所以先王的书——《相年》有这样的记载,说……",可见译文中采取的仍是书名的说法;而在注释"距年"时,说"应作巨年,是说老年人。一说'拒年',为古书名",译为"这原是圣王的道理,先王的书,老一辈人的话呀",又是采用了"老年人"的说法[①]。谭家健、孙中原《墨子今注今译》注"相年"为"李渔叔认为当作'拒年',老年人",并译为"所以先王的书、老年人的话说过……"[②]。那么,究竟是书名还是"老年人"呢?

《墨子间诂》引毕沅"距年,下篇作'竖年',犹云'远年'",孙诒让按"毕说未确"[③]。《墨子集诂》引吴汝纶云:"距年者,古书篇名。距同'巨'。巨年者,大年也。"王焕镳按"'距'盖'钜'之假字,与'巨'通",认为"墨子重钜年之言,与庄、荀诸子之重大年、重耆艾盖同",指出"下篇之'竖年'疑即'钜年'之音假,'耆''竖'音亦相近。其作'相年'者,则'距年'之形误。吴汝纶以'巨年'为古书,似未确。"[④]

从引用内容来看,《尚贤中》"距年"当同《尚贤下》"竖年",所引内容语义相似。其义或为"大年",但用法上当还是作为书名。《墨子》中"先王之书"后续引用语句时,除"相年、距年、竖年"例暂不计,其余共11例,均为"先王之书《××》"用法,据此,"相年"等3例也极可能为古逸书名。

例(73)"且以尚贤为政之本者,亦岂独子墨子之言哉!此圣王之道,先王之书《距年》之言也",如果解"距年"为"大年",释为"老年人之言",则与"圣王之道""先王之书"三者并列,按《墨子》行文,我们认为此句意为"圣王之道"与"先王之书《距年》之言"并列或更为合理。

从语义上来看,前面说"岂独子墨子之言哉",后面即呼应,还是"圣王之道",是"先王之书《距年》之言",后面"道""言"与前面"子墨子之言"照应,而单独的"先王之书"来照应"子墨子之言"似未能相当,"先王之书"乃"言"之载体,这也是《墨子》中多见"先王之书《××》之言"表达的原因。

从句法上来看,《墨子》中另有"先王之道"与另一成分并列的句子。如:

---

① 李渔叔.墨子今注今译[M].台北:台湾商务印书馆股份有限公司,1974:85、54.
② 谭家健,孙中原.墨子今注今译[M].北京:商务印书馆,2009:67、71.
③ 孙诒让,孙启治.墨子间诂[M].北京:中华书局,2001:56.
④ 王焕镳.墨子集诂[M].上海:上海古籍出版社,2005:161.

(75) 故君子莫若欲为惠君、忠臣、慈父、孝子、友兄、悌弟,当若兼之不可不行也,此圣王之道而万民之大利也。(《兼爱下》)

(76) 故子墨子曰:去无用之费,圣王之道,天下之大利也。(《节用上》)

以上两例判断句中,表语是"圣王之道"与"万民/天下之大利"两个并列成分,一例用了并列连词"而",另一例则没有连词,语气助词"也"位于后一成分之后。例(73)判断句"此圣王之道,先王之书《距年》之言也"与例(76)结构相似。

"相年"句所引内容与"距年""竖年"句所引内容不同,未必如王焕镳所言"相"为"距"之形误,两者未必同一,不过按前后表达句式而言,此"相年"或当如前面的"吕刑""术令(说命)"一样,也是某书名。

回到 3 例"先王之书《××》之道曰",此句式当合法,"之道"并非为"道之",亦非"之道之"。《墨子》中另有类似"先王之书《××》之言曰"的句式,如:

(77)《太誓》之言也,于《去(太子)发》曰:"恶乎君子!天有显德,其行甚章,为鉴不远,在彼殷王。谓人有命,谓敬不可行,谓祭无益,谓暴无伤。上帝不常,九有以亡,上帝不顺,祝降其丧。惟我有周,受之大帝。"昔纣执有命而行,武王为《太誓·去(太子)发》以非之。(《非命下》)

这一例中"《太誓》之言也,于《去发》曰"("去"当为"太子")即"《××》之言曰"句式,不过在"曰"之前插入了出处"于《太子发》",即进一步明确是《太誓》上篇《太子发》,别于中、下篇,因而有个停顿,故插入了语气词"也"。类似的表达还有例(74)《尚贤下》"于先王之书《竖年》之言然,曰……",为"《××》之言然,曰……"句式,该句式中"之言"后多了谓语"然",其实这个"然"作用与"有之曰"中"之"作形式宾语有相似之处,即都是用以完形的,其所代内容不在上文,而在下文,即"曰"后面引出的语句,差别在于"《××》之言"是主语,"然"是谓语,其所指代的内容由"曰"引出,此时"曰"相当于一个标记,而"《××》之言曰"中"曰"是谓语动词。《墨子》中另有 2 例"先王之书《××》之言然曰……":

(78) 何以知其然也？<u>于先王之书也《大誓》之言然</u>，曰："小人见奸巧乃闻，不言也，发罪钧。"此言见淫辟不以告者，其罪亦犹淫辟者也。（《尚同下》）

(79) 于先王之书《仲虺之告》曰："我闻有夏人矫天命，布命于下，帝式是恶，用阙师。"此语夏王桀之执有命也，汤与仲虺共非之。<u>先王之书《太誓》之言然</u>，曰："纣夷之居，而不肯事上帝，弃阙其先神而不祀也，曰：'我民有命，毋僇其务。'天不亦弃纵而不葆。"此言纣之执有命也，武王以《太誓》非之。（《非命中》）

两例中"然"并不回指前面内容，而是指"曰"后面的引文。例(78)"先王之书"前加介词"于"，对引文出处加以强调，如例(79)中"于先王之书《仲虺之告》曰"。《墨子》中"(于)先王之书《××》之言然曰"句式还有一例变式，成"于先王之书《××》然，王曰"，即"然"后不仅读开了，"曰"前还多了个主语，使得"曰"又恢复了谓语动词性质，且将"言"替换成了"书"：

(80) 古者圣王既审尚贤，欲以为政，故书之竹帛，琢之盘盂，传以遗后世子孙。<u>于先王之书《吕刑》之书然</u>，王曰："于！来，有国有士，告女讼刑，在今而安百姓，女何择言人？何敬不刑？何度不及？"能择人而敬为刑，尧舜禹汤文武之道可及也。（《尚贤下》）

曹海英注："此句中，前一'书'字为名词，先王之书，指《尚书》。后一'书'字为动词，书写，记载。"同时注"王"为"指先王"。[①] 第二个"书"不当为动词，也当是名词，同前一"书"。《墨子》中"NP之书"共26见，其中"先王之书"20见，还有"圣王之书""天下之士君子之书""商周之书"，另有2见"一篇之书"，再有就是此例"《吕刑》之书"。该"于先王之书《××》之书然"当同前面所论之"于先王之书《××》之言然"，这一"书"用法虽然少见，但也有其合理性。

(81) 敬若以取羊，故先王之书，圣人一尺之帛，<u>一篇之书</u>，语数鬼神之有也，重有重之。（《明鬼下》）

---

① 曹海英.墨子[M].哈尔滨：北方文艺出版社,2014：43.

第三章 《墨子》代词"之"特殊用法

《明鬼下》有"一篇之书",前后两见,与"先王之书"并列,可见单篇文章也能以"书"称之。例(80)中"于先王之书《吕刑》之书然"第二个"书"不用"言"而用"书",也可能是受了前面"先王之书"的类化影响而成,不过作"书"于语义上也是行得通的。例(80)中,"曰"不再紧承"然",而是插入了主语"王",故该"曰"实际上跳脱了"(于)先王之书《××》之言然曰"格式对"曰"谓词性的限制,可以说插入主语"王",使得"曰"的谓词性得以复苏。这实际上是"(于)先王之书《××》之言曰"的一个变式,可见当使用了"然"来作谓词,使得前面的"(于)先王之书《××》之言然"在句法上成句,因而整个句式多了可能性,"曰"前增加主语即是一种表现。

上古汉语中,"(于)先王之书《××》之言然曰"句式征引古书内容为《墨子》特有。《论语》有 1 见"NP 之言然",但用法不同:

(82) 仲弓问子桑伯子,子曰:"可也简。"仲弓曰:"居敬而行简,以临其民,不亦可乎？居简而行简,无乃大简乎？"子曰:"雍之言然。"(《论语·雍也》)

此句"雍之言然"意思是"你这话说得对"("雍"即仲弓名),"然"是肯定之辞,对前面仲弓的话表示认可,"然"的用法与"(于)先王之书《××》之言然曰"中的代词"然"不同。

上述"先王之书《××》之言/书(然)曰"例可以为 3 例"先王之书《××》之道曰"的使用提供旁证。

《墨子·兼爱下》还有 1 例"之所道曰"也当是"之道曰":

(83) 姑尝本原之,先王之所书《大雅》之所道曰:"无言而不雠,无德而不报。投我以桃,报之以李。"即此言爱人者必见爱也,而恶人者必见恶也。不识天下之士所以皆闻兼而非之者,其故何也？(《兼爱下》)

孙诒让《墨子间诂》注"先王之所书":"'所'字疑衍,《尚同中》篇云'是以先王之书《周颂》之道之曰',是其证。"[1]我们赞同孙诒让的看法,从《墨子》

---

[1] 孙诒让,孙启治.墨子间诂[M].北京:中华书局,2001:125.

多例"先王之书《××》……"来看,当径为"先王之书",而非"先王之所书"。尽管"书"在《墨子》中有动词之用,表示"书写",从文法上讲,"先王之所书"是合理的,但从具体用例来看,这种用法却仅此1例。"先王之所书$_V$"等于"先王之书$_N$",但《墨子》中此类表达中,除此例外,均用"先王之 X_N",而不用"先王之所 X_V",如多有"先王之书",也有"先王之言",由此该例"所"为衍文可能性较大。

与此相似,后面《大雅》之所道曰"中"所"亦可能从"先王之所书"之"所"而衍,其原因仍在于"道"也可以兼作动词,从文法讲也是讲得通的,不过从此类句式使用来看,当径为"《大雅》之道曰",即"《××》之道$_N$曰",而非"《××》之所道$_V$曰"。作为言说动词的"道"于《墨子》中见用较少,其名词用法更常见,这更降低了"所"字结构"《××》之所道$_V$"的可能性。

(三) 之道之曰

《墨子》中有3例"《××》之道之曰",1例"之道之然",如下:

(84) 是以先王之书《周颂》之道之曰:"载来见彼王,聿求厥章。"则此语古者国君诸侯之以春秋来朝聘天子之廷,受天子之严教。(《尚同中》)

(85)《大誓》之道之曰:"纣越厥夷居,不肎事上帝,弃厥先神祇不祀,乃曰吾有命,无廖㦯务天下,天亦纵弃纣而不葆。"(《天志中》)

(86) 且《禽艾》之道之曰:"得玑无小,灭宗无大。"则此言鬼神之所赏,无小必赏之;鬼神之所罚,无大必罚之。(《明鬼下》)

(87) 非独子墨子以天之志为法也,于先王之书《大夏》之道之然:"帝谓文王,予怀明德,毋大声以色,毋长夏以革,不识不知,顺帝之则。"此诰文王之以天志为法也,而顺帝之则也。(《天志下》)

"《××》之$_1$道之$_2$曰……"句式在文法上是不通的,两个"之"必有一个为衍文。如上分析,《墨子》中既有"道之曰",又有"之道曰","之道之曰"相应的有两种可能,或"之$_1$"衍,则为"道之曰"(A式),或"之$_2$"衍,则为"之道曰"(B式)。上述4例"之道之曰/然",究竟属于哪一种,不能一概而论,须结合其所在篇目具体分析。在同一篇目中,我们设想其语言表达句式具有一定程度的内部一致性，《墨子》"墨论"诸篇分上、中、下，其"上"诸篇语言上具有内在统一性，同样，"中""下"诸篇亦当如此。假如"之道之"用例所在篇目中A式有其他用例，则该"之道之"为A式可能性更大；反之，若B式有其他用例，则其为B式可能性更大。

根据上述原则，我们将4例"之道之曰/然"用例篇目与相似句式所在篇目做了一个对照，如表3-3所示：

表3-3 《墨子》"之道之"句式与其他相似句式篇目对照表

句　式	例数	篇　目	例数	句　式	
道之曰	2	尚贤中			
	1	天志中	1	《大誓》之道之曰	
之道曰	3	尚同中	1	先王之书《周颂》之道之曰	之道之
		明鬼下		《禽艾》之道之曰	
		天志下	1	于先王之书《大夏》之道之然	
之言然曰	1	尚贤下			
	1	尚同下			
	1	非命中			

据表3-3中左右两部分相应句式所在篇目对照情况，可以初步判定的是：《天志中》"《大誓》之道之曰"可能为"《大誓》道之曰"，即"之$_1$"衍；《尚同中》"先王之书《周颂》之道之曰"可能为"先王之书《周颂》之道曰"，即"之$_2$"衍；《天志下》无其他相关句式，"于先王之书《大夏》之道之然"用代词"然"，则与"之言然曰"句式相近，如例(78)《尚同下》"于先王之书也《大誓》之言然，曰……"，故可能为"于先王之书《大夏》之道然"，即"之$_2$"衍，且"之言然曰"2例出现在下篇，与《天志下》也有一定的统一性；"《禽艾》之道之曰"出现在《明鬼下》篇，也属于下篇，为"之言曰"句式可能性较大，即"《禽艾》之道曰"，即"之$_2$"衍。

谭家健在《墨子今注今译》注释中指出《尚同中》"先王之书《周颂》之道之曰"中"最末一个'之'字疑衍"，《天志中》"《大誓》之道之曰"中"第一个'之'字疑衍"，《明鬼下》"《禽艾》之道之曰"中"第二个'之'疑衍"[①]。其判断与我们结论相同。对于例(87)"于先王之书《大夏》之道之然"，其并未作出

---

① 谭家健，孙中原.墨子今注今译[M].北京：商务印书馆，2009：68、155、180.

文字校勘,该例当如其他3例一样,前后两个"之"必有一个为衍文。

《墨子》中之所以会有"NP之道之曰(然)"句式,显然是受了"NP之道曰"和"NP道之曰"两种句式的影响,这两种句式功能相同,均用于征引古书内容,差别在于其中"道"一为名词一为动词,而"之"相应的一是结构助词一是形式宾语,《墨子》兼用这两种征引表达式,因而有了两者之杂糅式"之道之曰"。

如表3-3所示,"之道曰""道之曰""之言然曰"等句式所在篇目颇为集中,均在"墨论"部分的中、下篇,可见这些特殊的征引表达式乃是中、下篇特色。

综上,我们从形式宾语"之"入手,考察了《墨子》中"闻之(曰)""有之曰""道之曰"等形式宾语句,以及相关的"之道曰""之言然曰""之道之曰"等句式。从这些句式的表意功能来看,都是用于征引古书典籍内容,可见《墨子》中征引表达方式极为丰富。徐复观曾考察《墨子》引用古典的情况,说:"《墨子》引用的古典凡四十余条,引《诗》者约十一。……《墨子》上所引的《书》,有的今日无从查考。"①《墨子》征引古典以及古人言论共有50余处,其征引表达句式丰富,且呈现出一些独特的句式,除常见的"《××》曰"句式,还有"闻之(曰)""有之曰""古者有语(曰)""道之曰""之道曰""之言然曰""之道之曰"以及相应变式,共8种以上征引句式。其中"之道之曰"句式当为"之道曰"与"道之曰"两种句式的杂糅式,其中一"之"为衍文。

《墨子》中特有形式宾语句"语之曰"句式引用一般性的言语,形式宾语"之"代替的是"语"的受事成分,这与上古典籍一般的"语之曰"中代词"之"为"语"的间接宾语不同,故是《墨子》独特的征引句式。与"语之曰"相照应,《墨子》中也特有"有语曰"征引句式。同时,《墨子》特有"道之曰"和"××之道曰"两种征引句式。可见,在《墨子》中,"语之曰""道之曰"形式宾语句,与"有语曰""××之道曰"共现,呈现出"语""道"动词、名词两种词性两种征引句式对称的语言现象。《礼记》中"言之(曰)"句式则与典籍中常见的"有言曰"句式对称。

形式宾语句"语之曰""言之曰"主语为第三方某人,不同于"闻之曰"的第一人称,但同属于"主体式"征引句式;"道之曰"与"有之曰"用法相似,主

---

① 徐复观.徐复观论经学史二种[M].上海:上海书店出版社,2006:40.

语都是某书篇名称,属于"客体式"征引句式。

汪维辉研究了上古汉语里主要的"说类词",有"语、言、云、曰、谓、说、道"等,"语"和"言"语义上的区别主要是"'言'是主动说话,'语'则是指回答别人的问话,或是和人谈论一件事情",而"云"和"曰"的共同特点是"后面都跟引语",另外"'道'在上古有时作'说'讲,词义偏于'谈论''称道'"①。言说动词中"云""曰"直接跟引语是上古汉语中典型的用法。"语""言""道"出现在形式宾语句中,形成独特的征引句式,这些用法值得关注,其特殊用法能为上古汉语"说类词"的使用补充更为全面的认识。

围绕《墨子》多种形式宾语句式展开论述,基本涉及了上古汉语主要的形式宾语句式,有"闻之(曰)""有之(曰)""道之(曰)"等形式,前面还提到谓语动词有"识"的用法,如例(5):"小子识之:苛政猛于虎也。"上古汉语中"××识之"句式中"之"多复指前文内容,例(5)这种用法罕见,其语意功能与上述几种句式的形式宾语句也有所差异,它不是单纯引用现成语句,而是说话人得出的某一结论,其用法与《墨子》"传而语之曰"较为相似。这种"识之"还有1例:

(88)梁丘据问晏子曰:"子事三君,君不同心,而子俱顺焉,仁人固多心乎?"晏子对曰:"婴闻之,顺爱不懈,可以使百姓;强暴不忠,不可以使一人。一心可以事百君,三心不可以事一君。"仲尼闻之曰:"小子<u>识之</u>,晏子以一心事百君者也。"(《晏子春秋·内篇问下》)

这例"小子识之"后面的"晏子以一心事百君者也"正是"之"所指内容,这两例"识之"形式宾语句,都没有"曰"引出,究其原因,还在于"小子识之"是祈使句式,是一种特殊的形式宾语句。

郭锡良认为"之"是表"泛称"的指示代词,"所以前面不一定要出现它所指代的事物名称",举例(5)《礼记·檀弓下》的句子,说"这种'之'字,当然不能看作是凑足音节的小品词,也不能像有的语法书那样,说它是'探下指代',即指代后文的'苛政猛于虎'等结论",并认为这类"之""甚至包括后来

---

① 汪维辉.汉语"说类词"的历时演变与共时分布[J].中国语文,2003,(4).

的'无之''顷之'的'之'都是一种泛指,泛指一种道理或情况"①。我们认为,"之"确实具有泛指的用法,不过在例(5)这样的句式中,说它是形式宾语或许更为恰当,因为它的作用主要在于句法形式上完形,而不在于语义上的指代作用。

上古汉语中的形式宾语句,除了最主要的"闻之(曰)""有之(曰)"式,还有较少见用的"识(zhì)之"式,另有《墨子》特有的"语之曰""道之曰"以及《礼记》中的"言之(曰)"句式。

第二节 "之"作嵌宾语(一)

谢德三《墨子虚词用法诠释》将"譬之犹""譬之若"中的"之"释为"语气词,用于句中,无义"。其实该"之"仍然是代词,不是语气词,复指前文内容,即为古汉语语法中所称的"嵌宾语",嵌入在特定的句式结构中间位置的宾语。典型的嵌宾语格式还有"如之何""若之何"类句式。本节与下节对《墨子》中嵌宾语格式使用情况作出考察,并通过与其他上古典籍用例比较来看《墨子》特殊性。

一、"嵌宾语"句式

高小方师在"古代汉语"课程中讲到汉语有 3 种宾语,即后宾语、嵌宾语与前宾语,对于嵌宾语,他举例说道:"嵌在一个凝固结构的中间,'如何''奈何'是凝固结构,在它的中间嵌一个宾语,'如之何''奈之何',宾语是嵌在中间的,'对这件事情怎么办'。"②对照"如何"与"如之何",则"譬之如"系列句式也可视为"譬如"等凝固结构中间嵌入了宾语"之",表示"将它比方作像……"。为了对"譬之如""如之何"系列句式中的"之"统而称之,姑且使用"嵌宾语"之名,表示"譬如""如何"等凝固结构,如果要带宾语,则该宾语一般处于两者中间,其中"譬如/若/犹"凝固更为紧密,其间插入的宾语一般为"之",成"譬之如"等结构,而"如/若/奈何"则具有更大的弹性,其间常见代

---

① 郭锡良.汉语第三人称代词的起源和发展[M]//郭锡良.汉语史论集.北京:商务印书馆,1997:3.
② 高小方.文言文的学习要点(五)[EB/OL].超星学术视频"古代汉语"课程视频(2011-03-23). http://video.chaoxing.com/play_400001579_36025.shtml.

词宾语"之",成"如之何"等结构,也可以插入其他指称性宾语,如"如太行、王屋何""若诸侯之事何""奈无箭何"等。

这种嵌入某种凝固结构中间的宾语句式在英语中更为普遍。英语中有一种句型为"主语+副词尾的及物短语动词嵌宾语(名、代词)",如"set(及物动词,释放)him free""show(及物动词,陪某人进来)the visitors in""wake(及物动词,弄醒)the children up",这种句型后面还可以加嵌宾语的补足语,成"主语+副词尾的及物短语动词嵌宾语(表示人的名、代词)+补语(不定式)"句型,如"get(及物动词,请来、使进入)the doctor in to look(及物动词,查看)at the child""put(及物动词,使入睡)her off to sleep"①。英语中如 set free、show in、wake up、get in、put off 等短语可以带宾语,当带宾语时,宾语位于两个单词之间,故称之为"嵌宾语",而后一个单词是副词,故这样的短语即所谓"副词尾的及物短语动词"。汉语中"譬之如""如之何"句式与其极为相似,不过后续成分并非副词,"譬之如"中的"如"与"如之何"中的"何"均具有谓词性,且"譬之如"中"如"后必须接其他成分,"如之何"与英语及物短语相似,句法自足。英语"副词尾的及物短语动词"中的副词尾实际上是补充说明前面动词语义的,与此相似,"譬之如"中的"如"与"如之何"中的"何"也是补充说明前面的动词"譬"与"如"的。

二、《墨子》"若之何"句式

"如/若/奈之何"式嵌宾语句式,在《墨子》中用例较少,故此节作简要梳理和讨论。杨树达《高等国文法》介绍"奈、若、如"等"'奈'义诸字"时,按:"此类外动字必有何字伴之,'奈……何',即今言'怎样对之'之意,故为不完全外动词。"②楚永安介绍说:"如何""如之何"等是动词性结构,"'如''若''奈'古代音近通用,是表示处置一类意义的动词。它们常常与'何'字结合使用或配合使用,组成'如何''如之何'等凝固结构或'如……何'等格式,表示处置性的疑问"③。这一系列句式中,《墨子》不用"如何""如之何",《墨子》"如"共54次,均为"如同"义④。《墨子》"奈"字作"柰",共21见,均以"柰

---

① 王抡才.英语句型学习手册[M].西安:陕西科学技术出版社,1991:45—46,67.为了精简篇幅,此处将原书中完整的例句截取谓语部分及括号中说明文字,主语省去,以便说明主要问题。
② 杨树达.高等国文法[M].上海:上海古籍出版社,2013:142.
③ 楚永安.文言复式虚词[M].北京:中国人民大学出版社,1986:241.
④ 孙中原.墨子大辞典[M].北京:商务印书馆,2016:264.

何"形式出现,表示"如何,怎么办",不见用嵌宾语的"奈之何"句式,但在"城守"诸篇中共有 6 见"为之奈何"句式,如:

(1) 诸侯畔殷周之国,甲兵方起于天下,大攻小,强执弱,吾欲守小国,为之奈何?(《备城门》)

(2) 敢问适(敌)人积土为高,以临吾城,薪土俱上,以为羊黔,蒙橹俱前,遂属之城,兵弩俱上,为之奈何?(《备高临》)

(3) 敢问客众而勇,烟资(堙茨)吾池,军卒并进,云梯既施,攻备已具,武士又多,争上吾城,为之奈何?(《备梯》)

(4) 敢问古人有善攻者,穴土而入,缚柱施火,以坏吾城,城坏,或(城)中人为之奈何?(《备穴》)

(5) 敢问适(敌)人强弱,遂以傅城,后上先断,以为法程,斩城为基,掘下为室,前上不止,后射既疾,为之奈何?(《备蛾傅》)

(6) 薪土俱上,以为羊坽,积土为高,以临民,蒙橹俱前,遂属之城,兵弩俱上,为之奈何?(《杂守》)

"为之奈何"通过介词"为"将处置对象"之"提前,其表义功能相当于"奈之何"句式,通过介词"为"来引介处置对象,处置针对性更强。《墨子》中没有对应的"奈之何"嵌宾语句。

《墨子》不见用"若何",但有"若之何"例,共见 3 例,分布在两篇:

(7) 程繁曰:"子曰:'圣王无乐',此亦乐已,若之何其谓圣王无乐也?"(《三辩》)

(8) 叶公子高问政于仲尼曰:"善为政者若之何?"仲尼对曰:"善为政者,远者近之,而旧者新之。"子墨子闻之曰:"叶公子高未得其问也,仲尼亦未得其所以对也。叶公子高岂不知善为政者之远者近也,而旧者新是哉?问所以为之若之何也。不以人之所不智告人,以所智告之,故叶公子高未得其问也,仲尼亦未得其所以对也。"(《耕柱》)

例(7)"若之何其谓圣王无乐"中"其谓圣王无乐"是指称化成分,为动词性结构"若之何"的宾语,由于该宾语成分形式较长,放在"若……何"中间不

118

合适,此时"若之何"中的代词"之"起到了形式上的嵌宾语作用,指代内容在后面出现。楚永安举《吕氏春秋·制乐》中"文王寝疾五日而地动……群臣皆恐,请移之。文王曰:'若何其移之?'",认为"若何"是"用作状语,表示反诘,相当于'怎么''为什么'",并按"'若何'后面的'其'字是语气词,表示强调"①。此用法之"若何"恐不是作状语,而当是作谓语,"其移之"将前文出现过的"移之"指称化,作为"若何"的宾语,"其"仍是代词,"其VP"复指前文提到的某一行为或做法。"若之何其谓圣王无乐"中"若之何"用法同该例"若何"。

例(8)中前有"善为政者若之何",后有"问所以为之若之何",前后照应,前一"若之何"中的"之"指代"为政",后一句中"为之若之何"为状中结构,介词"为"将处置对象"之"提前作状语,使得"若之何"中的"之"指代作用悬空。

三、先秦"如之何"类句式

考察先秦主要典籍中"如之何"类嵌宾语句式,即"如之何""若之何""奈(奈)之何"句式,可发现这3种平行句式的使用分布具有一定规律,并非随意混用。

(一)"奈(奈)之何"句式

《墨子》有"奈何"及"为之奈何"句式,但没有"奈之何"嵌宾语句式。先秦典籍中"奈之何"句式使用相当少,主要有:

(9)其知适足以知人之过,而不知其所以过。若然者,吾<u>奈之何</u>?(《庄子·人间世》)

(10)若子不听父之诏,弟不受兄之教,虽今先生之辩,将<u>奈之何</u>哉?(《庄子·盗跖》)

(11)先圣有言曰:"规有摩,而水有波,我欲更之,无<u>奈之何</u>(是没有办法的)!"(《韩非子·八说》)

(12)前虑不定,后有大患,将<u>奈之何</u>?(《战国策·魏策一》)

---

① 楚永安.文言复式虚词[M].北京:中国人民大学出版社,1986:241.

由上可见,"奈之何"独立作谓语,其中嵌宾语"之"的指代性明确,指代内容即为前面提到的某种情况。同时,从时代而言,"奈之何"使用主要见于战国中后期。

先秦典籍中"奈(柰)之何"使用较少,更多见的是"如之何""若之何",不过两者使用在典籍中呈现选择性分布状况,如《论语》《礼记》《公羊传》《穀梁传》等用"如之何",不用"若之何",而《左传》多用"若之何",仅1处用"如之何",《国语》用"若之何",不用"如之何",《墨子》情况与《国语》相同。可见,典籍中用"如之何"还是"若之何",具有选择性,呈现出一定的时代特征,即"如之何"略早,其后兴起"若之何"句式。

(二)"如之何"句式

"如之何"系列句式,《论语》只用"如之何",共16例,其所在句式和用法可分为3种:一是"VP,如之何"句式,询问具体做法;二是"如之何其VP"句式,为反问句式,否定VP的做法;三是"末如之何"句式,表示没有办法。

"VP,如之何"句式,《论语》中共有7例,前面的VP已经指称化为主语,"如之何"作谓语,其中"之"具有明确的指代性,即指代前面指称化的主语VP,如:

(13)季康子问:"使民敬、忠以劝,如之何?"子曰:"临之以庄则敬,孝慈则忠,举善而教不能则劝。"(《论语·为政》)

(14)定公问:"君使臣,臣事君,如之何?"孔子对曰:"君使臣以礼,臣事君以忠。"(《论语·八佾》)

"如之何其VP"句式,《论语》中共有5例,其中VP是上文提到过的某种行为,"如之何"句式对其反诘否定。如:

(15)子路问:"闻斯行诸?"子曰:"有父兄在,如之何其闻斯行之?"(《论语·先进》)

(16)子夏之门人问交于子张。子张曰:"子夏云何?"对曰:"子夏曰:'可者与之,其不可者拒之。'"子张曰:"异乎吾所闻,君子尊贤而容众,嘉善而矜不能。我之大贤与,于人何所不容?我之不贤与,人将拒我,如之何其拒人也?"(《论语·子张》)

例(15)"如之何其闻斯行之"照应前面的"闻斯行诸",例(16)"如之何其拒人也"照应前文的"其不可者拒之",可见"如之何"句式是对前文提及的某种行为 VP 进行反诘否定,该 VP 在前文出现,在"如之何其 VP"句式中,当是指称化成分,而不是陈述性质,故"其"当不是语气副词,而是特指代词,对前文出现的 VP 加以限定,也明确其指称化性质。例(7)中《墨子》"若之何"的用法,与"如之何"该用法相同。这种"如/若之何"句式中的"之",如上文分析所言,其指代的内容在后面出现,使得"之"羡余,成为一个形式上的嵌宾语。

楚永安认为"如之何""若之何""奈之何"这种结构中"'之'字本来是个代词,但是'如之何''若之何'中的'之'字大多虚化,失去指代作用;只有'奈之何'中的'之'字一般仍有指代作用。因为'之'字虚化,所以'如之何''若之何'的用法基本同于'如何''若何',可以作状语、谓语、主语等"①。这一说法不能概而言之,由上面的例子可见,"VP,如之何"或例(8)"善为政者若之何"中"之"的指代性是较为明确的,复指前面出现的某一行为,例(8)中"若之何"例,主语为"善为政者",隐含 VP 是"为政"。"如/若之何其 VP"句式中,"之"确实进一步虚化了,指代功能弱化,"奈之何"不具有这种反问否定句式。楚著所言"奈之何"中"之"字一般仍有指代作用,这一判断当是可以确定的。

关于"如/若之何其 VP"句式中的"如/若之何"的功能以及"其"的性质,楚著看法值得商榷。楚著举了例(16),将"如之何其拒人也"译为"怎么能拒绝别人呢",认为"如之何"作状语。我们认为"如之何"还是一个动词结构,"其 VP"仍是其宾语,意指"对 VP 的行为,怎么能够去做"。在作语法分析时,要尽量避免现代汉语译文带来的干扰,遵从句式本身的结构去解析。相应的,如上文所引,楚著按"'其'是语气词,表示强调",这一判断不确,关键点在于其后的 VP 已经指称化,而非陈述性质。

《论语》中另有 4 例"如之何"出现在以下两句:

(17) 子曰:"不曰'如之何、如之何'者,吾末如之何也已矣。"(《论语·卫灵公》)

---

① 楚永安.文言复式虚词[M].北京:中国人民大学出版社,1986:243.

(18) 子曰:"法语之言,能无从乎? 改之为贵。巽与之言,能无说乎? 绎之为贵。说而不绎,从而不改,吾末如之何也已矣!"(《论语·子罕》)

例(17)前面两个"如之何"不独立成句。例(17)、例(18)2例"吾末如之何也已矣"中,"如之何"作谓语,用于陈述句,前有否定副词"末",表示"对……没有办法",而"如之何"中"之"也具有指代性,承接上文,分别指"不曰'如之何、如之何'者""说而不绎,从而不改"这两种人。

由上可见,《墨子》"若之何"用法,分别对应《论语》"如之何"前两种用法,《墨子》例(8)"问所以为之若之何也"中"若之何"也是用于陈述句,与《论语》"如之何"第三种用法相似,不过《墨子》这一例"若之何"并不独立作谓语,而是处于"所以VP"结构中的VP中心,VP为状中结构"为之若之何","若之何"中"之"指代的内容通过介词"为"提前,使得"若之何"中的"之"悬空,"为之若之何"相当于"为之若何",如:

(19) 桓公问曰:"夫军令则寄诸内政矣,齐国寡甲兵,为之若何?"管子对曰:"轻过而移诸甲兵。"(《国语·齐语》)

"为之若何"在先秦典籍中数见,"为之若之何"仅有《墨子》1例。《墨子》此处用"若之何",当与上文所用之"若之何"有关,此处"若之何"正是照应前面的"善为政者若之何"中的"若之何"而言的,前面增加"为之",凸显处置针对性,将其置于"所以VP"结构,介词"以"也凸显语义上的处置方式。正如胡适引用《墨子》例(8)说:"这就是儒墨的大区别。孔子所说的是一种理想的目的,墨子所要的是一个'所以为之若之何'的进行方法。孔子说的是一个'什么',墨子说的是一个'怎样',这是一个大分别。"① "为之若何"句式即是将"若之何"中的"之"提前,处置针对性更强。"为之若何"用法,与上面提到的"为之奈何"句式平行,但先秦典籍中不见用"为之如何"句式,可见,"若何""奈何"的处置意味比"如何"要强。

"如之何"的用法还是以"VP,如之何"句式为主,即上述《论语》句式和

---

① 胡适.中国古代哲学史[M].上海:上海古籍出版社,2014:105.

用法中的第一种。《礼记》用"如之何"39 例,仅 2 例"如之何其 VP"句式,1 例"无如之何"句式:

(20) 曾子袭裘而吊,子游裼裘而吊。曾子指子游而示人曰:"夫夫也,为习于礼者,如之何其裼裘而吊也?"(《礼记·檀弓上》)

(21) 子柳之母死,子硕请具。子柳曰:"何以哉?"子硕曰:"请粥庶弟之母。"子柳曰:"如之何其粥人之母以葬其母也? 不可。"(《礼记·檀弓上》)

(22) 长国家而务财用者,必自小人矣。彼为善之,小人之使为国家,菑害并至。虽有善者,亦无如之何矣!(《礼记·大学》)

2 例"如之何其 VP"同前面论述的《论语》"如之何其 VP"以及《墨子》"若之何其 VP"用法相同,VP 都是前文提到的某一行为。例(22)"无如何",也是否定副词修饰谓语"如之何",表示"对……没有办法"。

《左传》仅 1 例用"如之何",单独作谓语:

(23) "吾子欲复文、武之略,而不正其德,将如之何?"苌弘说,告刘子,与范献子谋之,乃长卫侯于盟。(《左传·定公四年》)

(三)"若之何"句式

上文论及"如之何"类句式中,《墨子》只用"若之何",与《墨子》相同,《左传》《国语》也专用"若之何"(《左传》1 例"如之何")。《左传》"若之何"共 64 例,其所处句式可分为三类:一是"VP,若之何";二是"若之何而 VP";三是"若之何(其)VP"。第一类"若之何"作谓语,询问"怎么办",第二类"若之何"作状语修饰 VP,也是询问"怎么办",第三类则是对指称化的"(其)VP"进行反诘否定。

《左传》"VP,若之何"句式共有 41 例,其用法同上述"如之何"最常见的用法,不再展开赘述。

《左传》"若之何而 VP"句式有 2 例:

(24) 仲孙归,曰:"不去庆父,鲁难未已。"公曰:"若之何而去之?"

对曰:"难不已,将自毙,君其待之!"(《左传·闵公元年》)

(25) 商臣闻之而未察,告其师潘崇曰:"若之何而察之?"潘崇曰:"享江芈而勿敬也。"从之。(《左传·文公元年》)

这2例"若之何"询问的是后面谓语VP的方式,作状语,连词"而"连接状语与谓语。

《左传》"若之何(其)VP"句式共21例,其中4例有"其"。如:

(26) 昭公将去群公子,乐豫曰:"不可。……亲之以德,皆股肱也,谁敢携贰?若之何去之?"不听。(《左传·文公七年》)

(27) 鄾舒为政而杀之,又伤潞子之目。晋侯将伐之。诸大夫皆曰:"不可。鄾舒有三俊才,不如待后之人。"伯宗曰:"必伐之。狄有五罪,俊才虽多,何补焉?……怙其俊才而不以茂德,兹益罪也。后之人或者将敬奉德义以事神人,而申固其命,若之何待之?不讨有罪,曰'将待后',后有辞而讨焉,毋乃不可乎?"(《左传·宣公十五年》)

(28) 季武子以所得于齐之兵作林钟而铭鲁功焉。臧武仲谓季孙曰:"非礼也。……今将借人之力以救其死,若之何铭之?小国幸于大国,而昭所获焉以怒之,亡之道也。"(《左传·襄公十九年》)

(29) 郤克伤于矢,流血及屦,未绝鼓音,曰:"余病矣!"……张侯曰:"师之耳目,在吾旗鼓,进退从之。此车一人殿之,可以集事。若之何其以病败君之大事也?擐甲执兵,固即死也,病未及死,吾子勉之!"(《左传·成公二年》)

(30) 夫谋而鲜过、惠训不倦者,叔向有焉,社稷之固也,犹将十世宥之,以劝能者。今壹不免其身,以弃社稷,不亦惑乎?鲧殛而禹兴;伊尹放大甲而相之,卒无怨色;管、蔡为戮,周公右王。若之何其以虎也弃社稷?子为善,谁敢不勉?多杀何为?(《左传·襄公二十一年》)

以往研究中,多将"如/若之何VP"类句式中"如/若之何"都看作状语,表询问或反问,如上面论述中提到的楚永安《文言复式虚词》所谈,又如何乐士《古代汉语虚词词典》讲"若之何"用法,说"常用来表示询问或反问。可单独成句,或作状语、谓语等。根据上下文义可译为'(拿他)怎么办''(对他)

怎么办'等",其所引作状语的例子,即例(29),将"若之何其以病败君之大事也"译为:"为什么要因为伤痛而败坏国君的大事呢?"①这一句沈玉成译为:"为什么要为了痛苦而败坏国君的大事呢?"②关于句中的"其",多看作语气词,如王力《古代汉语》释"若之何"为"奈何",释"其"为"语气词"③,更有明确"其"为"加强反问语气的语气词",译为:"怎么能因为负伤毁坏国君的大事呢?"④也有将之看作副词,"表示将来,可译为'将''将要'"⑤。比较上面"若之何而VP"句式与"若之何(其)VP"句式,可发现两者的明显差异:前者是陈述句,后者是反问句;前者VP是陈述性质,后者"(其)VP"则是指称性质,往往照应前文已经提及的某一事件,通过"若之何"句式对其加以反诘否定。这就启发我们对"若之何(其)VP"句式中"若之何"的句法性质重新加以考虑。

《马氏文通》引《庄子·大宗师》"与乎其觚而不坚也,张乎其虚而不华也",认为"与乎""张乎"可视同表词,"以为状词,则冠于一读之首,似非其所",接着说:"又有与此种句法相似者。《孟子·梁惠王上》云'如之何其使斯民饥而死也?'犹云'其使斯民饥而死也如之何'也。"此类又举数例,其中也有例(29)"若之何其以病败君之大事也"⑥。马氏将"如/若之何其VP"句式看作"其VP如/若之何"倒置句式,且是归于"也"字"读之为起词也,有助以'也'字者"的功能,即把"其VP也"看作主语,"也"是主语成分后面的停顿语气助词,这一点我们未敢赞同,"也"字未必黏着于"其VP",也可以是整句句末语气词。不过,马氏将"其VP"看作起词,明确的是其指称性质,并否定了"如/若之何"的"状词"性质,将其"还原"为谓语,这与我们对"如之何其VP"类句式的判断有相通之处。不过我们认为其并非倒装句式,而是"其VP"作"如之何"的宾语成分,此时"如之何"的功能是对其后宾语"其VP"的合理性加以反诘否定,义同"无如其VP何",也就是对VP这样的行为是没有什么办法去做的。

例(26)"若之何"后面的"去之"照应上文"昭公将去群公子"而言,对此

---

① 何乐士.古代汉语虚词词典[M].北京:语文出版社,2006:344.
② 沈玉成.左传译文[M].北京:中华书局,1981:204.
③ 王力.古代汉语:第1册(校订重排本)[M].北京:中华书局,1999:32.
④ 刘海章,石泽镒,刘承汉.文言句读通释[M].郑州:文心出版社,1986:9.
⑤ 周生亚.古籍阅读基础[M].天津:百花文艺出版社,2011:133.
⑥ 马建忠.马氏文通[M].北京:商务印书馆,2010:342-343.

做法进行否定,"若之何去之"承接前面的"不可";例(27)"若之何待之"照应前面的"不如待后之人",对这一做法的合理性与可行性加以否定,明确"必伐之";例(28)"若之何铭之",照应前面的"季武子以所得于齐之兵作林钟而铭鲁功焉",对这一行为的合理性加以否定,确定其"非礼也"。诸如此类"若之何VP","若之何"后面的成分尽管形式上是VP,但它一般是前面出现的某一话题行为,在"若之何VP"句式中,VP指称化,作"若之何"的宾语,"若之何"是谓语,对其后宾语行为或事件的合理性和可行性加以反诘否定。该句式中"若之何"的句法性质值得关注,当与通常所认为的作状语加以区分,两者性质和功能不同。

例(29)(30)"若之何其VP"句式当与《论语》"如之何其VP"句式同,"其VP"也是作"若之何"的宾语。例(29)"若之何其以病败君之大事也"意为"对于因为伤痛而败坏国君大事这样的行为有什么办法去做呢",也就是不能去做这样的事。例(30)"若之何其以虎也弃社稷",照应前面"今壹不免其身,以弃社稷","其"的指代性更为明显,"对于叔向因他弟弟羊舌虎而放弃社稷这样的事情有什么办法去做呢",也就是不能让叔向因为他弟弟羊舌虎而死。

《左传》有1例"若之何NP之VP句式":

(31)季孙欲以田赋,使冉有访诸仲尼。仲尼曰:"丘不识也。"三发,卒曰:"子为国老,待子而行,<u>若之何子之不言也</u>?"仲尼不对。(《左传·哀公十一年》)

此例可以帮助我们进一步判断"若之何"的句法性质。"若之何"其后"子之不言"是主谓短语,中间插入了助词"之",如果"若之何"是状语成分,"子不言"独立作谓语,则中间不当插入"之",此处插入"之",显然是将"子不言"指称化,此处指前面"不发表看法"的事实,将其作为"若之何"的宾语,对某一事实进行反诘,也是否定其合理性,表明应当"言",带有谴责意味。可见,这一句式中"之"与"若之何其VP"中"其"的功能较为相似,都是将VP指称化。

《左传》"若之何"反诘句中,多直接加VP的句式,这与《左传》中该句式中VP往往形式上较为短小有关。《国语》中,这种句式则以有"其"引导VP为主。《国语》20次"若之何",其中表反问的共7例,6例"若之何其VP",1

例"若之何 VP",如：

(32) 吾闻事君者,从其义,不阿其惑。惑则误民,民误失德,是弃民也。民之有君,以治义也。义以生利,利以丰民,<u>若之何</u>其民之与处而弃之也？必立太子。(《国语·晋语一》)

(33) 叔向为太傅,实赋禄,韩宣子问二公子之禄焉,对曰："大国之卿,一旅之田,上大夫,一卒之田。夫二公子者,上大夫也,皆一卒可也。"宣子曰："秦公子富,<u>若之何</u>其钧之？"对曰："夫爵以建事,禄以食爵,德以赋之,功庸以称之,<u>若之何</u>以富赋禄也！夫绛之富商,韦藩木楗以过于朝,唯其功庸少也,而能金玉其车,文错其服,能行诸侯之贿,而无寻尺之禄,无大绩于民故也。且秦、楚匹也,<u>若之何</u>其回于富也？"乃均其禄。(《国语·晋语八》)

(34) 王曰："祀不可以已乎？"对曰："祀所以昭孝息民、抚国家、定百姓也,不可以已。……民所以摄固者也,<u>若之何</u>其舍之也！"(《国语·楚语下》)

《国语》"若之何"表反问,仅例(33)中"若之何以富赋禄"未加"其",其余均为"若之何其VP"句式。例(32)"若之何其民之与处而弃之"内容承接上文的"惑则误民,民误失德,是弃民也",句法上"民之与处而弃之"主谓之间插入"之",与"其"功能相应,使VP指称化；例(33)3个"若之何(其)VP"句式中VP均是前文隐含的内容；例(34)"若之何其舍之"中"舍之"照应前文"祀不可以已乎"之问,通过"若之何"对其反诘,进一步明确前面的答复"不可以已"。

《墨子》与《国语》一致,只用"若之何",不用"如之何""奈之何"。《庄子》中兼有"奈之何"与"若之何",这种兼用两种的情况先秦典籍中不多见。

第三节 "之"作嵌宾语(二)

上一节简要梳理《墨子》中"若之何"嵌宾语句的使用情况以及其特殊性,本节重点探讨《墨子》中的"譬之如/若/犹"系列嵌宾语句。

上古汉语中,嵌宾语格式"譬之如"用于打比方,其中"如"又可替换为

"若""犹",我们将这种句式记作"譬之 $V_{比方}$"句式。在"譬之 $V_{比方}$"句式中,谓词"譬"前面的句子内容是其受事,即被比方对象,已经话题化,具有相对独立性;"之"作为"譬"的宾语,正是复指前面话题化的受事,其后由"如""犹""若"等比喻动词 $V_{比方}$ 引导比方成分对"譬"进行语义补充。话题化的主语是"如""犹""若"等 $V_{比方}$ 的主事,却是"譬"的受事,"譬"施事隐含,当是说话人。由于"譬"是三价动词,关涉施事、受事和与事 3 个语义对象,当"譬"的与事成分通过引出 $V_{比方}$ 时,"譬"与 $V_{比方}$ 就有着密切关联,两者构成比方句式的动词组合。"譬之 $V_{比方}$"句式中"之"字复指前文内容,上下文语境中往往前后照应连贯,该"之"并非必需成分,当"之"不出现时,就有"譬如""譬犹""譬若"等"譬 $V_{比方}$"句式。

谢德三《墨子虚词用法诠释》将"譬之犹""譬之若"中的"之"释为"语气词,用于句中,无义"[①]。其实,该"之"仍当是代词,而不是语气词,"之"复指前文内容,即被比方成分。上古汉语中,"譬"是一个常见的比方动词,且句式灵活多样,有"譬之如""譬之犹""譬之若"等"譬之 $V_{比方}$"句式,或"之"缺省的"譬如""譬犹""譬若"等"譬 $V_{比方}$"句式,以及没有后续比方词"如"等的"譬之(诸)"式、"譬于"式。这些比方句式,我们统称之为"譬"系列比方句式。

以下主要考察《墨子》中"譬之 $V_{比方}$"句式以及与其功能相同的"譬 $V_{比方}$"等相关句式的使用,并结合上古汉语中"譬"系列比方句式的发展与演变,来凸显《墨子》中"譬"系列比方句式的特殊性。

《墨子》"譬"系列比方句多达 45 例,是先秦典籍中使用该系列比方句最多的,且使用句式种类最为丰富,因而具有典型性。从《墨子》出发,进而研究先秦典籍中这一类句式的使用,梳理其在先秦汉语中的发展与演变;同时,将《墨子》与其他典籍中"譬"系列句式进行比较,可凸显《墨子》语料的独特性,而"譬"系列不同句式在《墨子》内部篇章的分布以及具体的句式特点上又呈现出一定的规律,有助于深入研究《墨子》语言的特色。

一、"譬之 $V_{比方}$"句式

"譬之如""譬之犹""譬之若"是一组平行句式,用"譬之 $V_{比方}$"来概括。

---

① 谢德三. 墨子虚词用法诠释[M]. 台北:学海出版社,1982:47.

第三章 《墨子》代词"之"特殊用法

在《墨子》中这组 3 种句式都有用例,呈现出"多样化"的语言现象,这一点比较特殊,其他典籍中或见其一,或用其二,不见 3 种都用的。

(一)《墨子》"譬之 V$_{比方}$"句式

《墨子》"譬之 V$_{比方}$"句式共 11 例,其中"譬之犹"最多,有 7 例,"譬之若"3 例,"譬之如"仅 1 例。《墨子》"譬之犹"用例如下:

(1) 今夫子曰"圣王不为乐",此譬之犹马驾而不税,弓张而不弛,无乃非有血气者之所不能至邪?(《三辩》)

(2)《诗》曰:"告女忧恤,诲女予爵,孰能执热,鲜不用濯。"则此语古者国君、诸侯之不可以不执善承嗣辅佐也,譬之犹执热之有濯也,将休其手焉。(《尚贤中》)

(3) 子墨子曰:非人者,必有以易之。若非人而无以易之,譬之犹以水救火也,其说将必无可焉。(《兼爱下》)

(4) 人之生乎地上之无几何也,譬之犹驷驰而过隙也。(《兼爱下》)

(5) 我以为则无有上说之者而已矣,苟有上说之者,劝之以赏誉,威之以刑罚,我以为人之于就兼相爱、交相利也,譬之犹火之就上、水之就下也,不可防止于天下。(《兼爱下》)

(6) 故置此以为法,立此以为仪,将以量度天下之王公大人卿大夫之仁与不仁,譬之犹分黑白也。(《天志中》)

(7) 子墨子言曰:凡出言谈,则必可而不(不可不)先立仪而言。若不先立仪而言,譬之犹运钧之上而立朝夕焉也,我以为虽有朝夕之辩,必将终未可得而从定也。(《非命下》)

《墨子》7 例"譬之犹"后接成分均为短语,例(1)、(2)、(4)、(5)为主谓式,其中例(2)"执热"指称化,指"拿热东西的时候",例(1)、(5)都有两个比方成分;例(3)、(7)为状中式,例(6)为动宾式。除例(1),其余 6 例"譬之犹 VP"后面都有语气词"也",可见这种比方句式具有较强的判断意味,关于这一点下文将展开详细分析。

《墨子》中"譬之若"共 3 例,其中《尚同中》2 例,《天志下》1 例:

(8) 子墨子曰：方今之时之以正长，则本与古者异矣，譬之若有苗之以五刑然，昔者圣王制为五刑，以治天下，逮至有苗之制五刑，以乱天下。(《尚同中》)

(9) 故古者之置正长也，将以治民也。譬之若丝缕之有纪而罔罟之有纲也，将以运役天下淫暴而一同其义也。(《尚同中》)

(10) 苟兼而食焉，必兼而爱之。譬之若楚越之君，今是楚王食于楚之四境之内，故爱楚之人；越王食于越，故爱越之人。(《天志下》)

《墨子》3 例"譬之若"后续比方成分有 3 种情况，第一例为"譬之若 NP 之 VP 然"句式；第二例为两个主谓短语比方成分通过"而"并列，两个主谓短语中主谓之间都有结构助词"之"插入，使其成为"若"的宾语成分，句末有语气词"也"，表判断；第三例为"譬之若 NP"，"若"的宾语"楚越之君"为名词短语。

《墨子》中有 1 例"譬之如"，在《兼爱上》篇中：

(11) 圣人以治天下为事者也，必知乱之所自起，焉能治之；不知乱之所自起，则不能治。譬之如医之攻人之疾者然，必知疾之所自起，焉能攻之；不知疾之所自起，则弗能攻。(《兼爱上》)

《墨子》此例为"譬之如 NP 之 VP 然"，同例(8)"譬之若"用法。这种结构中的"然"仍然是代词，复指前面"NP 之 VP"的情况和状态，黏附于"NP 之 VP"结构。"然"的这一用法在下文谈"譬若"用法时再展开，《墨子》中这种"然"在"譬若……然"句式中更为典型。

《墨子》11 例"譬之 V$_{比方}$"句式，仅 1 例"譬之若"后加名词短语，其他"譬之 V$_{比方}$"后续均为谓词性成分，7 例句末有语气助词"也"，1 例"譬之若"与 1 例"譬之如"后续成分为"NP 之 VP 然"，即例(8)"譬之若有苗之以五刑然"、例(11)"譬之如医之攻人之疾者然"。

(二) 上古主要典籍"譬之 V$_{比方}$"句式

我们对上古主要典籍中引出比方成分的"譬"系列句式使用情况作了统计，如表 3-4 所示。其中"譬"单独带比方成分的用法，有《诗经·小雅·小弁》2 例("譬彼舟流，不知所届""譬彼坏木，疾用无枝")、《吕氏春秋·分职》

第三章 《墨子》代词"之"特殊用法

1 例("国非其有也而欲有之,可谓至贪矣;不能为人,又不能自为,可谓至愚矣,譬白公之鸢,若枭之爱其子也"),暂且不计入表中。

表 3-4　上古主要典籍引出比方成分的"譬"系列句式见用表

典籍	周礼	孙子兵法	论语	左传	国语	礼记	墨子	庄子	荀子	韩非子	战国策	管子	晏子春秋	吕氏春秋
譬之如				2	3	1					1			
譬之若							3		3	3(1诸)				21
譬之犹							7		4			1	3	2
譬之			1				6	2	2	1	1			
譬于				2										
譬诸			2	1										
譬如	1	2	3	4			1				2			
譬犹						1	13	3			1	2		
譬若							15				3	2		1
总计	1	2	6	9	6		45	6	10+16[1]	5	9			24

在《墨子》之前的典籍中,"譬之V比方"句式使用较为有限,且主要是"譬之如"句式,不见"譬之若""譬之犹"句式;而《墨子》之后的典籍中,"譬之如"句式见用很少,仅《战国策》用"譬之如",且只有 1 例,"譬之若""譬之犹"稍常见,"譬之若"在《荀子》《韩非子》中各有 3 例,其中《韩非子》1 例为"譬诸若",《吕氏春秋》中"譬之若"使用出现高峰,达 21 例之多;而"譬之犹"在《荀子》《管子》《晏子春秋》《吕氏春秋》中均有所用,用例分别为 4、1、3、2 例,其高峰出现在《墨子》中,可以说"譬之犹"见用多,是《墨子》在"譬之V比方"句式上的一个显著特点。

《左传》《国语》中"譬之如"后续比方成分均是名词成分,具体为:

(12) 公膳日双鸡,饔人窃更之以鹜。御者知之,则去其肉,而以其洎馈。子雅、子尾怒。庆封告卢蒲嫳。卢蒲嫳曰:"<u>譬之如禽兽,吾寝处之矣</u>。"[2](《左传·襄公二十八年》)

---

[1] 《荀子》中有一种引出比方成分的特殊句式"譬之是犹",共有 16 例,仅见于《荀子》,不见于先秦其他典籍,故未列于表中,下文对其有相应论述。
[2] 译为"把他们比成禽兽,我睡在他们的皮上了",参见沈玉成. 左传译文[M]. 北京:中华书局,1981:350.

(13) 天之假助不善，非祚之也，厚其凶恶而降之罚也。且<u>譬之如</u>天，其有五材，而将用之，力尽而敝之。是以无拯，不可没振。(《左传·昭公十一年》)

(14) 夫苦成叔家欲任两国而无大德，其不存也，亡无日矣。<u>譬之如</u>疾，余恐易焉。(《国语·鲁语上》)

(15) 是以北伐山戎，南伐楚，西为此会也。<u>譬之如</u>室，既镇其甍矣，又何加焉？(《国语·晋语二》)

(16) 夫边境者，国之尾也，<u>譬之如</u>牛马，处暑之既至，虻蝱之既多，而不能掉其尾，臣亦惧之。①(《国语·楚语上》)

《左传》《国语》中"譬之如"后面所接比方成分都是名词，为"禽兽、天、疾、室、牛马"，这种情况到《墨子》中发生改变，《墨子》"譬之 V$_{比方}$"句式后续成分复杂化，不再是简单的名词，而到《荀子》中句式进一步复杂化，"譬之 V$_{比方}$"后续可以接两个或多个比方成分，如：

(17) 不道礼宪，以诗书为之，<u>譬之犹</u>以指测河也，以戈舂黍也，以锥餐壶也，不可以得之矣。(《荀子·劝学》)

(18) 国无礼则不正。礼之所以正国也，<u>譬之犹</u>衡之于轻重也，<u>犹</u>绳墨之于曲直也，<u>犹</u>规矩之于方圆也，既错之而人莫之能诬也。(《荀子·王霸》)

(19) 且上者下之师也，夫下之和上，<u>譬之犹</u>响之应声，影之像形也。(《荀子·强国》)

(20) 以桀诈尧，<u>譬之若</u>以卵投石，以指挠沸，<u>若</u>赴水火，入焉焦没耳！(《荀子·议兵》)

(21) 今子宋子案不然，独诎容为己，虑一朝而改之，说必不行矣！<u>譬之是犹</u>以塼涂塞江海也，以焦侥而戴太山也，蹪跌碎折不待顷矣。(《荀子·正论》)

---

① 此句译为："边境，是国家的尾巴，比如牛马，处暑时节到了，牛虻多起来，牛马却不能摇动尾巴，我也怕国家会尾大不掉啊。"参见陈桐生.国语[M].北京：中华书局，2013：609.

《荀子》善用打比方,先秦主要典籍中"譬"系列比方句,《墨子》最多,其次即《荀子》。《荀子》中主要句式是"譬之若、譬之犹、譬之是犹",多见其后接2个或3个比方成分的复杂句式。上述例子中,第一例"譬之犹"后面接3个并列成分"以指测河""以戈舂黍""以锥餐壶",第二例也是3个比方成分,但每一个比方成分前都使用了"犹",例(20)"譬之若"接3个并列比方成分"以卵投石""以指挠沸""赴水火,入焉焦没",在第三个比方成分前又使用"若"连接,可见"譬之犹""譬之若"句式中"犹、若"带多个比方成分,可单用,也可复用。这种接2个或3个比方成分的句式为《荀子》特殊用法,体现出其语言善用多个比方加以铺陈之特点。

　　《荀子》中还有一种独特的句式"譬之是犹",如例(21),共有16例。《荀子》"譬之V比方"句式中"譬"有时作古字"辟","譬之犹"3例,"辟之犹"1例,"譬之若"1例,"辟之若"2例,"譬之是犹"9例,"辟之是犹"6例,还有1例"譬之是由"(《荀子·王霸》篇:"今君人者,急逐乐而缓治国,岂不过甚矣哉!譬之是由好声色而恬无耳目也,岂不哀哉!"),其中"由"通"犹"。上述后接2个或3个比方成分的句式均使用了"譬",用"辟"的句式后接成分均为单一比方,如《荀子·议兵》篇有"故以诈遇诈,犹有巧拙焉;以诈遇齐,辟之犹以锥刀堕太山也,非天下之愚人莫敢试";《荀子·大略》篇有"仁义礼善之于人也,辟之若货财粟米之于家也,多有之者富,少有之者贫,至无有者穷";《荀子·儒效》篇有"故能小而事大,辟之是犹力之少而任重也,舍粹折无适也"。

　　其他典籍"譬之V比方"句式一般兼有接名词与复杂短语的用法,不过也有因语言风格而有所倾向,如《韩非子》2例"譬之若",1例"譬诸若",后接成分均为名词:

　　(22) 为人臣者,<u>譬之若</u>手,上以修头,下以修足;清暖寒热,不得不救入,镆铘傅体,不敢弗搏。(《韩非子·有度》)

　　(23) 道<u>譬诸若</u>水,溺者多饮之即死,渴者适饮之即生;<u>譬之若</u>剑戟,愚人以行忿则祸生,圣人以诛暴则福成。故得之以死,得之以生,得之以败,得之以成。(《韩非子·解老》)

　　《韩非子》"譬之(诸)若"所处语段,句式简短为主,故"譬之(诸)若"之后成分也为单音或双音名词,而非复杂短语或句子成分。如高小方师《古代汉语》介绍《韩非子》其书文章特色时所说,"夹叙夹议,就事说理,辞意繁富,深刻有力,细密遒劲,峭拔犀利。如露锋字,如车刀削铁声"[1],句式简短紧凑,正是形成这一文章特色的一个原因,由此"譬之(诸)若"之后也是带名词,与文段前后句式简短保持一致。

(三)"譬之 $V_{比方}$"中"之"的句法语义功能

范晓指出"主事是动词所表示的动作、活动、变化、性质、状态、关系等的主体",主事再可分为施事、系事、经事、起事 4 类,其中"起事"是指"关系双方中的起方,即在表关系的动核结构中被说明的名物",如"启明星像一盏悬挂在高空的明灯"这个句子中,"'启明星'在句法平面是主语,在语义平面是主事",起事关联的动核是关系核,"关系核由关系动词充当……有的由表比较或比拟的关系动词充当,如'犹如'"。还有一个相关语义成分是止事,"指关系双方中的止方,即在表关系的动核结构中说明或解说起事(起方)的客体",如"一盏悬挂在高空的明灯""在句法平面是宾语,在语义平面就是止事"[2]。这是针对分析现代汉语语义成分而言的,对古汉语相应句式也同样适用。前面提到,"譬之 $V_{比方}$"句式话题化的主语是"$V_{比方}$"的主事,具体来说是起事,"$V_{比方}$"是关系核,其后引出的被比方成分是止事,"$V_{比方}$"的起事、止事分别用 NP_1、NP_2 表示,则"譬之 $V_{比方}$"句式完整表示为"NP_1 譬之 $V_{比方}$ NP_2",该句式中话题主语 NP_1 并非"譬"的施事,而是其受事,"譬"之后通过代词"之"复指 NP_1,将"譬"的受事转换至宾语句法位置,$V_{比方}$ 的止事 NP_2 正是"譬"的与事。"譬之 $V_{比方}$"可表示为"NP_1,譬之,(NP_1)$V_{比方}$ NP_2",前面的 NP_1 作话题主语,"譬之"在主层,"(NP_1)$V_{比方}$ NP_2"在附层。"(NP_1)$V_{比方}$ NP_2"形成一个完整的关系核结构,该结构的析出,有利于我们进一步探讨 NP_2 与 NP_1 之间的语义关系以及"NP_1 譬之 $V_{比方}$ NP_2"中"之"的句法语义功能。

在关系核结构中,判断句是最具代表性的。先秦汉语判断句有 4 种基本句式:"NP_1,NP_2","NP_1 者,NP_2","NP_1 者,NP_2 也","NP_1,NP_2 也"。

---

[1] 高小方.古代汉语[M].南京:江苏教育出版社,2009:193.
[2] 范晓.说语义成分[J].汉语学习,2003,(1).

典型的判断句中 NP_1 与 NP_2 所指的是同一事物或同一类别,同时也有 3 种灵活运用的判断句,即采用判断句的形式"表示比喻的修辞手法""表达一种比较复杂的内容""表达事物的因果关系"。第一种如"曹公,豺虎也"(《资治通鉴·赤壁之战》)[①]。我们在研究"以"引介原因对象的句式时,参考判断句的灵活用法中的第 3 种,提出"广义判断句"的概念,如"晋士燮来聘,言伐郯也,以其事吴故"(《左传·成公八年》)和"此鼠所以不可得杀者,以社故也"(《晏子春秋·内篇问上》),将这些"NP_1,以 NP_2"也看作表因果关系的判断句[②]。这一句式在先秦判断句 4 种基本句式基础上进一步拓展,表现为 NP_1 向句子形式拓展,表原因的 NP_2 由基本句式中直接作判断句谓语拓展为由表原因的介词"以"引介,"以"的出现使得因果关系得以显现在句法表层。

与"以"出现在表示因果关系的判断句中的情况相似,"NP_1,$V_{比方}$ NP_2"句式也可以归于"广义判断句",如果缺少 $V_{比方}$,则"NP_1,NP_2"是表示比喻的判断句,如上引"曹公,豺虎也",郭锡良指出"这是一种比喻的修辞手段,是一种隐喻"[③]。而当比喻词 $V_{比方}$ 进入该判断句式,成为"NP_1,$V_{比方}$ NP_2"时,则明确了比喻关系,由隐喻转为明喻,如例(12)"NP_1,譬之如禽兽",析为"NP_1,如禽兽",与"曹公,豺虎也"相比较,NP_1 拓展为复杂的句子形式,谓语由比喻动词"如"加入,将 NP_2 与 NP_1 的语义关系明确化。

综观先秦典籍中"譬之 $V_{比方}$"用例,《左传》《国语》中 $V_{比方}$ 后面的 NP_2 主要为单音节或双音节名词,其后没有"也",而《墨子》及其后典籍中 NP_2 拓展为短语形式,NP_2 若是主谓短语,中间往往插入"之",将整个主谓短语指称化为 $V_{比方}$ 宾语,如例(5)"譬之犹火之就上、水之就下也",例(9)"譬之若丝缕之有纪而罔罟之有纲也"等。此时,NP_2 后面多有"也",《墨子》7 例"譬之犹",除例(1)外,其余 6 例句末都有"也",再如《荀子》中 4 例"譬之犹"、16 例"譬(辟)之是犹"句末均有"也"。"譬之 $V_{比方}$"句末"也"的功能与判断句句末"也"相同。洪波将先秦判断句句末"也"定为"表示判断的助词"[④]。可见,《墨子》之后,"NP_1 譬之 $V_{比方}$ NP_2"句式中,随着 NP_2 复杂化,

---

[①] 郭锡良.古代汉语语法讲稿[M].北京:语文出版社,2007:45-46.
[②] 张萍.汉语"以"之研究[M].上海:上海人民出版社,2015:113-114.
[③] 郭锡良.古代汉语语法讲稿[M].北京:语文出版社,2007:45.
[④] 洪波.先秦判断句的几个问题[J].南开学报,2000,(5).

由名词向主谓短语或谓词性短语拓展时,句末以有"也"为常,这是增强 NP_2 与 NP_1 之间判断关系的一种手段。

$V_{比方}$是关系动词,在"譬之 $V_{比方}$"句式中,$V_{比方}$联系其后的比方成分与前面的被比方成分,通过比方的方式对被比方成分(即前面的"之"复指的对象)的性质加以判断;在句法上,$V_{比方}$实际上又起到将比方成分联系给主层的谓语动词"譬"的作用,正如英语中"把 A 比方成 B"用"compare A to B"句式,$V_{比方}$功能与介词 to 相似,其作用是把比方成分 B 引介给前面的动词 compare。

我们把"譬之 $V_{比方}$"解析为"NP_1,譬之,(NP_1) $V_{比方}$ NP_2",《荀子》中独特的"譬之是犹"句式,正是将 $V_{比方}$前面的 NP_1 用代词"是"复指呈现了出来,形成"NP_1,譬之,是 $V_{比方}$ NP_2"句式,"之"与"是"复指的都是前面的 NP_1,一个作"譬"的宾语,一个作"$V_{比方}$"的主语,使得"譬之是犹"中两个层次的句式较为完整地显示出来。例(21),梁启雄《荀子简释》在"譬之"后读开,"是犹"属下①。从句法而言,这一解读是正确的。不过,由于 $V_{比方}$引出的 NP_2 正是"譬"的另一个必需语义成分,即与事比方成分,所以 $V_{比方}$与"譬"之间有着紧密联系,这种语义上的联系促使"譬之是犹"连文读成一个固定句式,相比于"譬之犹",在"犹"前插入"是",复指前文的被比方对象,将其与"犹"后引出的比方成分联系得更为紧密,"是"与"之"同指,也因此将 $V_{比方}$与"譬"关联起来,故"譬之是犹"可看作"譬之犹"的强化句式。

综上,考察先秦汉语"譬之 $V_{比方}$"比方句式的使用及演变,《墨子》有三方面是独特的:一是"譬之 $V_{比方}$"句式平行化共现,即上古主要比方词"如、犹、若"都有,其他典籍或有 1 种或有 2 种,均没有 3 种同现的;二是"譬之若""譬之犹"在《墨子》中出现最早,其后在《荀子》《吕氏春秋》中多见,且用法超越"譬之如";三是"譬之 $V_{比方}$"句式后带比方成分自《墨子》趋向复杂化,不再限于名词成分,发展出谓词性成分以及主谓短语成分,与此相应,句末常用"也",指示比方成分与前面被比方成分之间的判断关系。

二、"譬 $V_{比方}$"句式

《墨子》中有"譬若"15 例、"譬犹"13 例,无"譬如"例,这是与"譬之

---

① 梁启雄. 荀子简释[M]. 北京:中华书局,1983:250.

V比方"句式相应的,即"譬之如"少见,"譬之若""譬之犹"多见。如表3-4所示,《墨子》之前典籍主要是"譬如",而不见"譬若",极少见"譬犹"(仅《礼记》1例),这与《墨子》前典籍主要见"譬之如"是一致的。先秦典籍中使用"譬"系列句式打比方的,《墨子》最突出,其中"譬若""譬犹"使用最多,为先秦典籍中"譬若""譬犹"使用的高峰,也可以说"譬若""譬犹"的使用在《墨子》中最为典型。

(一)《周礼》"譬如"例

"譬如"最早用例出现在《周礼·考工记》中,郭沫若断定"《考工记》是春秋年间的齐国的官书"[①],宣兆琦进一步论证《考工记》是齐国官书,其主体部分成书"不会早于春秋初期"且"不会晚于春秋晚期",并断定其主体部分成书"当在桓管时代"[②]。汉人用《周礼·考工记》补《周礼·冬官》。

(24) 恒角而达,辟如终绁,非弓之利也。……恒角而达,引如终绁,非弓之利。(《周礼·考工记·弓人》)

《周礼注疏》原作"譬如",阮元校云"按《释文》作'辟如',云'音譬,下注变辟同,或房赤反',然则不当作'譬'矣"。"引如",郑玄注"变'譬'言'引',字之误",《经典释文》注"引,音譬"[③]。今据阮元校,从《经典释文》注释,作"辟如"。上古汉语中,"譬"作"辟"符合用字规律。可以肯定的是,这一例"辟如"后面的宾语为名词性成分。下面稍加展开,对"引如"以及"终绁"的具体语义作出一些讨论。

杨天宇撰《周礼译注》将例(24)这两句译为"隈角过长,那就譬如弓始终系在柲上一样,〔影响拉弓射箭,〕并非对弓有利。……隈角过长,拉弓时就如同弓始终缚系在柲上一样,并非对弓有利。"[④]这是将"引如"之"引"看作是本字,即"引弓"(拉弓)义。我们赞同这一处理意见,"引如"并非"譬如",即"引"非"譬"字之误。"引如"该句前文有"凡居角,长者以次弆,恒角而短,

---

① 郭沫若. 十批判书[M]. 北京: 人民出版社, 2012: 29.
② 宣兆琦.《考工记》的国别和成书年代[J]. 自然科学史研究, 1993, (4).
③ 李学勤. 十三经注疏·周礼注疏[M]. 北京: 北京大学出版社, 1999: 1178、1180.
④ 杨天宇. 周礼译注[M]. 上海: 上海古籍出版社, 2004: 686.

是谓逆桡,引之则纵,释之则不校",此处"恒角而短"用"引",则后面描述"恒角而达"情况时,用"引"也是自然的,且下文还有如下语句:

(25) 弓有六材焉,维干强之,张如流水;维体防之,引之中参;维角堥之,欲宛而无负弦,引之如环,释之无失体,如环。(《周礼·考工记·弓人》)

这一段中,"张如流水""引之如环",与上文"引如终绁"为同一句式,其中"引之如环"句,"如"后为单音词"环",故"引"后用了复指代词"之",与整段四字句式为主的特点保持一致。可见,"终绁"与"流水""环"一样,都是用来作比方的成分。

考察春秋时期典籍,如《孙子兵法》《论语》《左传》等典籍中"譬如"的用法(详例分析见下文),其后所接比方成分有两个特点:一是其后多为名词,谓词性成分也是指称化为某一行为事件;二是比方成分都是其他对象,与"譬如"前面的主语没有直接关联,两者是比方与被比方的关系,换言之,比方成分是独立于被比方事物的。这两个特点能够帮助我们判断"终绁"的用法。

对"辟如终绁",郑玄注:"绁弓弣,角过渊接,则送矢不疾,若见绁于弣矣。弓有弣者,为发弦时备顿伤。《诗》云:'竹柲绲縢。'"陆德明《经典释文》:"绁,弓弣也。"贾公彦疏:"绁,谓弓弣,谓弓在弣中然,非弓之利"①。汪少华指出:郑注"绁弓弣"是述补短语,并非主谓判断句,引孙诒让"柲为弓檠,以绳缚系弓于檠则曰绁",又郑注引《诗》"竹柲绲縢"。"柲"原作"闭",毛亨传:"闭,绁。"孔颖达疏:"《说文》云:'绁,系也。'谓置弓弣里,以绳绁之,因名弣为绁。"段玉裁注《说文解字》"弼"字下"曰檠曰榜曰柲曰闭者,竹木为之;曰绁曰縢者,缚之于弛弓以定其体也",由此说明"绁"非"弓柲",而当是"缚系"义,又说"终"为"常"义副词②。我们赞同汪文"'绁'非'弓柲'"的看法,但是对"终绁"的释义还可进一步讨论。

如段注所言,"曰绁曰縢者,缚之于弛弓以定其体也",则"绁"与"縢"同

---

① 李学勤.十三经注疏·周礼注疏[M].北京:北京大学出版社,1999:1179.
② 汪少华.词语训释二则[J].古汉语研究,2000,(1).

为名词,即绳索义。《说文·糸部》:"绁,系也。从糸,世声。《春秋传》曰:'臣负羁绁。'"释为"系",似为动词,但引例中"绁"与"羁"同为名词。汤可敬《说文今释》即将该词条译为:"绁,绳索。从糸,世声。《春秋左传》说:'臣(象随行的马)背负着马笼头、马缰绳(跟着您在天下巡行)。'"并给"绁"出注释,引《广雅·释器》:"绁,绳索也。"①尽管"绁"确实引申出"缚系"的动词义,但是"辟(譬)如终绁"中,我们认为"绁"还是名词,且"终绁"的结构与"张如流水"中的"流水"相同,即为定语中心语式偏正结构,而"终"也是如"流"一样,是动词用作定语。

《说文·纟部》:"终,绒丝也。"《说文解字今释》译为"缠紧丝"②,"终绁"之"终"即用本义,"终绁"义为"缠紧的绳索",其代表性特征是"张弛不便",将其作为比方对象,正是突出"恒角而达"导致弓张弛不便的结果。"辟如终绁""引如终绁",其义正与"张如流水"相反,一滞一畅。

(二) 先秦其他典籍"譬如"例

下面来看春秋战国时期其他典籍中"譬如"的使用情况。《孙子兵法》中有2例"譬如":

(26) 视卒如婴儿,故可以与之赴深溪;视卒如爱子,故可与之俱死。爱而不能令,厚而不能使,乱而不能治,譬如骄子,不可用也。(《孙子兵法·地形》)

(27) 故善用兵者,譬如率然。率然者,常山之蛇也。击其首则尾至,击其尾则首至,击其中则首尾俱至。敢问可使如率然乎?曰:可。(《孙子兵法·九地》)

例(26)采李零《孙子译注》用影宋本《魏武帝注孙子》底本,"譬如"在《十一家注孙子》本中作"譬若"③;例(27)"率然"是名词,"有轻松、随便、反应灵活自如的意思,这里用作'常山之蛇'的名字"④,即用蛇之灵活应变之特性

---

① 汤可敬.说文解字今释[M].长沙:岳麓书社,2001:1879-1880.
② 汤可敬.说文解字今释[M].长沙:岳麓书社,2001:1852.
③ 李零.孙子译注[M].北京:中华书局,2009:98.
④ 李零.孙子译注[M].北京:中华书局,2009:108.

代称蛇,2例"譬如"后接成分均为名词。从先秦春秋时期典籍少用"譬之若""譬若"的情况来看,《孙子兵法·地形》中为"譬如"的可能性较大,"譬若"的可能性小。

《论语》《左传》《国语》中"譬如"分别有3、4、3例。《论语》3例"譬如":

(28)子曰:为政以德,譬如北辰,居其所而众星共之。(《论语·为政》)

(29)子曰:譬如为山,未成一篑,止,吾止也!譬如平地,虽覆一篑,进,吾往也!(《论语·子罕》)

《论语》"譬如"后接均为双音节成分,1例为名词,2例为前后照应的动宾短语。

《左传》"譬如"有4例,如下:

(30)晋御其上,戎亢其下,秦师不复,我诸戎实然。譬如捕鹿,晋人角之,诸戎掎之,与晋踣之。戎何以不免?(《左传·襄公十四年》)

(31)侨闻学而后入政,未闻以政学者也。若果行此,必有所害。譬如田猎,射御贯则能获禽,若未尝登车射御,则败绩厌覆是惧,何暇思获?(《左传·襄公三十一年》)

(32)武将信以为本,循而行之。譬如农夫,是穮是蓘;虽有饥馑,必有丰年。(《左传·昭公元年》)

(33)善哉,吾得闻此数也!然自今子其无事矣。譬如火焉,火中,寒暑乃退。此其极也,能无退乎?(《左传·昭公三年》)

《左传》4例"譬如"后接成分均为双音节,2例为名词,"农夫""火焉"("火"即心宿,后面的"焉"为衬音语气助词,无义);1例为动宾短语,"捕鹿";1例为双音动词,"田猎"。用法基本同《论语》。

《国语》中有3例"譬如",如下:

(34)夫吴民离矣,体有所倾,譬如群兽然,一个负矢,将百群皆奔,王其无方收也。越人必来袭我,王虽悔之,其犹有及乎?(《国语·吴语》)

(35) 昔吾先王体德明圣,达于上帝,譬如农夫作耦,以刈杀四方之蓬蒿,以立名于荆,此则大夫之力也。(《国语·吴语》)

(36) 夫虽无四方之忧,然谋臣与爪牙之士,不可不养而择也。譬如蓑笠,时雨既至必求之。今君王既栖于会稽之上,然后乃求谋臣,无乃后乎?(《国语·越语上》)

《国语》中"譬如"句式趋向复杂化,后接成分不再限于双音成分,1例为双音名词"蓑笠",1例为"NP 然"的结构"群兽然",1例为主谓式"农夫作耦"。

(三)"譬犹""譬若"用法研究

《汉语大词典》收有"譬犹""譬若"两个词条,"譬犹"最早引证为《礼记·仲尼燕居》例,之后所引例子即为《后汉书·霍谞传》及明代庄元臣《叔苴子》中用例;"譬若"最早引例为《逸周书·皇门》"譬若畋犬"例,之后即引《史记》及宋代的例子。两词条均未引用《墨子》中用例,或未注意到两词在《墨子》中高频见用的语言事实。

1. "譬犹""譬若"早期用例

《汉语大词典》中"譬犹"最早引例为《礼记·仲尼燕居》例,这与我们对先秦典籍中"譬犹"考察的结果一致,当可确定。这一例"譬犹"与"譬如"处于前后两个比方句中,为《礼记》中仅有的2例"譬"系比方句式。

(37) 子曰:"礼者何也?即事之治也。君子有其事,必有其治。治国而无礼,譬犹瞽之相与? 伥伥其何之? 譬如终夜有求于幽室之中,非烛何见? 若无礼则手足无所错,耳目无所加,进退揖让无所制。"(《礼记·仲尼燕居》)

例(37)中用两个比方来说明"治国而无礼"的状况,一用"譬犹",一用"譬如",后面所接成分分别为主谓结构、谓词句,均为复杂成分。

此外,《逸周书》中也有3例"譬若":

(38) 王阜良,乃惟不顺之言于是。人斯乃非维直以应,维作诬以对,俾无依无助。譬若畋,犬骄用逐禽,其犹不克有获。是人斯乃逸贼媚嫉,以不利于厥家国。<u>譬若</u>匹夫之有婚妻,曰予独服在寝,以自露厥家。……朕荩臣,夫明尔德以助予一人忧,无维乃身之暴皆恤。尔假予德宪,资告予元。<u>譬若</u>众畋,常抚予险,乃而予于济。(《逸周书·皇门解》)①

黄怀信考辨《逸周书》各篇内容、形式与时代,对《皇门解》作如下介绍:

记"正月庚午",周公在闳门会群臣时的一篇诰辞,中心是告群臣推荐贤才,以助其勤国。地在闳门,闳音皇,故名。《纪年》载:成王元年"正月庚午,周公诰诸侯于皇门"。盖即此篇所记。可见史有其事。此篇文字质古,当为西周原作,左史所记。②

姚蓉《〈逸周书〉文系年注析》中将《皇门》篇确定为前 1043 年,即周成王元年,为周公旦所作③。谭家健《〈逸周书〉与先秦文学》进一步从《皇门》篇与《尚书》之《大诰》《梓材》篇"善用譬喻"这一点来相类比:

《皇门》是周公告群臣之辞。丁宗洛认为,"此篇雄奇郁勃,确系周初文字"。其中有的比喻用得贴当,如说:"譬若畋犬,骄用逐禽,其犹不克有获。是人斯乃谗贼媚嫉,以不利于厥家国。譬若匹夫之有婚妻,曰予独服在寝,以自露(败)厥家。"这些话,比较生动形象,与《尚书》所记周公训辞《大诰》《梓材》之善用譬喻正好一致。④

如上结论认为《逸周书·皇门解》篇为西周时代作品,按此则"譬若"的使用可能早在西周时代,不过从"譬若"使用来看,这一点似不可贸然确定。

例(38)《逸周书·皇门解》先后打了 3 个比方,分别为"譬若畋""譬若匹夫之有婚妻""譬若众畋",这一点的确如《尚书·大诰》《尚书·梓材》"善用譬喻",但是《尚书》2 篇譬喻使用的比喻词均为"若",没有 1 例是"譬若"。

---

① 标点采黄怀信,张懋镕,田旭东.逸周书汇校集注[M].上海:上海古籍出版社,2007:553.
② 黄怀信.《逸周书》源流考辨[M].西安:西北大学出版社,1992:140.
③ 姚蓉.《逸周书》文系年注析[M].桂林:广西师范大学出版社,2015:100.
④ 谭家健.《逸周书》与先秦文学[M]//文史哲编辑部.中国古代文学 作家·作品·文学现象.北京:商务印书馆,2012:201-215.

(39) 天亦惟用勤毖我民,若有疾,予曷敢不于前宁人攸受休毕! ……若昔朕其逝,朕言艰日思。若考作室,既厎法,厥子乃弗肯堂,矧肯构? 厥父菑,厥子乃弗肯播,矧肯获? 厥考翼其肯曰:"予有后,弗弃基?"肆予曷敢不越卬敉宁王大命? 若兄考,乃有友伐厥子,民养其劝弗救? ……予永念曰:天惟丧殷;若稽夫,予曷敢不终朕亩?(《尚书·大诰》)

(40) 若稽田,既勤敷菑,惟其陈修,为厥疆畎;若作室家,既勤垣墉,惟其涂墍茨;若作梓材,既勤朴斲,惟其涂丹雘。(《尚书·梓材》)

值得注意的是,例(39)(40)《尚书》两篇中打比方用"若"与例(38)《逸周书·皇门解》"譬若"有两个方面差异:一是句式上,前者后面接的成分简单,或为动宾式,或为名词,或"考作室"为主谓宾句,但音节上或双或三,后者有一例"譬若匹夫之有婚妻",则是主谓之间使用了结构助词"之"的句式,更为复杂。二是语义上,前者多有省略,后者则对比方句有后续解说,王世舜、王翠叶译注《尚书》给"若有疾"出注,"若"注为"好像",并说"此句省略较多,文意当如译文",将"若有疾"句译为:"上帝也因此经常向我们发出命令,好像要去掉自己身上的疾病那样迫切,我怎敢不去努力地完成文王从上帝那里所接受的神圣的事业呢?"又将后面"若稽夫"句译为:"譬如种庄稼的农民,为了使庄稼长得好,总要把田亩中的杂草完全除掉,我怎敢不像农民那样除恶务尽呢?"①从句式由简而繁、语意由省而全的演变规律来看时代先后,《逸周书·皇门解》比方句式当在《尚书》两篇时代之后。

"譬若"的使用似不当早至西周,"譬如、譬犹"最早用例在《礼记》,而"譬若"除《逸周书》外,典籍中可见的"譬若"用例出现在《墨子》中。从双音"譬若"的使用看,"周初原作"《逸周书·皇门解》中见用"譬若",是值得斟酌的,传世文献中或有文字改动。

清华大学藏战国竹简中有《皇门》篇,其简文为我们的推测提供了佐证。李学勤认为:"《皇门》可能属于周公摄政时期。看简文,公自云'朕寡邑小邦'与《大诰》称'我小邦周'和《多士》称'我小国'彼此相似,都是周初那个时期的口气,篇中所说要求'父兄、蓍臣'帮助的话,也正符合其时的形势。"②

---

① 王世舜,王翠叶.尚书[M].北京:中华书局,2012:174、177.
② 李学勤.清华简九篇综述[J].文物,2010,(5).

对照清华简《皇门》篇,例(38)《逸周书·皇门解》3 处"譬若"句在战国简本《皇门》中分别如下:

> 卑(譬)女(如)戎夫,乔(骄)用从矜(禽),亓(其)由(犹)克又(有)䝅(获)?
> 卑(譬)女(如)䫻(梏)夫之又(有)悉(媢)妻,曰余蜀(独)备(服)才(在)寝,以自霁(落)毕(厥)豪(家)。
> 卑(譬)女(如)舺(主)舟,辅余于险,囧(临)余于淒(济)。①

由简文可知,3 处均作"卑女",释为"譬如",而非"譬若"。由此,传世文献《逸周书·皇门解》3 处"譬若"是否可靠,还是可能为战国时期改字而来,并不能确定,故不可据《逸周书·皇门解》系年为周初,即断定"譬若"用法早至周初。

2. 《墨子》"譬犹""譬若"句式比较研究

《墨子》中"譬犹""譬若"的使用,在篇目上没有明显的差异,但两者使用的句式却不尽相同,两者句式对比见表 3-5:

表 3-5 《墨子》"譬犹""譬若"句式分类表

后接成分		譬 犹	譬 若
NP			2
VP		6	2
NP 之 VP		4	1
……然	NP 然		4
	VP 然		1
	NP 之 VP 然		3
$S_1 S_2$	$S=NP/VP_0$ 而 以 VP_1	3	
	$S=NP$ 之 VP		2
总计		13	15

《墨子》"譬犹"共有 3 种句式:"譬犹 VP"6 例,"譬犹 NP 之 VP"4 例,这

---

① 释文采清华大学出土文献研究与保护中心,李学勤. 清华大学藏战国竹简(壹)[M]. 上海:中西书局,2010:163-165.

是"譬犹"后面接 1 个比方成分的情况,还有 3 例后接 2 个比方成分的。"譬若"总数比"譬犹"稍多,且句式更为丰富,多出 2 种句式:一是"譬若 NP",二是"譬若……然"句式,前者如春秋时期"譬如"用例,后者则是更为复杂的句式,即"譬若"后接代词"然"复指比方情况。

"譬犹""譬若"后接 VP 的用例,如:

(41) 财以成者,扶而埋之;后得生者而久禁之,以此求富,此譬犹禁耕而求获也,富之说无可得焉。是故求以富家而既已不可矣。(《节葬下》)

(42) 子墨子为鲁阳文君曰:"世俗之君子,皆知小物而不知大物。今有人于此,窃一犬一彘则谓之不仁,窃一国一都则以为义。譬犹小视白谓之白,大视白则谓之黑。是故世俗之君子知小物而不知大物者,此若言之谓也。"(《鲁问》)

(43) 故大人之务,将在于众贤而已。曰:然则众贤之术将奈何哉?子墨子言曰:譬若欲众其国之善射御之士者,必将富之贵之,敬之誉之,然后国之善射御之士,将可得而众也。况又有贤良之士厚乎德行,辩乎言谈,博乎道术者乎,此固国家之珍,而社稷之佐也。亦必且富之贵之,敬之誉之,然后国之良士亦将可得而众也。(《尚贤上》)

(44) 然而今天下之士君子曰:然,乃若兼则善矣。虽然,不可行之物也,譬若挈太山越河济也。(《兼爱中》)

《墨子》"譬犹 VP""譬若 VP"句后续谓词性成分均较为复杂,或如"譬犹运钧之上而立朝夕者也"(《非命上》)为状中结构,或如"譬犹立朝夕于员钧之上也"(《非命中》)为述补结构;或为复句形式,如"禁耕而求获""小视白谓之白,大视白则谓之黑"均为并列复句;或如"欲众……必将……然后……"为承接复句,"挈太山越河济"是状中关系的连动式,"挈太山"为"越河济"的伴随方式。

"譬犹""譬若"都有后接一个"NP 之 VP"的用例,分别为 4 例、1 例,如:

(45) 今天下之诸侯将犹多皆免攻伐并兼,则是有誉义之名,而不察其实也。此譬犹盲者之与人同命白黑之名,而不能分其物也,则岂谓

有别哉?(《非攻下》)

(46) 古者天子之始封诸侯也,万有余,今以并国之故,万国有余皆灭,而四国独立。此<u>譬犹</u>医之药万有余人,而四人愈也,则不可谓良医矣。(《非攻下》)

(47) 子墨子谓二三子曰:"为义而不能,必无排其道。<u>譬若</u>匠人之斲而不能,无排其绳。"(《贵义》)

例(47)"排"毕沅注为"背",谭家健将"为义……其绳"译为"行义而不能实现时,一定不可放弃原则。好像木匠削木材虽未能削好,也不可放弃墨线一样"①。《非攻下》2例"譬犹 NP 之 VP"句式更为复杂,3 例"NP 之 VP"中主语 NP 均较短,而 VP 成分复杂,"之"主要起到联系前后项作用。

"譬犹""譬若"都有后接两个比方成分的用法,"譬犹"3 例,"譬若"2 例,如下:

(48) 逮至其国家则不然,王公大人骨肉之亲、无故富贵面目美好者,则举之,则王公大人之亲其国家也,不若亲其一危弓、罢马、衣裳、牛羊之财与?我以此知天下之士君子皆明于小而不明于大也。此<u>譬犹</u>瘖者而使为行人,聋者而使为乐师。(《尚贤下》)

(49) 今子曰"国治则为礼乐,乱则治之",是<u>譬犹</u>噎而穿井也,死而求医也。(《公孟》)

(50) 二三子复于子墨子曰:"告子胜为仁。"子墨子曰:"未必然也。告子为仁,<u>譬犹</u>跂以为长,隐以为广,不可久也。"(《公孟》)

(51) 古者圣王为五刑,请以治其民。<u>譬若</u>丝缕之有纪,罔罟之有纲,所连收天下之百姓不尚同其上者也。(《尚同上》)

(52) 子墨子言曰:我有天志,<u>譬若</u>轮人之有规,匠人之有矩。(《天志上》)

同为引出两个比方成分,"譬犹""譬若"所用句式不同,"譬若"后面均为"NP 之 VP"成分,"之"将 NP 与 VP 联系起来,取消的是 NP 对 VP 的支配

---

① 谭家健,孙中原.墨子今注今译[M].北京:商务印书馆,2009:385.

陈述关系,使其成为"若"的宾语成分,而"譬犹"句后接比方成分句式中没有"之"。例(48)"此譬犹瘖者而使为行人,聋者而使为乐师"中"瘖者""聋者"为话题主语,连词"而"的作用,与例(49)"噎而穿井也,死而求医"中的"而"、例(50)"跂以为长,隐以为广"(踮起脚尖使身子长高,躺着使身体显得宽)中的连词"以"相似,均起到连接作用,其功能与"譬若 NP 之 VP"中"之"实则相当。

还有一个较为显著的特点,"譬犹"句前面经常出现指示代词复指主语,如"此、是",而"譬若"用例没有这种现象。

《墨子》"譬(之)V_{比方}……然"句式共有 10 例,其中"譬之若""譬之如"各 1 例,中间比方成分都是"NP 之 VP"结构,即例(8)(11);"譬若"8 例,"譬若……然"根据比方成分性质又有 3 种:"譬若 NP 然"4 例、"譬若 VP 然"1 例、"譬若 NP 之 VP 然"3 例。

(53) 舍今之人而誉先王,是誉槁骨也。譬若匠人然,智槁木也,而不智生木。(《耕柱》)

(54) 治徒娱、县子硕问于子墨子曰:"为义孰为大务?"子墨子曰:"譬若筑墙然,能筑者筑,能实壤者实壤,能欣者欣,然后墙成也。为义犹是也,能谈辩者谈辩,能说书者说书,能从事者从事,然后义事成也。"(《耕柱》)

"譬若 NP 然"还有《贵义》篇"譬若药然"1 例、《公孟》篇"譬若钟然"2 例。"譬若 NP 然""譬若 VP 然"中 NP、VP 均为单音或双音成分,均用于"墨语"篇目,简短的句式与口语语体更为相符。另有 2 例"譬若 NP"也出现在《公孟》篇,其语体风格也较为明显:

(55) 公孟子谓子墨子曰:"实为善人,孰不知?譬若良玉(巫),处而不出,有余糈。譬若美女,处而不出,人争求之;行而自衒,人莫之取也。今子偏从人而说之,何其劳也!"(《公孟》)

"譬若 NP 之 VP 然"句式有例(56)、(57a)、(58):

(56) 虽四五国则得利焉,犹谓之非行道也。譬若医之药人之有病者然。今有医于此,和合其祝药之于天下之有病者而药之,万人食此,若医四五人得利焉,犹谓之非行药也。(《非攻中》)

(57) a. 夫天下处攻伐久矣,譬若傅子(孺子)之为马然。(《非攻下》)

b. 大国之攻小国,譬犹童子之为马也。童子之为马,足用而劳。(《耕柱》)

(58) 若大人为政,将因于国家之难,譬若机之将发也然,君子之必以谏,然而大人利之。(《公孟》)

例(57)两句所用比方相同,都是小孩子骑竹马,a 句用"譬若 NP 之 VP 然",b 句用"譬犹 NP 之 VP";b 句以"童子之为马,足用而劳"进一步说明状况,a 句则用"然"代指"傅子(孺子)之为马"的状况,后面未展开说明,而是隐含不表,即"无用而徒劳"。

上古典籍中,"譬之……"句式中无用"然"例(详见下文),可见"然"与"譬"无关,而是与"如/若……"黏着性强,在一个句法层次上。《墨子》中除了"譬之如……然"有 1 例外,还有 1 例"如禽兽然",在《尚同中》篇,为"至乎舍余力不以相劳,隐匿良道不以相教,腐朽余财不以相分,天下之乱也,至如禽兽然,无君臣上下长幼之节,父子兄弟之礼,是以天下乱焉"。

这种用于"若……然""如……然"比拟句式中的句末"然",有看作"助词"的,认为有两种用法:一是"用在形容词、动词或副词后,表示'……的样子',有词尾的性质,相当于'地''的',或不译",如"屋舍俨然""默然不应""猝然跃去"中的"俨然""默然""猝然"中"然"的用法。二是"用在句末,和'若''如''犹'构成'若……然''如……然''犹……然'的格式,相当于'象……似的''象……一样'",如"若听茶声然""如见其肺肝然""虽莽苍犹郛邑然"①。《文言固定句式及熟语》指出"如……然"为"由动词'如'和助词'然'组成。表示比拟。'如'在句中作谓语;'然'用在句末,助比拟语气。相当于现代汉语的'象……似的''象……一样''好象……一样'",其所举例子中除 6 例"如……然",还有 1 例《墨子》"譬之如医之攻人之疾者然",

---

① 于长虹,韩阙林.常用文言虚词手册[M].石家庄:河北人民出版社,1983:299.

这里更明确指出"然"为助词,"助比拟语气"①。或笼统称之为"词尾",如马振亚等《文言语法》讲"表比喻的凝固形式",列出"如……然""若……然",认为"古汉语中,常用'如……然''若……然'这种凝固形式表比喻,'如''若'是联系动词,当'象''如同'讲,'然'是词尾。可译作'象……一样''象……似的'"②。

助词说也好,词尾说也好,其实说明这种"然"有两个特点:一是它用于"如/若……"句式,二是它紧紧黏附于比方成分之后。我们认为,这种"然"当为代词,其指代性还较明显,即具有摹状性。这种"然"并非必要成分,从"譬(之)如/若/犹……"句式可以看出,使用"然"的句式并非主要形式,不过《墨子》"譬若……然"占到"譬若"句的 8/15,即已过半,其显著性还是值得注意的。

楚永安《文言复式虚词》就列有"若……然"词条,认为"这个格式表示比喻或描绘,意思是'象……似的(一样)''象是……的样子'。'若'是动词,'然'是代词,中间插入的成分可以是名词、形容词、动词或词组",又说"'如……然'的结构和用法同于'若……然'",又有"'如……尔''若……云''若……云尔''若……焉''如……焉'的用法与'若……然'也基本相同",所举 11 例中仅有 1 例为"譬之如……然",即《墨子》中例,又进一步指出"在中古时期接近口语的作品中,又出现了'如……一般''似……一般'的格式,这实际上是'若……然'这种格式的发展"③。

从《墨子》"譬(之)如/若……然"系列句式来看,《文言复式虚词》将"若……然"作为主词条,"如……然"等作为副词条从属于"若……然"词条是符合古汉语使用事实的。

3.《墨子》"譬 $V_{比方}$"与"譬之 $V_{比方}$"分布研究

《墨子》中"譬犹""譬若"共 28 例,而"譬之如/犹/若"共 11 例,"譬犹""譬若"类"譬 $V_{比方}$"占总数的 71.79%,已经成为优势用法。为进一步考察"譬之 $V_{比方}$"与"譬 $V_{比方}$"在《墨子》中使用的规律,我们对这两类 39 例所在篇目进行了统计,另有 6 例"譬(辟)之"句式,一并考察其篇名分布情况,如表 3-6 所示:

---

① 姚庆瑞,王玉林.文言固定句式及熟语[M].西安:陕西人民出版社,1987:64-65.
② 马振亚,李子兵,李纯金.文言语法[M].吉林:吉林大学社会科学论丛编辑部,1988:267-268.
③ 楚永安.文言复式虚词[M].北京:中国人民大学出版社,1986:258-259.

表 3-6 "譬之 $V_{比方}$"与"譬 $V_{比方}$"在《墨子》篇目分布表①

句 式	篇 名	总 计
譬之如	兼爱上 1	1
譬之犹	三辩 1,尚贤中 1,兼爱下 3,天志中 1,非命下 1	7
譬之若	尚同中 2,天志下 1	3
譬 之	尚贤上 1,兼爱下 1,贵义 1;节葬下 1,天志中 2(辟之)	6
譬 犹	尚贤下 1,非攻下 2,节葬下 3,非命上 1,非命中 1,耕柱 2,公孟 2,鲁问 1	13
譬 若	尚贤上 1,尚同上 1,兼爱中 1,非攻中 1,非攻下 1,天志上 1,耕柱 2,贵义 2,公孟 5	15

从表 3-6 中的篇目分布来看,《墨子》中"譬之 $V_{比方}$"与"譬 $V_{比方}$"使用的特点有 3 个方面:

第一,《墨子》中《墨经》6 篇以及《备城门》到《杂守》共 11 篇"墨守"篇目中没有使用"譬"系列比方句,"譬"系比方句主要用于"墨论"与"墨语"诸篇②。

第二,"墨语"诸篇主要用"譬犹""譬若""譬之",不用"譬之犹""譬之若"句式,"墨语"指《耕柱》《贵义》《公孟》《鲁问》《公输》诸篇,这些篇目使用"譬犹"共 5 例,"譬若"9 例(另有"譬之"1 例),无 1 例"譬之 $V_{比方}$"句式。孙中原介绍"墨语"说:"体裁类似《论语》,记载墨子和后学、时人的对话,是墨子的言行录和传记资料,是研究墨子生平事业和思想的重要参考,价值甚高。"③ "墨语"诸篇用"譬犹""譬若",而不用"譬之犹""譬之若",符合其语体特色,即前者更具口语色彩,而"譬之犹"类中间插入代词宾语"之"的句式则更为正式,书面语色彩更浓。"墨语"诸篇不用"譬如",而用"譬犹""譬若",为"譬 $V_{比方}$"提供了多样化的平行句式,与《论语》等其他先秦典籍用"譬如"形成互补。可见,在春秋时期,"譬如""譬犹""譬若"等句式在口语中见用较多,"譬 $V_{比方}$"趋向双音化发展。

第三,"墨论"诸篇使用"譬"系列比方句丰富多样,"譬之 $V_{比方}$"句式除 1 例用在《三辩》中,其余均用于"墨论"篇目中,《三辩》属于"杂论"部分,也是

---

① 篇名后面的数字表示该篇出现的次数。
② 孙中原把《墨子》篇目组成分为《墨经》、"杂论"(《亲士》到《三辩》7 篇)、"墨语"(《非儒下》、《耕柱》到《公输》共 6 篇)、"墨守"(《备城门》到《杂守》11 篇)、"墨论"(墨子十论诸篇),参见孙中原.墨学七讲[M].北京:中国人民大学出版社,2013:20-22.
③ 孙中原.墨学七讲[M].北京:中国人民大学出版社,2013:21.

"论",可见"譬之 V$_{比方}$"句式用于书面语更强的篇目中,与"墨语"形成对比。"墨论"包括《尚贤》(上中下)、《尚同》(上中下)、《兼爱》(上中下)、《非攻》(上中下)、《节用》(上中)、《节葬》(下)、《天志》(上中下)、《明鬼》(下)、《非乐》(上)、《非命》(上中下)共 23 篇,其中有 18 篇用到"譬"系比方句,共计 29 例,其中"譬之 V$_{比方}$"11 例,"譬 V$_{比方}$"13 例,"譬之"2 例,"辟之"3 例;"譬之"与"譬之 V$_{比方}$"归为一类,与"譬犹""譬若"类用例相比,前者有 16 例,后者 13 例,在书面语性质更强的"墨论"中,"譬"系列比方句中有"之"的句式比无"之"的句式稍多,有"之"则句式更显正式。

如表 3-6 所示,"墨论"某一篇目使用"譬之 V$_{比方}$"与"譬 V$_{比方}$"是很少兼有两类的,仅有"譬之"与"譬若"共现于《尚贤上》,"譬之"与"譬之犹"共现于《兼爱下》,"辟之"与"譬之犹"共现于《节葬下》,"辟之"与"譬之犹"共现于《天志中》,"譬之"当是介于"譬之 V$_{比方}$"与"譬 V$_{比方}$"之间的一种句式(下一部分详论)。同一类的,某篇中可能共现,如《非攻下》篇"譬犹"2 用,"譬若"1 用,不过也仅此 1 篇。总体上,各篇使用"譬"系比方句,还是呈现出多样化现象。

"墨论"每篇分上中下 3 篇,有些篇遗失,从"譬"系列比方句在上中下篇中的分布来看,除"譬之如"出现在《兼爱上》篇中,"譬之犹""譬之若"用例没有出现在上篇中的,主要见于中、下篇,"譬犹""譬若"的使用在上中下篇中似乎没有明显的分布规律,不过,同上所说,在某篇的上中下篇中使用也呈现出多样化,同用现象较少。如:

(59) a. 必立仪,言而毋仪,<u>譬犹</u>运钧之上而立朝夕者也,是非利害之辨,不可得而明知也。(《非命上》)

b. 若言而无义,<u>譬犹</u>立朝夕于员钧之上也,则虽有巧工,必不能得正焉。(《非命中》)

c. 若不先立仪而言,<u>譬之犹</u>运钧之上而立朝夕焉也。(《非命下》)

《非命》上中下三篇中句义相似的 3 个句子,上、中两篇用了"譬犹",下篇用了"譬之犹",尤其是上、下两篇后接成分结构颇为相似,下篇用"之"复指前面的内容,这可能与下篇句子前面的"若不先立仪而言"形式上较长有关。

三、"譬之"句式

"譬之 V$_{比方}$"中的"V$_{比方}$"是联系动词,将比方成分联系给前面的动词"譬",其功能相当于英语中把 A 比方成 B 的"compare A to B"句式中的介词 to,起到的作用是把比方成分 B 引介给前面的动词 compare。英语中"compare A to B"中 to 是必需的,而汉语"譬之 V$_{比方}$"则更具灵活性,其中联系动词"V$_{比方}$"可以省略,直接成为"譬之+比方成分"句式,构成"譬+直接宾语+间接宾语"的双宾语句式。

(一)《墨子》"譬(辟)之"句式

《墨子》"譬(辟)之"共 6 例,其中"譬之"3 例,分别出现在《尚贤上》《兼爱下》《贵义》这 3 篇;又有 3 例"辟之",1 例在《节葬下》,2 例在《天志中》篇。

(60) 上之所以使下者,一物也;下之所以事上者,一术也。譬之富者,有高墙深宫,墙立既谨,上为凿一门,有盗人入,阖其自入而求之,盗其无自出。(《尚贤上》)

(61)《泰誓》曰:"文王若日若月乍照,光于四方,于西土。"即此言文王之兼爱天下之博大也,譬之日月兼照天下之无有私也,即此文王兼也。虽子墨子之所谓兼者,于文王取法焉。(《兼爱下》)

(62) 汤曰:"非女所知也。今有药此,食之则耳加聪,目加明,则吾必说而强食之。今夫伊尹之于我国也,譬之良医善药也。而子不欲我见伊尹,是子不欲吾善也。"(《贵义》)

《墨子》3 例"譬之"句式,后接比方成分 1 例为名词"富者",1 例为名词短语"良医善药(良医和好药)",1 例为主谓结构插入"之"而指称化的成分,即"日月兼照天下之无有私",照应前面的被比方成分"文王之兼爱天下之博大",也即"之"指代的内容。

《墨子》3 例"辟之"句式呈现出一定的独特性,为"辟之无以异乎 NP 之 VP 也":

(63) 仁者之为天下度也,辟之无以异乎孝子之为亲度也。今孝子

第三章 《墨子》代词"之"特殊用法

之为亲度也,将奈何哉?曰:"亲贫则从事乎富之,人民寡则从事乎众之,众乱则从事乎治之。"(《节葬下》)

(64) 且夫天子之有天下也,辟之无以异乎国君诸侯之有四境之内也。今国君诸侯之有四境之内也,夫岂欲其臣国万民之相为不利哉?(《天志中》)

(65) 是故子墨子之有天之(志),辟人(之)无以异乎轮人之有规,匠人之有矩也。今夫轮人操其规,将以量度天下之圜与不圜也,曰:"中吾规者谓之圜,不中吾规者谓之不圜。"是以圜与不圜皆可得而知也。此其故何?则圜法明也。匠人亦操其矩,将以量度天下之方与不方也,曰:"中吾矩者谓之方,不中吾矩者谓之不方。"是以方与不方皆可得而知之。此其故何?则方法明也。故子墨子之有天之意也,上将以度天下之王公大人为刑政也,下将以量天下之万民为文学、出言谈也。(《天志中》)

例(63)《墨子间诂》引毕沅云"辟同譬"[①]。例(65)"子墨子之有天之"中"之",《墨子间诂》引毕沅云"一本作'志',疑俗改"[②],吴毓江《墨子校注》按"宝历本、堂策槛本、四库本作'志'"[③];"辟人",《墨子间诂》注"'人'当作'之',上文云'辟之无以异乎国君诸侯之有四境之内也',是其证"[④],《墨子校注》作"辟之",按"诸本作'辟人',宝历本作'辟之',今从之"[⑤]。在"打比方"义上,"辟"后作"譬"。

《墨子》3例"辟之"句式为"辟之无以异乎 NP 之 VP 也",这一句式更为复杂,它不是直接引出比方成分,而是通过"无以异乎"的句式引出比方成分,这是一个比较句式,其实比方句也是一种比较句式(类比),这是将两个比较句式套用,被比较成分是"之"复指前面的"NP_1 之 VP_1",比较成分是介词"乎"引出的"NP_2 之 VP_2"。

《墨子·小取》篇有"辟也者,举也物而以明之也",指出"譬"这种逻辑推

---

① 孙诒让,孙启治.墨子间诂[M].北京:中华书局,2001:169.
② 孙诒让,孙启治.墨子间诂[M].北京:中华书局,2001:207.
③ 吴毓江,孙启治.墨子校注[M].北京:中华书局,2006:311.
④ 孙诒让,孙启治.墨子间诂[M].北京:中华书局,2001:207.
⑤ 吴毓江,孙启治.墨子校注[M].北京:中华书局,2006:311.

理方法是"列举其他事物来说明这一事物",此处也用了古字"辟"①。不过《墨子》45例"譬"系列比方句式唯有"譬之"句式有3例用古字"辟"。"辟"在《墨子》中有多种词义,如"避免、躲避"义(《辞过》"室高足以辟润湿"、《节用中》"冬可以辟风寒")、"怪异、怪癖"义(《辞过》"作为衣服带履,便于身,不以为辟怪也")、"邪僻"义(《尚同下》"此言见淫辟不以告者,其罪亦犹淫辟者也")、"开辟"义(《非攻中》"广衍数于万,不胜而辟"),等等,比方义上多用"譬",有利于避免词义混淆。

(二) 先秦其他典籍"譬之"句式

"譬+比方成分"的用法在上古典籍中较为有限,《论语》1例"譬之"(另有2例"譬诸"),《庄子》《荀子》各有2例"譬之",另《战国策》有1例"譬之",详见表3-4统计列表。

(66) 叔孙武叔语大夫于朝,曰:"子贡贤于仲尼。"子服景伯以告子贡。子贡曰:"譬之宫墙,赐之墙也及肩,窥见室家之好。夫子之墙数仞,不得其门而入,不见宗庙之美、百官之富。得其门者或寡矣。夫子之云,不亦宜乎!"(《论语·子张》)

(67) 今休,款启寡闻之民也,吾告之以至人之德,譬之载鼷以车马、乐鴳以钟鼓也。彼又恶能无惊乎哉?(《庄子·达生》)

(68) 夫仁义之行,唯且无诚,且假夫禽贪者器,是以一人之断制利天下,譬之一覕也。(《庄子·徐无鬼》)

(69) 故孰察小人之知能,足以知其有余,可以为君子之所为也。譬之越人安越,楚人安楚,君子安雅,是非知能材性然也,是注错习俗之节异也。(《荀子·荣辱》)

(70) 士不信悫而有多知能,譬之其豺狼也,不可以身尔也。(《荀子·哀公》)

(71) 卫非强于赵也,譬之卫矢而魏弦机也,藉力魏而有河东之地。(《战国策·齐策五》)

---

① 《汉语大词典》"辟"专列一条义项为:"通'譬'",释为:"墨子提出的逻辑推理的方法之一。谓举旁例以喻所说的论题。"其所举例子即《小取》此句。

以上先秦诸例"譬之"用法同《墨子》,均为双宾语句式。于峻嵘考察《荀子》双宾语句,指出《荀子》"述语＋宾$_1$＋宾$_2$"结构,"间接宾语在前,直接宾语在后,两者紧相承接",其中述语为"譬"的有 1 例,即例(70)"譬之其豺狼",其"以比喻说理,动词表比况,宾$_1$ 为代词,指代某种事实,宾$_2$ 为名词,是与宾$_1$ 相似的某种事物或现象"①。张美兰讲《荀子》双宾语动词及其句式,引用于文,并明确为"述语＋O$_{1间接}$＋O$_{2直接}$"②。实际上,《荀子》中"譬之"双宾语句式共有 2 例,还有 1 例即例(69)"譬之越人安越,楚人安楚,君子安雅,是非知能材性然也,是注错习俗之节异也",只不过这里后接成分是 3 个主谓短语并列的形式,且主谓之间没有"之",但仍是比方宾语。

需要特别指出的是,"譬之 O"双宾语中,"之"是直接宾语,后面的比方对象是间接宾语,是"譬＋O$_{1直接}$＋O$_{2间接}$"式双宾语,而非如于文、张著所言的"述语＋O$_{1间接}$＋O$_{2直接}$"式。于峻嵘指出,"双宾语的语法构成是这样的:两个受事宾语同时接受一个述语动词的支配,而宾语之间并不构成结构关系;述语行为造成直接宾语向间接宾语的移位;记录这一方向性移位过程的述宾结构具有特殊的双宾语特征,称为双宾式"③。"譬"这一动词支配的有两个对象,一是被比方对象,一是比方对象。"譬 O$_1$(之)O$_2$"句式中,"O$_1$(之)"是被比方对象,"O$_2$"是比方对象,其语义表示"把被比方对象比方成比方对象",即"把 O$_1$ 比方成 O$_2$"。由此,"譬"这一述语行为造成的是 O$_1$ 向 O$_2$ 的(主观性)移位,则 O$_1$ 对应直接宾语,O$_2$ 对应间接宾语。此外,还有"譬 O$_1$(之)于 O$_2$"式,即"譬诸 O$_2$"式,以及"O$_1$(之)"隐含的"譬于 O$_2$"式,都可以说明比方对象是间接宾语,而非直接宾语。

张美兰讲《墨子》双宾语动词及其句式,认为"言语告示类动词"中"譬"有 4 例双宾语式,但仅列出 1 例,即例(61),不过引作"譬之日月,兼照天下之无有私焉",并将"譬之日月"加粗,以示其为双宾语结构④。我们统计《墨子》中"譬之＋比方对象"共有 3 例,张著未将例句全部列出,故无法判断其

---

① 于峻嵘. 古汉语双宾式的个案考察与理论研究——《荀子》双宾式论析[J]. 河北师范大学学报, 2009,(3).
② 张美兰. 汉语双宾语结构句法及其语义的历时研究[M]. 北京:清华大学出版社,2014:117-118.
③ 于峻嵘. 古汉语双宾式的个案考察与理论研究——《荀子》双宾式论析[J]. 河北师范大学学报, 2009,(3).
④ 张美兰. 汉语双宾语结构句法及其语义的历时研究[M]. 北京:清华大学出版社,2014:121. 张著引文句末"焉",当从《墨子间诂》本为"也"。

多出 1 例为哪 1 例。需要指出的是,其所列 1 例,双宾语结构并非"譬之日月",而当是"譬之日月兼照天下之无有私也",即其间接宾语不是"日月",而是"日月兼照天下之无有私也",这一宾语成分是插入"之"而指称化的主谓结构,其中"日月兼照天下"为指称化主语,"无有私也"是谓语部分。

对于上古汉语主要典籍中的双宾语句式,除提到《荀子》《墨子》中双宾语动词"譬",张著还指出《战国策》双宾语句式"譬拟类动词有 1 个(譬)",即例(71),但在讨论《论语》《庄子》中双宾语动词及句式时,均未提到"譬"①,如上所述,《论语》中有 1 例"譬之宫墙",《庄子》"譬之"双宾语句也有 2 例,均当补入。

从典籍中上述"譬之"句式来看,其后间接宾语在句法形式上有名词或名词短语,如例(66)中的"宫墙"、例(70)中的"其豺狼";有谓词性成分,如《庄子》的 2 例,例(67)中的"载鼷以车马、乐䲭以钟鼓"和例(68)中的"一观";也有主谓式复句形式,如例(69)"譬之越人安越,楚人安楚,君子安雅"中 3 个主谓小句联合,例(71)"譬之卫矢而魏弦机"中"卫矢而魏弦机"是两个判断句通过"而"联合。

除了双宾语句式,"譬之"也可以独立成句,如:

(72)凡为人臣者,犹炮宰和五味而进之君,君弗食,孰敢强之也。臣请譬之:君者、壤地也,臣者、草木也,必壤地美然后草木硕大,亦君之力也,臣何力之有?(《韩非子·难二》)

这例"臣请譬之"句法上主谓宾足句,后面停顿,具体的比方说理在后面引出。这例"譬之"与上文讨论的"譬之"后接间接宾语的用法不同。

(三) 先秦"譬诸""譬于"句式

"譬之 O"句式中比方对象宾语可以用介词"于"引介,成为"譬之于 O"式,"之于"合音为"诸",即有"譬诸 O"句式。如表 3-4 所示,"譬诸"句在《论语》中有 2 例,《左传》中有 1 例,如下:

---

① 张美兰.汉语双宾语结构句法及其语义的历时研究[M].北京:清华大学出版社,2014:137、111-116.

(73) 色厉而内荏,譬诸小人,其犹穿窬之盗也与?(《论语·季氏》)

(74) 子夏闻之,曰:"噫!言游过矣!君子之道,孰先传焉?孰后倦焉?譬诸草木,区以别矣。君子之道,焉可诬也?有始有卒者,其惟圣人乎!"(《论语·子张》)

(75) 谓我敝邑,迩在晋国,譬诸草木,吾臭味也,而何敢差池?(《左传·襄公二十二年》)

这 3 例"譬诸"句式,后接比方对象均为双音名词,1 例"小人",2 例"草木"。《左传》中另有 2 例省略被比方对象"之",直接通过介词"于"将比方对象引介给动词"譬"的用法,即"譬于……"句式,如下:

(76) 季武子曰:"谁敢哉?今譬于草木,寡君在君,君之臭味也。欢以承命,何时之有?"(《左传·襄公八年》)

(77) 臣为隶新,然二子者,譬于禽兽,臣食其肉而寝处其皮矣。(《左传·襄公二十一年》)

例(76)"今譬于草木,寡君在君,君之臭味也"喻指晋君是花木,鲁君只是花木发出的气味罢了,其义与例(75)"譬诸草木"同,一用"譬诸",一用"譬于",差别在于例(75)承前"我敝邑,迩在晋国",用代词"之"复指,而例(76)前文空缺,故不用"之",直接用"于"引出比方对象。

综合表 3-4 所示"譬"系列比方句式见用频率来看,"譬之(诸)"或"譬于"句式的使用相对较少,更多的是其后有"如/犹/若"等比喻词连接比方对象的句式。《墨子》"譬"系列比方句共 45 例,"譬(辟)之"6 例,其余均为有比喻词连接的句式,不用比喻词引出比方对象的仅占 13.33%。可见,古代汉语"譬"系列比方句中"譬"之后的"如/犹/若"等比喻词具有较为重要的形式意义,诚如英语比方句式"compare A to B"中介词 to 的功能,古汉语"譬(之)如/犹/若"句式中比喻动词"如/犹/若"也起着将比方对象联系给动词"譬"的功能,在句法形式上具有标记作用,有了这个标记,其后比方对象在形式上具有了更大的拓展性,从词语到短语到句子形式,甚至多个句子形式。

通过对上古汉语主要典籍中"譬"系列句式的考察,可以看出《墨子》在这一类比方句式上的特殊性:

一是其"譬"系列比方句多达45见,是上古典籍中最为丰富的,可见《墨子》语言善用打比方说理的特色,高小方师介绍《墨子》的特色,即说"语言质朴,能近取譬,说理深入浅出,论辩富于逻辑性,而且恳切动人"①,从"譬"系列比方句的使用可窥一斑。

二是其句式丰富,是上古典籍中最为多样化的,表3-4所列"譬"系列句式共有9种,除了"譬诸""譬于""譬如"外,《墨子》共有6种,其他典籍"譬"系列句式种数均没有《墨子》多。《墨子》为汉语句式的多样性提供了独特的例证,具有重要的汉语史语料价值。

三是"譬之 $V_{比方}$"中"之"的作用是将"譬"的受事成分在句法上进一步明确出来,它是随着"譬"前面的被比方成分复杂化而产生的,但它并非必需成分。《墨子》中,不用"之"的"譬若/犹"用例尤多,表明在汉语双音化趋势下,"譬 $V_{比方}$"也在向凝固的双音词发展,其内在动因是"譬"的必要语义成分"与事"全赖 $V_{比方}$ 引出。

四是"譬"系列句式在《墨子》内部篇目的分布呈现出语体差异的规律,"譬之 $V_{比方}$"集中见于书面语色彩浓的"杂论""墨论"诸篇,而口语性更强的"墨语"多用"譬 $V_{比方}$"句式。

此外,通过由《墨子》而拓展到先秦其他典籍"譬"系列句式的研究,对"譬如""譬若"等句式早期用例的问题也进行了讨论,涉及古今用字问题、传世文献与出土文献异文问题,结合句法系统内部发展规律,为作出较为可信的判断提供了理据。

---

① 高小方.古代汉语[M].南京:江苏教育出版社,2009:129.

第四章 《墨子》特殊连词

《墨子》虚词丰富,尤其是连词使用突出,本章以《墨子》中特殊的连词为考察对象,以并列连词、选择连词与假设连词为例,论述《墨子》相关连词的特殊用法。

第一节 允 及

《墨子·明鬼下》中有 1 例"允及"用例,"允及"在先秦其他典籍中不见用,《墨子》中此例极为珍贵,有两个重要意义:一是佐证"允"有通"以"的用法,二是为先秦"以及"成词提供间接语料佐证。

一、"允"通"以"

(1) 然则姑尝上观乎《商书》,曰:"呜呼!古者有夏,方未有祸之时,百兽贞虫,允及飞鸟,莫不比方。……"(《明鬼下》)

王引之《经传释词》释"允",第一条引用王念孙所言"允,犹'用'也",第二条言"允,犹'以'也",在此条下就举了《墨子·明鬼下》篇引《商书》的 1 例,即"百兽贞虫,允及飞鸟,莫不比方",阐释为"言百兽贞虫以及飞鸟也",又进一步指出:"'以'与'用'同义,故'允'可训为'用',亦可训为'以'。《说文》曰:'允,从儿,㠯声。''以''用''允'一声之转耳。"① 黄侃在第一条"'允'

---

① 王引之.经传释词(黄侃、杨树达批本)[M].长沙:岳麓书社,1982:18-19.

犹'用'"上批注说:"此'允'为'㠯'之借,'㠯'训'用',故'允'训'用'。"在其后第二条"'允'犹'以'"上又一次批注"此'允'为'以'之借"。诚如黄侃所言,"允"训"用",实则是"允"为"以"的通假字之用,"以"是一个典型的上古介词、连词,其介词用法,如引介工具、凭借、原因等功能,均可训为"用",因此三者逻辑关联,正如黄侃所示,"允—以—用"。由此,《经传释词》"允"前两条用法顺序或当调整一下,则可更易理解。

我们揣摩《经传释词》区分"允"释"用"、释"以"两条,其用意或许是区分介词与连词两种用法。其在"家大人曰:'允,犹用也。'"之后说"'用'亦语词,义见'用'字下"。查看书中"用"词条,首先即是释为"词之'以'也",举了《公羊传》释经言"何以",《穀梁传》则或言"何用","其实一也";又举了《尚书·皋陶谟》中"侯以明之,挞以记之,书用识哉",说明"用,亦'以'也,互文耳"①。"何以、何用"中"以、用"均是介词,"何以、何用"为介宾结构,表达"为什么"之义,其中疑问代词"何"为前宾语;"侯以明之"义为"用射侯之礼来教育他们"②,"挞以记之,书用识哉"中"挞(鞭打)""书(记录)"虽是动词,但表示用这种行为方式来"记(警戒)""识(做标记)",故"以"仍可看作是介词,其宾语前置,"用"与"以"同,也是介词。由这些例子推测,《经传释词》释"用"为"以",乃是着眼于"用"的介词功能。《古书虚词通解》"用"词条下,将《经传释词》释"用"为"词之以也"归入"用"为"介词"之用法③,与我们的推断一致。回到"允"词条,可见将其释为"用",是明确其介词功能;而第二条"允"释为"以",则是区分其为连词。

《经传释词》所举"允,犹用也"的一些例子,如"允釐百工、允执其中"等,前人多释"允"为"信",王引之说:"后人但知'允'之为'信',而不知其又为语词,故训释多有未安。"④"允"之"信"义乃"表态副词"⑤,修饰动词,在一些句子中似可说通,由此,"允"究竟是否借为"以"之用,确实不易断定。《古书虚词通解》在整理《经传释词》《古书虚字集释》《词诠》等辞书对"允"义项的归纳之后,以"附说"形式表达自己的看法:

---

① 王引之.经传释词(黄侃、杨树达批本)[M].长沙:岳麓书社,1982:17.
② "侯以明之"译文采自李民,王健.尚书译注[M].上海:上海古籍出版社,2012:37.
③ 解慧全,崔永琳,郑天一.古书虚词通解[M].北京:中华书局,2008:949.
④ 王引之.经传释词(黄侃、杨树达批本)[M].岳麓书社,1982:19.
⑤ 杨树达.词诠[M].上海:上海古籍出版社,2006:399.

《说文》:"允,信也。"这是形容词诚信之义,由此虚化为副词"确实"。词条各项许多例句的"允",古今注家均有训为此二义者。另外,"允"训"以""用"或可成立,在许多例句中讲作连词"以"均可通。至于助词两项能否成立,待考。①

"允"字"训'以''用'或可成立",可见,并未真正认识到"允"为"以"借字这一根本。《墨子》"允及"一例,连接并列成分"百兽、贞虫"与"飞鸟",此例"允及"即为"以及",应该说争议最少,该例为论证"允"通"以"提供了较有说服力的例证。

诚如王引之已提到《说文》中"允"为"㠯"声,"㠯"即"以","允""以"通假具有读音相同之条件。《通假字汇释》收"允"字条,明确其通"以",释为"助词,用",第一例为《尚书·尧典》"以闰月定四时成岁,允釐百工",第二例即《墨子·明鬼下》"百兽贞虫,允及飞鸟"②。第一例"允",当为介词,释为"用",其后可以补出隐含的宾语,即"用此历法来治理各项事业"③。第二例"允"后是无法补出宾语的,即是连词"以",且"允及"合起来释为"与",表示前后并列关系。这两种用法统以"助词"之称,不当。

二、"以及"成词

田范芬考察了"以及"的来源,认为"以及"最初是介词"以"和动词"及"的连用,当中心动词"在语义和语用上都能和'及'所带的宾语搭配时",则"及"的动词性虚化,"以及"凝固成词后先表示"以至""以至于"义,再进一步虚化成并列连词,并说明这一过程在先秦文献中已经完成④。关于"以及"由"介词'以'+动词'及'"而来,彭睿解释了"以及"由"介词'以'+动词'及'"凝固成词的机制,认为:"以及"的源构式可以形式化为"VNP_1以及NP_2",NP_1与NP_2被看成并列结构就意味着"以"和"及"出现了功能悬空的情形,其中"及"失去核心动词地位,而V则变成构式中的唯一核心,目标构式必须重新建构句法关系,促使"以"和"及"融合成双音节词,"以及"处于并

---

① 解慧全,崔永琳,郑天一. 古书虚词通解[M]. 北京:中华书局,2008:1080.
② 冯其庸,邓安生. 通假字汇释[M]. 北京:北京大学出版社,2006:108.
③ "允釐百工"译文引自樊东. 尚书译注[M]. 上海:上海三联书店,2013:7.
④ 田范芬. 连词"以及"的历史来源[J]. 古汉语研究,2004,(1).

列的名词性结构中间,便很自然地被赋予连词的功能,其过程即:[VNP$_1$],[[以 e][及 NP$_2$]]>[V][NP$_1$ 以及 NP$_2$]①。

我们赞同田范芬"以及"形成于先秦时期的看法,同时对彭睿关于"以及"语法化的机制阐释也基本赞同。不过,我们认为在"以及"成词时,其中"以"已经完成由介词到连词的转变,即"以及"成词的直接源结构不是"介词'以'+动词'及'",而是"连词'以'+动词'及'"。

与"允及"出现在《墨子》中的语言现象照应,《墨子》中特有一种"自古以及今"的句式:

(2)自古以及今,生民以来者,亦有尝见鬼神之物,闻鬼神之声,则鬼神何谓无乎?(《明鬼下》)

(3)自古以及今,生民以来者,亦尝见命之物,闻命之声者乎?……自古以及今,生民以来者,亦尝有闻命之声,见命之体者乎?(《非命中》)

田范芬将上述例子看作是"以及"与介词"自"搭配,认为"自……以及"是一种有关联作用的介词搭配,"以及""兼具介词与连词的特点,仍处于虚化的过程中"②。这两例"以及"不是介词也不是连词,"以""及"独立性还比较明显,其中"以"为连词,"及"动词性虽已相当弱化,但与前面的"自"搭配,"及"仍然是"延及"义。

"自古以及今"结构同后面的"生民以来",其原始结构当是"(介词+)名词+以+动词(+名词)",即"自古"是介宾结构作状语,"自"引介"及"的起点,连词"以"起到连接作用,给"及今"连接一个表示起点的语义成分来作修饰。

《墨子》3 例"自古以及今",为先秦汉语中特有,不见于其他典籍。与该结构相应的有"自古及今",《墨子》中有 5 例,也见于其他典籍:

(4)今王公大人将焉取挟震威强哉?倾者民之死也!民,生为甚

---

① 彭睿.构式语法化的机制和后果——以"从而"、"以及"和"极其"的演变为例[J].汉语学报,2007,(3).
② 田范芬.连词"以及"的历史来源[J].古汉语研究,2004,(1).

欲,死为甚憎,所欲不得,而所憎屡至,<u>自古及今</u>,未有尝能有以此王天下、正诸侯者也。(《尚贤中》)

(5) 夫挈太山而越河济,可谓毕劫有力矣,<u>自古及今</u>,未有能行之者也。(《兼爱中》)

(6) 且故兴天下之利,除天下之害,令国家百姓之不治也,<u>自古及今</u>,未尝之有也。(《节葬下》)

(7) <u>自古及今</u>,未尝不有此也。(《天志中》)

(8) 何以知其兼而食之也?<u>自古及今</u>,无有远灵孤夷之国,皆犓豢其牛羊犬彘,絜为粢盛酒醴,以敬祭祀上帝山川鬼神,以此知兼而食之也。(《天志下》)

(9) 故无常安之国,无宜治之民,得贤者安存,失贤者危亡,<u>自古及今</u>,未有不然者也。(《大戴礼记·保傅》)

"自古及今"在《墨子》中见用数量较多,较少见于《墨子》同时代典籍。与"自古以及今"相比,"自古及今"中省略掉了连接介宾结构"自古"与谓语"及"的连词"以"。

"自古及今"中,"及"表示时间概念的"延及""延续至",这一概念的动词义更弱化,因此,对其中"及"的性质,一般有两种看法,一是看作动词,一是看作介词①。其实两者皆有道理,因为"及"动词义确实弱化了,而动词义弱化正是动词虚化为介词的特征。不论哪种看法,回到"自古以及今"中,"以"均是连词,"及"看作动词,则"以"连接介宾结构状语和谓语"及今";"及"看作介词,则"以"连接"表示起讫的两个介词结构"。

"以及"原先所处的句式是"VNP$_1$ 以及 NP$_2$",如:

(10) 忘其身,以及其亲,非祸与?(《论语·颜渊》)

当语义不再表示某个具体动作行为的延及,即前面的 V 消失,而替以

---

① 杨伯峻、何乐士认为"及"是动词,见杨伯峻,何乐士. 古汉语语法及其发展(修订本)[M]. 北京:语文出版社,2012:457;徐萧斧认为"先秦文献中所见'以及'是一个词组,'以'犹'而','及'犹'至'也",所举例子即包括这一类,见徐萧斧. 古汉语中的"与"和"及"[J]. 中国语文,1981,(5);韩峥嵘认为是"介词","以"连接"表示起讫的两个介词结构",见韩峥嵘. 古汉语虚词手册[M]. 长春:吉林人民出版社,1984:483.

介词"自"时,"以及"所处的句式变为"Prep+NP$_1$ 以及 NP$_2$",此时"及"前面没有承接的动词,相应的"及"的动词性也弱化了,主要表达时间等抽象概念的延续范围。与"自古以及今"表达时间概念相应的,在《墨子》时期"自 NP$_1$ 以及 NP$_2$"还用于表达年龄、位次等抽象概念,如:

(11) 以岁时登其夫家之众寡,辨其可任者。国中<u>自七尺以及六十</u>,野<u>自六尺以及六十有五</u>,皆征之。(《周礼·地官司徒》)

(12) 今将先明而后祖,<u>自玄王以及主癸</u>莫如汤,<u>自稷以及王季</u>莫如文、武,商、周之蒸也,未尝跻汤与文、武,为不逾也。(《国语·鲁语上》)

例(11)译为:"都城之内,从 20 岁到 60 岁的人,都城外郊野从 15 岁到 65 岁的人,都要服公事徭役。"①"自 NP$_1$ 以及 NP$_2$"中 NP 不再是承受某一动作行为的具体名词对象,而是数量词,贾公彦《疏》:"七尺"谓"年二十","六尺"谓"年十五"。例(12)"自玄王以及主癸""自稷以及王季"表示从玄王(商始祖契)到主癸(商汤之父)之间的历代商王、从稷(周始祖后稷)到王季(周文王之父)的历代周王。这两例都表示范围的起讫,这些用法上"及"的词义更弱,由于音节节奏的缘故,与前面的连词"以"自然结合在一起,"以"之所以能与"及"结合,还有一个原因,就是它的功能性并不很显著,由不用"以"的"自古及今"的常见可知,"以"是一个可有可无的角色。由于"以及"后面还带有其他成分,当"以及"进一步凝固,它所处的位置使其虚化为一个连词。"自 NP$_1$ 以及 NP$_2$"中"以及"不能看作连词,是因为前面有介词"自"的缘故,当前面没有介词的时候,"NP$_1$ 以及 NP$_2$"单独出现,则"以及"就成为了一个连词。

(13) <u>公妾以及士妾</u>为其父母。(《仪礼·丧服》)

(14) 管仲又请赏于<u>国以及诸侯</u>,君曰:"诺,行之。"管仲赏于国中,君赏于诸侯。(《管子·大匡》)

---

① 徐正英,常佩雨.周礼[M].北京:中华书局,2014:252.

例(13)"公妾以及士妾"中"以及"前没有别的动词,"及"不具有承接的动词义,且前面也没有介词,这里"以及"就成为连词,连接两个并列成分作主语。例(14)前后对照,可知"及"在句中也没有"延及"义了,"以及"连接两个并列成分作宾语。《仪礼》时代当与《墨子》时代相近,例(13)"以及"可视为并列连词,而《墨子》中"自古以及今"例尽管"以及"未成词,但其中"以"为连词,"及"前后为时间名词,表达时间范围的起讫,此用法表明"以及"正处于趋向凝固的过渡阶段。同时,《墨子》"允及"为并列连词,可补正"以及"在战国早中期已有成熟连词的用法。

"以及"来源于"连词'以'+动词'及'",当"及"不再表示承接某个动词义时,尤其表现在前后为时间或范围概念时,"及"的动词义逐渐丧失,同时连词"以"因其句法地位的不必要性而有"羡余"之嫌,在汉语双音节节律的促动下,"以"与"及"凝固,在前后两个成分之间担任连词的作用,这与"以"本身的功能有关。"以及"表示并列关系时,仍有其特殊性,即"以及"连接的两个并列成分,一般隐含一定的等级差别,即其后成分略次于前一成分,这则是"及"的动词本义在成词的连词"以及"中的语义"滞留"。《墨子》1例"允及"可为《仪礼》1例作并列连词用的"以及"提供旁证,这是"以及"用为并列连词较早的用例。

第二节 特殊选择连词

向熹《简明汉语史》谈到上古汉语中的选择连词,认为"周代产生的选择连词有'若、如、及、抑、意、意亦、且、将、乃、其、其诸、忘其、亡其、妄其、亡将、宁、宁其'等。其中'若、如、及'用于叙述的选择,'将、其、其诸、且、乃、亡其、妄其、忘其、亡将、抑、意、意亦、宁、宁其'表示疑问的选择"[①]。《墨子》3例"意亦"均表假设;无"亡其、妄其、忘其、亡将"系列用法;"抑"共4见,其中3见为动词,如《墨子·尚贤中》"故古者圣王甚尊尚贤而任使能,不党父兄,不偏贵富,不嬖颜色,贤者举而上之,富而贵之,以为官长;不肖者抑而废之,贫而贱之,以为徒役"中"抑"与"举"对举,仅1见"抑"为连词,但为假设连词。

---

① 向熹.简明汉语史(下)[M].北京:商务印书馆,2010:182.

《简明汉语史》所列选择连词,《墨子》中有"其""意",另外《墨子》独有"意亡",不见于其他典籍,《简明汉语史》选择连词列表中不见,当为一失。

一、"意亡"词法

《墨子》中共有3例"意亡",均出现在选择问句中,是双音选择连词。

(1) 今天下之所誉善者,其说将何哉?为其上中天之利,而中中鬼之利,而下中人之利,故誉之与?意亡非为其上中天之利,而中中鬼之利,而下中人之利,故誉之与?虽使下愚之人,必曰:"将为其上中天之利,而中中鬼之利,而下中人之利,故誉之。"(《非攻下》)

(2) 夫有命者,不志昔也三代之圣善人与?意亡昔三代之暴不肖人也?(《非命中》)

(3) 然今夫有命者,不识昔也三代之圣善人与?意亡昔者三代之暴不肖人与?若以说观之,则必非昔三代圣善人也,必暴不肖人也。(《非命下》)

《汉语大词典》有"意亡"词条,释为"抑或,还是",所举例子即《墨子·非攻下》例(1),此为《墨子》特有选择连词。例(1)"意亡"句下,孙诒让《墨子间诂》引王引之云:"意与抑同,亡与无同,皆词也。"①

杨树达《高等国文法》选择连词举出的有"若、如、抑、意、其、且、将、亡、亡其、妄其、忘其"②,各词下均有相应例句,唯独"亡"没有例句,仅有"亡其、妄其、忘其"用例,用同选择连词"其"。《汉语大词典》以及《王力古汉语字典》"无/亡"词条均无作选择连词的用法。我们推测"亡其、妄其、忘其"等选择连词当是在"其"前面加"亡/妄/忘"而成,"亡/妄/忘"均读"无",为语助词,附着于"其"前,构成双音连词,功能同"其"。与此相似,《墨子》中"意亡"当是语助词"亡"附着于选择连词"意"之后构成的双音连词,这种办法形成的双音词,《墨子》中典型的还有"唯毋/无"。

谢德三《墨子虚词用法诠释》释"亡"有"关系词"的用法,"与'意'连用成

---

① 孙诒让,孙启治. 墨子间诂[M]. 北京:中华书局,2001:140.
② 杨树达. 高等国文法[M]. 上海:上海古籍出版社,2013:397-402.

词'意亡',其作用同'抑''且'等字,用于抉择问句之第二小句上,如口语之'还是'"①,所举例子即为上述 3 例"意亡"。其所谓"关系词"用法,即连词用法,显然并非"亡"为连词,而是"亡"附着于选择连词"意",构成双音连词,"亡"为语助词附着于单音连词"意",其作用是增加音节,使得单音节连词变为双音节词语。

二、"意"通"抑"

王引之说,"抑,词之转也",又说"'意'并与'抑'同"②。多有将"意"看作通"抑"之用的。《汉语大词典》"意"有义项为:"通'抑'。或者。"引例为《墨子·明鬼下》:"岂女为之与?意鲍为之与?"该句完整引为例(4),另有两例为《庄子》《说苑》例,即例(5)、(6):

(4) 岂女为之与?意鲍为之与?观辜曰:"鲍幼弱,在荷繈之中,鲍何与识焉?官臣观辜特为之。"(《墨子·明鬼下》)

(5) 知不足邪?意知而力不能行邪?(《庄子·盗跖》)

(6) 不识世无明君乎?意先生之道固不通乎?(《说苑·善说》)

《通假字汇释》"意"(之部影母)通"抑"(质部影母),列其两个义项,第一个义项是"句首语助词",举例为例(1):"意亡非为其上中天之利,而中中鬼之利,而下中人之利,故誉之与?"(《墨子·非攻下》)第二个义项为"表选择的连词,相当于'或者''还是'",共举 5 例,其中 2 例引自《墨子》,为例(2)与例(4),其余 3 例为例(5)、(6),另有 1 例即③:

(7) 夫子至于是邦也,必闻其政,求之与?抑与之与?(《论语·学而》)按:抑,汉石经《论语》残碑作"意"。

《通假字汇释》所谓"意"通"抑"上述两个义项,其实只有一个用法,那就是选择连词,其所以将《墨子》例看作"句首语助词",是因为"断章取义",未

---

① 谢德三. 墨子虚词用法诠释[M]. 台北:学海出版社,1982:9.
② 王引之. 经传释词(黄侃、杨树达批本)[M]. 长沙:岳麓书社,1982:67.
③ 冯其庸,邓安生. 通假字汇释[M]. 北京:北京大学出版社,2006:613.

顾及前文，"意亡"乃是位于选择问句中第二选择项句首，只不过这两个选择项本身形式上都比较长，实际上这一例"意亡"与例（2）用法完全一样。可见，《通假字汇释》中并未从"意"的用法中区分出"意亡"的特殊性来。

来看其"意"为选择连词的引例，值得注意的是，例（7）《论语》例，用的是本字"抑"，只是汉石碑上用了"意"，这一例或可以说明，"意"通"抑"的用法是较晚出现的，如例（5）（6）均为战国后期及西汉用例。较早期典籍中，用"抑"不见用"意"，如《礼记》《论语》《左传》等，杨树达《高等国文法》选择连词"抑意"条，所举诸例中，用"意"的引例较早的是《大戴礼记》例及《墨子》例，其余则如《荀子》《汉书》《说苑》等例均晚至战国后期及西汉。胡敕瑞论证了"上古汉语选择问标记均源于相关的意愿义词语"，"'意'具有'料度''悬拟'义，与愿词'宁'以及具有意愿语义特征的'将''且''其'一脉相承，所以都发展有选择标记的用法"，进而说明"'抑'是'意'的假借字"①。从"抑""意"使用的时代先后来看，说"意"是本字，似乎不通。

《大戴礼记》与《墨子》均为战国中期代表性典籍。据杨树达《高等国文法》引例，《大戴礼记》兼有"抑"与"意"的用法，分别为"请问：黄帝人邪？抑非人邪？"（《五帝德》）"黄帝颛顼之道存乎？意亦忽不得见与？"（《武王践阼》）②。《墨子》中则多用"意"，而无"抑"作选择连词，不过在用作假设连词的用法上，两者同现，为通假提供了证据，见：

（8）子观越王之志何若？意越王将听吾言，用我道，则翟将往，量腹而食，度身而衣，自比于群臣，奚能以封为哉？抑越不听吾言，不用吾道，而吾往焉，则是我以义粜也。钧之粜，亦于中国耳，何必于越哉？（《鲁问》）

这一段译为："你看越王的意思怎么样？如果越王会听我的话，采用我的学说，那么我就准备去，吃饭能饱肚子就行，穿衣能可身就行。把自己看得和群臣一样，怎么能因为有封地才去呢！如果越王不听我的话，不采用我的学说，而我却去了，那么我是拿义来出卖了。同样都是出卖，我就在中原

---

① 胡敕瑞. 将然、选择与意愿——上古汉语将来时与选择问标记的来源[J]. 古汉语研究，2016，(2).
② 杨树达. 高等国文法[M]. 上海：上海古籍出版社，2013：398-399.

出卖罢了,何必到越国去呢!"①这是从正反两面陈述打算的表达,前提是一种假设,"意"与"抑"都是表假设的连词,两个假设句中,"意""抑"分别与后面的"则"照应,前用"意"后用"抑"。《汉语大词典》"抑"有"连词,如果,表示假设"的义项,《通假字汇释》"意"通"抑"义项不全,当补其他用法,如假设连词用法。

《墨子》中"抑"共4见,其中3见为"抑制"义动词,1见于《亲士》"于其国抑而大丑(在他们的国家遭受压抑与耻辱)",2见于《尚贤中》"不肖者抑而废之(没有才能的人抑制并免去职位)",仅有1例用为虚词,即上例假设连词,谢德三《墨子虚词用法诠释》失收"抑",忽略了此例"抑"可证"意"与其相通的重要性。

由此,我们认为《汉语大词典》"意"通"抑"最早引例为《墨子》中用例,当是可信的,即"意"通"抑"始于《墨子》时代,《墨子》中不仅"意""抑"作为假设连词同现于一个语段,而且"意"作选择连词的用法在《墨子》中颇为典型,有多个用例。

三、其他选择连词

"意亡"是《墨子》中特有的双音选择连词,其用法仅3例,均用于典型的选择复句中,位于第二选择小句句首。此外,《墨子》中选择连词主要是单音词"意"与"其"。

(一) 意

"意"作选择连词,在《墨子》中独立使用的共有5例:

(9) 吾不识孝子之为亲度者,亦欲人爱利其亲与?意欲人之恶贼其亲与?以说观之,即欲人之爱利其亲也。(《兼爱下》)

(10) 然即吾恶先从事即得此?若我先从事乎爱利人之亲,然后人报我爱利吾亲乎?意我先从事乎恶人之亲,然后人报我以爱利吾亲乎?即必吾先从事乎爱利人之亲,然后人报我以爱利吾亲也。(《兼爱下》)

(11) 然即之交孝子者,果不得已乎?毋先从事爱利人之亲者与?

---

① 谭家健,孙中原.墨子今注今译[M].北京:商务印书馆,2009:412.

意以天下之孝子为遇(愚)而不足以为正乎？姑尝本原之。(《兼爱下》)

(12)"岂女为之与？意鲍为之与？"观辜曰："鲍幼弱，在荷褓之中，鲍何与识焉？官臣观辜特为之。"(《明鬼下》)

(13)子墨子曰："子之义将匿邪？意将以告人乎？"巫马子曰："我何故匿我义？吾将以告人。"(《耕柱》)

5例"意"，除例(10)外，其余均是位于选择复句第二分句句首，连接两个选择项，或处于设问语段中，或处于问答语境中，后文一般有明确的回应，选择其中某一项，仅例(11)用"姑尝本原之"表示对这一选择进行探究，未直接得出选择结果。

例(10)较为特殊，前后两个选择项都是承接复句，"然后"为复指代词"然"与时间名词"后"的组合，起到承前接后的作用，表示两个事件先后顺序关系，第二选择项"我先从事乎恶人之亲，然后人报我以爱利吾亲乎"中"先"与"后"前后照应，时间承接关系更为明显。第一选择项"若我先从事乎爱利人之亲，然后人报我爱利吾亲乎"，谭家健译为："假若我先从事于爱利别人的双亲，然后别人报我以爱我的双亲呢？"将"若"译为"假若"①，语义上与"然后"不连贯，这个"若"不当是"假设连词"，其作用当与"意"相似，连接选择问句中的选择项，只是"意"位于第二选择项句首，而"若"位于第一选择项句首。其作用相当于现代汉语用于选择问句中的连词"是……还是……"之"是"。

"若"位于小句句首作连词，其常见用法是表示假设，故将例(10)中的"若"理解为"假如"类假设连词的，还有李渔叔译为："如果我们先从事爱利人家的双亲，然后人家也以爱利我的双亲来答报呢？还是我先憎害人家的双亲，然后人家才以爱利我的双亲来答报呢？"②梅季、林金保译为："若是我先做爱护、有利于别人双亲的事，然后别人会以爱护、有利我的双亲来报答我呢，还是我先做憎恶别人双亲的事，然后别人会以爱护、有利我的双亲来报答我呢？"③这些译注均是将"若"解为假设连词，不过也有不少人注意到该"若"并非假设连词，体现在译文中没有将其直译为"假如、如果"等，如施

---

① 谭家健,孙中原.墨子今注今译[M].北京：商务印书馆,2009：100.
② 李渔叔.墨子今注今译[M].台北：台湾商务印书馆股份有限公司,1974：127.
③ 梅季,林金保.墨子[M]//许嘉璐.诸子集成(文白对照).广州：广东教育出版社,2006：805.

明译为:"是我先去爱护和有利于别人的父母,然后别人再用爱护和有利于我的父母来报答我呢? 还是我先去憎恨和残害别人的父母,然后别人再用爱护和有利于我的父母来报答我呢?"①孙以楷译为:"那么,我先做什么事,才能达到目的呢? 我先从事于爱人利人之双亲,然后人家也报以爱我利我之双亲呢? 还是我先从事于恨人害人之双亲,然后人家也报之以爱我利我之双亲呢?"②可见,上述两种译文或将"若……意……"译为"是……还是……",或干脆就不译"若"。这些处理方式是我们比较赞同的,总之将"若"看作假设连词是不当的。

谢德三《墨子虚词用法诠释》释"若"作为"关系词"的用法,分为两种,一是表示假设关系,二是"表示不定或抉择关系,意犹'或'也,如口语之'或者'",这第二种用法,其所举例子即为例(10)③。这一判断是值得肯定的,不过其并未指出"若"与后面"意"搭配连用的特殊性。

事实上,《墨子》中"若"作选择连词还有位于名词成分之间的用法,"宿鼓在守大门中,莫,令骑若使者、操节闭城者皆以执罋"(《号令》),这一句中,"骑""使者"与"操节闭城者"三者并列,其中"若"是连词,但不是假设连词,姜宝昌《墨守训释》注为"犹或,用为选择连词"④。

诚如现代汉语选择问句中,常用"是……还是……"前后照应,分别连接两个选择项小句,《墨子》中"意"所在选择问句也有相似用法,即例(9)"亦……意……",例(10)"若……意……",其中"亦""若"均为提起选择问句第一选择项小句的连词,与后面的"意"相照应。《古汉语疑问范畴词典》在"抉择询问"中列"亦"条,认为"连词,相当于'还是'",仅举1例,为《朱子语类·论语·雍也》中:"能久不违仁。不知能终不违耶,亦有时而违耶? 颜子若能终不违仁,则又何思勉之有?"⑤这是"亦"位于第二选择项小句句首的用法,并未提到如例(9)这种"亦"位于选择问句中第一小句句首的用法。

上述"亦……意……""若……意……"当看作是选择问句特殊连词框架,前后相照应,其功能与现代汉语"是……还是……"相似。

王海棻《古代抉择询问句式综述》讲到"意",共举6例,其中2例为上文

---

① 墨翟,施明.墨子[M].广州:广州出版社,2004:92.
② 孙以楷,甄长松.墨子全译[M].成都:巴蜀书社,2000:59-60.
③ 谢德三.墨子虚词用法诠释[M].台北:学海出版社,1982:251.
④ 姜宝昌.墨守训释[M].济南:齐鲁书社,2014:275.
⑤ 王海棻.古汉语疑问范畴词典[M].南京:江苏教育出版社,2001:465.

例(5)、(6)《庄子》《说苑》例子,其余4例均为《墨子》中用例①,可见"意"这一用法在《墨子》中颇为突出。《墨子》中"意"是常见词,共有118见,兼有多种用法,除作选择连词外,主要还有名词、动词、副词等用法。

以上选择连词"意"主要用于单重复句之中,例(10)稍复杂,两个选项分别是单重复句。《墨子》中还有从正反两面来阐明问题,在第二方面论述时句首用"意",后跟假设连词"若"引起的反面论述,这样的"意"也可看作选择连词,不过由于正反两面情况各用多个句子表述说明,使得"意"连接前后两项的作用不那么明显,更多表现在黏着于后项句首。又有"意"与"亦"复用为"意亦"表选择关系的用法。这两种情况常出现在假设语境中,容易被看作表假设关系,故在后面论述《墨子》假设连词时展开辨析。

(二) 其

《墨子》中共有2例"其"用作选择连词,如下:

(14) 子墨子谓鲁阳文君曰:"今有一人于此,羊牛牪豢,维(饔)人但(袒)割而和之,食之不可胜食也。见人之作饼,则还然窃之,曰:'舍余食。'不知日月安不足乎? 其有窃疾乎?"鲁阳文君曰:"有窃疾也。"(《耕柱》)

(15) 公孟子戴章甫,搢忽,儒服,而以见子墨子,曰:"君子服然后行乎? 其行然后服乎?"子墨子曰:"行不在服。"(《公孟》)

这两例"其"都是位于选择问句中第二小句句首,前后两个小句均以"乎"为句末语气词,即"……乎? 其……乎?"句式,例(14)下文有明确的选择答语,例(15)则并非简单选择其中一个作为答语。

例(15)选择问句两个选项是"服然后行""行然后服",询问"服"与"行"孰先孰后,先为主,后为次,所谓"然后"的先后关系,实际隐含着说话人认为两者中一方决定另一方的预设。墨子的回答是"行不在服",即"行事并不在于服饰",行事是否有成效与服饰的繁简没有必然联系,正如墨子后面举了

---

① 王海棻.古代抉择询问句式综述[M]//南开大学中国语言文学系古代汉语教研室.纪念马汉麟先生学术论文集.天津:南开大学出版社,1998:76-129.

4位君主的例子,他们的服饰或繁或简,截然不同,但治理国家都治理得很好,得出结论为:"此四君者,其服不同,其行犹一也。翟以是知行之不在服也。"答语否定了选择问句中两个选项蕴含的预设。

例(14)"日月"孙诒让按:"疑'耳目'之误,言其见物而贪也。"①吴毓江引曹耀湘改"日月"为"甘肥",并按:"曹笺近是",引用《孟子·梁惠王上》"为肥甘不足于口与"、《韩非子·外储说右上》"寡人甘肥周于堂"为证②。谭家健从曹说"甘肥",译为"美味食品"③。我们赞同"日月"当为"甘肥",与后面的"窃"作为选择问句中的两个选择项,都是紧承前文所言,前一个选择项当紧扣上文"羊牛犓豢,维(饔)人但(袒)割而和之,食之不可胜食也"这一事实而发问,"安不足乎"实际上是一个反问句,与前面所言"羊牛"等"食之不可胜食"的事实相反。这是一个特殊的选择问句。

一般来说,选择问句中的两个选择项都是可能的答案,但例(14)第一个选项"日月(甘肥)安不足"却是反问句,语义上已经对其加以否定,即它不可能再成为答案,将其作为选择问句的一个选项,显然是要引导得出答案为第二个选项,即"有窃疾"。可见,作为墨子阐发学说而使用的选择问句,有其特殊性,即并非真正的有疑而询问,实际上也是无疑而问,意在引导对方得出其所指向的答案。句中"安",仍然是疑问代词,"怎么"。这个选择问句从发问者角度而言,实际上是一种引导对方自己说出"有窃疾"这一回答的表达技巧,明明是无疑而问,却使用选择问句的方式,更冠以"不知"之语,可谓丝毫不露痕迹,足见其表达技巧之高。充分认识到墨子的表达技巧及其表达目的,就不会对"安"的用法产生疑问。

《墨子间诂》引戴云"'安'字语词,无实义"④,谭家健也给"安"出注,释为"语助词"⑤,将"安"看作语助词,很可能是因为疑问代词"安"表反问,与选择问句中的地位似乎是矛盾的。将"安"看作语助词,《墨子今注今译》译为:"不知是他的美味食品还不够多呢?还是有偷窃病?"⑥"安"作疑问代

---

① 孙诒让,孙启治. 墨子间诂[M]. 北京:中华书局,2001:436.
② 吴毓江,孙启治. 墨子校注[M]. 北京:中华书局,2006:667.
③ 谭家健,孙中原. 墨子今注今译[M]. 北京:商务印书馆,2009:379;该书第374页给"日月"注释"曹辉湘认为应为'甘肥'",错将"曹耀湘"误作"曹辉湘"。
④ 孙诒让,孙启治. 墨子间诂[M]. 北京:中华书局,2001:436.
⑤ 谭家健,孙中原. 墨子今注今译[M]. 北京:商务印书馆,2009:374.
⑥ 谭家健,孙中原. 墨子今注今译[M]. 北京:商务印书馆,2009:379.

词,译为:"不知是他的美味食物怎么还不够呢,还是有偷窃毛病呢?"文意仍旧通顺,并无必要将"安"看作"语助词"。

(三)"或、与"非选择连词

孙卓彩、刘书玉著《墨子词汇研究》简单列出了《墨子》中表示选择关系的连词,有"或、其、意、意亡、与",其中"或""与"的引例如例(16)(17)①,这两例是否是选择连词值得斟酌。

(16) 辩也者,<u>或</u>谓之是,<u>或</u>谓之非。(《经说下》)
(17) 我将上大行,驾骥<u>与</u>羊,子将谁敺(驱)?(《耕柱》)

这两例中的"或""与"均不能确定为选择连词,这与"或"的语法化、"与"表析取并列关系的用法相关。

1. "或"仍具有指代性,非纯粹连词

谢德三《墨子虚词用法诠释》释"或"作"指称词"有一类用法是"分称",即"于总和中之一部分,分别述说,如口语之'有的'。其句法为'……或……或……'"。又释"或"有"关系词"用法:"'或'作关系词用,表示交替关系,其意如口语之'或者……或者……',而有些类似前述指称词之'分称'用法。然'分称'系说明人、事或物总和与部分之关系,句法为'或甲或乙或丙……',而'交替'系只说明甲乙之间的关系,句法为'甲或乙',故二者用法仍不同。"②其所举例子包括例(18):

(18) 辩,或谓之牛,(或)谓之非牛,是争彼也。(《经说上》)

这一例,原文缺第二个"或",《墨子间诂》"疑当作'辩者,或谓之牛,或谓之非牛'"③。谢著引例采《墨子间诂》校改,增加第二个"或",并认为句中"或……或"为连词。该例与例(16)句法是相似的,其中"或"用法相同。《墨子今注今译》将例(18)"或"注释为"有人",整句译为:"有人说:'这是牛。'有

---

① 孙卓彩,刘书玉.墨子词汇研究[M].北京:中国社会科学出版社,2008:223.
② 谢德三.墨子虚词用法诠释[M].台北:学海出版社,1982:206.
③ 孙诒让,孙启治.墨子间诂[M].北京:中华书局,2001:346.

人说:'这不是牛。'这就是争论一对矛盾命题的是非。"①例(16)译为:"凡是辩论,一定是关于某件事情的某种属性,甲说'是',乙说'非'(不是)。"②显然,这两例中,"或"均具有指称性,作为"谓"的主语。

上述谢著中对"或"作"分称"指称词与连词两种用法的辨别还是相当模糊的,其认为"'分称'系说明人、事或物总和与部分之关系,句法为'或甲或乙或丙……'",并不确当,用于分称,也有"或甲或乙",这就与其所谓连词"或"表示"交替关系"相混淆了。我们认为,"或"确实具有这两种用法,且连词用法正是由表示"分称"的指称用法进一步语法化而来,区别两者最关键的是看是否具有指称性。《墨子虚词用法诠释》在"或"为连词用法下所举例子,如例(18),共 5 例,均具有一定的指代性,或为"有人",或为"有时",如《大取》篇"二子事亲,或遇孰,或遇凶,其亲也相若"中"或"指代不定时间,均非纯粹的连词。

孙良明《古代汉语语法变化研究》讲"选择句的变化"时,提到"东汉时代正是'或……或'由代词到连词的发展形成时期"③。姚尧《"或"和"或者"的语法化》一文认为"或"的意义"长时间处于代词/副词、代词/连词的重合阶段,大量的用例都可作两解",文中指出上古汉语中"或"的用例中,"'或'无论充当什么成分,绝大多数置于谓词性成分之前。中古汉语时期,'或'却经常出现在名词性成分之前,且与名词性成分并不构成名词性谓语句",如《齐民要术·种梨》"杜树大者插五枝,小者或三或二"、《诸病源候总论·变蒸候》"或早或晚",这两例"或"的"代词的功能已经很弱,而表示在几个并列成分中择其一的连词的语义和句法功能已经具备";同时指出"单独使用的、连接两个选择项的'或'较早的用例是在口语性较强的《齐民要术》中",如《种瓜》"于芥子酱中或美豆酱中藏之"、《种李》"正月一日或十五日",这两例中"'或'起的是连接前后项的作用,表示两种情况非此即彼,找不出指代对象,代词意义完全消失了"④。由此可见,真正确定的选择连词"或"成熟于中古汉语中,而上古汉语中的"或"虽然有些用法看似与选择连词相近,但仍具有指代性,《墨子》中例(16)(18)指代性还比较明确,不宜

---

① 谭家健,孙中原.墨子今注今译[M].北京:商务印书馆,2009:266-267.
② 谭家健,孙中原.墨子今注今译[M].北京:商务印书馆,2009:310.
③ 孙良明.古代汉语语法变化研究[M].北京:语文出版社,1994:169.
④ 姚尧."或"和"或者"的语法化[J].语言研究,2012,(1).

看作选择连词。

2. "与"为析取类并列连词,非选择连词

孙诒让《墨子间诂》引王念孙"羊不可与马并驾,'羊'当为'牛'"[1],王校广为学界认可,多有古籍校勘整理著作引用此例,如刘琳、吴洪泽著《古籍整理学》讲到"以事理校勘"首举该例,并说"羊不可与马并驾,这就是事理"[2]。吴毓江《墨子校注》按:"'羊'字不必改。此假设之辞,若必徵实,则骥与牛亦不宜并驾,不独羊与马为然也。《战国策·魏策》曰:'王独不见夫服牛骖骥乎?不可以行百步。'可为牛、骥不宜并驾之证。"[3]王焕镳《墨子集诂》按:"文以'骥'之壮健喻贤能,以'羊'之羸驽喻疲劣。若改为'牛'字,则失其义矣;况古固有羊车乎!"[4]我们认为吴著《墨子校注》所言合理,此处假设之用,未必切事理而言,羊也好,牛也罢,总之此处义指一种驱动速度或力量不如骏马的牲口。或如王著《墨子集诂》所言,"羊"之羸弱与"骥"之壮健更易形成对比,且牛比之马,唯速度不如,牛之拉力亦不弱。

将例(17)"与"看作选择连词,是将其解作"或,或者",这是根据语意将"驾骥与羊"理解为驾车的可以是骏马,可以是羊,二者选其一。方勇译为"用马或羊驾车,你将要哪一种驱车啊"[5],将"与"译为"或",则看似是选择连词。李小龙译为:"驾车的有良马和羊,我应该驾驭哪一个呢?"[6]将"与"译为"和"的,则当为并列连词。王念孙校"驾骥与羊"中"羊"为"牛",其论据是"羊不可与马并驾",吴毓江已指出"骥与牛亦不宜并驾,不独羊与马为然",王焕镳进一步指出:"谓将于二者之中择一以驾车,非使马与羊并驾也。"[7]其实,就"与"本身而言,它并非选择连词,它是并列连词连接两个选项,即:"A 与 B,你选择哪一个?"例(17)这一句中没有选择连词。

这里"驾"用的是本义,指"把车套在马等牲口身上",意味着由马等牲口

---

[1] 孙诒让,孙启治.墨子间诂[M].北京:中华书局,2001:421.《墨子今注今译》注"羊"为"王引之认为应为'牛'",盖将王念孙误作王引之,参见谭家健,孙中原.墨子今注今译[M].北京:商务印书馆,2009:372.
[2] 刘琳.吴洪泽.古籍整理学[M].成都:四川大学出版社,2003:58.
[3] 吴毓江,孙启治.墨子校注[M].北京:中华书局,2006:674.
[4] 王焕镳.墨子集诂[M].上海:上海古籍出版社,2005:991.
[5] 方勇.墨子[M].北京:中华书局,2011:394.
[6] 李小龙.墨子[M].北京:中华书局,2011:136.
[7] 王焕镳.墨子集诂[M].上海:上海古籍出版社,2005:991.

来拉车,而不是"乘、骑"义①。"毆(驱)"也不是一般理解的"驾车"义,而是"鞭马前进"义,引申为泛指"鞭策牲口使之前进"义。《墨子今注今译》译为:"我准备上太行山,驾车的有骏马和牛,你愿意鞭策哪种?"②这一种译文当是较为契合文意的。

回到此句所在的文段:"子墨子怒耕柱子,耕柱子曰:'我毋俞(愈)于人乎?'"耕柱子以为老师是因为他不如其他人而责备他,墨子做了一个"驱驾"的假设,一步步导出他之所以责备耕柱子的原因所在。"耕柱子曰:'将驱骥也。'子墨子曰:'何故驱骥也?'耕柱子曰:'骥足以责。'子墨子曰:'我亦以子为足以责。'"耕柱子所答的"骥足以责"中"责"并非"担负重任"之义,而是"要求、期望"义,在语境中指骏马足以被期望,有此潜力。诸多今译将"足以责"译为"足以担负重任""足以承担责任"或"可以担负起驾车上山的责任"③,但是如《汉语大词典》"责"词条所列各义项,其中并没有"担负重任"义。《墨子间诂》引苏时学云"言任驱策也"④,即驱赶、鞭策马,它是可以跑得更快、更有力的,但是羊或牛,其特性是任你如何驱赶鞭策,它还是走那么慢,是没有指望的。墨子说"我亦以子为足以责",以"骥"来类况耕柱子,正如苏时学所说"亦责备贤者之意"⑤,"责备"如《汉语大词典》第一义项所说,"以尽善尽美要求人",引《新唐书·太宗纪赞》"然《春秋》之法,常责备于贤者",正能说明此处墨子对其学生耕柱子的"怒"。

故《墨子》中"驾骥与羊"之"与"为并列连词,而非选择连词,《墨子词汇研究》将其断为选择连词,盖受语义上确实处于选择语境的影响。

关于"与"为选择连词的用法,杨树达《高等国文法》、向熹《简明汉语史》、姚振武《上古汉语语法史》等著作中均未列,唯杨伯峻、何乐士《古汉语语法及其发展》在"选择连词"类中列有"与",且举3例⑥,如下:

---

① 《楚辞语言词典》"驾"词条,第一个义项即"乘、骑",举的例子就是《墨子·耕柱》"驾骥与羊(牛)"例,该例"驾"释义不确。见赵逵夫.楚辞语言典[M].上海:上海辞书出版社,2013:215.
② 谭家健,孙中原.墨子今注今译[M].北京:商务印书馆,2009:375.
③ 分别见谭家健,孙中原.墨子今注今译[M].北京:商务印书馆,2009:375;方勇.墨子[M].北京:中华书局,2011:395;李小龙.墨子[M].北京:中华书局,2011:136.
④ 孙诒让,孙启治.墨子间诂[M].北京:中华书局,2001:421.
⑤ 孙诒让,孙启治.墨子间诂[M].北京:中华书局,2001:422.
⑥ 杨伯峻,何乐士.古汉语语法及其发展(修订本)[M].北京:语文出版社,2012:467.

(19) 三十年春,晋人侵郑,以观其可攻与否。(《左传·僖公三十年》)

(20) 臣不知其思与不思。(《战国策·秦策二》)

(21) 古者国君诸侯之闻见善与不善也,皆驰驱以告天子。(《墨子·尚同中》)

观察这3例"与","与"连接的两项都是"A"与"不A",即正反语义项,将"与"看作选择连词,大概是因为"A"与"不 A"两者语义相反,不能同时并存,即似乎隐含着"选择"的意味。这种"与"的功能也当是并列连词,而非选择连词。以例(21)为例,"善与不善"都是"闻见"的宾语,后面用了范围副词"皆",即包含了前面所说的"善"和"不善"两个方面,因此,该"与"当为联合两个并列项的并列连词,而非表示在两项之间选择。《墨子·尚同上》篇有相似的表达,即:

(22) 闻善而不善,皆以告其上。(《尚同上》)

《古汉语语法及其发展》在讲"并列连词"时,列出了"而",并引用了例(22)"善与不善",释为"指好的和不好的,'善'与'不善'在这里指事或人,形容词活用作名词"①。上古汉语中谓词性成分可以作宾语,发生指称化句法转变,如前面3例均如此。其实这一句"善而不善"与前例"善与不善"是一样的,"而"用同"与",两者都是并列连词。《古汉语语法及其发展》一作并列连词一作选择连词,处理有不统一之处。

这种"与"连接"A"与"不 A"项的用法,一般语法著作中也都是将其看作并列连词用法。如《简明汉语史》《上古汉语语法史》讲并列连词"与"时,所举例子中分别有如下两例:

(23) 传曰:"天下有二:非察是,是察非。"谓合王制与不合王制也。(《荀子·解蔽》)

(24) 知可以战与不可以战者胜。(《孙子兵法·谋攻》)②

---

① 杨伯峻,何乐士. 古汉语语法及其发展(修订本)[M]. 北京:语文出版社,2012:459。
② 分别见向熹. 简明汉语史(修订本)[M]. 北京:商务印书馆,2010:180;姚振武. 上古汉语语法史[M]. 上海:上海古籍出版社,2015:315。

石毓智《语法的概念基础》提到并列结构所表达的基本逻辑关系有合取和析取两类,"上古汉语连接名词性成分的合取连词为'与',它可以连接名词或者名词性词组,但不能连接谓词性成分或者句子","'与'用作析取连词时,可以连接谓词性的成分",并指出此时"'与'连接谓词性成分也是很受限制的,所连接的项多为肯定式和否定式对举",其所举例子即有例(19)"观其可攻与否"、例(20)"不知其思与不思"①。并列式确实包括石著所言合取与析取两类,不当将析取用法的"与"看作选择连词。

第三节 特殊假设连词

《墨子》中假设连词非常丰富,据孙卓彩、刘书玉罗列,共有以下"表示假设关系"的连词:常使(犹"倘使")、当(犹"倘")、当使、而、苟、故、或、即、籍而、籍设、藉、今、今若、其、且、如、若、若苟、若使、尚、使、为(wéi)、抑、意、意若、意亦、则②。其中有一些是否为假设连词,还值得讨论。我们将以《墨子》特有的一些假设连词,尤其是双音连词为主要考察对象,进行细致研究,并对一些"疑似假设连词"作出辨析。

一、若苟③

"若苟"是《墨子》中一个显著的双音连词,在上古典籍中,"若苟"零星见于部分典籍,但在《墨子》中见用数量却相当多,多达20例,可以说是具有《墨子》特色的一个双音连词。

(一)《左传》"若苟"同义连用

《墨子》之外,先秦主要典籍中,"若苟"用例见于《周礼》2例,《左传》2例,另有《晏子春秋》1例。《汉语大词典》有"若苟"词条,释为"假如,如果",所举2例分别引自《左传》《墨子》,如下:

---

① 石毓智.语法的概念基础[M].上海:上海外语教育出版社,2006:124.
② 孙卓彩,刘书玉.墨子词汇研究[M].北京:中国社会科学出版社,2008:224-227.
③ 本部分内容修改稿已发表,见张萍.《墨子》篇章衔接连词"若苟"用法探究[J].当代修辞学,2017,(4).

(1) 若苟有以藉口而复于寡君,君之惠也,敢不唯命是听?(《左传·成公二年》)

(2) 若苟贤者不至乎王公大人之侧,则此不肖者在左右也。(《墨子·尚贤中》)

例(1)《左传·成公二年》"若苟"例,杨伯峻《春秋左传注》注:"若苟,同义词连用,俱表假设。昭四年《传》'君若苟无四方之虞',与此同。"①《左传》还有1例即:

(3) 椒举致命曰:"寡君使举曰:日君有惠,赐盟于宋,曰:'晋、楚之从交相见也。'以岁之不易,寡人愿结欢于二三君,使举请间。君若苟无四方之虞,则愿假宠以请于诸侯。"(《左传·昭公四年》)

如杨注所言,《左传》2例"若苟"为假设连词"若"与"苟"之"同义连用",其见用频次有限,当为独立单音连词复用。《左传》此2例"若苟"主要功能是连起后面的假设句,其中例(1)实际上是"实言"假设,完整的文段如下:

鲁、卫谏曰……晋人许之,对曰:"群臣帅赋舆,以为鲁、卫请。若苟有以藉口而复于寡君,君之惠也。敢不唯命是听?"(《左传·成公二年》)

这一句中的"藉口",杜预注为"藉,荐",孔颖达疏:"言无物则空口以为报,少有所得则与口为藉,故曰藉口",可见该"藉"乃"凭借"义,《汉语大词典》"藉口"释为"借别人的话作为依据",所引即此例。杨注释为"若少有所得,即有辞以答复吾君之命",即承孔颖达疏之意,我们赞同这一说法,即"有话带回去复命",鲁国、卫国的使者来劝谏,得到了"晋人许之"这一答复,可以回去复命。"有以藉口"即"有话开口说"。

例(3)"君若苟无四方之虞"之"若苟"也是一种委婉辞令,与后面的"愿假宠以……"连贯,表达谦敬的语气。《左传》两例"若苟"连用,其作用是通过复用达到韵律上的延长,使得整个语句的语气显得更为婉转,而非实在地

---

① 杨伯峻.春秋左传注(修订本)[M].北京:中华书局,2009:799.

第四章 《墨子》特殊连词

表达某种假设情况。

《周礼》中2例"若苟"出现在《考工记》中,如下:

(4)信之而直,则取材正也。信之而枉,则是一方缓、一方急也。若苟一方缓、一方急,则及其用之也,必自其急者先裂;若苟自急者先裂,则是以博为帴也。(《周礼·考工记·鲍人》)

《周礼·考工记·鲍人》这段话中的两个"若苟"与《左传》用法不同,语义上确实是假设某种情况,引出后续推论,不再表示婉转辞令;句法上也有了新的特点,即紧承前句结论,进一步作出推论,呈现出"A,若苟A,则B;若苟B,则C"的句式,可视为"顶针式假设推论"句式。

《墨子》中"若苟"用例多,且主要用于这种"A,若苟A,则B"顶针句式。《晏子春秋》1例"若苟"其实也具有这一特点:

(5)公量小,私量大,以施于民。其与士交也,用财无筐箧之藏,国人负携其子而归之,若水之流下也。夫先与人利,而后辞其难,不亦寡乎!若苟勿辞也,从而抚之,不亦几乎!(《晏子春秋·内篇问上》)

"若苟"紧承上文"夫先与人利,而后辞其难,不亦寡乎",用假设的方式复指这一情况,前面的"而后辞其难,不亦寡乎"是反诘句,其语义即"若苟"连起的"勿辞"。可见这一例"若苟"也是起着承上启下的作用,用于假设推论句群中。"夫先……几乎"句译为:"先给别人以利益,然后当他有难处时却推辞不帮的人,不是很少吗?如果人们不推辞,跟着再加以抚慰,这样大事不就差不多成功了吗?"[①]

楚永安释"若苟"为:"连词性结构。同义并列关系。用于假设句的前一个小句,表示假设的条件。而后一个小句则表示结果或提出问题。相当于'如果''假如'。"[②]所举例子为《左传》例(1)与《墨子·尚贤中》中另一个"若苟"句:

---

① 汤化.晏子春秋[M].北京:中华书局,2011:184.
② 楚永安.文言复式虚词[M].北京:中国人民大学出版社,1986:255.

(6) 事则不与,禄则不分,请问天下之贤人将何自至乎王公大人之侧哉? 若苟贤者不至乎王公大人之侧,则此不肖者在左右也。不肖者在左右,则其所誉不当贤,而所罚不当暴,王公大人尊此以为政乎国家,则赏亦必不当贤,而罚亦必不当暴。若苟赏不当贤而罚不当暴,则是为贤者不劝而为暴者不沮矣。(《尚贤中》)

例(6)《墨子·尚贤中》有 2 例"若苟",在这同一段语段中,《汉语大词典》取前一例,楚永安《文言复式虚词》引后一例,引用时均只引"若苟"后面的句子,因而忽视了"若苟"对前句内容的承接性。

如上所说,《左传》中"若苟"视为同义连用为宜,但《墨子》中的"若苟"从其语义、句法特点来看,均不同于《左传》之用,当视为双音连词,其具体用法又不单纯是表假设关系。

(二)《墨子》"若苟"用法

《墨子》中"若苟",其后成分大多也是承接前面的句子,如上所引《尚贤中》2 例处于推理句群中,例(6)可概括为:"A,若苟 A,则 B。B,则 C。若苟 C,则 D。"其中 A 先以反诘方式出现,"请问天下之贤人将何自至乎王公大人之侧哉",义即"贤者不至乎王公大人之侧",B 为"不肖者在左右",C 为"赏不当贤而罚不当暴",D 为"为贤者不劝而为暴者不沮",这一段中接连作出了三层推论,其中由 B 推出 C 没有使用假设连词,或与 B 句式上较为简短有关。其他两处句式稍长,由"若苟"承上启下。

《墨子》仅有《兼爱中》1 例"若苟"引起的是独立的假设句,没有紧承上文,即:

(7) 昔者晋文公好士之恶衣,故文公之臣,皆牂羊之裘,韦以带剑,练帛之冠,入以见于君,出以践于朝。是其故何也? 君说之,故臣为之也。昔者楚灵王好士细要,故灵王之臣,皆以一饭为节,胁息然后带,扶墙然后起。比期年,朝有黧黑之色。是其故何也? 君说之,故臣能之也。昔越王句践好士之勇,教驯其臣,和合之焚舟失火,试其士曰:"越国之宝尽在此!"越王亲自鼓其士而进之。士闻鼓音,破碎乱行,蹈火而死者左右百人有余。越王击金而退之。是故子墨子言曰:乃若夫少食

恶衣,杀身而为名,此天下百姓之所皆难也。<u>若苟</u>君说之,则众能为之。(《兼爱中》)

这一段中,举了3个例子,说明"君说之,故臣为/能之也",第三个例子后面没有明确引出这一句。最后墨子用"少食恶衣,杀身而为名"概括3例,进一步推导出"若苟君说之,则众能为之"的普遍结论。这里的"若苟"并未处于连续推论句群中,独立性比较明显,即引导推论的假设前提,可以看作是典型的假设连词。

这一例除外,《墨子》其他的"若苟"在上下文中有着独特的作用,即承上启下,或引起后续推理,得出可能存在的下一步结果;或引起另一个话题,以展开下文。我们将《墨子》中"若苟"句所在篇目作出统计,并将其所在语段句式提炼出来("若苟"小句之后的后续句子前面不论有无承接词,均记作"则",以示前后关联),如表4-1所示:

表4-1 《墨子》"若苟"篇目及句式表

篇 名	例 数	句 式
尚贤中	2	A,若苟 A,则 B。B,则 C。若苟 C,则 D。(结果)
尚贤下	1	A,若苟 A,则 B。(话题)
尚同中	3	A,若苟 A,则 B。若苟 A,则 B_1;若苟 A,则 B_2。($B=B_1+B_2$)(结果)
尚同下	4	A,若苟 A,B_1,则 C_1;B_2,则 C_2。故 D。(结论)
		A,若苟 A,则 B。若苟非 A,则 C。(结果)
		A,若苟 A,则 B。(结果)
兼爱中	1	若苟 A,则 B。(结果)
节葬下	8	A,若苟 A,则 B。(话题)
		A,若苟 A,则 B。(结果)
		A,若苟 A_1,则 B_1;若苟 A_2,则 B_2;若苟 A_3,则 B_3。($A=A_1+A_2+A_3$)(结果)(2)
明鬼下	1	A,若苟 A,则 B。(话题)
总 计	20	

1.《墨子》"若苟"分布特点

从篇目分布来看,"若苟"20例都出现在"墨论"篇目,且其使用呈现出更为细致的分布特色,即无一例出现在"上篇"中,只出现在"中篇""下篇"中,其中《尚贤中》连续语段中 2 见,《尚贤下》1 见,《尚同中》连续语段中 3 见,《尚同下》有 3 个语段共 4 见,《兼爱中》1 见,《节葬下》有 4 个语段共 8 见,还有《明鬼下》1 见。

"中篇"有《尚贤中》《尚同中》《兼爱中》3 个篇目,共 3 个语段、6 见"若苟",相比而言,"下篇"用例更为丰富,有《尚贤下》《尚同下》《节葬下》《明鬼下》4 个篇目,共有 9 个语段、14 见"若苟"。

2.《墨子》"若苟"句式及语义特点

从表 4-1 中"若苟"所处语段句式可见,除《兼爱中》篇"若苟"可以看作是独立的假设连词,其他"若苟"连起成分 A 均紧承前句 A,故此,"若苟"与一般假设连词不同,它具有明显的承上启下的作用,而且有时候并不表示假设关系,后续不是假设句中的结论或结果,而是引起另外一个话题。

下面从"若苟"复句语意上来对《墨子》"若苟"句进行分类解析,共有两类:一是推出后续结果或某一结论,共 17 例;二是引出话题,共 3 例。

(1) 推出结果(结论)。

从表 4-1 中可见,"若苟"复句推出结果的共有 16 例,另有 1 例推出一个概括性的结论,而不是后续结果,出现在《尚同下》篇中,如下:

(8) 今此何为人上而不能治其下,为人下而不能事其上?则是上下相贼也,何故以然?则义不同也。若苟义不同者有党,上以若人为善,将赏之,若人唯使得上之赏,而辟百姓之毁,是以为善者必未可使劝,见有赏也;上以若人为暴,将罚之,若人唯使得上之罚,而怀百姓之誉,是以为暴者必未可使沮,见有罚也。故计上之赏誉,不足以劝善,计其毁罚,不足以沮暴。此何故以然?则义不同也。(《尚同下》)

这一语段中"若苟"所处的前后关联句式为:"A,若苟 A,B_1,则 C_1;B_2,则 C_2。故 D。"B_1 与 B_2 分别从"上以若人为善""上以若人为暴"正反两面加以假设推理,得出两个分结论 C_1、C_2,分别为"为善者必未可使劝""为暴者必未可使沮",最后又总括得出综合结论 D,即"计上之赏誉,不足以劝善,计其毁罚,不足以沮暴"。这句中"若苟"后面连接的成分"义不同者有党"虽然与前面的"义不同"表层形式不同,但语义上假设内容针对的就是"义不同",即

第四章 《墨子》特殊连词

"义不同"意味着"有党",从这一段推论最后又回到"则义不同也"也可见如此。

"若苟"起到承上启下的作用较为明显,同时它也为后面的假设语段提供了大前提,B_1与B_2分别是小前提,进而推导出结论C_1与C_2。

推出后续结果的"若苟"句,除《兼爱中》1例"若苟"可视为独立假设连词,即例(7),其他15例均紧承前句内容,进而对后续结果作出进一步推理。尽管也起着语义上表假设的功能,但其在语段中承上启下的衔接功能尤为突出。其中"若苟"句为单重复句句式共2例;"若苟"句处于多重复句句式的有13例,共有5个语段。

单重复句句式2例为:

(9)古者天之始生民,未有正长也,百姓为人。<u>若苟</u>百姓为人,是一人一义,十人十义,百人百义,千人千义,逮至人之众不可胜计也,则其所谓义者,亦不可胜计。(《尚同下》)

(10)<u>若</u>法<u>若</u>言,行<u>若</u>道,使为上者行此,则不能听治;使为下者行此,则不能从事。上不听治,刑政必乱;下不从事,衣食之财必不足。<u>若苟</u>不足,为人弟者求其兄而不得,不弟弟必将怨其兄矣;为人子者求其亲而不得,不孝子必是怨其亲矣;为人臣者求之君而不得,不忠臣必且乱其上矣。(《节葬下》)

"若苟"单重复句句式为:"A,若苟A,则B。"两例中B成分都由多个小句组成,例(9)"若苟"句承接前文"百姓为人",推出进一步的结果,用代词"是"关联出结果,表示如果百姓人各为主,那么他们所谓的"义"也就会多得不可胜数。"若苟"连起的成分承接前面"百姓为人",是"古者天之始生民,未有正长也"的情况下推导出的结论,"若苟"语义上表示假设,又于语段篇章上起着衔接作用。

例(10)"若苟"承接前文"衣食之财必不足",又进一步推导由此引发的问题,分别从"为人弟者""为人子者""为人臣者"3个层面加以陈述后果。这一例中B前面没有连接词。其实这一例"A,若苟A,B"句式中A也是前面系列假设推导中的一个结果,只不过前面并没有使用"若苟",上推到最前面的假设,即"若法若言,行若道",姑且称之为"初始假设",用的是"若",而非"若苟"。可见,"若苟"的使用并非单纯表示假设,与独立的假设连词"若"

用法有着细微的差别,即"若苟"多承接上文已有内容。

"若苟"用于5段多重复句中,分别为2个或3个"若苟"连用,根据其后语意的相关性,用法又呈现多样化。前面所举例(6)《尚贤中》句式为"A,若苟 A,则 B。B,则 C。若苟 C,则 D",实际上是连续推导,从 A 开始后续3个推论,不过第一个、第三个使用了"若苟",第二个"B,则 C"中 B 承接前面,但没有使用"若苟",这一种可称为"流水式"推导。

《尚同中》3例"若苟"处于同一语段中,语意上也有相互关联性。

(11) 民知上置正长之非正以治民也,是以皆比周隐匿,而莫肯尚同其上,是故上下不同义。若苟上下不同义,赏誉不足以劝善,而刑罚不足以沮暴。何以知其然也?曰:上唯毋立而为政乎国家,为民正长,曰:"人可赏,吾将赏之。"若苟上下不同义,上之所赏,则众之所非,曰人众与处,于众得非。则是虽使得上之赏,未足以劝乎!上唯毋立而为政乎国家,为民正长,曰:"人可罚,吾将罚之。"若苟上下不同义,上之所罚,则众之所誉,曰人众与处,于众得誉。则是虽使得上之罚,未足以沮乎!苟立而为政乎国家,为民正长,赏誉不足以劝善,而刑罚不沮暴,则是不与乡吾本言民始生未有正长之时同乎?若有正长与无正长之时同,则此非所以治民一众之道。(《尚同中》)

这一段语句颇多,但抓住3个"若苟"即可把语意关系梳理清晰。其句式为:"A,若苟 A,则 B。若苟 A,则 B_1;苟 A,则 B_2。"其中"$B=B_1+B_2$",后面两个"若苟"句分别从"赏""罚"两个方面展开来对第一个"若苟"推论得出结果的两个方面"赏誉""刑罚"加以阐释,故这一种"若苟"句式可称为"总分式"推导。

《尚同下》同一语段中两个"若苟"连用,如下:

(12) 上之为政得下之情,则是明于民之善非也。若苟明于民之善非也,则得善人而赏之,得暴人而罚之也。善人赏而暴人罚,则国必治。上之为政也,不得下之情,则是不明于民之善非也。若苟不明于民之善非,则是不得善人而赏之,不得暴人而罚之。善人不赏而暴人不罚,为政若此,国众必乱。(《尚同下》)

这一语段中两个"若苟"所处句式为:"A,若苟 A,则 B。若苟非 A,则 C。"两个"若苟",从正反两面推论,得出的结果 B 与 C 也是相反的状况,分别为"国必治""国众必乱"。这一种我们称之为"正反式"推导。

《节葬下》篇中 3 个"若苟"连用,分别照应前面并列陈述的 3 个成分,这样的句式共有两个,因为内容上的相似关联性强,我们将其看作一个语段。如下:

(13) 今唯无以厚葬久丧者为政,国家必贫,人民必寡,刑政必乱。若苟贫,是无以为积委也;若苟寡,是城郭沟渠者寡也;若苟乱,是出战不克,入守不固。此求禁止大国之攻小国也,而既已不可矣。……今唯无以厚葬久丧者为政,国家必贫,人民必寡,刑政必乱。若苟贫,是粢盛酒醴不净洁也;若苟寡,是事上帝鬼神者寡也;若苟乱,是祭祀不时度也。(《节葬下》)

这一语段中,"若苟"句式为:"A,若苟 A_1,则 B_1;若苟 A_2,则 B_2;若苟 A_3,则 B_3。A,若苟 A_1,则 C_1,若苟 A_2,则 C_2;若苟 A_3,则 C_3。($A = A_1 + A_2 + A_3$)"这一段中每一个"若苟"后续承接小句句首均用代词"是"起到连接作用,相当于"则"的功能,为呈现句式的统一性,归纳句式中也用"则"表示。前部分 B 系列结果从"攻战"角度而言,后部分 C 系列结果从"祭祀"角度而言,承接的 A 部分相同,A 是假设"以厚葬久丧者为政"所导致的结果。前后两部分句式相同,这两部分各 3 个"若苟"句式之间是并列排比关系,可以称之为"排比式"推导。

由上可见,承接前文进一步往前推导结果,"若苟"既可以单用于单重复句中,也可以 2 个或 3 个连用于多重复句中,其句式根据语意间的关联性,可以分为"流水式""总分式""正反式""排比式"推导。"若苟"不再是纯粹的假设连词,除语义上表假设功能外,更主要的是体现逻辑推理关系,起着篇章衔接的功能。

(2) 引出话题。

《墨子》中的"若苟"紧承前文内容,其功能并非纯粹表假设,另有一个较为明显的表现,即后续小句并非引出一个结果,而仅仅是引出另一个话题,进而展开下文的论述。《墨子》中这种引出话题的"若苟"共有 3 例:

(14) 子墨子言曰：天下之王公大人皆欲其国家之富也，人民之众也，刑法之治也，然而不识以尚贤为政其国家百姓，王公大人本失（未知）尚贤为政之本也。若苟王公大人本失（未知）尚贤为政之本也，则不能毋举物示之乎？（《尚贤下》）

(15) 二子者，言则相非，行即相反，皆曰："吾上祖述尧舜禹汤文武之道者也。"而言即相非，行即相反，于此乎后世之君子皆疑惑乎二子者言也。若苟疑惑乎之二子者言，然则姑尝传而为政乎国家万民而观之。（《节葬下》）

(16) 不识若昔者三代圣王尧舜禹汤文武者，足以为法乎？故于此乎自中人以上皆曰："若昔者三代圣王，足以为法矣。"若苟昔者三代圣王足以为法，然则姑尝上观圣王之事。（《明鬼下》）

这3个例子"若苟"句句式为"A，若苟 A，（然）则 B"，B不是结论，而是引出下文话题。例(14)后续小句为"则不能毋举物示之乎"，用反问的形式引出话题，表明下文要举例来说明，即"今若有一诸侯于此，为政其国家也，曰……"。例(15)"然则姑尝传而为政乎国家万民而观之"，引出话题，下文"计厚葬久丧，奚当此三利者"这一句承接前面的"观之"而言。例(16)"然则姑尝上观圣王之事"，引出"圣王之事"的话题，下文"昔者，武王之攻殷诛纣也……"即为扣此话题展开。

(三) 关于"苟若"

楚永安《文言复式虚词》认为"'若苟'又可颠倒其词序作'苟若'，用法不变"，其所举例子为《墨子·节葬下》中的"苟若不足，为人弟者求其兄而不得，不弟弟必将怨其兄矣；为人子者求其亲而不得，不孝子必是怨其亲矣"句，即我们上文所论的例(10)，这一句，我们核对《墨子间诂》版确为"若苟"，并《墨子校注》《墨子集诂》均是"若苟"[①]，而非"苟若"。

"苟若"的用法在上古汉语中极少见，利用北京大学 CCL "古代汉语"语料库检索，仅见贾谊《新书》1 例，且并非假设连词，如下：

---

① 分别见《墨子间诂》《墨子校注》《墨子集诂》第 178 页、第 260 页、第 594 页。

(17) 顽顿无耻,㒥苟无节,廉耻不立,则且不自好,<u>苟若</u>而可,见利则逝,见便则夺。(《新书·阶级》)

这一例中"则且不自好,苟若而可",颜师古注:"自好,犹言自喜。若,犹然也。"①

《汉语大词典》"苟若"词条,释为"犹苟且,草率马虎",所举1例为西汉贾谊《治安策》:"顽顿亡耻,㒥诟亡节,廉耻不立,且不自好,苟若而可,故见利则逝,见便则夺。"可见,与《新书》中例子内容相似,表达相近,"苟若"用法相同。其中"苟"并非假设连词,当为形容词用法,即"苟且"义,而"若"为形容词词尾。

《马氏文通》讲道:"特指代词前置于名,所以明注意之事物也,'夫''是''若''彼''此'诸字是也。"又说:"'若'字单用,间或训作'如此',非常解也。"举到《汉书·贾谊传》中例子"顽顿亡耻,㒥诟亡节,廉耻不立,且不自好,苟若而可",说"'苟若而可'者,言'苟且如此而即可'也"②。杨树达《高等国文法》讲"指示代名词"专列一类"近称'如此''如是'义诸字",有"尔、然、若、已、云、乃",其中"若"下诸例中,也举了《汉书·贾谊传》"廉耻不立,且不自好,苟若而可"句③。《马氏文通》《高等国文法》的看法即"苟若而可"中"若"为指示代词,即"如此"义,"苟若"就是"苟且如此"义。

从句意上来看,《汉语大词典》释"苟若"为形容词似比"苟且如此"解更佳。不管作何种理解,可以确定"苟若"并非"若苟"之倒词,它没有假设连词用法。

综上,我们发现《墨子》中"若苟"作连词用法在《墨子》中最为突出,用例多,且其用法并非单纯表示假设。其使用有一个显著特点,即"若苟"后面连起的内容多为重复上文内容,一般为上文的某一推论。从后续小句引起内容来看,分成两种,一种是引出某一推论的结果,一种是引出某一话题,以便展开下文论述。"若苟"起着明显的承接上文的作用,整个"若苟"复句起着承上启下的功能。"若苟"句在篇章上,形成复指回沓的句式,使得整个语段前后呼应,论述连贯而严谨。

---

① 贾谊,阎振益,钟夏.新书校注[M].北京:中华书局,2000:87.
② 马建忠.马氏文通[M].北京:商务印书馆,2010:80-83.
③ 杨树达.高等国文法[M].上海:上海古籍出版社,2013:80-83.

谢德三《墨子虚词用法诠释》释"苟"的用法,认为"'苟'与'若'连用成'若苟'之复语假设词,其意仍为'假如',此用法较常见",其所列9个例句,均以"若苟"开头引用①。正是着眼于"若苟"句本身,而没有注意到"若苟"其后内容与前文内容的复述特点,因而均将"若苟"单纯看作"假设连词",忽视了"若苟"在篇章衔接上的特殊作用。

通过前文对上古汉语中"若苟"用法的全面考察,可见"若苟"篇章衔接功能集中出现在《墨子》中,这一用法的独特性与《墨子》讲究逻辑推理论辩的特点有关。

《墨子》一书中有一特殊部分,即"墨辩"部分,包括《经上》《经下》《经说上》《经说下》《大取》《小取》6篇,构成中国最早的系统逻辑学。《经下》篇中说"察诸其所然、未然者,说在于是推之","于是推之"讲的正是由此及彼的推理方法。"墨辩"讲逻辑与科学的内容是经过墨子后学进一步发展而来的,但其中主要的逻辑方法如多种形式的推论在"墨论"中有着相当成熟的运用,即墨子在系统阐述自己"尚贤""尚同""兼爱""节葬""明鬼"等重要学说时,已经将典型的逻辑方法运用其中。"若苟"在《墨子》"墨论"部分的集中出现,正是墨子在论述中注重前后逻辑关联、注重推理论证的体现。

与此相似,我们发现《墨子》中"譬"系列比方句(包括"譬如/若/犹""譬之如/若/犹"与"譬之"等句式)使用非常突出,多达6种共45见,是上古典籍中此类比方句句式种类最丰富、数量最多的,多集中在"墨论"部分。这一语言现象与墨子善用打比方的方式加以说理的特点有关。《小取》篇明确"辟(譬)也者,举也(他)物而以明之也","辟(譬)"与"推"一样,都是墨家论辩的经典推理方法。高小方师介绍《墨子》的特色,即说"语言质朴,能近取譬,说理深入浅出,论辩富于逻辑性,而且恳切动人"②。"若苟"的使用、"譬"系列比方句式的使用都是墨子论辩讲究逻辑推理这一特色在语言词汇、句式上的体现,因而其用法具有不同于其他典籍的一些特殊性。

从《墨子》"若苟"用法的考察研究中,我们可以得到如下启发:连词的功能并不仅仅限于复句内部,篇章衔接的功能也可能主要由连词体现,故考

---

① 谢德三.墨子虚词用法诠释[M].台北:学海出版社,1982:243.
② 高小方.古代汉语[M].南京:江苏教育出版社,2009:129.

察连词的功能,不当仅仅着眼于连词所在复句,而当观照前后句群,甚至整个语段篇章内部的联系。除表示特定的语义关系外,连词还可能在篇章衔接上起着特殊作用,这一功能在传统的连词研究中多有忽略,值得引起重视。

二、"藉"系假设词①

谢德三《墨子虚词用法诠释》释"藉、籍":"'藉''籍'二字在《墨子》中作为虚词,意义相通,皆解作'假使''假令''假如',用作假设关系复句之假设词,且常与'而''若''设'等字连用成'藉若''籍而''籍设'之熟语,其意义亦同。"②其实《墨子》中"藉"或当处于由动词向介词、连词虚化的过程中,"藉若""籍而""籍设"用法也并非"藉、籍"与"若""而""设"简单"连用"而成"熟语",其具体用法还当细致辨析。我们将与"藉"相关的假设词称为"'藉'系"假设词,探讨这一系列假设词的用法。

(一)《墨子》"藉""籍""假"3字关系

(18) 北方有侮臣者,愿<u>藉</u>子杀之。(《公输》)

我们在《"借以"词汇化研究——兼及"藉以"的演变》一文中曾举出这一例,说明"在战国中后期,'借/藉'已经逐渐在连动式中由动词衍生出介词用法"③。这一句中的"藉",谭家健注为"同'借',凭借"④。该句中"藉"当是由动词向介词过渡,在"凭借"义上,"藉(jiè)"与"借"用法相同,后在汉字简化中,"借"字合并了该意义的"藉(jiè)"。

《说文解字·人部》:"借,假也。"⑤即"借助(非己真有的物品)"⑥。《说

---

① 本部分研究修改稿已发表。张萍.《墨子》"藉"相关特殊假设词及其汉语史价值[J].枣庄学院学报,2017,(1).
② 谢德三.墨子虚词用法诠释[M].台北:学海出版社,1982:324.
③ 张萍."借以"词汇化研究——兼及"藉以"的演变[J].常熟理工学院学报(哲学社会科学),2015,(3).
④ 谭家健,孙中原.墨子今注今译[M].北京:商务印书馆,2009:416.据该书前言说明,《公输》篇为谭家健译注。
⑤ 许慎,徐铉.说文解字[M].北京:中华书局,2013:162.
⑥ 汤可敬.说文解字今释[M].长沙:岳麓书社,2001:1090.

文解字·艸部》："藉,祭藉也,一曰艸不编,狼藉,从艸耤声。"①即"祭祀时垫在地上的席子",朱骏声《说文通训定声》按"藉之为言席也"②,王力《同源字典》证"藉"与"席"同源,两字为"从邪旁纽,叠韵"③,"藉"由"席子""垫子"义引申出"凭借"义。"藉"亦可与"假"同义复用,《墨子》中即有用例:

  (19) 今王公大人亦欲效人以尚贤使能为政,高予之爵,而禄不从也。夫高爵而无禄,民不信也。曰："此非中实爱我也,假藉而用我也。"夫假藉之民,将岂能亲其上哉!(《尚贤中》)

《现代汉语词典》"假借"词条,释动词义为"利用某种名义、力量等来达到目的"④,《墨子》此例中"假藉"语义正与此相同,利用的正是"高爵而无禄"的虚名,来达到"用我"的目的。此处"假藉"亦为动词,或当为"假""藉"同义复用组合,其见用甚少,通过北京大学 CCL"古代汉语"语料库检索周代至西汉的典籍,仅得《墨子》此 2 例。《汉语大词典》收录"假藉"词条,释为"凭借;借助",首举例子即《墨子》该例,并载孙诒让《墨子间诂》引毕沅云:"古无借字,只用藉。假藉即假借。"⑤今核《墨子间诂》,其引毕沅云:"古无'借'字,只用'藉'。《说文·序》有假借字,从人,俗写乱入。"⑥如上所引,《说文》中不只"序"有"假借字",其所释字中,亦有"借"字,"借""藉""籍"3字并有。且传世《左传》中也兼有"借""藉",作动词用,如"今将借人之力以救其死"(《襄公十九年》)"敢不藉手以拜"(《昭公十六年》),可知并非如毕沅所说"古无'借'字,只用'藉'",而是两者语义有别,"借"本为"暂时取用别人东西"义,引申出"凭借"义,此义与"藉"同。

  《说文解字·竹部》："籍,簿书也。从竹耤声。"⑦"籍"的本义即"书册"。《通假字汇释》"籍"字条,释为"通'藉'",共有 5 个义项,分别为"席垫""借助;凭借""践踏""纷乱""蕴藉,含蓄",又按："'藉''籍'同源字。汉隶从艸从

---

① 许慎,徐铉. 说文解字[M]. 北京:中华书局,2013:18.
② 朱骏声. 说文通训定声[M]. 北京:中华书局,1984:470.
③ 王力. 同源字典[M]. 北京:商务印书馆,2002:289.
④ 中国社会科学院语言研究所词典编辑室. 现代汉语词典(第 7 版)[M]. 北京:商务印书馆,2016:627.
⑤ 罗竹风. 汉语大词典(缩印本)[M]. 上海:汉语大词典出版社,1997:670.
⑥ 孙诒让,孙启治. 墨子间诂[M]. 北京:中华书局,2001:54.
⑦ 许慎,徐铉. 说文解字[M]. 北京:中华书局,2013:90.

竹之字混用不别,故二字多通用。"①字形接近而多有通用,故在"席垫"义及其引申义上,"籍"的用法为通"藉",本字当为"藉"。王力《同源字典》并未收"籍"与"藉"同源。

李索研究敦煌写本《春秋经传集解》异文中同源通用现象时,列"藉-籍"条,从两字都从"耤"得声出发,根据《说文解字·耒部》"耤"字释为"帝耤千亩也。古者使民如借,故谓之耤",认为"天子所耕之田所以称'耤',义源于'借',天子只是象征性地耕作一下,主要还是'借民力以成之'。故'耤'命名之源义中即有'借'义。又引《释名·释书契》:"籍,籍(jiè)也,所以籍疏人名户口也。"认为"即这些'簿书'是藉以用来记录分辨人名户口的。可见,'藉''籍'不仅从'耤'得声(古皆铎部从母,均在古音五部),实亦声中有义,故'耤''藉''籍'乃同源字,'耤'乃源字,'藉''籍'皆孳乳字"②。我们认为"藉""籍"不当在"借"义上同源,而是在"凭借"义上,"籍"如《释名》所释,"凭借簿册来记录人名户口"。《释名·释书契》"籍,籍也,所以籍疏人名户口也"中"籍也"之"籍"并非如李文引用标注读为 jiè,仍当读为 jí,为动词,义为"记录,登记"。王先谦《释名疏证补》引《太平御览》六百六卷引《晋令》云"郡国诸户口黄籍,籍皆用一尺二寸札",说明"已在官役者载名,此亦籍书人名之证"③。《汉语大词典》"籍"有义项"记录;登记",引《左传·成公二年》:"非礼也,勿籍。"杜预注:"籍,书也。"综上,"籍"与"藉"在"凭借"义上同源,故两者有互用之例,在表示"假设"的用法上,"籍"与"藉"同源。

(二)《墨子》"藉""籍而""籍设"

随着"借、藉"进一步语法化发展,逐渐发展出表假设意味的连词,《古书虚词通解》录《词诠》注"假设连词"、《助字辨略》注"设辞也",并按:"此项用法由动词借、凭借义虚化而来。与'假'字演化平行。"④"藉"的连词用法在《墨子》中初见端倪,不过仍具有一定动词意味,表现在其后通过"而"与假设成分连接,又有同义复用组合"籍设"用法。《墨子》中"藉(籍)"相关假设句

---

① 冯其庸,邓安生.通假字汇释[M].北京:北京大学出版社,2006:739-740.
② 李索.敦煌写本《春秋经传集解》异文中同源通用现象研究[M]//北京师范大学民俗典籍文字研究中心.民俗典籍文字研究(第3辑).北京:商务印书馆,2006:222-238.
③ 刘熙,毕沅,王先谦,祝敏彻,孙玉文.释名疏证补[M].北京:中华书局,2008:203.
④ 解慧全,崔永琳,郑天一.古书虚词通解[M].北京:中华书局,2008:358.

共有 7 例,如下:

(20)然即兼之可以易别之故何也?曰:<u>藉</u>为人之国若为其国,夫谁独举其国以攻人之国者哉?为彼者由为己也。为人之都若为其都,夫谁独举其都以伐人之都者哉?为彼犹为己也。(《兼爱下》)

(21)爱获之爱人也,生于虑获之利。虑获之利,非虑臧之利也;而爱臧之爱人也,乃爱获之爱人也。去其爱而天下利,弗能去也。……<u>藉</u>臧也死而天下害,吾持养臧也万倍,吾爱臧也不加厚。(《大取》)

(22)翟尝计之矣。翟虑耕而食天下之人矣,盛,然后当一农之耕,分诸天下,不能人得一升粟。<u>籍而</u>以为得一升粟,其不能饱天下之饥者,既可睹矣。翟虑织而衣天下之人矣,盛,然后当一妇人之织,分诸天下,不能人得尺布。<u>籍而</u>以为得尺布,其不能暖天下之寒者,既可睹矣。(《鲁问》)

(23)吴虑谓子墨子曰:"义耳义耳,焉用言之哉?"子墨子曰:"<u>籍设而</u>天下不知耕,教人耕,与不教人耕而独耕者,其功孰多?"吴虑曰:"教人耕者其功多。"子墨子曰:"<u>籍设而</u>攻不义之国,鼓而使众进战,与不鼓而使众进战而独进战者,其功孰多?"吴虑曰:"鼓而进众者其功多。"(《鲁问》)

(24)彭轻生子曰:"往者可知,来者不可知。"子墨子曰:"<u>籍设而</u>亲在百里之外,则遇难焉,期以一日也,及之则生,不及则死。今有固车良马于此,又有奴马四隅之轮于此,使子择焉,子将何乘?"对曰:"乘良马固车,可以速至。"(《鲁问》)

如以上例子所示,"藉"引起假设句共 2 例,分别在《兼爱下》《大取》篇,其余 5 例都在《鲁问》篇,用"籍"字[①],且不再直接连接假设句,而是通过"而"来连接,2 见"籍而",又有 3 见"籍设而","籍设"当为同义复用的动词,比照"籍设而"而言,"籍而"中"籍"用同"籍设",即为动词。不过这些句子中"籍"的动词意味已经相当弱,这就容易并入后面的连词"而",进而组合成表

[①] 孙诒让注"籍而以为得一升粟"中"籍":"吴钞本作'藉'。毕云:'籍,藉字假音。'"见孙诒让,孙启治.墨子间诂[M].北京:中华书局,2001:473.

示假设关系的双音连词,这一过程中汉语双音节律对其具有重要促成作用,"籍设而"中"籍设"为双音单位,就不容易并入其后的"而"。

"籍而"多被作为双音词出注,谭家健注"籍而"为"例如",将例(22)中的"籍而"句分别译为"就算每人分得一升米,也不能让天下挨饿的人都吃饱,这是显而易见的""就算每人分得一尺布,也不能使天下挨冻的人都得到温暖,这是显而易见的"①,用"就算"来对译,其让步语气明显。李渔叔亦注"籍而",释为"假令及即令等意"②,即为假设语意。假设关系与让步关系并不矛盾,邢福义《汉语复句研究》"广义转折句"中包含了"实言'即使 p,也 q'"句式与让步句,并提出让步句分为容忍性让步句、虚拟性让步句、无条件让步句和忍让性让步句,分别起到"实让""虚让""总让""忍让"的作用,代表格式相应为"虽然 p,但 q""即使 p,也 q""无论 p,都 q""宁可 p,也 q"③。《墨子》两例"籍而"用法就与其中的"虚拟性让步句"相似,或译为"就算……也……",或译为"即使……也……"④,对应的正是典型的"虚让"式格式。可见"籍而"表达的是"虚拟性让步",即兼有假设语气与让步语气。

两例"藉"直接引出假设内容,例(20)"藉为人之国若为其国,夫谁独举其国以攻人之国者哉",例(21)"藉臧也死而天下害,吾持养臧也万倍",是两个复句,假设小句句首的"藉"显然具有了较为明显的连词功能,两个假设复句分别译为:"假如对待别人的国家像治理自己的国家,那么谁还会动用本国的力量来攻伐别人的国家呢?""假如臧的死会让天下人受害,那么我们对臧的持养就会增加一万倍"。

《汉语大词典》"藉"列有"连词"义项,"表示假设,相当于'如果''假使'",首举例子为《史记·陈涉世家》中的"公等遇雨,皆已失期,失期当斩。藉弟令毋斩,而戍死者固十六七"。《墨子》中两例"藉"当可确定为表假设关系的连词,故"藉"作连词用的时间可由《史记》向前推至《墨子》时代,从两例所处篇目《兼爱下》《大取》来看,其为墨子后学编辑或成篇,时间稍后,约在战国中后期。与此相比,"籍而""籍设"见于《鲁问》中,属于"墨语"部分,"记

---

① 谭家健,孙中原.墨子今注今译[M].北京:商务印书馆,2009:407、411.
② 李渔叔.墨子今注今译[M].台北:台湾商务印书馆股份有限公司,1974:380.
③ 邢福义.汉语复句研究[M].北京:商务印书馆,2014:467.
④ "籍而"句,周才珠、齐瑞端将其译为:"即使每人得到一升粟,也不能使天下的饥者得食,这是显而易见的事。"见周才珠,齐瑞端.墨子全译[M].贵阳:贵州人民出版社,1995:596.

载墨子和后学、时人的对话,是墨子的言行录和传记资料"①,时代则稍早。两相比照,可见"藉(籍)"由动词向连词演变的痕迹。

"籍设",从词性上来看,当同"假设",《现代汉语词典》中"假设"作动词,义为"姑且认定""虚构"②,"籍设"也当为动词,而非连词,且其后用连词"而"连起假设内容,可见其仍为动词。《汉语大词典》收"籍设"词条,释为"假设;如果",所引例子即为《墨子》例(23),"籍设"的用法为《墨子》特有,不见于其他上古典籍,"籍设"中"籍"为通"藉"之用,但典籍中并无"藉设"用法。《汉语大词典》释其为"假设""如果",似既认为"籍设"同"假设",又似认为其为引起假设小句的连词,不过"假设"引起句子,其动词意味确实较弱,更主要体现发起假设句的作用。

(三)《墨子》"贲(藉)若"

《墨子》中"藉(籍)"相关假设句除上述3篇共7例外,还有1例如下:

(25)今虽毋在乎王公大人,贲若信有命而致行之,则必怠乎听狱治政矣。(《非命下》)

这一句中的"贲若",孙诒让《墨子间诂》引毕沅读"贲"字句断,云"此'贵'字假音。"又引俞樾云:"'贲'字乃'藉'字之误。藉若,犹言假如也,本书屡见。"孙诒让按:"俞说近是,毕读非。"③谭家健注:"'贲'同'藉'。藉若:即假若。"④比照两字上古声韵,"贲"字微韵群母,"藉"字铎韵从母,两字并不具有通假的音近条件,故此处"贲"当从俞樾所说为"藉"字形讹误,"贲"繁体作"賁","藉"字下方部分左右横笔较多,书写密集,"賁"与"藉"具有一定形似性,"藉"在传抄中发生字形讹误而成"賁",其可能性是合理的。这一例"贲若"即"藉若",如此,则可明证"藉"为连词,且与假设连词"若"复用组合成双音成分。

---

① 孙中原.墨学七讲[M].北京:中国人民大学出版社,2013:21.
② 中国社会科学院语言研究所词典编辑室.现代汉语词典(第7版)[M].北京:商务印书馆,2016:628.
③ 孙诒让,孙启治.墨子间诂[M].北京:中华书局,2001:284.
④ 谭家健,孙中原.墨子今注今译[M].北京:商务印书馆,2009:211.

(四)《墨子》"藉"系假设词的汉语史价值

"藉"在战国中后期由动词虚化出介词、连词用法之后,为进一步明确功能,也发展出一些语言手段,双音化即是其中一种重要方式,表现在与相同功能的其他单音词同义组合,如假设连词用法上,"藉"与"使"复合成"藉使",如:

(26) 藉使子婴有庸主之材,仅得中佐,山东虽乱,秦之地可全而有,宗庙之祀未当绝也。(《史记·秦始皇本纪》)

"藉使"是与"假使"平行的双音假借连词。不过"假"组成的双音连词,沿用至今的仍有"假使""假若"等,而"借(藉)"虽与"假"有着平行的功能演化途径,从《墨子》《史记》中"藉若""藉使"用例看来,"藉"也曾有过与"若""使"等其他同义单音连词组合成双音词的可能性,不过其用法最终并未得以固定下来,而是在语言发展的潮流中最终被淘汰。在"假"与"借(藉)"这一组平行词中,作为假设连词,"假"最终胜出,以双音连词形式发展至今。

《墨子》中"藉"与"籍而""籍设""藉若"的用例具有特殊的汉语史语料价值,体现在两个方面:一是为"藉(籍)"由动词向介词、连词演变的语法化过程保存了重要例证,这些用法是语言动态演变的化石;二是为"藉(籍)"与"假"平行演变提供了重要材料,可见一组功能相近的词在词汇史上经历了选择的演变过程,《墨子》"藉(籍)"保存了选择结果之前的语言多样性。这两点正是《墨子》中特有的"藉""籍而""籍设""藉若"等假设词的重要意义。

三、若使

《汉语大词典》有"若使"词条,释为"假使,假如,如果",首举例子出自《晏子春秋》:

(27) 若使古之王者毋知有死,自昔先君太公至今尚在,而君亦安得此国而哀之?(《晏子春秋·外篇上二》)

"若使"表"假设"的用法不当晚至《晏子春秋》,《墨子》中"若使"作双音假设连词即有典型用例。

(一)《墨子》"若使"用法

先秦汉语中,"使"已具有了连词用法,表示假设关系。《汉语大词典》"使"义项"连词,假使",其首举例子引自《国语》:

(28) 使死者无知,则已矣;若其有知,吾何面目以见员也!(《国语·吴语》)

这一句中,"使"与后面的"若"功能相当,已为独立的假设连词,提起假设条件。《墨子》"若使"作假设连词用,与"使"能单独作假设连词的用法是分不开的。

1.《墨子》"使"作假设连词

《墨子》中"使"有单独用作假设连词的用法,谢德三《墨子虚词用法诠释》列"使"作"关系词"的用法,释为:"犹'若'也,'设'也,用于假设关系复句之假设小句上,如口语之'假使'。"①其所举5例,有2例单独用"使",1例为"当使"句,2例"今使"开头。单独用"使"如下:

(29) 王公大人骨肉之亲、无故富贵面目美好者,此非可学(而)能者也,使不知辩(辨),德行之厚若禹汤文武,不加得也;王公大人骨肉之亲,躄瘖聋、暴为桀纣,不加失也。(《尚贤下》)

(30) 夏后殷周之相受也,数百岁矣。使圣人聚其良臣与其桀相而谋,岂能智数百岁之后哉?而鬼神智之。(《耕柱》)

例(29)"使"为"假使,假如"义,"使……不加失也"译为:"假使不知分辨的话,即使德行醇厚如禹、汤、文、武,也不会得到任用;而王公大人的骨肉之亲,即使是跛子、哑巴、聋子,乃至暴虐如桀、纣,也不会加以遗弃。"②"使"的这一用法,其所处语意关系相当于"如果……就……",这种假设句,属于邢福义《汉语复句研究》中的"广义因果"句式的一种③。

例(30)"使"为"即使"义,"使……之后哉"译为:"即使圣人集中良臣和

---

① 谢德三. 墨子虚词用法诠释[M]. 台北: 学海出版社,1982:204.
② 谭家健,孙中原. 墨子今注今译[M]. 北京: 商务印书馆,2009:58.
③ 邢福义. 汉语复句研究[M]. 北京: 商务印书馆,2014:83.

杰出的辅佐者来谋划,哪里能知道几百年之后的事呢?"[①]"使"表示的语意关系相当于"即使……也",属于"虚拟性让步句"[②]。

当"使"与假设连词"若"连用,组合成"若使"时,其所表达的语意关系主要是前一种假设句,而不是后一种"让步句"。

2.《墨子》双音假设连词"若使"

《墨子》中"若""使"同义复用,在韵律作用下,形成双音假设连词,如以下例子:

(31)若使天下兼相爱,爱人若爱其身,犹有不孝者乎?……若使天下兼相爱,国与国不相攻,家与家不相乱,盗贼无有,君臣父子皆能孝慈,若此则天下治。……故天下兼相爱则治,交相恶则乱。(《兼爱上》)

(32)今不尝观其说好攻伐之国,若使(国)中兴师,君子、庶人也必且数千,徒倍十万,然后足以师而动矣。(《非攻下》)

(33)今天下好战之国,齐晋楚越,若使此四国者得意于天下,此皆十倍其国之众,而未能食其地也,是人不足而地有余也。(《非攻下》)

(34)逮至昔三代圣王既没,天下失义,诸侯力正,……是以天下乱。此其故何以然也?则皆以疑惑鬼神之有与无之别,不明乎鬼神之能赏贤而罚暴也。今若使天下之人偕(皆)若(衍)信鬼神之能赏贤而罚暴也,则夫天下岂乱哉!(《明鬼下》)

(35)今絜为酒醴粢盛,以敬慎祭祀,若使鬼神请(情)有,是得其父母姒兄而饮食之也,岂非厚利哉?若使鬼神请亡,是乃费其所为酒醴粢盛之财耳。(《明鬼下》)

(36)公孟子谓子墨子曰:"昔者圣王之列也,上圣立为天子,其次立为卿大夫,今孔子博于《诗》《书》,察于礼乐,详于万物,若使孔子当圣王(世),则岂不以孔子为天子哉?"子墨子曰:"夫知者,必尊天事鬼,爱人节用,合焉为知矣。今子曰孔子博于《诗》《书》,察于礼乐,详于万物,而曰可以为天子,是数人之齿,而以为富。"(《公孟》)

---

① 谭家健,孙中原.墨子今注今译[M].北京:商务印书馆,2009:375.
② 邢福义.汉语复句研究[M].北京:商务印书馆,2014:459.

上述例子中,"若使"所处的句式多为"若使 NP+VP",例(32)为"若使 VP"句式。例(32),吴毓江《墨子校注》按:"'中'犹诚也。《荀子·成相》篇'欲对衷,言不从',杨注'衷,诚也。''衷'即'中'字。"①王焕镳《墨子集诂》引高亨云:"当作'若使国中兴师',转写脱'国'字。"又按:"高于'中'上增'国'字,甚是;但'国'字非挩,乃误著于上句末耳。"王按上句"今不尝观其说好攻伐之国","此句疑本作'今不尝观其好攻伐之说','说'字当在'之'下,'国'字在下句'中'字上"②。谭家健注"句中'说'字疑衍",注"中兴师"为"当为'国中兴师'"③。考察该句下文语境,下文即有"今天下好战之国,齐晋楚越,若使此四国者得意于天下",即例(33)句,可见例(32)中的"好攻伐之国"似无误,下文又有:"今逮夫好攻伐之君,又饰其说,以非子墨子曰:以攻伐之为不义,非利物与?昔者禹征有苗,汤伐桀,武王伐纣,此皆立为圣王,是何故也?"且用多个"夫好攻伐之君,又饰其说"引出论辩针对的言论,可见"饰其说"即"好攻伐之说"。据此,我们认为正是"好攻伐之国"与"好攻伐之说"两者杂糅而致"今不尝观其说好攻伐之国,若使(国)中兴师"文字错位,即我们赞同王焕镳观点,前句"说"字并非无故而衍,后句"国"字亦非无故而脱。例(32)所"观"针对"好攻伐之说"更为合理。"若使国中兴师","国中"为处所状语,故为"若使 VP",该"若使"纯粹表示假设。

其他诸例"若使 NP+VP"中,例(31)"若使天下兼相爱"中"使"似乎可以译为"让",但也是假设连词,照应该语段最后一句"故天下兼相爱则治,交相恶则乱",可见"天下兼相爱"是独立的成分,并非"使天下兼相爱"这样的兼语句,即"使"独立,与"若"同义连用,组成双音连词。例(33)"若使此四国者得意于天下",谭家健译为"如果让这四国得逞于天下"④,但"使"并非"让"义动词,"得意于天下"并非由某主语"使令"四国而发生,此处仍表示假设。例(34)(36)同此。例(35)"鬼神请(情)有"的谓词"有"表存在,整个表示一种假设的情况,故前面的"使"非动词,而是连词。

还有1例"意若使"用例,也当是"若使"连用为假设连词,即:

---

① 吴毓江,孙启治.墨子校注[M].北京:中华书局,2006:224.
② 王焕镳.墨子集诂[M].上海:上海古籍出版社,2005:454.
③ 谭家健,孙中原.墨子今注今译[M].北京:商务印书馆,2009:117.
④ 谭家健,孙中原.墨子今注今译[M].北京:商务印书馆,2009:120.

第四章 《墨子》特殊连词

(37) 我<u>意若使</u>法其言,用其谋,厚葬久丧实可以富贫众寡、定危治乱乎,此仁也,义也,孝子之事也,为人谋者不可不劝也。仁者将兴之天下,谁贾(设置)而使民誉之,终勿废也。<u>意亦使</u>法其言,用其谋,厚葬久丧实不可以富贫众寡、定危理乱乎,此非仁非义,非孝子之事也,为人谋者不可不沮也。……是故子墨子曰:乡者,吾本言曰,<u>意亦使</u>法其言,用其谋,计厚葬久丧,请可以富贫众寡、定危治乱乎,则仁也,义也,孝子之事也,为人谋者不可不劝也;<u>意亦使</u>法其言,用其谋,若人厚葬久丧,实不可以富贫众寡、定危治乱乎,则非仁也,非义也,非孝子之事也,为人谋者不可不沮也。(《节葬下》)

孙卓彩、刘书玉将"意若""意亦"也列为《墨子》中的假设连词,将例(37)开头一句"意若使法其言……为人谋者不可不劝也"举为"意若"作假设连词的例句,将其后的"意亦使法其言……为人谋者不可不沮也"举为"意亦"作假设连词的例句①。我们认为这里的"若"当是与后面的"使"连用,而非与前面的"意"连用,即"意"相对独立性强。后面"意亦"连用,但并非假设连词,而是选择连词。

孙、刘著引例时,"意若使"前面的"我"缺失,不知其所据何本。根据《墨子间诂》及当今诸多版本,前面都有"我",则"意"显然当为动词,作谓语,其后由"若使"连起假设情况并进行推论。谭家健将"我意……孝子之事也"译为:"我以为,如果按照他们的意见,采用他们的主张,实行厚葬久丧,确实可以使穷者变富,人口增多,转危为安,变乱为治,那就是合乎仁义的,是孝子应该做的事。"②李渔叔将"我意……用其谋"译为:"我以为假使遵守他们的话,用他们的主张……"③我们赞同这样的理解,这个"意"为"以为、认为"意,表达的是一种主观看法。

"我意若使……"从正面来假设推论,接着从反面来假设推论,用"意亦使"引出,这一段中表假设的是"亦使",与前面"若使"相照应,"亦"可以看作是承接前文语义的副词,不过后文又有与"我意若使……意亦使……"内容一致的"意亦使……意亦使……",两个推论都用"亦使",则可判断"亦"不是

---

① 孙卓彩,刘书玉. 墨子词汇研究[M]. 北京:中国社会科学出版社,2008:226.
② 谭家健,孙中原. 墨子今注今译[M]. 北京:商务印书馆,2009:138.
③ 李渔叔. 墨子今注今译[M]. 台北:台湾商务印书馆股份有限公司,1974:169.

语义承接副词。例(37)后面3个"意亦使"结构与前面的"我意若使"不同,"意"不再是动词,而是通"抑",作选择连词用。"亦"也有作选择连词的用法,谢德三释"亦"的用法,列有"用于抉择关系复句之第一小句上,与第二小句之'意'(抑)相呼应,表抉择意谓"①,仅举1例,如下:

(38) 吾不识孝子之为亲度者,<u>亦</u>欲人爱利其亲与?<u>意</u>欲人之恶贼其亲与?(《兼爱下》)

谢著认为此例中"亦"与后面的"意"照应,分别位于选择问句的前后两项句首,作选择连词。例(37)中"亦"也当是起到连接选择项的作用,与"意"同义复用成"意亦",作选择连词,表示"或者"义。由此可见,"意亦使"当是"选择连词'意亦'+假设连词'使'",两者各有分工,"意亦"侧重前后复句之间衔接功能,"使"侧重复句内部语义上的假设关系,两者作用的句法层次不同。

例(37)"我意若使"当为"我意/若使","意""若"并不处于同一层次,此例"意"为动词,《墨子》中也有连词"意"与"若"连用,看似处于同一句法层次,但仔细考察"意若"所处大语段,即可发现"意若"也不是双音假设连词。

(39) 凡闻见善者必以告其上,闻见不善者亦必以告其上。上之所是必亦是之,上之所非必亦非之,已有善傍荐之,上有过规谏之。尚同义其上,而毋有下比之心,上得则赏之,万民闻则誉之。<u>意若</u>闻见善不以告其上,闻见不善亦不以告其上,上之所是不能是,上之所非不能非。已有善不能傍荐之,上有过不能规谏之。下比而非其上者,上得则诛罚之,万民闻则非毁之。(《尚同中》)

(40) 闻善而不善,皆以告其上。上之所是必皆是之,所非必皆非之。上有过则规谏之,下有善则傍荐之。上同而不下比者,此上之所赏而下之所誉也。<u>意若</u>闻善而不善,不以告其上。上之所是弗能是,上之所非弗能非。上有过弗规谏,下有善弗傍荐。下比不能上同者,此上之所罚而百姓所毁也。(《尚同上》)

---

① 谢德三.墨子虚词用法诠释[M].台北:学海出版社,1982:121.

例(39)"意若"句是孙卓彩、刘书玉引作"意若"作假设连词的另一个例子,其引例并未引前面的文段,将"意若"句与前面的文段孤立开来,这正是导致其简单从句子表层形式上将"意若"看作双音假设连词的主要原因。《尚同中》这一段内容在《尚同上》有相似论述,且也使用了"意若",如例(40)。观察这两个"意若",它前后是正反两方面假设论述,先论述的正面观点正是墨子所主张的状况,因此句首不用假设连词,其后从反面来推论,以形成鲜明对比,使用了假设连词"若"。诚如上面所说"意亦使"中"意亦"与"使"各有分工,这里"意"与"若"分工也是如此,"意"是选择连词,起到前后复句间的衔接作用,"若"是假设连词,起到表达复句内部前后小句之间的语义关系。可见"意若"尽管因为双音韵律作用连读,但"意"与"若"两者各司其职,作用层次不同,因而无法并合成双音连词。

综上,《墨子》中"若使"用为双音假设连词共有9例,"意亦""意若"都不是假设连词。

3.《墨子》中其他形式的"若使"连用

《墨子》"若使"连用,未必作连词,"使"还有一个显著的功能是作"使令、使役"动词,《墨子·经说上》有"使,令、谓",《墨子·经说下》也有"使,令使也"。当"若"与动词"使"连用时,还是容易将其与连词"若使"区分开来的。

(41) 夫无故富贵面目佼好则使之,岂必智且有慧哉!若使之治国家,则此使不智慧者治国家也,国家之乱既可得而知已。(《尚贤中》)

(42) 故曰:治天下之国若治一家,使天下之民若使一夫。(《尚同下》)

例(41)"使"是"使令"义动词,处于兼语句中,"若使之治国家"中"使"与后面的"使不智慧者治国家"中的"使"照应,显然"若"是独立的假设连词。例(42)"若"是等同比较动词,表示"像……一样",处于"使 NP_1 若使 NP_2"句式中,"使"是"使役"义动词,其性质与前句的"治"相似,前后句式相同。

《墨子》"使"也有用于"使者"名词的,恰与"若"在句子表层共现,也与假设连词"若使"无关。

(43) 宿鼓在守大门中,莫,令骑若使者、操节闭城者皆以执戭。(《号令》)

这一句中,"骑""使者"与"操节闭城者"三者并列,其中"若"是连词,姜宝昌《墨守训释》注为"犹或,用为选择连词"①。

以上诸例句子表层"若"与"使"连用,其实两者是跨层成分,并无直接关联。"若"与"使"各自都有多种不同用法。双音假设连词"若使"一般位于句首,或如例(34)前面有时间名词"今",其功能也表达假设。

《墨子》中"若""使"连用有多种结构与用法,但作假设连词用的"若使"最为突出。那么,双音假设连词"若使"最初于何时产生,其产生句法机制又是如何?《墨子》之后典籍中"若使"的使用状况如何?要弄清楚这些问题,需考察《墨子》之前及之后典籍中"若使"的见用情况。梳理"若使"成词及用法演变的情况,能帮助明确《墨子》语料在其中的特殊性。

(二)《墨子》之前典籍中"若使"的用法

《墨子》之前的典籍中,"若使"主要见于《左传》《国语》等典籍,现对其结构和用法加以分析,以追溯假设连词"若使"的产生与发展。

《左传》中"若使"同现共见 8 例,其中 7 例为"连词'若'+动词'使'"组合,即"若"为假设连词,"使"与"若"不在一个句法层次,而是与后面的内容构成兼语式,其中 6 例"使"可释为"派",1 例动词"使"为"致使、让"义,仅有 1 例"若使"可看作假设连词并用。

《左传》中"连词'若'+动词'使'"组合中"使"为"派遣"义的用法为"若使"的主要用法,如下:

(44) 国危矣,若使烛之武见秦君,师必退。(《左传·僖公三十年》)

(45) 秦人欲战。秦伯谓士会曰:"若何而战?"对曰:"赵氏新出其属曰臾骈,必实为此谋,将以老我师也。赵有侧室曰穿,晋君之婿也,有宠而弱,不在军事;好勇而狂,且恶臾骈之佐上军也。若使轻者肆焉,其可。"(《左传·文公十二年》)

(46) 困兽犹斗,况人乎?若知不免而致死,必败我。若使先济者知免,后者慕之,蔑有斗心矣。半济而后可击也。(《左传·定公四年》)

(47) 孔丘知礼而无勇,若使莱人以兵劫鲁侯,必得志焉。(《左

---

① 姜宝昌.墨守训释[M].济南:齐鲁书社,2014:275.

(48) 曲沃,君之宗也;蒲与二屈,君之疆也,不可以无主。宗邑无主,则民不威;疆场无主,则启戎心;戎之生心,民慢其政,国之患也。若使大子主曲沃,而重耳、夷吾主蒲与屈,则可以威民而惧戎,且旌君伐。(《左传·庄公二十二年》)

(49) 若使子率,子必辞。王将使我。(《左传·哀公八年》)

上述 6 例"若"都是假设连词,表示假设一种情况,"使"为"派遣"义动词,处于"使NP+VP"兼语句中,上述诸例"若使"小句分别译为"如果派遣烛之武去觐见秦君""如果派出一些勇敢而不刚强的人对上军加以袭击""如果让先渡过河的感到可以逃脱""如果派莱地人用武力劫持鲁侯""如果派(让)太子主管曲沃,又派(让)重耳、夷吾主管蒲地和二屈""如果派您领兵前往",句中"使"都是具体的行为动词,可译为"派遣"。在"若使NP+VP"句式中,尽管句法上"若"是独立的,"使"引导兼语句,但由于汉语双音节韵律作用,"若使"趋向合成一个双音节奏单位。

(50) 楚隆曰:"若使吴王知之,若何?"赵孟曰:"可乎?"隆曰:"请尝之。"(《左传·哀公二十年》)

这个例子"若使"句也是"若使NP+VP"式假设兼语句,意为"如果让吴王知道",这里"使"仍然是动词,词义更为抽象,为"致使、让"义,不再是具体的行为动作,但显然它对后一动词"知"的发生具有影响,即通过某种途径或方式使得"吴王知之"发生。这一用法的"使"词义比上面"派遣"义的"使"要虚化,当这个"使"进一步虚化,与后一动词不具有明显的"致使"关系时,"使"就虚化为一个假设连词。

(51) 若使郈在君之他竟(境),寡人何知焉?属与敝邑际,故敢助君忧之。(《左传·定公十年》)

这一例"若使NP+VP"句式中,"使"与后面的VP"在君之他竟(境)"没有"致使"作用,表现在VP的性质是一种自然状况,如果"使"是动词,前面缺乏实际的主语,这样的"使"在句法上就羡余了,它从兼语式结构中脱离出来;语义上,VP"在君之他竟"与客观事实"属与敝邑际"相反,因而形成假设语义,"使"由此成为独立于"NP+VP"的假设连词。因为前面的"若"也是假设连词,两者同义复用,加上双音节律的凝固作用,此时"若使"可看作双音假设连词。沈玉成将这一句译为:"如果郉地在君王其他的国境上,寡人知道什么呢?"①李梦生译为:"如果郉地在君王其他地区,寡人怎么会关心它?"②都是将"若使"译为"如果"。

由《左传》"若使"用法可见,动词"使"所处的兼语式"使 NP+VP"由假设连词"若"引起,却缺省主语,因此韵律上"若使"连读为"若使"凝固奠定了基础。当"使"由"派遣"向"致使、让"义虚化,直至"使"与后面的 VP 不再具有某种必然的联系与影响,该"使"从兼语结构中游离出来,与前面的"若"进一步凝固,成为双音假设连词。不过《左传》中这种完全虚化的"使"与"若"结合的"若使"还处于弱势,仅占"若使"用法的 1/8(12.5%),"连词'若'+动词'使'+NP+VP"兼语式假设句用法占优势。

《国语》中"若使"仅有 4 例,其用法与《左传》优势用法基本相似,3 例"使"为动词,为"派遣"义;还有 1 例"若"非假设连词,而是"如"义,"使"为"致使,让"义。

(52)"……君若使有司求诸故府,其可得也。"使求,得之金椟,如之。(《国语·鲁语下》)

(53)骊姬赂二五,使言于公曰:"夫曲沃,君之宗也,蒲与二屈,君之疆也,不可以无主。宗邑无主,则民不威;疆埸无主,则启戎心。戎之生心,民慢其政,国之患也。若使太子主曲沃,而二公子主蒲与屈,乃可以威民而惧戎,且旌君伐。"(《国语·晋语一》)

(54)且今君若使之于周,必见孙周。(《国语·晋语六》)

(55)宋人使门尹班告急于晋,公告大夫曰:"宋人告急,舍之则宋绝。告楚则不许我。我欲击楚,齐、秦不欲,其若之何?"先轸曰:"不若使齐、秦主楚怨。"(《国语·晋语四》)

---

① 沈玉成.左传译文[M].北京:中华书局,1981:541.
② 李梦生.春秋左传译注[M].上海:上海古籍出版社,2010:1266.

例(53)"若使太子主曲沃,而二公子主蒲与屈"与例(48)"若使大子主曲沃,而重耳、夷吾主蒲与屈"句式相同。例(52)"君若使有司求诸故府"为"君若使NP+VP"句式,是兼语式假设句,义为"君王如果派有关官员到旧仓库中寻找",与《左传》"若使"兼语式假设句不同,前面有了主语"君",《左传》中没有一例前面有主语。例(54)为"君若使NP"句式,不是兼语式,"使"为唯一动词谓语,介宾结构"于周"作其补语,义为"现在君主如果派他出使到东周",前面也有主语"君",《国语》中句式比《左传》更倾向于"完形",即主语不缺位,此时韵律上"若"倾向于与单音主语"君"结合成双音单位,"使"的动词性更为明确。例(55)"不若使NP+VP"句式中"使NP+VP"也是兼语式,整个兼语式作"不若"的宾语,义为"不如让齐、楚成为怨楚的主要国家",此句中"若"与前面的否定副词"不"黏合,"使"式兼语结构连接紧密。可见,《国语》中"若使"连用句式中,"使"的动词性都很明显,没有虚化为假设连词的用法,"若使"也无表假设的用法。

《礼记》中有2处"若使"连用,其中"使"均为动词,单独带宾语,如下:

(56)若使人于君所,则必朝服而命之;使者反,则必下堂而受命。(《礼记·曲礼上》)

(57)舅姑若使介妇,毋敢敌耦于冢妇,不敢并行,不敢并命,不敢并坐。(《礼记·内则》)

两句中"若"都是假设连词,"使"分别义为"派遣"和"指使、使唤"。"若使"小句分别意为"如果派人到国君那里去,就一定要穿上朝服嘱咐他"和"公婆如果指使众妇,众妇不敢要求与长妇均分劳役"。例(56)"使"的宾语为单音"人",在韵律上,"若"独立,"使人"结合为双音单位;例(57)"使"宾语为双音成分"介妇",韵律上"使"趋向与"若"组合成双音单位,但"使"与"介妇"之间的动宾语义关系是很明显的。

如上所述,在《墨子》前的主要典籍中,"若使"连用主要为"连词'若'+动词'使'"的用法,动词"使"或直接带宾语,如《国语》《礼记》例子,或带"NP+VP"组合成兼语式结构,以《左传》最为典型,且《左传》中此类"若使"前都缺省主语,使得"若使"韵律上结合为一个双音单位,《左传》出现1例可以看作双音假设连词,即例(51)。这当是"假如,如果"义"若使"最早见用的

例子。以上是《墨子》之前主要典籍中"若使"见用的情况,在传世《老子》版本中也有1见"若使",如下:

(58) a. 民不畏死,奈何以死惧之？<u>若使</u>民常畏死,而为奇者,吾得执而杀之,孰敢？(《老子·七十四章》校定本)

b.〔若民恒且不畏死,〕奈何以杀愳(惧)之也？<u>若</u>民恒是〈畏〉死,则而为者吾将得而杀之,夫孰敢矣!(帛书甲本)

c. 若民恒且不畏死,若何以杀瞿(惧)之也？<u>使</u>民恒且畏死,而为畸(奇)者〔吾〕得而杀之,夫孰敢矣？(帛书乙本)

例(58)《老子》校定本、帛书甲本、帛书乙本均采自陈鼓应《老子注释及评介》。校定本中用"若使",帛书甲本用的是"若",帛书乙本用的是"使",对应来看,a 句中"若使"也当为表假设的连词。不过,陈鼓应将"若使"句译为:"如果使人民真的畏惧死亡,对于为邪作恶的人,我们就可以把他抓来杀掉,谁还敢为非作歹？"①则是将"若使"看作是"连词'若'+动词'使'"的组合,即将"使"看作了动词。辛战军译注本《老子·七十四章》前面两句作:"若民恒且不畏死,奈何以杀惧之也？若民恒且畏死,而为奇者吾将得而杀之,夫孰敢矣？"前句"从帛书乙本写定而依王弼本改'若何'作'奈何'",后句"从帛书乙本写定而依甲本改'使'作'若',增补'吾将'二字,且依王弼本改'畸'作'奇'"②。帛书乙本前用"若",后用"使",都表假设,与"使"作假设连词用法时代当是相符的,似不必据甲本将第二小句句首"使"改为"若"。

《老子》中有单独的"若""使"作假设连词的用法,如:

(59) 道常无名、朴。虽小,天下莫能臣。侯王<u>若</u>能守之,万物将自宾。(《老子·三十二章》)

(60) <u>使</u>我介然有知,行于大道,唯施是畏。(《老子·五十三章》)

(61) 小国寡民。<u>使</u>有什伯之器而不用;<u>使</u>民重死而不远徙。虽有

---

① 陈鼓应.老子注译及评介(修订增补本)[M].北京:中华书局,1984:326.
② 辛战军.老子译注[M].北京:中华书局,2008:282.

舟舆,无所乘之;虽有甲兵,无所陈之。使民复结绳而用之。(《老子·八十章》)

例(60)陈鼓应译为:"假使我稍微有些认识,在大道上行走,担心惟恐走入了邪路。"①该"使"位于主谓小句"我介然有知"之前,无法补出"使"的主语,则该"使"不再是动词,而是已经虚化为假设连词,诚如解慧全等《古书虚词通解》释"使"用作连词时按"此项用法由动词使令义虚化而来",并引袁仁林《虚字说》所言:"'使'字以下,乃未然假设之辞,意在充拓凭虚摹拟。谁使谁令,是乃空中兜转,一若自为使令耳。"②

例(61)"使有什伯之器而不用",陈鼓应译为:"即使有十倍百倍人工的器械却并不使用"③。这个"使"的用法当如后面"虽有舟舆,无所乘之;虽有甲兵,无所陈之"中的"虽",都表示让步假设。例(60)(61)是《老子》中单独的"使"作假设连词的用例。

杨树达《词诠》释"使"义项有"假设连词,设也,若也。今言'假使'"④,举的例子最早为《论语》中例(62):

(62)如有周公之才之美,使骄且吝,其余不足观也已。(《论语·泰伯》)

《老子》时代或比《论语》略早,"使"作假设连词用的例子或可提前至《老子》,前面提到《汉语大词典》"使"的"连词,假使"义项最早引例为《国语》中的例(2),"使"作假设连词用,在《老子》《论语》《国语》中均有典型的用例,当可确定在春秋末"使"已有完全虚化为假设连词的用法。不过,《老子》中仅有例(58a)1处"若使",且该处由帛书甲乙本来看,或"若"或"使",都不是双音"若使"。可见此时"若使"连用表假设是相当受限的,或为后世将"若""使"合言成双音表达,故谨慎起见,姑且不计《老子》该例,而将《左传》例(51)看作"若使"表假设的最早用例。其后就是在《墨子》中"若使"表假设出现较多用例。

---

① 陈鼓应.老子注译及评介(修订增补本)[M].北京:中华书局,1984:265.
② 解慧全,崔永琳,郑天一.古书虚词通解[M].北京:中华书局,2008:632.
③ 陈鼓应.老子注译及评介(修订增补本)[M].北京:中华书局,1984:346.
④ 杨树达.词诠[M].上海:上海古籍出版社,2006:197.

(三)《墨子》之后假设连词"若使"见用情况

"使"作"使令"动词的用法一直颇为常见,表层同是"若使",可能是假设连词"若"与动词"使"连用,也可能是双音假设连词"若使",即"若使"具有歧义性。双音假设连词"若使"的使用数量在《墨子》中似乎达到了巅峰,由于语言明确性原则的作用,《墨子》之后的典籍中假设连词"若使"的使用颇为有限。《商君书》《韩非子》《管子》《晏子春秋》《吕氏春秋》都有"若使"作假设连词的用例,但一般仅有一二例,《晏子春秋》《吕氏春秋》稍多,分别有 4 例、5 例。

(63) 今夫骐骥以相监,不可,事合而利异(同)者也。<u>若使</u>马焉能言,则骐骥无所逃其恶矣,利异也。(《商君书·禁使》)

(64) <u>若使</u>管仲大贤也,且为汤、武。汤、武,桀、纣之臣也,桀、纣作乱,汤、武夺之,今桓公以易居其上,是以桀、纣之行居汤、武之上,桓公危矣。<u>若使</u>管仲不肖人也,且为田常。田常,简公之臣也,而弑其君,今桓公以易居其上,是以简公之易居田常之上也,桓公又危矣。(《韩非子·难二》)

(65) 万物尊天而贵风雨,所以尊天者,为其莫不受命焉也;所以贵风雨者,为其莫不待风而动,待雨而濡也。<u>若使</u>万物释天而更有所受命,释风而更有所仰动,释雨而更有所仰濡,则无为尊天而贵风雨矣。今人君之所尊安者,为其威立而令行也;其所以能立威行令者,为其威利之操莫不在君也。<u>若使</u>威利之操不专在君,而有所分散,则君日益轻,而威利日衰,侵暴之道也。(《管子·版法解》)

例(63)《商君书》中 1 例"若使"作假设连词,《商君书新注》注"焉"为"句中语气词",将"若使"句及其后内容译为"如果马能说话,那么马夫干了坏事就逃脱不了"[1];安徽大学中文系选注《商君书》译为"假如使马在这里会说话,那么掌马的官和管兽的官就无法逃避他们的罪恶了"[2],可见是把"焉"解为"在这里";石磊译为"假如马什么时候会说话,马夫的罪恶就无处隐藏了,因为马和马夫的利益是不同的"[3],可见是将"焉"释作"什么时候"。这 3

---

[1] 《商君书新注》编辑组.商君书新注[M].西安:陕西人民出版社,1975:221.
[2] 安徽大学中文系《商君书》注译小组.《商君书》选注[M].合肥:安徽人民出版社,1974:115.
[3] 石磊.商君书[M].北京:中华书局,2011:168.

种理解中"焉"的用法似都不是其常见用法,《汉语大词典》"焉"义项"语气词,表示停顿,用于分句末或句中",如《庄子·则阳》:"君为政焉,勿卤莽;治民焉,勿灭裂。"《公羊传·庄公元年》:"于其出焉,使公子彭生送之。"第二例当是其所谓"用于句中"例,当是考虑整个句子是一个单句,"于其出焉"作状语,不过"于其出"是介宾结构,句式上也可看作是小句形式,此时后面才用语气词"焉"表停顿,而"马焉能言"中"焉"若是语气词,则位于主谓之间,这种用法罕见。"焉"释为"在这里",一般也是位于句末。

杜丽荣把"焉"看作"普通名词,焉鸟,用本义",并认为是《商君书》"单音实词中的新词新义",按:"《汉语大词典》引唐黄涛《唐城客梦》'群焉胙充,飞而不举'例、《汉语大字典》引《禽经》'黄凤谓之焉'例,俱晚于《商君书》。"① 《说文解字》释"焉"为"焉鸟,黄色,出于江淮"②,例(63)"焉"是否就是用了本义,这是值得考虑的。据《汉语大词典》,"驺"为"古时掌管养马并管驾车的人","虞"为"古代掌管山林川泽之官",又有"驺虞"释为"天子囿中掌鸟兽的官",则"马焉"释为"马与鸟",对应"驺虞"所掌管的对象,似较为合理。

也有释"焉"为"鸟,这里泛指猎场的飞禽走兽",整句注为:"若使马、焉能言,则驺、虞无所逃其恶矣,利异也;如果马和鸟兽会说话,驺和虞就没有办法隐瞒他们罪恶了,因为马和驺、鸟兽和虞的利益是不一致的。"③这一理解当是符合文意与语言规律的。

《韩非子》《管子》各有2例假设连词"若使",前后照应而言,都引起一个主谓式条件小句。例(64)两个"若使"小句分别意为"假如管仲是大贤人""假如管仲是没才德的人",从正反两面进行假设推理;例(65)前面讲"万物尊天而贵风雨",又引出其原因,"若使"句从假设否定原因进行推理,得出"无为尊天而贵风雨"这一反面结论,后一"若使"用法同此。上述诸例中与"若使"小句相照应,结论小句也多有连词引起,形成"若使……则""若使……且……"关联词。

《韩非子》另有1例"若使",其中"使"似作使令动词解。

(66) 故曰:小忠,大忠之贼也。若使小忠主法,则必将赦罪以相

---

① 杜丽荣.《商君书》实词研究[M].济南:山东文艺出版社,2010:48、318.
② 许慎,徐铉.说文解字[M].北京:中华书局,2013:77.
③ 朝阳重型机器厂,等.《商君书》选注[M].沈阳:辽宁人民出版社,1975:90.

爱,是与下安矣,然而妨害于治民者也。(《韩非子·饰邪》)

张觉等将该"若使"句译为"如果让奉行小忠的人掌管法制"①,是将"使"译为"让",这里的"使"前面确实可以补出某一隐含的主语,如"为政者",所以此句"使"还当是动词,不当将"若使"看作双音假设连词。此处动词"使"词义相当抽象,但其与假设连词的用法还是有细微的差别。

《晏子春秋》中"若使"共4见,均为假设连词的用法,其中1例即为前面提及的《汉语大词典》引用的例(27):"若使古之王者毋知有死,自昔先君太公至今尚在,而君亦安得此国而哀之?"其余3例如下:

(67) 景公出游于公阜,北面望睹齐国曰:"呜呼!使古而无死,何如?"晏子曰:"昔者上帝以人之殁为善,仁者息焉,不仁者伏焉。若使古而无死,丁公、太公将有齐国,桓、襄、文、武将皆相之,君将戴笠衣褐,执铫耨以蹲行畎亩之中,孰暇患死!"(《晏子春秋·内篇谏上》)

(68) 政则晏子欲发粟与民而已,若使不可得,则依物而偶于政。(《晏子春秋·内篇杂上》)

(69) 晏子对曰:"婴闻拒欲不道,恶爱不祥,虽使色君,于法不宜杀也。"公曰:"恶然乎!若使沐浴,寡人将使抱背。"(《晏子春秋·外篇》)

例(67)"若使"与前面的"使"照应,都是假设连词;例(68)"若使不可得"意为"假如无法实现";例(69)"若使"句,卢守助译为"如果我沐浴的话,我还要让他抱着我的后背啰"②,前面的"虽使"也是双音连词,表示假设,"即使(羽人)称赞君主容貌美好,依法不应该杀了他"。《晏子春秋》中"若使"引起假设情况,后一小句仅例(68)有"则"引起,例(67)(69)后一小句中使用了表将来的时间副词"将"。例(67)"若使"引起的条件小句为假命题,其推论中的"将"带有了虚拟语气;例(69)"若使"引出一种假设的情况,后面的"寡人将使抱背"并非由此导致的推论,前后是承接关系,故此处用了一种略为夸张的假设,以其实际上的不合理性,来对前面晏子的说法进行质疑,对其"恶

---

① 张觉,等. 韩非子译注[M]. 上海:上海古籍出版社,2012:137.
② 卢守助. 晏子春秋译注[M]. 上海:上海古籍出版社,2012:214.

然乎(怎么是这样呢)"的感慨加以补充。

《吕氏春秋》有 5 例"若使"假设连词,如下:

(70) 庖人调和而弗敢食,故可以为庖。若使庖人调和而食之,则不可以为庖矣。王伯之君亦然。诛暴而不私,以封天下之贤者,故可以为王伯。若使王伯之君诛暴而私之,则亦不可以为王伯矣。(《吕氏春秋·去私》)

(71) 若桀纣不遇汤武,未必亡也;桀纣不亡,虽不肖,辱未至于此。若使汤武不遇桀纣,未必王也;汤武不王,虽贤,显未至于此。(《吕氏春秋·长攻》)

(72) 魏敬谓王曰:"以河内孰与梁重?"王曰:"梁重。"又曰:"梁孰与身重?"王曰:"身重。"又曰:"若使秦求河内,则王将与之乎?"王曰:"弗与也。"(《吕氏春秋·言应》)

(73) 若使中山之王与齐王闻五尽而更之,则必不亡矣。其患不闻,虽闻之又不信。(《吕氏春秋·先识》)

例(70)两个"若使"句都是针对前面内容从反面进行假设论述,通过"若使……则……"形成假设复句。前后正反两面论述,前不用"若使",后用"若使",语意重点在于对前面内容的肯定,"若使"句只是从反面推理对其加以确定。例(71)后面"若使"与前面的"若"相对而言,提起并列的假设论述,也是"若使"作假设连词典型的用例。例(72)"若使"相当于"若",该句译为"假使秦国向您请求河内","若使"为独立的双音假设连词。例(73)"若使"中"使"似乎可以解为动词,"使……闻而更之"构成兼语句,如张双棣等译为"假如让中山国的君主和齐国的君主闻知'五尽',并改正自己的恶行,那就一定不会灭亡了"[①],不过对照后面的"其患不闻,虽闻之又不信"(他们的祸患在于没有听到这些话,即使听到了又不相信),"若使"看作假设连词当更合适,虽译为"让",其"使令"义已相当空虚,难以补出确定的施事,故"若使……闻而更之"中"闻而更之"与后面的"虽闻之又不信"相应,也为主动句式解更佳。

---

① 张双棣,等.吕氏春秋译注(修订本)[M].北京:北京大学出版社,2011:425.

杨伯峻《古汉语虚词》提到"'若'作假设连词,有时作'若其''若苟''若使''若或'",对"若使"的用法,其所举例子就是例(71)《吕氏春秋·长攻》"若使汤武不遇桀纣,未必王也"(假使商汤、周武不碰到夏桀、商纣,不一定能够统一天下称王)与《墨子·兼爱上》"若使天下兼相爱,爱人若爱其身,犹有不肖者乎"(假使天下互相爱护,爱别人像爱本身一样,天下还有坏人么)①,此例即前面的例(31),杨著引例时将其中的"孝"误作"肖",其实不是指一般的"坏人",而是特指"不孝顺的人",与下文"慈"相对而言。确实如此,"若"有时候与"若使"并用,如例(71),一用"若",一用"若使",也有"使"与"若使"并用的,如例(67),不过"若使""若苟"等双音连词的用法似不仅仅等同于"若"的用法。"若"主要用于假设复句前一小句,引出假设条件,"若苟""若使"除了具有"若"的这一用法外,在篇章衔接上有时还具有超越复句内部的联系作用。比如"若苟"在《墨子》中使用数量多,有个突出的特点,即多见于承接前文的假设推理句群中,句式上呈现出"A,若苟 A,则 B"顶针句式,即"若苟"提起的假设条件小句紧承上文的内容,如:

(74) 事则不与,禄则不分,请问天下之贤人将何自至乎王公大人之侧哉?若苟贤者不至乎王公大人之侧,则此不肖者在左右也。不肖者在左右,则其所誉不当贤,而所罚不当暴,王公大人尊此以为政乎国家,则赏亦必不当贤,而罚亦必不当暴。若苟赏不当贤而罚不当暴,则是为贤者不劝而为暴者不沮矣。(《尚贤中》)

这一例中两个"若苟"如链条的关键一般,把整个文段都串联起来了,中间"不肖者在左右"承接前文进一步推理,其所在复句也是假设关系,推出"则其所誉不当贤,而所罚不当暴"的结论,但小句句首没有用"若苟",可见该文段中"假设"语义并非重点,"推理"才是重点。由此衬托出前后两个"若苟"尽管在其所在复句内部有标识假设关系的作用,但主要还起着联系前后复句的标记作用,标记着推论由此及彼不断向前推进。

与"若苟"在篇章衔接上的作用相似,"若使"除了表示复句内部前后小句之间的假设语义关系,在复句之间有时也起标记关联作用,其关联特点与

---

① 杨伯峻. 古汉语虚词[M]. 北京:中华书局,1981:136.

第四章 《墨子》特殊连词

"若苟"有所不同。观察《墨子》例(34),前面讲天下乱的根源是"皆以疑惑鬼神之有与无之别,不明乎鬼神之能赏贤而罚暴也",紧接着用"今若使"引出反面推论,假如"天下之人偕(皆)若(衍)信鬼神之能赏贤而罚暴也",得出结论"则夫天下岂乱哉",也是与前面"天下乱"相反的"天下不乱";例(35)两个"若使"引起假设"鬼神请有""鬼神请亡",复句之间语义也是一正一反;《韩非子》例(64)两个"若使"引起假设"管仲大贤""管仲不肖人也",一正一反进行假设推论;《管子》例(65)、《吕氏春秋》例(70)中,前后两个"若使"引起的假设复句语义上分别与前面的内容构成正反比照。可见,"若使"所在特殊句式或为"A,则B也;若使－A,则C也",如例(34)(65)(70);或为"若使A,则B也;若使－A,则C也",如例(35)(64),其中B与C往往语义上也具有相反关联。由此可见,"若使"在篇章语段中还可以标记上下文假设推论之间的正反关联,这是"若使"所特有的用法。

"若苟""若使"作为汉语史上假设连词系统中的一员,我们不能仅仅满足于将其用法定性为"假设连词",需更多关注其产生与演变的过程和机制,并挖掘其具体用法的独特性,以与其他功能相似的连词相区别。除了考虑复句内部小句间的语义关系,关注连词对标记复句之间关联以及语段篇章衔接的作用,在研究连词用法中是极为必要和重要的。

纵观先秦汉语中双音假设连词"若使"的产生与使用情况,我们发现《墨子》是"若使"使用最多的典籍,多用"若使"来进行假设推理。由于"若使"脱胎于"若＋'使'兼语式"结构,而"使"作使令动词的用法自古及今都很常见,一定程度上影响了"若使"的凝固性,一些句子似可作两解,如例(66)(73),其中细微差别,需结合上下文仔细辨别。"若使"最终退出了假设连词系统,西汉《史记》中仅见1例"若使",为兼语式假设句:"今韩以器之在楚,臣恐天下以器雠楚也。臣请譬之:夫虎肉臊,其兵利身,人犹攻之也;若使泽中之麋蒙虎之皮,人之攻之必万于虎矣。"(《史记·楚世家》)"使泽中之麋蒙虎之皮"为使令式兼语句,"蒙虎之皮"不是"泽中之麋"的自发行为,当是人为使之,故此句中"若使"不是双音假设连词。

可见,《墨子》在双音假设连词"若使"的使用上具有代表性,如上所说,杨伯峻《古汉语虚词》举"若使"用例,引《墨子》《吕氏春秋》例,是注意到了两书中"若使"的典型性。《汉语大词典》"若使"词条引例,仅引《晏子春秋》1例,可补充《左传》最早例,以及《墨子》《吕氏春秋》中用例。《晏子春秋》"若使"使用有其特殊性,全书共 4 见"若使",均为双音假设连词。《墨子》《吕氏春秋》中"若使"连用还有其他用法,《吕氏春秋·不侵》有"君不若使人西观秦王,意者秦王帝王之主也,君恐不得为臣,何暇从以难之?意者秦王不肖主也,君从以难之未晚也",为"不若使 NP+VP","若"为"如"义,"使"为"派遣"义。

四、当使

(一)《墨子》"当"的假设连词用法

谢德三《墨子虚词用法诠释》释"当"的用法,有一条用法是"用于假设关系复句之假设小句上,相当于'如''若'字,与'倘'通"①,举出的例子有:

(75)然则奚以为治法而可?当皆法其父母奚若?天下之为父母者众,而仁者寡,若皆法其父母,此法不仁也。法不仁,不可以为法。当皆法其学奚若?天下之为学者众,而仁者寡,若皆法其学,此法不仁也。法不仁,不可以为法。当皆法其君奚若?天下之为君者众,而仁者寡,若皆法其君,此法不仁也。法不仁,不可以为法。故父母、学、君三者,莫可以为治法。(《法仪》)

(76)今且天下之王公大人士君子,中情将欲求兴天下之利,除天下之害,当若繁为攻伐,此实天下之巨害也。(《非攻下》)

(77)民有三患:饥者不得食,寒者不得衣,劳者不得息,三者民之巨患也。然即当为之撞巨钟、击鸣鼓、弹琴瑟、吹竽笙而扬干戚,民衣食之财将安可得乎?即我以为未必然也。(《非乐上》)

(78)止,无久之不止,当牛非马,若矢过楹。有久之不止,当马非马,若人过梁。(《经说上》)

谢著将上述诸例中"当"都看作是"倘"的通假字,并在例(75)下按"《词诠》及《高等国文法》均谓'当'若也,为假设连词"。杨树达《词诠》列"当"义项有:"假设连词,若也,如也。与'倘'音近字通,故用法同。"②其所举例子

---

① 谢德三. 墨子虚词用法诠释[M]. 台北:学海出版社,1982:301-302.
② 杨树达. 词诠[M]. 上海:上海古籍出版社,2006:45.

第四章 《墨子》特殊连词

有上面的例(75)(77),还有以下 3 个例子:

(79) 若之二士者,言相非而行相反与?<u>当</u>使若二士者,言必信,行必果,使言行之合犹合符节也,无言而不行也。(《兼爱下》)

(80) 先祖<u>当</u>贤,后子孙必显行。(《荀子·君子》)

(81) 虎豹之所以能胜人执百兽者,以其爪牙也;<u>当</u>使虎豹失其爪牙,则人必制之矣。(《韩非子·人主》)

认为"当"作假设连词是通"倘"而来的用法,这一看法较为普遍,如例(75),谭家健注"当"为"同'倘',倘若"①;孙诒让《墨子间诂》则注为"当与尝通。尝,试也",同时也列了王引之云:"'当'并与'傥'同。"②例(79)"当使"句,《墨子间诂》引王引之云:"当与倘同。若,此也。言倘使此二士之言行相合,则无言而不行也。"孙诒让按曰:"'当'疑当为'尝'之借字,详上篇。"《兼爱上》"当察乱何自起"中"当",孙注:"当读为尝,同声叚借字。《荀子·君子》篇'先祖当贤',杨注云:'当,或为尝。'《孟子·万章》篇'是时孔子当阨',《说苑·至公》篇引'当阨'作'尝阨',是其证。"③可见,孙诒让主张"当"通"尝"。

《汉语大词典》"当"词条列有"连词"义项,释为:"相当于'傥''倘若'。表示假设。"引例首列《墨子》例(75),引孙诒让《墨子间诂》引王引之曰"当并与傥同"。又列"当使"词条,释为"倘使,连词,表示假设",引两例,即《墨子》例(79)与《韩非子》例(81),在《墨子》例后引《墨子间诂》载王引之曰:"'当'与'傥'同。若,此也。言傥使此二士之言行相合,则无言而不行也。"在《韩非子》例后引梁启雄《韩子浅解》引王引之《经传释词》:"'当'与'傥'同。傥,或然之词。"又说:"一说'当使'即'尝使'。陈奇猷《集释》引于省吾曰:'按当尝古字通。当使,即尝使,犹言试使也。'"《汉语大词典》确立"当"作假设连词用的义项,没有明确指出该用法是通"倘"还是通"尝",只是说"相当于'傥''倘若'",或可理解为这一用法是"当"本身的用法,但其所引例句多附王引之"'当'与'傥'同"之说,则实际上是认可"当"这一用法上与"傥(倘)"

---

① 谭家健,孙中原. 墨子今注今译[M]. 北京:商务印书馆,2009:17.
② 孙诒让,孙启治. 墨子间诂[M]. 北京:中华书局,2001:21.
③ 孙诒让,孙启治. 墨子间诂[M]. 北京:中华书局,2001:117、99.

通，特别是"当使"一词实则看作是通"倘使"，但又附了"当使"即"尝使"的另一说，可见其在"当"究竟是通"倘"还是"尝"这一问题上是存疑的，或许这正是其在释义措辞上未径言"当"与"倘"之通假关系的原因。

《通假字汇释》兼列"当"通"傥（倘）"、通"尝"义项，在其引例中，将例（75）"当皆法其父母奚若"中的"当"列入通"尝"项，采孙诒让《墨子间诂》"当与尝通。尝，试也"；将例（77）（79）也同列入通"尝"项，例（77）采《墨子间诂》"当、尝字通。尝，试也"；将例（81）列为通"傥（倘）"诸例中第一例，并注"当使，即倘使"①。可见，与《汉语大词典》所采意见倾向不同，《通假字汇释》未采王引之看法，而采孙诒让看法。我们通过 CCL"古代汉语"语料库检索了西汉之前典籍中"当使"见用的情况，仅有两见，即为例（79）与例（81），正是《汉语大词典》"当使"词条所举两例。不知《通假字汇释》为何将两例中"当"分属通"倘"与通"尝"，两例中"当"用法当相同。

如上所析，"当"到底通"倘"还是通"尝"？这是一个需要深究的问题。我们认为"当"作假设连词用，通"尝"的可能性更大，尤其是《墨子》中"当"通"尝"尤为典型，然而"尝"一般似不用作假设连词，而假设连词却为"倘"之常见用法，或因此而容易将此用法之"当"与"倘"关联起来，而忽略其与"尝"在这一用法上的关联。《通假字汇释》释"当"通"尝"，多引《墨子》语例，有两个义项，一是"试，尝试"，二是"曾经"，前者如上面所说的例（75）（77）（79），后者如：

(82) 昔者郑穆公<u>当</u>昼日中处乎庙，有神入门而左，鸟身，素服三绝，面状正方。(《明鬼下》)

孙诒让《墨子间诂》注"当，吴钞本作尝，古字通用"，《通假字汇释》又按："'尝''当（當）'皆从'尚'得声，故可通借。"②

通过以上梳理，我们要解决"当"是通"倘"还是"尝"，要处理的问题有：第一，"倘"表假设连词的用法始于何时？第二，"尝"是否有表假设的用法？第三，《墨子》中"当"与"倘""尝"通用的情况如何？

---

① 冯其庸，邓安生. 通假字汇释[M]. 北京：北京大学出版社，2006：657.
② 冯其庸，邓安生. 通假字汇释[M]. 北京：北京大学出版社，2006：658.

（二）"倘"的假设连词用法溯源

《王力古汉语字典》释"倘"平声 tāng 义"惊疑的样子"，如《庄子·在宥》："倘然止。"上声 tǎng 义"倘或，倘使，假设之词（后起义）"，如北周庾信《寄徐陵》诗："故人倘思我，及此平生时。"并按《说文》无倘字"。① 许慎《说文解字》未收"倘"字，徐铉在"人"部新附字中增加"倜""傥"，分别释为"倜，倜傥，不羁也""傥，倜傥也"②。《通假字汇释》所谓"当"通"傥"，表"假设"，以及"见《说文》新附，俗作'倘'"，是值得讨论的。显然《说文解字》新附的"傥"乃"倜傥"之"傥"，与假设用法无关，将"倘"看作"傥"的"俗字"，也并非定论。

魏德胜研究《睡虎地秦墓竹简》中表示假设关系的连词，列有"倘（尚、党、当）"，并注明："在《睡简》中有3种表现形式：尚、党、当。共有5例。"又说："'倘'作表假设关系的连词最早见于战国后期。《睡简》中的5个例子是最早的一批用例。"③此时并无"倘"字形，字作"尚、党、当"均可能是通"尝"。不过如魏著所言，即使是"倘"，其假设连词用法也是战国后期才见，故《墨子》中表假设的"当"是"倘"的可能性相当低。

周广干在讨论"傥令"/"倘令"两个假设连词"分别是由假设连词'傥''倘'与'令'并列复合而成"时，提到"'倘'与'傥'为同音同义字，二词不别，不过在汉语史上单行"，又说"'傥令'/'倘令'都在中古汉语出现：'傥令'出现较早，'倘令'当晚至唐五代时期才出现"④。董志翘、马景仑释江淹《别赋》"傥有华阴之上士"中"傥"为"通'倘'，或者"，明确"傥倘"为"通假字"⑤。不过，在表假设的用法上，多将"倘"视同"傥"，如林连通、郑张尚芳《汉字字音演变大字典》注"党"音 tǎng，注为"后作'傥（倘）'"⑥。董志翘、蔡镜浩提道："'傥'作副词，表'偶然'之义，先秦已见。《庄子·缮性》：'轩冕在身，非性命也。物之傥来，寄者也。''物之傥来'即外物偶然到来。故成玄英疏：'傥者，意外忽来者耳。'后来'傥'常用作假设连词，表'假如''倘如'之义。

---

① 王力.王力古汉语字典[M].北京：中华书局，2000：35.
② 许慎，徐铉.说文解字[M].北京：中华书局，2013：165.
③ 魏德胜.《睡虎地秦墓竹简》语法研究[M].北京：首都师范大学出版社，2000：221-222.
④ 周广干.《汉语大词典》失收双音假设连词榷补[M]//浙江大学汉语史研究中心.汉语史学报（第13辑）.上海：上海教育出版社，2013：348-353.
⑤ 董志翘，马景仑.王力《古代汉语》同步辅导与练习（下）[M].北京：中华书局，2009：254.
⑥ 林连通，郑张尚芳.汉字字音演变大字典[M].南昌：江西教育出版社，2012：2084.

而'偶然'义渐被湮没,故表出之。'傥(倘)'作为副词,表'或者''也许'义,正是从'偶或'义引申而来的。"①徐仁甫《广释词》认为:"傥犹'或',表态副词。倘同傥,或也。"②"傥"当是由"偶然、偶或"义频率副词用法虚化为"或者、也许"义表可能性的测度副词,进而虚化为表假设的连词。在测度副词及假设连词用法上,"倘"的用法应当正是通"傥"之用。通假字"倘"的出现及发展,当是出于文字记录词义的专一化需求,"傥"后专用于"倜傥"一词,而其原先的副词、连词用法则主要由"倘"承担。

《汉语大词典》"傥"有"倘若;假如"义,"表示假设",首引《三国志·魏志·董昭传》"围中将吏不知有救,计粮怖惧,傥有他意,为难不小"例。《汉语大词典》释"倘"为"或许,可能"义、"倘若,假如"义,前者为副词,后者为连词,假设连词的用法当由"或许,可能"义副词用法进一步语法化而来。副词义引例首举三国魏曹操《让县自明本志令》:"所以然者,多兵意盛,与强敌争,倘更为祸始。"连词义引例首举北周庾信《寄徐陵》诗:"故人倘思我,及此平生时。"由此,我们初步推断,"傥(倘)"作假设连词很可能是在魏晋南北朝时期新产生的用法。在中古汉语中,"傥(倘)"产生假设连词用法,之后便与其他单音假设连词复合为双音假设连词,如前引周广干所言"'傥令'/'倘令'都在中古汉语出现"。

综上,上古汉语中"傥、倘"不用作假设连词,且《墨子》中不见 1 例"傥、倘"字,将作假设连词用的"当"看作通"傥(倘)",显然是说不通的。以晚出词义来律早期通假字,这正是忽视了词义演变与发展的历史性。

(三)《墨子》"尝"的用法

"尝"在古汉语中最常见的用法有两个,一是动词,表"试,尝试",一是副词,表"曾经"。这两种用法在《墨子》中都有用例,谢德三《墨子虚词用法诠释》指出《墨子》中"尝"字有"动词及限制词"两种词性,其"限制词"即副词;又说"惟多半用作限制词",并将"限制词"用法分为两类,一类即"意犹'曾'也,曾经也",一类是"意亦犹'试'也,'尝试'也"③。这后一类"试"义的副词"尝"用例如:

---

① 董志翘,蔡镜浩.中古虚词语法例释[M].长春:吉林教育出版社,1994:503-504.
② 徐仁甫.广释词[M].成都:四川人民出版社,1981:278.
③ 谢德三.墨子虚词用法诠释[M].台北:学海出版社,1982:313.

第四章 《墨子》特殊连词

(83) 此又天下之害也,姑<u>尝</u>本原若众害之所自生,此胡自生?(《兼爱下》)

(84) 今<u>尝</u>计军上(出),竹箭、羽旄、幄幕、甲盾、拨劫,往而靡弊腑冷不反者,不可胜数。(《非攻中》)

对于例(83),谢著按:"'尝'修饰句中动词'本原'(即推究也)。"可见,同为"试"义,其区分动词与限制词(副词),是因为此处"尝"后有一主要的谓语动词,该"尝"降次为副词。谢著仅举1例"试"义动词用例:

(85) 今若有一诸侯于此,为政其国家也,曰:"凡我国能射御之士,我将赏贵之,不能射御之士,我将罪贱之。"问于若国之士,孰喜孰惧? 我以为必能射御之士喜,不能射御之士惧。我赏(尝)因而诱之矣,曰:"凡我国之忠信之士,我将赏贵之,不忠信之士,我将罪贱之。"问于若国之士,孰喜孰惧? 我以为必忠信之士喜,不忠不信之士惧。(《尚贤下》)

这一例,谢著引作"我以为必能射御之士喜,不能射御之士惧,我尝因而诱之矣","我尝因而诱之矣"当连下文,前句属于上一语段,前面"今若有一诸侯于此",后面"我赏(尝)因而诱之矣"分别引起两个并列的假设推导。句中原作"赏"字,孙诒让《墨子间诂》注:"'赏'当为'尝'。尝,试也。此句为下文发端。书中'尝'字多讹为'赏',详《尚同下》篇。"① 而《尚同下》相关语句如下:

(86a) 故子墨子曰:然胡不<u>赏(尝)</u>使家君试用家君发宪布令其家,曰:"若见爱利家者必以告,若见恶贼家者亦必以告。若见爱利家以告,亦犹爱利家者也,上得且赏之,众闻则誉之;若见恶贼家不以告,亦犹恶贼家者也,上得且罚之,众闻则非之。"是以徧若家之人,皆欲得其长上之赏誉,辟其毁罚。(《尚同下》)

这一段《墨子间诂》引王念孙云:"'赏'字义不可通,'赏'当为'尝'。

---

① 孙诒让,孙启治.墨子间诂[M].北京:中华书局,2001:66.

'尝''赏'字相似,又涉上下文'赏罚'而误。'使家君'三字,则涉下文'使家君'而衍。既言'用家君',则不得又言'使家君'。'胡不尝试用家君发宪布令其家'作一句读。"孙诒让按:"王校是矣。然下文说国君发宪布令,则云'故又使家君总其家之义,以尚同于国君';说天子发宪布令,则云'故又使国君选其国之义,以尚同于天子',则此文疑亦当云'胡不尝使家人总其身之义,以尚同于家君,试用家君发宪布令其家',前后文例乃相应。盖今本'胡不尝使家'下脱十一字,'使家君'三字非衍文也。"①我们赞同孙诒让的看法,认为此句当校为:

(86b) 然胡不赏(尝)使家人总其身之义,以尚同于家君,试用家君发宪布令其家,曰:……(《尚同下》)

谢著《墨子虚词用法诠释》举例(85)正是采孙诒让《墨子间诂》所校,"我尝因而诱之"意为"我尝试接着劝导他们",这里本质上也是一种假设,同前面的"今若"句,可见其中的"尝"意义也相当抽象,仅仅是句法上与后一动词之间有"因而"插入而将其视为动词,其本质与例(83)颇为相似。《墨子》中"试"义"尝"的用法大多如此,即当归入谢著所言之"限制词"(副词),这正是其说《墨子》中"尝"字"惟多半用作限制词"的原因所在。

《古书虚词通解》列"尝"的"副词"义项,引《词诠》"副词,试也",引《古书虚字集释》"试也",字或作"当",字又或作"赏",列举的例子中即有"当察乱何自起?起不相爱"(《兼爱上》),还有"我赏因而诱之矣"(《尚贤下》),并按:"此项用法由动词尝试义虚化而来,与'试'演化平行。"②就是将例(85)"赏(尝)"不再看作"试"义动词,而是看作"试"义副词。

例(86)"赏(尝)使"例为例(79)《墨子·兼爱下》"当使"例实为"尝使"提供重要例证。诚如例(85)"(赏)尝"用于引出假设推导,"尝"表示"试,尝试",当其后引出的动作行为并非一个实际发生的动作行为时,整个语句表达的是一种假设语意。这正是谢德三《墨子虚词用法诠释》将例(83)"尝本原"句中"尝"看作"试"义副词的原因所在。谢著提出"尝"作"限制词"(即副

---

① 孙诒让,孙启治.墨子间诂[M].北京:中华书局,2001:93.
② 解慧全,崔永琳,郑天一.古书虚词通解[M].北京:中华书局,2008:52.

词)的用法,我们认为是相当有必要的,而这一用法却是一般辞书所不列的,如《汉语大词典》中"尝"有"试探、试验"义,所举例子均为"尝"直接带名词或代词宾语(如《左传·襄公十八年》"臣请尝之"),"副词"用法仅列"曾经"义;《王力古汉语字典》"尝"义项中"副词"条也是"曾经"义①;向熹《简明汉语史》也只提到"尝"的时间副词用法②。可见,一般都没有注意到"尝 VP"式表示假设推导的用法中"尝"的特殊性。不过,如上引《古书虚词通解》列举,也有一些古汉语虚词研究列出了"尝"表"试"义的副词用法,考察其中例句,可发现对"尝"的"试"义副词用法大多还不甚清晰,尤其是其与"试"义动词"尝"的区别不明显。

《词诠》"尝"词条第一义项"外动词",引《说文解字》"尝,口味之也";第二义项也是"外动词","前义引伸之,则凡试于事亦曰尝",仅举 1 例,即上引《汉语大词典》引例"臣请尝之";第三义项是"副词,试也",并未说明什么类型的副词("曾经"义"尝"明确为"时间副词"),所举 2 例为:"虽然,请尝言之!"(《庄子·齐物论》)"虽然,若必有以也。尝以语我来!"(《庄子·人间世》)③《古书虚字集释》释"尝"为"试也",举了 3 例,两例即《词诠》2 例,还有"尝试与来"(《庄子·应帝王》),此例注"'尝试'是复语"④。如《词诠》所说,"凡试于事亦曰尝",尽管其所举例子"尝"的宾语是指代前文某一事的"之",但观察其举为"试"义副词"尝"的两例以及《古书虚字集释》中的例子,"尝"后面宾语都是具体的"事",为某一具体行为,这些"尝"均为"试于事",当属于动词用法,只不过后面的宾语是谓词性成分。可见,对"试"义"尝"究竟是动词还是副词,其区别并不明确。

杨伯峻、何乐士《古汉语语法及其发展》明确了"尝"的"试"义副词用法属"状态副词",其"状态副词"最后一类是"表直接、毕竟",又分为"表直接、表毕竟、表侥幸、表尝试"四小类,表"尝试"类指"用在动词谓语前,表示动作行为带有尝试性",下列"试"与"尝,尝试"两条,"试"例引"兵既整齐,王可试下观之"(《史记·孙子吴起列传》),而"尝,尝试"例引"我虽不敏,请尝试之"(《孟子·梁惠王上》)"尝试释詹子之察,而使五尺之愚童子视之,亦知其黑

---

① 王力.王力古汉语字典[M].北京:中华书局,2000:132.
② 向熹.简明汉语史(修订本)[M].北京:商务印书馆,2010:136.
③ 杨树达.词诠[M].上海:上海古籍出版社,2006:190.
④ 裴学海.古书虚字集释[M].上海:上海书店,1996:834.

牛而以布裹其角也"(《韩非子·解老》),并说明前例"'尝'修饰'试'",后例"'尝试'修饰'释'"①。"请尝试之"中"尝试"未必是"尝"修饰"试",很可能是同义复用动词,后一例"尝试"后为具体的行为事件,"尝试"的动词意味也比较明显。

先秦汉语中"试"义"尝"后带 VP 的句式"尝 VP"不是很常见("曾经"义"尝"常见此句式),如上面《词诠》等引用的《庄子》之例,而在《庄子》之前的典籍中,则颇为少见。我们考察了《论语》《礼记》《国语》《孟子》,都没有"试"义"尝 VP"句式。《左传》"尝"用法较具有代表性,有先秦汉语中"尝"的几种主要用法。《春秋左传词典》"尝"列出 6 个义项,分别是"尝味""尝异味""试""试探""曾经""祭名",其中"试"义引例为"请尝之"(《左传·哀公二十年》),"试探"义引例为"使勇而无刚者,尝寇而速去之"(《左传·隐公九年》)②。"试""试探"义引例后面所带宾语分别为代词"之"和名词"寇",可见这两义"尝"也都是动词用法,也就是说《左传》中"尝"并无"试"义副词的用法。

我们详细考察了《左传》"尝"的用法,发现有 1 例"试"义"尝"处于"尝 VP"句式,即:"君盍尝使诸周而察之?"(《左传·成公十七年》)此例"尝"为"试"义,其后 VP 为"使诸周而察之",VP 是具体的行为,故此例"尝"动词意味还较为明显,表示试着做后面的 VP 行为。不过随着"尝"后面的宾语由名词或代词扩展为谓词形式,VP 占据语意重点,前面的"尝"就趋向句法降级,由动词向副词发展。只是"试"义"尝 VP"句式在《墨子》之前见用相当有限,故"试"义副词的用法在以往研究中并未受到充分认识。当我们考察《墨子》"尝"的用法时,则发现"试"义"尝"处于"尝 VP"的句式见用频率甚高,几乎与"曾经"义"尝"使用频率相当,这在先秦典籍中呈现出一种特殊的语言使用现象,如例(83)(84),例(84)孙诒让注"尝犹试也,'上'字误,疑当作'出'"③。

我们对《墨子》中"尝"的用法进行了穷尽考察,不计讹作"赏"或"当"通"尝"的用字,仅就"尝"字而言,共有 51 例"尝",主要有 3 种用法:本义"口辨味,辨别滋味"6 用,如《非攻上》"今有人于此,少见黑曰黑,多见黑曰白,则

---

① 杨伯峻,何乐士. 古汉语语法及其发展(修订本)[M]. 北京:语文出版社,2012:304.
② 杨伯峻,徐提. 春秋左传词典[M]. 北京:中华书局,1985:796-797.
③ 孙诒让,孙启治. 墨子间诂[M]. 北京:中华书局,2001:130.

以此人不知白黑之辩矣;少尝苦曰苦,多尝苦曰甘,则必以此人为不知甘苦之辩矣",《天志下》"今有人于此,能少尝之甘谓甘,多尝谓苦,必曰:吾口乱,不知其甘苦之味"。"试,尝试"义"尝"共有22用,"曾经"义"尝"也有22例,两者使用频率相当。另有1例为"尝若"句,其中"尝"通"当",为引出论述对象的"对"义介词用法。

"试"义与"曾经"义"尝"在《墨子》中使用呈现规律性分布。"试"义"尝"全部表示假定某种情况,用于提起话题引出下文,其中"姑尝VP"13例,"盖(盍)尝"3例,"今不/何不/胡不"5例(分别为1、1、3例),另有1例"今尝VP"。

(87)用而不可,虽我亦将非之。且焉有善而不可用者?姑尝两而进之,谁(设)以为二士,使其一士者执别,使其一士者执兼。(《兼爱下》)

(88)然则姑尝稽之,今虽毋法执厚葬久丧者言,以为事乎国家。(《节葬下》)

(89)今以攻战为利,则盖尝鉴之于智伯之事乎?此其为不吉而凶,既可得而知矣。(《非攻中》)

(90)然而今天下之士君子或以命为有,盖尝尚观于圣王之事?(《非命上》)

(91)今不尝观其说好攻伐之国?若使中兴师,君子,庶人也必且数千,徒倍十万,然后足以师而动矣。……此其为不利于人也,天下之害厚矣。而王公大人,乐而行之,则此乐贼灭天下之万民也,岂不悖哉!(《非攻下》)

(92)若是,何不尝入一乡一里而问之,自古以及今,生民以来者,亦有尝见鬼神之物,闻鬼神之声,则鬼神何谓无乎?若莫闻莫见,则鬼神可谓有乎?(《明鬼下》)

(93)若以百姓为愚不肖,耳目之情不足因而为法,然则胡不尝考之诸侯之传言流语乎?(《非命中》)

例(87)(88)"姑尝两而进之""姑尝稽之",分别意为"姑且试着让主张兼和主张别的两种人各尽其见""姑且试加考察一下"[1]。例(89)(90)中"盖"

---

[1] 译文参见谭家健,孙中原.墨子今注今译[M].北京:商务印书馆,2009:98、138.

通"盍",义为"何不",《墨子》3例"盖尝VP"均为"盍尝VP",即"何不VP",其用法与1例"何不尝VP"、3例"胡不尝VP"是一样的。例(89),谭家健注"'尝'字疑衍",并译为:"那何不借鉴一下智伯的事例呢?"①根据以上诸例来看,该"尝"并非衍文,正是"试"义用法,认为是衍文或许是将其看作了"曾经"义副词。例(91)"今不尝观其说好攻伐之国"中"不尝"用同"何不尝",译为"现在何不试着看看那些喜欢攻伐的国家"②,也是提出一个新话题的表达方式。《明鬼下》1例"何不尝VP",《非命中》3例"胡不尝VP",分别为:"然胡不尝考之百姓之情?""然则胡不尝考之诸侯之传言流语乎?""然胡不尝考之圣王之事?"

"曾经"义"尝"大多也用于"尝VP"句式,有8例"未尝VP"、1例"未有尝VP者";表肯定的也多有其他副词修饰,7例"亦尝VP",1例"固尝VP",1例"皆尝VP",1例"亦有尝VP",还有3例"尝"前面没有其他副词修饰。

(94) 夫挈泰山以超江河,自古之及今,生民而来未尝有也。(《兼爱下》)

(95) 且故兴天下之利,除天下之害,令国家百姓之不治也,自古及今未尝之有也。(《节葬下》)

(96) 我未尝闻天下之所求祈福于天子者也,我所以知天之为政于天子者也。(《天志上》)

(97) 自古及今,未尝不有此也。(《天志中》)

(98) 自古及今,未有尝能有以此王天下、正诸侯者也。(《尚贤中》)

8例"未尝VP"中有4例是"未尝有"句式,如例(94);1例带前置宾语"之",为"未尝之有",即例(95);1例"未尝不有此",即例(97),双重否定句,且"有"后带宾语"此";2例谓语动词为"闻",如例(96),还有1例在《天志下》篇,为"我未尝闻天之祷祈福于天子也,吾以此知天之重且贵于天子也"。

---

① 谭家健,孙中原.墨子今注今译[M].北京:商务印书馆,2009:112.
② 谭家健,孙中原.墨子今注今译[M].北京:商务印书馆,2009:120.

例(98)是"未有尝VP者",也是表示否定。

(99)先王之书,所以出国家、布施百姓者,宪也。先王之宪亦尝有曰"福不可请,而祸不可讳,敬无益,暴无伤"者乎? 所以听狱制罪者,刑也。先王之刑亦尝有曰"福不可请,祸不可讳,敬无益,暴无伤"者乎? 所以整设师旅、进退师徒者,誓也。先王之誓亦尝有曰"福不可请,祸不可讳,敬无益,暴无伤"者乎?(《非命上》)

(100)自古以及今,生民以来者,亦尝见命之物,闻命之声者乎? 则未尝有也。……自古以及今,生民以来者,亦尝有闻命之声,见命之体者乎? 则未尝有也。(《非命中》)

(101)且主君亦尝闻汤之说乎? 昔者,汤将往见伊尹,令彭氏之子御。……(《贵义》)

(102)自古以及今,生民以来者,亦有尝见鬼神之物,闻鬼神之声,则鬼神何谓无乎?(《明鬼下》)

(103)非惟若书之说为然也,昔者宋文君鲍之时,有臣曰祏(祝)观辜,固尝从事于厉。(《明鬼下》)

(104)君子必服古言然后仁。应之曰:所谓古之言服者,皆尝新矣,而古人言之,服之,则非君子也。然则必服非君子之服,言非君子之言,而后仁乎?(《非儒下》)

"亦尝VP"共有7例,5例有主语,其中2例为人物主语,如例(101),还有《非乐上》"古者圣王亦尝厚措敛乎万民,以为舟车,既以成矣,曰……",另有2例主语不定缺省,即例(100)。与例(98)"未有尝VP者"相比,例(102)为"亦有尝VP"中"尝VP"指称化为"有"的宾语。例(103)"固尝从事于厉"意思是"本曾从事于泰厉、公厉也","厉"为"神祠,庙"义,"固"读为"故","'故',本也"①。该句中"固"与"尝"可视为同义复用。例(104)"皆尝新"之"尝"前有范围副词"皆",谓语为形容词"新",意思是"所谓古代的言论和服饰,都曾经是新颖的",副词"尝"修饰形容词谓语"新"。

---

① 姜宝昌.墨论训释[M].济南:齐鲁书社,2016:493.

(105) 子墨子曰："翟尝计之矣。翟虑耕而食天下之人矣,盛,然后当一农之耕,分诸天下,不能人得一升粟。……"(《鲁问》)

(106) 意以为难而不可为邪? 尝有难此而可为者。昔荆灵王好小要,当灵王之身,荆国之士饭不踰乎一,固据而后兴,扶垣而后行。故约食为其难为也,然后为而灵王说之,未踰于世而民可移也,即求以乡其上也。……(《兼爱下》)

(107) 可无也,有之而不可去,说在尝然。(《经下》)

例(105)"尝"修饰"计之",表示"曾经计算过"。例(106)前两句译为"或许认为困难而做不到吗? 曾有比这更困难而可以做到的事",引出后面"昔荆灵王好小要"等历史例证。例(107)中的"尝然",孙诒让注:"'尝然'者,今虽无而实为昔之所有,故云'不可去'。张云:'本可无也,尝有之,则不可去。'"①显然其中的"尝"也是"曾经"义,当是"尝"修饰代词谓语"然"。

由上可知,《墨子》中"尝"最主要的用法是"试"义与"曾经"义,两种用法在句法上较为相似,多处于"尝 VP"句式中,但也有较为明显的差别,如当前面还有其他副词时,"试"义"尝"前多为"姑",而"曾经"义"尝"前则主要有"未""亦""固""皆"等;"试"义"尝"多处于反问句中,多由"盖(盍)""何不""胡不"等疑问代词否定式发问,引起后续话题;"曾经"义"尝"多有"未尝有""亦尝 VP"等句式,语义多含对过去事件的判断。"曾经"义"尝"是时间副词,"试"义"尝"则是表示假定的情态副词。

基于"尝"字上述两种用法的相似与差异,我们赞同谢德三《墨子虚词用法诠释》将这种"试,尝试"义的"尝"与动词"尝"区分开来的看法。两者最明显的差异在于前者主要处于"尝 VP"句式中,其功能主要表达一种提议或假设,以引起下文,而动词"尝"后面可以直接带名词或代词宾语。孙中原《墨子大辞典》"尝"词条共列 3 个用法,分别是"品尝,辨别滋味""尝试,试验""曾经,副词,时间模态词:过去时"②。其"尝试,试验"用法,举的例子即上文我们所讨论的"试"义"尝 VP"句式中的"尝",可见还是将其笼统地以动词处理,并未细加辨析其句法、语义的特殊性而明确为副词用法。

---

① 孙诒让,孙启治. 墨子间诂[M]. 北京:中华书局,2001:327 孙诒让引张惠言之语。
② 孙中原. 墨子大辞典[M]. 北京:商务印书馆,2016:28.

(四)"尝"的假设用法

裴学海《古书虚字集释》提到"尝"犹"若"也,"假设之词也",举了3个例子,分别是:"尝试使山东之国与陈涉度长絜大,比权量力。"(《史记·陈涉世家》)"尝试释詹子之察。"(《韩非子·解老》)"今夫穷鄙之社也,叩盆拊瓴,相和而歌,自以为乐矣。尝试为之击建鼓,撞巨钟,乃性仍仍然,知其盆瓴之足羞也。"(《淮南子·精神训》)并注明"'尝试'皆训'若','尝'与'试'复语""字或作'当'或作'常'或作'向'"①。可见,裴已经注意到"尝"的假设连词用法,并明确"当"等字乃是"尝"之借字。不过,其所举3例均为"尝试VP"用法,且VP是具体的行为,这种"尝试"动词意味还较为明显,说"尝试"是假设连词"尝"与"试"复用,未必为确。下面还是从《墨子》"尝"的具体用法推测其由表假定的情态副词用法进一步虚化为假设连词的可能性。

如上所述,"尝VP"句中"尝"表示"试,尝试"义,句法上后面的VP占据主位,"尝"相应降次为副词,功能与"曾经"义"尝"相当。"曾经"义副词用法是较为稳定的用法,其后修饰的谓语动词如"有""见""闻""从事""计(计算)"等,都是具体的行为动词,与此不同,"试"义副词用法的"尝"修饰的谓语动词有"本原""稽""鉴""考"等,多是抽象的动词,更多表达的是主观意识行为,句子语义重点不在这些动词,主要起到引起下文的衔接功能。与此相应,"试"义"尝"所在"尝VP"小句前面一般缺省主语。可见,"试"义副词"尝"比"曾经"义更为虚化,且具有了进一步虚化的可能性。

从《墨子》"尝VP"用例可以看出,"试"义"尝"修饰的VP并非具体实施的动作行为,语意表达的实际上是一种假设推论。如例(13)"姑尝两而进之,谁(设)以为二士,使其一士者执别,使其一士者执兼","姑尝"句译为"姑且试着让主张兼和主张别的两种人各尽其见",与后面的"谁(设)"形成照应,孙诒让引王引之云:"'谁'字义不可通,'谁'当为'设',言设为二士于此,而使之各执一说也。"②姜宝昌《墨论训释》按:"'谁以为二士',不辞,'谁'字必误。盖'设'以形体略似讹而为'谁'。且上句'姑尝两而进之',已明设为之意矣。"③"设为"即假设之辞。这正是"试"义副词"尝"进一步向"假设"义引申的语义环境。

---

① 裴学海.古书虚字集释[M].上海:上海书店,1996:835.
② 孙诒让,孙启治.墨子间诂[M].北京:中华书局,2001:117.
③ 姜宝昌.墨论训释[M].济南:齐鲁书社,2016:257.

当句法上其他表假设的词与"尝"共现时,这种假设意味更为明显。如例(84)"今尝计军上(出)"中"尝"前面有"今",这个"今"并非实际的时间名词,而是表假设,谢德三《墨子虚词用法诠释》释"今"有"关系词"用法:"用以表示假设之关系,其用法犹'若'。如《词诠》云:'此乃说一事竟,改说他端时用之,王念孙氏训为若,乃从上下文之关系得之,疑今字仍是本义,非其本身有若字之义也。'此用法在《墨子》中最常见。"①我们赞同把"今"这一用法看作假设连词的观点,"今"由表当下的时间名词虚化为表示假设意味的连词,语义上其后动作行为事件并非真正发生于当下,这与"今"的本义矛盾,故构成"假设"语义,句法上"今"后多带独立的小句形式,其独立性比较明显。例(84)"今尝"连用,尽管字面上还可以译为"现在试着VP",实际表达的正是一种假设语义,这一例可以看作两可的情况。

回到"当使"例,即例(77),《兼爱下》还有一段相似表达,用了"常使",我们将两语段放在一起比较,如下:

(108) 若之二士者,言相非而行相反与?<u>当使</u>若二士者,言必信,行必果,使言行之合犹合符节也,无言而不行也。……然即交若之二君者,言相非而行相反与?<u>常使</u>若二君者,言必信,行必果,使言行之合犹合符节也,无言而不行也。(《兼爱下》)

如前面说过,孙诒让主张"当"通"尝","常"也是"疑当读为尝"②。姜宝昌《墨论训释》注"当"为:"读为尝,试也。"注"常"为"读为尝,一如上文'当使若二士者'之'当'读为尝者然",将"当使"两句分别译为"试使此二位士人""试使此二位君王"。③ 同此,谭家健注"当使"为"疑当作'尝使'",注"常"为"疑当作'尝'",并在译文中相应译为"假使这两位人士……假使这两位国君……"④。这里的"当/常使"都是"尝使",但理解就有两种,一是将"尝使"解为"试使",二是将"尝使"译为"假使",差别在于前者"尝"可以看作是我们上面讲的"试"义副词,后者则是将"尝使"看作假设连词。与例(86b)《尚同

---

① 谢德三. 墨子虚词用法诠释[M]. 台北: 学海出版社, 1982: 51.
② 孙诒让, 孙启治. 墨子间诂[M]. 北京: 中华书局, 2001: 119.
③ 依次见姜宝昌. 墨论训释[M]. 济南: 齐鲁书社, 2016: 257、262、260、264.
④ 谭家健, 孙中原. 墨子今注今译[M]. 北京: 商务印书馆, 2009: 95、96、98-99.

下》"胡不赏（尝）使家人总其身之义，以尚同于家君"中"尝使"相比，例(108)的"常（尝）使"更倾向于表假设。例(86b)中"使"还是较为明显的动词，后带兼语"家人"，与同篇相似语段"故又使家君总其家之义，以尚同于国君"和"故又使国君选其国之义，以尚同于天子"中"使"用法相同，而例(108)中"言必信，行必果，使言行之合犹合符节也，无言而不行也"当是"若二士者"自主行为，即前面的"使"动词意味弱化了，更倾向于表达"假使"义，此时"试"义"尝"也进一步虚化为表示假设的连词，与"使"同义复用。

由此，《汉语大词典》"当使"词条当做出相应修订，该词条或当直接删除，因其见用极少，仅例(79)(81)两例，且其中"当"通"尝"，而表假设的"尝使"除其中"尝"作"当"或"常"，本字"尝使"在上古汉语中不见用于表假设，故既无"尝使"词条，"当使"亦不足立为词条。应该说表假设的"当使"或"常使"当是表假设的"尝"与假设连词"使"同义复用之例。其中"当"或"常"未用本字"尝"，或与"尝"最常见之"辨味"义、"试"义或"曾经"义相区别，也可能是临时通假之用。《墨子》中"试"义、"曾经"义"尝"都有作"当"字的，也有"当"作"尝"的，即"尝"通"当"用。

综上，"尝"兼有多种用法，其假设连词用法多作"当"字，当是文字上起到区分作用，以区别于"尝"的其他几种更为普遍的用法。"傥、倘"表假设用法，其用法较晚出现，当是文字借用，用来分化"尝"的功能。"傥、倘"取代"当"，承担"尝"的假设连词用法，也是因为"当"有多种表义用法，而"傥、倘"主要用于联绵词"倜傥"中，单用"傥（倘）"不会引起用法混淆，故最终被借来分担"尝"的假设连词用法。

(五) "尝若"读为"当若"，非假设连词

前面提到《墨子》中"尝"51例中有1例"尝若"句，即：

(109) 尝若鬼神之能赏贤如罚暴也，盖本施之国家，施之万民，实所以治国家、利万民之道也。（《明鬼下》）

孙诒让注："'尝若'当作'当若'，此书文例多如是，详《尚同中》篇。"[1]

---

[1] 孙诒让，孙启治.墨子间诂[M].北京：中华书局，2001：243.

《尚同中》"当若"例如下：

(110) 今天下之王公大人士君子，请将欲富其国家，众其人民，治其刑政，定其社稷，<u>当若</u>尚同之（说）不可不察，此（为政）之本也。①（《尚同中》）

孙诒让在这一句"当若"下注："当若犹言当如。《尚贤中》篇云'故当若之二物者，王公大人未知以尚贤使能为政也'，《兼爱下》篇云'当若兼之不可不行也，此圣王之道而万民之大利也'，《节葬下》篇云'故当若节丧之为政，而不可不察此者也'，《明鬼下》篇云'当若鬼神之有也，将不可不尊明也，圣王之道也'，《非命下》篇云'当若有命者之言，不可不强非也'，皆其证。"②

诚如孙诒让所举诸例，"当若"小句为"当若 NP 之 VP"或"当若 NP"句式，"若"并非假设连词，因为连词后面可以直接带小句，则"NP 之 VP"中间就不需要有"之"插入，既有"之"插入，整个"NP 之 VP"发生指称化。不过，孙诒让将上举诸"当若"中"若"都释为"如"，这是值得商榷的。这些句子中的"当"是介词，即"对、对于"义，由此，其后的"若"有两种用法，一是"如"，二是"此"。

谭家健注例(109)"尝若"为"当若，如果"，并将这句译为"如果鬼神是能够赏贤而罚恶的，用这种观念去治理国家，治理万民，实在是治理国家造福于万民的正道"③，这里"若"不当为"如果"义。"若"兼有多种功能，《墨子》中"若"也有多种用法。姜宝昌注例(109)"尝若"为："即当若。当此，对此。'尝'，读为当。'若'，犹此。"将其译为："对此鬼神能赏贤而罚暴之事，本来应实施于国家，实施于万民，实乃用以治理国家、惠利万民之道。"④这里的"若"解作代词"此"，是符合句法及语义表达的。下面我们考察《墨子》中"当若"用法，对其中"若"两种用法及其句法语义特点加以讨论。

《汉语大词典》有"当若"词条，释为"倘若"，仅举 1 例，引自《墨子》：

---

① 俞樾云："'不可不察'上夺'说'字，'此'下夺'为政'二字，当据下篇补。"载孙诒让，孙启治. 墨子间诂[M]. 北京：中华书局，2001：90.
② 孙诒让，孙启治. 墨子间诂[M]. 北京：中华书局，2001：90.
③ 谭家健，孙中原. 墨子今注今译[M]. 北京：商务印书馆，2009：179、185.
④ 姜宝昌. 墨论训释[M]. 济南：齐鲁书社，2016：520、521.

(111) 夫既尚同乎天子,而未上同乎天者,则天菑(灾)将犹未止也。故当若天降寒热不节,雪霜雨露不时,五谷不孰,六畜不遂,疾菑戾疫,飘风苦雨,荐臻而至者,此天之降罚也,将以罚下人之不尚同乎天者也。(《尚同中》)

这句中的"当若"并非"倘若"义,不表假设关系,这一句也符合上面孙诒让所说的"此书文例多如是",前面讲"天菑(灾)将犹未止",紧接着列举出各种天灾的表现。姜宝昌注"当"为:"同倘。《经传释词》卷六:'倘,或然之词。字或作党,或作当,或作尚。'用为假设连词'倘',或选择连词'或'。"又说:"当若,即倘若,假设连词并用也。"①此段谭家健译为:"已经上同于天子,而还未能上同于天,那么天灾还不会停止。例如气候的寒热不调,雪霜雨露降得不是时候,五谷不熟,六畜不蕃,疾疫流行,暴风苦雨频繁来临,这就是上天降下的惩罚,用来惩罚那些不上同于天的世人。"②以"例如"译"当若",即"若"解为列举之"如"而非假设连词,当为正解,其中"当"宜为"遇到、对"义。王引之"当"通"倘"之说影响颇大,实则"倘"表假设用法后起,表假设的"当"不读为"倘",而当读为"尝"。

恰如《汉语大词典》"当若"词条引例出自《墨子》,"当若"的用法确实为《墨子》所特有。我们通过北京大学 CCL"古代汉语"语料库检索西汉以前典籍中"当若"用例,仅见《墨子》11 例,其中"当"为"遭遇、面对、针对"义,"若"的用法分两种情况:一是"若"为列举义动词,犹"如",表示"对像……,……";二是"若"为"此"义特指代词,作用是加强针对性。前者如例(111),这种用法的"当若",共有 3 例,"若"后成分语义上表示列举出的例子,而非某一特指的对象,另两例为例(112)(113):

(112) 今王公大人有一衣裳不能制也,必藉良工;有一牛羊不能杀也,必藉良宰。故当若之二物者,王公大人未(尝不)知以尚贤使能为政也。(《尚贤中》)

(113) 且夫天下盖有不仁不祥者,曰:当若子之不事父,弟之不事

---

① 姜宝昌. 墨论训释[M]. 济南:齐鲁书社,2016:175.
② 谭家健,孙中原. 墨子今注今译[M]. 北京:商务印书馆,2009:70.

兄,臣之不事君也,故天下之君子与谓之不祥者。(《天志中》)

谢德三《墨子虚词用法诠释》释"若"有一种用法"特定指称代词,意犹'此'也",所举例子中即有例(112)"故当若之二物者",而在释"之"的用法时,列"作近指指称词用,其意犹'是''此'也",所举第一个例子即此例①。如此,则将"若""之"都看作是指示代词。谭家健注"之二物"为"此二物",将这一句译为"对待上面这两件事情"②。可见其或将"当若"连读,理解为"对待"义。姜宝昌释"当若之二物"为"谓逢遇如此之二事也",并释"当"为"遭,遇,对",释"若"为"犹'此'","物"犹'事'"③。姜的释文,"当""物"都得当,唯"若"释为"此"似不当,从其对这一句的释义来看,显然是将"之"看作了连接"此"与"二物"的结构助词,该"之"当如谢德三所释,为"指示代词"。"之"的这种用法在《墨子》中数见,如《节葬下》"若苟疑惑乎之二子者言,然则姑尝传而为政乎国家万民而观之"中,"之二子者言"义为"这两种人的话"。例(112)"当若之二物者"句法上是"当 VP 者"结构,"VP 者"是一个名词性结构,而其中的 VP 为"若之二物",故该句意思是"对像这两件事的(情况)"。也就是说,这里的"之二物"是列举出来的两个例子,故前面的"若"当为"如"解,而非"此"解。

例(113),谭家健译为:"天下或许有不仁不善的人,就像儿子不侍奉父亲、弟弟不服事兄长,臣子不服事君上,所以天下的君子都称之为不善的人。"④姜宝昌译为:"而且天下大概有不仁不善之人,譬如说,面对像人子不事奉其父、人弟不事奉其兄、人臣不事奉其君之类,则天下之君子皆称其为不善之人。"⑤"若"后面3个"NP 之 VP"成分列举的是前面所说的"不仁不祥者"的例子,"若"释为"如",而"当"则是"面对,对"义,"当……也,故……",语义上这个"面对"是虚指,其功能实际上就是引出后面"天下之君子与谓之不祥者"所针对的对象,因为"当"后面的内容较长,其后加了停顿语气词"也",后面小句句首用"故"来连接。如《公输》篇有"臣以三事之攻宋也,为与此同类"句,是"以……为……"结构,介词"以"引导的宾语成分"三

---

① 谢德三.墨子虚词用法诠释[M].台北:学海出版社,1982:246、38.
② 谭家健,孙中原.墨子今注今译[M].北京:商务印书馆,2009:45、48.
③ 姜宝昌.墨论训释[M].济南:齐鲁书社,2016:117.
④ 谭家健,孙中原.墨子今注今译[M].北京:商务印书馆,2009:157.
⑤ 姜宝昌.墨论训释[M].济南:齐鲁书社,2016:434.

事之攻宋"为"NP 之 VP"复杂成分①,其后加语气词"也"表句中停顿,介词"以"常见这种用法。

如例(110)《尚同中》"当若尚同之(说)不可不察",这里的"当若"并非如孙诒让所说的"当如"。姜宝昌注"当若"为"对此",译为"对此尚同之主张不可以不加以明察"②,此处"若"为"此"义,不再是"如"义,因为其后内容不再是列举的例子,而是某一特定的说法、观点,此时"若"为特指代词,犹"此",突出针对性,与介词"当"引介论说对象的功能有共通之处,因而多有连用,这种"若"有加强针对性的作用。如例(110)"不可不察"双重否定句式对前面的对象进行表态,这里双重否定是语义加强的表达方式,前面"若"加在对象"尚同之(说)"前面,也是语义加强的一种表达方式。"当若"有 8 例是这种用法。

"此"义加强针对性的"若"可以省略,《墨子》中多有"当""当若"并用。

(114) a. 今天下王公大人士君子,中情将欲为仁义,求为上士,上欲中圣王之道,下欲中国家百姓之利,故<u>当</u>尚同之说而不可不察。(《尚同下》)

b. 今天下之士君子,中请将欲为仁义,求为上士,上欲中圣王之道,下欲中国家百姓之利,故<u>当若</u>节丧之为政而不可不察此者也。(《节葬下》)

c. 今且天下之王公大人士君子,中情将欲求兴天下之利,除天下之害,<u>当若</u>繁为攻伐,此实天下之巨害也。今欲为仁义,求为上士,尚欲中圣王之道,下欲中国家百姓之利,故<u>当若</u>非攻之为说而将不可不察者此(此者)也。(《非攻下》)③

d. 古者王公大人,情欲得而恶失,欲安而恶危,故<u>当</u>攻战而不可不非。(《非攻中》)

(115) a. 故<u>当</u>执有命者之言,不可不明辨。(《非命上》)

b. 今天下之士君子,中实将欲求兴天下之利,除天下之害,<u>当若</u>有命者之言,不可不强非也。(《非命下》)

(116) a. 今天下之王公大人士君子,实将欲求兴天下之利,除天下

---

① "三事","周代大臣,一般指司徒、司马、司空。墨子不便直接指责楚王,故婉言是大臣之谋",此句意为"我认为大王的大臣们主张攻打宋国,是与这种行为相同的",注释、译文参见谭家健,孙中原. 墨子今注今译[M]. 北京:商务印书馆,2009:417-418.
② 姜宝昌. 墨论训释[M]. 济南:齐鲁书社,2016:193.
③ 《墨子间诂》引王念孙校此句本作"不可不察此者也","者此"为"此者"二字倒转,见孙诒让,孙启治. 墨子间诂[M]. 北京:中华书局,2001:157.

之害,故<u>当</u>鬼神之有与无之别以为将不可以不明察,此者也。(《明鬼下》)

b. 今天下之王公大人士君子,中实将欲求与天下之利,除天下之害,<u>当若</u>鬼神之有也,将不可不尊明也,圣王之道也。(《明鬼下》)

例(114)a、b、c 3 句所处语境极为相似,"故"之后引出结论句式也相似,a 用"当尚同之说而不可不察",b 用"当若节丧之为政而不可不察此者也",c 用"当若非攻之为说而将不可不察此者也",可见 b、c 中的"当若"与 a 中的"当"功能相似。例(110)《尚同中》"当若尚同之(说)不可不察"与例(114a)《尚同下》"当尚同之说而不可不察",两者语义相同,句法相似,前者在表述对象"尚同之说"前加特指代词"若",加强针对性,后者通过连词"而"连接状语"当尚同之说"与谓语"不可不察";例(114d)《非攻中》说"当攻战而不可不非",例(114c)《非攻下》说"当若非攻之为说而将不可不察者此也",前者义为对攻战必须要"非",后者义为"对这种非攻的主张一定要明察",两句语意相似,后者"当若"之"若"对"非攻之为说"加强针对性。

例(114c)前后两个"当若"用法当是一样的,"当若繁为攻伐,此实天下之巨害也","当"为介词,引出"此实天下之巨害也"这一观点的论述对象"繁为攻伐",该"当若"义为"对这种频繁进行攻伐的做法",并非假设连词。谭家健将此段译为:"如今天下的王公大人士君子,心中确实想求得兴天下之利,除天下之害,那么,假若频繁进行攻伐,这实际上是天下巨大的祸害呵!如今若想行仁义,求做高尚的贤士,上要符合圣王之道,下要符合国家百姓之利,因而对于像非攻这样的学说,将不可不审察,道理即在于此。"①译文将前面的"当若"解为"假若",后一个解为"对于这样的",前后不一致。

例(115)两句分别见于《非命上》《非命下》,一用"当执有命者之言",一用"当若有命者之言",由于双音节节律的作用,语义上附着于名词性成分"有命者之言"的代词"若",在韵律上更倾向于与"当"黏着,而语用上"若"的特指性功能与介词"当"的针对性形成同向强化,由此"当若"进一步黏合。例(116)《明鬼下》两句话,一用"当",一用"当若",语义差别小。例(116a)"当鬼神之有与无之别以为将不可以不明察,此者也"与例(114c)"故当若非攻之为说而将不可不察者此(此者)也"句式结构极为相似,一用"当",一用

---

① 谭家健,孙中原. 墨子今注今译[M]. 北京:商务印书馆,2009:122.

236

"当若",作用都是引出表述对象:"鬼神之有与无之别"和"非攻之为说",前者在论述观点"将不可以不明察"前插入了表达主观意谓的动词"以为",后者则通过连词"而"将前面的针对对象与后面的论述观点连接起来。

例(109)"尝(当)若"用法与上面所举"当若"例句稍有不同,上述诸例用于直接表达对某一论说对象的态度,带有总结性质,故多出现于篇末,而例(109)"尝(当)若"后续小句则通过假设推理来凸显引出对象的重要性。这一用法,也有单用"当"的,如例(117):

> (117) 天下既已治,天子又总天下之义,以尚同于天。故当尚同之为说也,尚用之天子,可以治天下矣;中用之诸侯,可而治其国矣;小用之家君,可而治其家矣。(《尚同下》)

这一句,通过"当"引出论述对象"尚同之为说(尚同作为一种主张)",后续通过3个并列的假设推理来说明其重要性,假设"尚用之天子、中用之诸侯、小用之家君",都将取得理想的治理效果。例(109)"尝(当)若"引出对象"鬼神之能赏贤如罚暴",后续用"盖本施之国家,施之万民,实所以治国家、利万民之道也"这一推论来肯定"鬼神之能赏贤如罚暴"这种观念的重要性。

例(117)"故当尚同之为说也"中"当",谭家健注为"如",在译文中将此句译为"所以尚同作为一种主张"①,此"当"正是引出论述对象的介词,译为"对"。同此,例(109)"尝(当)若"也是引出论述对象,而非表假设,谭家健译为"如果鬼神是能够赏贤而罚恶的,用这种观念去治理国家,治理万民,实在是治理国家造福于万民的正道"②,于文意不符。姜宝昌译为"对此鬼神能赏贤而罚暴之事,本来应实施于国家,实施于万民,实乃用以治理国家、惠利万民之道"③,将"尝(当)若"译为"对此",当为正解。

"当若"释为"对此"义的用法,上述例子之外,还有以下两例:

> (118) 故君子莫若欲为惠君、忠臣、慈父、孝子、友兄、悌弟,当若兼之不可不行也,此圣王之道而万民之大利也。(《兼爱下》)

---

① 谭家健,孙中原.墨子今注今译[M].北京:商务印书馆,2009:76,79.
② 谭家健,孙中原.墨子今注今译[M].北京:商务印书馆,2009:185.
③ 姜宝昌.墨论训释[M].济南:齐鲁书社,2016:521.

(119)今天下之人曰：<u>当若</u>天子之贵诸侯，诸侯之贵大夫，俱明知之，然吾未知天之贵且知于天子也。(《天志中》)

　　例(118)"当若兼之不可不行也,此圣王之道而万民之大利也"与例(110)"当若尚同之(说)不可不察,此(为政)之本也"句式相似,"当若"句意为"对这种兼爱的说法不可不施行"。例(119)"当若……知之"句,谭家健译为"应当是天子比诸侯尊贵,诸侯比大夫尊贵,这是的确明白知道的事"①,可见是将"当若"译为"应当",梁奇即将"当若"注释为"应当"②,这或是从句意上揣度而来。但此处"当"为"对"义介词,引出"俱明知之"的对象,而非"应当"义。姜宝昌将该句中"若"注为"此",译为"对天子高贵于诸侯、诸侯高贵于大夫之事实,我们的确明白知道",或如方勇译为"对于那天子比诸侯尊贵,诸侯比大夫尊贵的道理,我明确地知道"③,是更为符合文意与句法的理解。

　　水渭松释《墨子》"当若"分为两种用法,一是"作动词",举例即例(119)"当若天子之贵诸侯,诸侯之贵大夫",认为"当若,即'如'";二是"作假设连词",举例为例(2)"当若繁为攻伐",认为"'当若'即'倘若'"④。

　　《汉语大词典》释"当"有"介词,相当于'对''对于'"义,所举例子即为《墨子·非攻中》例(114d)"故当攻战而不可不非",却未注意到《墨子》"当若"用法与"当"的相似性,将"当若"释为"倘若",即解作假设连词的用法,其所举例子即《墨子·尚同中》例(111)"故当若天降寒热不节,雪霜雨露不时,五谷不孰,六畜不遂,疾菑戾疫,飘风苦雨,荐臻而至者,此天之降罚也,将以罚下人之不尚同乎天者也",例中"当"也是"遇到,对"的意思,"若"为"如"义。《墨子》共11例"当若"并非如孙诒让所说一律释为"如",根据其后具体内容的不同还有所差别,可归为两种用法,一是例(111)这种"若"后面列举事例的用法,"若"义为"如",表示后面内容具有代表性,但不具有完整性和特指性,故"若"释为"此"不妥;二是例(110)这种"当若"后面为某一具体的确定的对象,"若"释为"此",作特指代词,对其后内容作出进一步指定,此时

---

① 谭家健,孙中原.墨子今注今译[M].北京：商务印书馆,2009：156.
② 梁奇.墨子译注[M].上海：上海三联书店,2014：210.
③ 姜宝昌.墨论训释[M].济南：齐鲁书社,2016：425-426；方勇.墨子[M].北京：中华书局,2011：224.
④ 水渭松.墨子导读[M].成都：巴蜀书社,1991：81-82.

"当"引介的宾语内容是某一具体的说法或观点,其后论述结论针对的正是这一确定的对象,故"若"不宜释为"如",这种"当若"是引出某一论说对象的介词"当"的一种强化形式,加强的是论述对象的针对性。这两种用法的"当若"分别为3例、8例,全部见于"墨论"篇目,可见是"墨论"部分特有的一种句式。

由《墨子》特有"当若"的用法研究可见,对例句作细致具体的分析是尤为重要的,在对所有例句作穷尽式考察的基础上,注重比较用法的细微差别,不轻易以一概全。同时也应注意不以文段语句的意思揣度代替句法分析,如将"当若"释为"倘若"或"应当"都是单凭文意揣度而得出的,从句法上入手辨析,即可避免此类"无中生有"之阐释。《汉语大词典》列"当若"词条,释为"倘若",尤为不严谨,仅凭《墨子》中1例之语意揣度,未观照《墨子》中其余诸例。通过对《墨子》"当若"用法作全面考察,通过比较分析,即可发现《墨子》"当若"无作假设连词的用法。

(六) 结论

综上,通过详细考察《墨子》中"尝"的用法,其"试"义用法的特殊性值得重视,句法上处于"尝 VP"句式中,不同于动词义"尝"后加名词性成分,且语义上"试、尝试"义更为抽象,其功能主要是表达某一提议或假设话题,以引出下文,这样的"尝"看作副词更为适宜。表假定的情态副词"尝"进一步虚化,当位于句首,尤其是与其他假设连词连用时,转变为独立的假设连词。《墨子》中多例"当"作假设连词,当是通"尝"的用法,王引之所谓"当"通"傥(倘)"的看法不当,"傥/倘"假设连词的用法不见于上古汉语,晚至中古汉语中才产生。

开头诸家提及的"当"作假设连词的例句中,例(75)(79)(81)可视为通"尝",为假设连词用法;例(76)"当"为本用,作介词,义为"对";例(77)(80)"当"也是通"尝",考虑其处于句中,姑且保守看作表假定的情态副词(连词也可以位于主谓之间,但小句句首是其典型位置);例(78)"当"为"相当于"义,孙中原释为"牛不是马,指牛与马两概念外延的互相排斥和全异的关系,意为'无久'与'止'两个概念的关系与'牛'和'马'两个概念的关系相当,二者都是排斥关系"[①],此处"当"可看作是等比动词,后面"若矢过楹"中"若"功能相同。

---

① 谭家健,孙中原.墨子今注今译[M].北京:商务印书馆,2009:253.

明确"尝 VP"中"尝"由"试"义发展出表假定的情态副词用法,这一用法在《墨子》中最为典型,却不见于一般辞书,且多为人忽略,尤其值得重视。例(80)《荀子·君子》"先祖当贤,后子孙必显行",王念孙《读书杂志》按:"'先祖当贤'即'先祖尝贤',作'当'者,借字耳。《正名》篇曰'尝试深观其隐而难察者',《性恶》篇曰'当试去君上之势','当试'即'尝试'也。古多以'当'为'尝'。说见《墨子·天志下》篇注。"①管锡华针对王念孙的看法,提出这里的"当"并不通"尝",认为"而是与'傥'声近义通",并引5例"当"用为"表示假设关系的连词",其中4例即为前面所引例(75)第一个"当"和例(77)(79)(81),认为:"'当'按假设连词去解释,文通字顺。其言先祖假如是有贤德的,后代子孙必然名位显赫,行为虽然像桀纣那样,地位必然尊贵,这就是凭世族来选取贤才的办法。'先祖当贤,后子孙必显'强调的重点是假设条件下的必然结果,并不在于时间的过去或现在。若按王氏说通为'尝',则改变了句法关系,有悖句义。"②彭慧据管文阐释认为王念孙以"当贤"为"尝贤"是"未能达其确诂",并以此作为1例,说明王念孙"在校释古籍、破读通假的具体实践中""对个别本字的揭举尚有不妥之处,有待进一步的推敲和论证"③。我们前文已论证,上古汉语中"傥"并无作假设连词的用法,"当"表假设不是通"傥",王念孙释"先祖当贤"的"当"为"尝",于句意也正是假设之义。管文不明"尝"有表假设之用,故未能有效理解王念孙之说,其所谓"强调的重点是假设条件下的必然结果,并不在于时间的过去或现在",似是批评将"当"解作"曾经"义的"尝",但这并非王说本意。

《墨子》中多有"当"通"尝"的用法,有"试"义副词用法以及由此进一步发展出的假设连词用法,还有"曾经"义时间副词用法。《墨子》也有1例"尝"通"当",为"尝若"句,《墨子》"当若"(含此例"尝若")共12例,其中"当"都是"对"义介词,"若"分两种,一为"如"义列举动词,一为"此"义特之代词,"当若"均非假设连词,更非"倘若"之借字,《汉语大词典》"当若"词条释词不确。

---

① 王念孙.读书杂志(第十一册)[M].北京:中国书店,1985:104.
② 管锡华.读《读书杂志》札记[J].中国语文,1984,(4).
③ 彭慧."高邮王氏四种"汉语语义学研究[M].上海:上海古籍出版社,2014:102.

第五章 《墨子》特殊实词

《墨子》中有一些特殊实词,在汉语词汇史上具有重要意义,对其加以研究,可以挖掘汉语词汇史的语言事实,可以梳理双音词成词的途径,也可以为词义演变研究提供线索。本章以《墨子》中特有的"贤可"以及特殊的"选择""劝沮"为例进行论述,以揭示《墨子》语料对词汇史研究所具有的独特价值。

第一节 贤 可①

《墨子》中有 4 例"贤可",其例不仅是《墨子》双音词语丰富的一个独特表现,还有两个极为重要的作用:为"可"具有"贤能、贤德"义提供佐证,为《管子》1 例"贤可"提供校注佐证。《墨子》中"贤良"一词与"贤可"用法接近,其用法不同于其他典籍中"贤良"的主要用法,为揭示"贤良"一词词法本质提供重要对照语例,这说明《墨子》语料在汉语词汇史研究中有着独特的价值。

一、《墨子》"贤可"例

《墨子》4 例"贤可",3 例出现在《尚同上》同一段文字里,为"贤可者"形式,1 例在《非命上》中,为"贤可之士"形式,如下:

---

① 本部分关于"贤可"的相关研究修改成论文《由〈墨子〉"贤可"例看其汉语词汇史语料价值——兼辨〈管子·宙合〉"依贤可,用仁良"例》2017 年 3 月为《语言研究集刊》录用,待刊。

(1) 夫明虖天下之所以乱者,生于无政长。是故选天下之<u>贤可</u>者,立以为天子。天子立,以其力为未足,又选择天下之<u>贤可</u>者,置立之以为三公。……诸侯国君既已立,以其力为未足,又选择其国之<u>贤可</u>者,置立之以为正长。(《尚同上》)

(2) 上无以供粢盛酒醴,祭祀上帝鬼神;下无以降绥天下<u>贤可</u>之士,外无以应待诸侯之宾客,内无以食饥衣寒,将养老弱。(《非命上》)

水渭松给例(1)中"贤可者"注释:"墨家常语,指贤良而可以任职的人。"[1]此句有两点值得注意,一是"贤可"在《墨子》中仅有上述4见,称其为"墨家常语",乃是因为"贤可"在《墨子》外其他典籍罕见,通过北京大学 CCL"古代汉语"语料库检索先秦典籍,另有1见"贤可"在《管子》中,但该例因受"可"常见用法影响,注本中多有将"贤可"读开的断句方式,这一例下文将作详细分析;二是将"可"对译成"可以任职",或认为"可"后面隐含着一个 VP,这是"可"最常见的用法,即助动词用法。

谭家健对"贤可者"的注释也与上述看法相似,释为"贤能而可以当政者",然而该段译文却又译为:"明白了天下之所以混乱,是由于没有行政长官,因此,选择天下的贤能者,立为天子。天子确立了,因为他的力量不够,又选择天下的贤能之士,立为三公。……诸侯国君设立之后,因为他们力量不够,又选择国内的贤能之士,设立为行政长官。"[2]可见注释中仍是把"可"与"贤"看成是跨结构层次的,也是在"可"后面补出了 VP"当政",但是在译文中,这部分却消失了,3 处"贤可者"在译文中对应"贤能者""贤能之士",表层形式上,3 处"贤可"都是直接译成了"贤能"。也就是说,在语句表达中,给"可"补出后续成分似乎并非自然的处理方式。那么,究竟这个"可"是助动词,后面隐含了动词,即与前面的"贤"处于不同结构层次,还是与"贤"有着特别的关系呢?

《汉语大词典》收录了"贤可"一词,释为"贤良",所举两例即为《墨子》中的例(1)"是故选天下之贤可者,立以为天子"和例(2)。这就与上面谭家健《墨子今注今译》译文中将"贤可"替换成"贤能"相一致了。不过,正如上面

---

[1] 水渭松. 墨子导读[M]. 成都:巴蜀书社,1991:145.
[2] 谭家健,孙中原. 墨子今注今译[M]. 北京:商务印书馆,2009:60-61.

所说,由其对"贤可者"的注释可知,《墨子今注今译》并未有意识将"贤可"看作一个词,而是将两者显然地区分在不同句法结构层次中。

二、"贤可"同义联合

《汉语大词典》释"贤可"为"贤良",如《墨子》中例子,即将其看作双音节形容词,那么这个双音节形容词内部词法结构如何呢?还是关系到"可"的性质问题。我们认为,"可"当是如"贤"的近义词,为形容词,义为"有才的,有能力的"。

上古汉语中"可"是一个多功能词,《王力古汉语字典》"可"第一个义项是"可以,行",第二个义项是"副词,表示大约的数目"①。其中第一个义项,实际上比较笼统,又可细分为不同词性,如其所举的例子"若火之燎于原,不可向迩,其犹可扑灭"(《尚书·盘庚上》),句中两个"可"当是助动词,而另一例"赤也可"(《左传·襄公三年》)中"可"当为形容词。

姚振武《上古汉语语法史》把"可、能"归入"表能可"的助动词类,这种"可""一般是对受事者承受来自外界的动作行为作出估计或认定""西周时期'可'已多见,直到西汉仍很常用"②。"可"在上古汉语中助动词用法最为突出,形容词用法也确实存在,如上面提到的"赤也可"之例,完整例句如下:

(3) 祁奚请老,晋侯问嗣焉。称解狐,其仇也,将立之而卒。又问焉。对曰:"<u>午也可</u>。"于是羊舌职死矣,晋侯曰:"孰可以代之?"对曰:"<u>赤也可</u>。"(《左传·襄公三年》)

这一例句中,"赤也可"或许容易看作是承接问句中"孰可以代之"而省略掉了后面的谓语"代之",但"午也可"若说是省略谓词,则不大合适,因为前面并无相应的谓词出现。"午也可"回答的是"问嗣",而"嗣谓接替祁奚职务之人"③,则"可"非助动词,而是形容词,表达说话者对某人具有胜任某职务的才能的认可,故其义可释为"有才能的,有胜任能力的"。沈玉成将两处

---

① 王力. 王力古汉语字典[M]. 北京:中华书局,2000:102.
② 姚振武. 上古汉语语法史[M]. 上海:上海古籍出版社,2015:86.
③ 杨伯峻. 春秋左传注(修订本)[M]. 北京:中华书局,2009:926.

分别译为"午可以胜任""赤可以胜任"①,译文语意没问题,但原文中的"可"并不对应译文中的"可以",译文中的"胜任"并非根据语境补充出来的,而是"可"本身具有的语义。

《汉语大词典》"可"义项有一条"适宜、相宜",即为形容词义,所举例子中有1例,可与上例做一比较:

(4) 然则王若欲置相于秦,则莫若向寿者可。(《史记·樗里子甘茂列传》)

这句中同样也是就某一职务而言,即"相","可"却是"适宜"的意思,与上例"可以胜任的"语义有差异。这一例完整的语境如下:

楚王问于范蜎曰:"寡人欲置相于秦,孰可?"对曰:"臣不足以识之。"楚王曰:"寡人欲相甘茂,可乎?"对曰:"不可。……茂诚贤者也,然不可相于秦。夫秦之有贤相,非楚国之利也。……然则王若欲置相于秦,则莫若向寿者可。夫向寿之于秦王,亲也,少与之同衣,长与之同车,以听事。王必相向寿于秦,则楚国之利也。"

由这一段可知,从楚国立场出发,派一人到秦国任相位,最重要的不是此人个人能力能否承担这一职务,而是怎样的人能给楚国带来最大的利益,所以这一段中的几个"可"应当释为"合适,适宜",它体现的语义侧重于客观的因素。相比之下,例(3)却侧重于个人的主观能力是否足以胜任某职务,而不是在其他客观因素作用下的"合适",故"可"的语义相应的也有所区别。由此,我们认为"可"由"认可、许可"义引申出形容词用法(主客位变换而引申),从客体角度而言,又有两个方向的引申:一是趋向客观性的,就是"合适、适宜"义;一是趋向主观性的,就是"有才能的、有胜任能力的"语义。前者列为《汉语大词典》义项,后者却没有,无法为此类"可"的识别提供参考。

《汉语大词典》收"可人"一词,释为"有才德的人。引申为可爱的人,称心如意的人",举例为"其所与游辟也,可人也"(《礼记·杂记下》),孔颖达

---

① 沈玉成.左传译文[M].北京:中华书局,1981:256.

疏:"可人也者,谓其人性行是堪可之人也。"①我们认为,"可人"词中,"可"作定语修饰名词"人",乃其为形容词用法之一明证,对照"可人"之义,"可"释为"有才德的"。总之,"可"是与"贤"义近的形容词,两者同义复用联合成复合词"贤可"。

考察《墨子》中"贤良"的用法,能进一步为探究"贤可"的性质提供线索。钱光《〈墨子〉复音词初探》将"贤良"列为"形容词+形容词"联合式名词②,因其未将每类词全部列出,无法得知其是否将"贤可"也列为此类。我们认为《墨子》中"贤可"与"贤良"词法相同,用法也相同,都是"形容词+形容词"联合式复音词。先来看《墨子》中的"贤良":

(5)明乎民之无正长以一同天下之义,而天下乱也,是故选择天下贤良、圣知、辩慧之人,立以为天子,使从事乎一同天下之义。天子既以立矣,以为唯其耳目之请,不能独一同天下之义,是故选择天下赞阅、贤良、圣知、辩慧之人,置以为三公,与从事乎一同天下之义。(《尚同中》)

(6)古之圣王,举孝子而劝之事亲,尊贤良而劝之为善,发宪布令以教诲,明赏罚以劝沮。(《非命中》)

(7)故昔者三代圣王禹汤文武方为政乎天下之时,曰:"必务举孝子而劝之事亲,尊贤良之人而教之为善。"(《非命下》)

(8)今贤良之人,尊贤而好功道术,故上得其王公大人之赏,下得其万民之誉,遂得光誉令问于天下。(《非命下》)

(9)是故国有贤良之士众,则国家之治厚,贤良之士寡,则国家之治薄。故大人之务,将在于众贤而已。(《尚贤上》)

(10)况又有贤良之士厚乎德行,辩乎言谈,博乎道术者乎,此固国家之珍,而社稷之佐也。(《尚贤上》)

"贤良"在《墨子》中共8例,仅例(6)"尊贤良"之"贤良"为名词,作"尊"的宾语,照应前面的"举孝子"之"孝子",其余7例均是形容词,作定语,修饰名词"人、士",有结构助词"之"连接。例(6)(7)内容、句式相似,分别在《非

---

① 罗竹风.汉语大词典(缩印本)[M].上海:汉语大词典出版社,1997:1456"可人"词条.
② 钱光.《墨子》复音词初探[J].甘肃社会科学,1992,(1).

命中》《非命下》两篇,都是"尊"的宾语,一用"贤良",一用"贤良之人"。可见,《墨子》中"贤良"还是以形容词为主。

比较例(1)(2)中"贤可"用例,与"贤良"是相似的,《墨子》中"贤可"只有形容词用法,但"贤可"也可作名词用,在《管子》一例中即是,下文将作讨论。有一点需指出,"贤可"出现在《尚同上》《非命上》篇中,而"贤良"则出现在《尚同中》《非命中》《非命下》中,分布上呈现一定的规律,相同功能词语的不同选用,或许与墨子后学地域差异有关,不过《尚贤上》也有3例"贤良"之用,"贤良"的使用更为普遍。

《汉语大词典》"贤良"词条,第一义项为"有德行才能",第二义项为"有德行才能的人"。显然,两义项区别在于一为形容词,一为名词。两者之间有无引申关系?还得看下"贤良"一词的历史使用情况。

通过检索北京大学CCL"古代汉语"语料库,我们发现"贤良"较早的用例主要集中在《国语》《墨子》中,而《国语》中共计6例"贤良"均为名词,如:

(11) 昭旧族,爱亲戚,明贤良,尊贵宠,赏功劳,事耇老,礼宾旅,友故旧。(《国语·晋语四》)

(12) 若是而不从,动而不悛,则文咏物以行之,求贤良以翼之。(《国语·楚语上》)

(13) 吴王帅其贤良,与其重禄,以上姑苏。(《国语·楚语上》)

例(13)"贤良"指"贤才之士","重禄"指"吴国重臣"①,都是名词,分别为"帅""与"宾语。《左传》中无"贤良"用法,但有"贤""良"单用,《国语》时代较《左传》稍后,又早于《墨子》,可见最初的"贤良"即为名词,而非形容词,参照《墨子》中"贤良"以形容词为主的用法,《国语》中"贤良"当是由"名+名"联合而成的复合名词,若是"形+形"组合而成的复合词,当经由形容词用法引申至名词用法的过程,不会出现先完成名词化,后出现形容词用法的情况。

"贤良"最初是"名+名"联合式名词,完全是有可能的。在上古汉语中,"贤""良"等形容词,一般都能用作名词。《汉语大词典》"贤""良"两词条均

---

① 注释见张永祥.国语译注[M].上海:上海三联书店,2014:420.

列有名词义项,"贤"指"有德行或有才能的人",举例为"履信思乎顺,又以尚贤也,是以自天佑之吉无不利也"(《易·系辞上》),孔颖达疏:"既有信思顺,又能尊尚贤人。""良"指"善良的人;贤良的人",举例如"进厥良,以率其或不良"(《尚书·君陈》),孔传:"进显其贤良者,以率勉其有不良者,使为善。"①这种用法至《左传》中仍清晰可见,《左传》中"贤""良"多形容词用法,也有名词用法:

(14)庸勋、亲亲、昵近、尊贤,德之大者也。(《左传·僖公二十四年》)

(15)郑有叔詹、堵叔、师叔三良为政,未可间也。(《左传·僖公七年》)

至稍后的《国语》中,名词"贤""良"同义组合而成复合名词"贤良",这是双音词形成的一条重要途径。如果单从《汉语大词典》"贤良"词条的第一、二义项来看,很容易将其名词用法看成是由形容词用法引申而来。《墨子》中"贤良"的用法给我们以新的启发,那就是"贤良"的名词用法出现早,可见它并非由"形+形"联合式形容词"贤良"引申而来,也就是说《汉语大词典》"贤良"词条第一、二义项,其实是两个"贤良",分别是"形+形"联合式形容词、"名+名"联合式名词,两者属于同形异构体,而没有词汇化演变关系(一般而言,词性发生转变是词汇化完成的一种标记)。

马真《先秦复音词初探》中指出先秦复合词的构造方式有一种是联合式,"两个成分并列组合成复音词,大多是由两个近义成分结合为词",其中又有一小类是"形+形→名",所举例子中有"贤能""贤良",分别是《荀子·成相》中"世之灾,妒贤能,飞廉知政任恶来"与《荀子·尧问》"天地不知,善桀、纣,杀贤良",认为其中"贤能""贤良"都是"由两个形容词性成分结合而成的名词,皆指人"②。虽然"贤""能""良"等词最初确实是形容词,但其作为单音词,在先秦时均有名词表人的用法,这是不容忽视的。表面上,名词"贤能""贤良"等确实容易看成是由"形+形"词组进一步凝固而产生的复音

---

① 罗竹风.汉语大词典(缩印本)[M].上海:汉语大词典出版社,1997:6016、5412.
② 马真.先秦复音词初探[J].北京大学学报(哲学社会科学版),1980,(5).

词,但正如上面我们通过对比《墨子》中"贤良"形容词用法在后而《国语》中"贤良"名词用法在前的语言事实,说明先出现的名词"贤良"不可能由后出现的"形+形"式"贤良"发展而来,它只能是"名+名"复合而成。

诸如"贤良""贤可"等"贤×",其组合具有一定的临时性,且部分使用频率较低,不论是"形+形"还是"名+名",似乎看成词组更合适,不过我们认为其在同义复用时,语义上已经不再是简单的两者相加,而是具有一定的泛指性,故而仍广义地视之为双音词语。

《汉语大词典》"贤良"词条第一义项"有德行才能",最早引例为《汉书·孔光传》中的"退去贪残之徒,进用贤良之吏",《墨子》中有7例形容词"贤良",故这一义项引例可以提前至《墨子》,相比之下,《汉书》要晚了很多。

"贤良"唯独在《墨子》中以形容词用法为主,其在《墨子》中的用法,为揭示"贤良"一词的内在词法本质提供了极为重要的语料佐证,其一例"贤良"作名词,沿袭了此前"贤良"的名词用法,而非由形容词转变来。《墨子》中"贤可"4例均为形容词用法,与《墨子》中"贤良"主体用法保持一致。"可"的形容词用法源自其动词义,未能如"贤""良"等由形容词义引申出名词义,"贤可"只能是"形+形"联合式形容词。

三、《管子》"贤可"例

《墨子》"贤可"用例,为《管子》"贤可"句正确断句提供了佐证。《管子》1例"贤可"如下:

(16a)"大揆度仪,若觉卧,若晦明",言渊色以自诘也,静默以审虑,依贤可用也,仁良既明,通于可不利害之理,循发蒙也。(《管子·宙合》)

(16b)"大揆度仪,若觉卧,若晦明",言渊色以自诘也,静默以审虑也,依贤可,用仁良,既明通于可不利害之理,犹(本作循)发蒙也。(《管子·宙合》)

对于《管子·宙合》中的这一段内容,所见版本断句有以上(16a)、(16b)两种,最大的差别在于:(16a)中"可"为助动词,后面带动词"用","仁良"作后面小句主语;(16b)中"可"与"贤"在同一结构层次,"用"属下,带宾语

"仁良"。

很多《管子》注本采取(16a)断句,如《管子校正》,解为"君有所未晤,当渊寂其色,以自穷诘,静默其神,以审思虑,有所不晤,依贤以问之,其为可用也"①;如《管子校释》,解为"以依仁贤,则昭若发蒙……亦化而为明良也"②;又如石一参《管子今诠》断句③;另外姜涛《管子新注》,将"依贤"注为"倚靠贤明之人","仁良"注为"仁义善良之人"④。诸如此类。与(16a)不同的断句法(16b)见郭沫若《管子集校》采张佩纶手稿影印本《管子学》中观点:

"静默以审虑"下当有"也"字,错于"用"下。静默审虑言恭默思道。"依贤可用仁良","可"当作"才","依",倚也,言"倚贤才,用仁良"以为己助。⑤

这一句读理解,也为一些学者采纳,如陈鼓应《管子四篇诠释:稷下道家代表作解析》中对(16a)句作出如下诠释:

"用"下之"也"字当前移至"虑"字下。"可"当作"才"。"良"字绝句(张佩纶说)。"循"当作"犹"(王念孙说),原文即"静默以审虑也;依贤才,用仁良,既明通于可不利害之理,犹发蒙也"。"可不"即"可否"。"犹发蒙",言虽已明通,然犹表现出如初发(启发)之蒙(蒙昧)。⑥

陈鼓应直接将校改后的句子呈现出来,我们将其称为句(16c):

(16c)"大揆度仪,若觉卧,若晦明",言渊色以自诘也,静默以审虑也;依贤才,用仁良,既明通于可不利害之理,犹发蒙也。(《管子·宙合》)

---

① 戴望.管子校正(诸子集成)[M].上海:世界书局,1935:61.
② 颜昌嶢.管子校释[M].长沙:岳麓书社,1996:107.
③ 石一参.管子今诠[M].北京:中国书店,1988:26.
④ 姜涛.管子新注[M].济南:齐鲁书社,2006:86.
⑤ 郭沫若.管子集校(一)[M]//郭沫若.郭沫若全集.历史编第五卷.北京:人民出版社,1984:295.
⑥ 陈鼓应.管子四篇诠释:稷下道家代表作解析[M].北京:商务印书馆,2006:260-261.

方一新、王云路译注《管子》也是据《管子集校》引张说,改作:"依贤(可)〔才〕,用(也)仁良,既明通于可不利害之理,(循)〔犹〕发蒙也。"并译为:"依靠贤德之才,任用仁良之人,既然明通于可否利害的道理,就如同启发了蒙昧者一样"①。

我们注意到,因为上古汉语中"可"作助动词的用法很常见,故也容易将其与后面的动词"用"连贯起来,或许这也正是前面的句末语气词"也"跑到"用"后面煞尾的原因,导致不少人理解成例(16a)。我们赞同张佩纶的句读意见,即如例(16b)、(16c)的句读方式,不过我们认为"依贤可"之"可"并非"当作'才'",所谓"当作'才'",即认为"可"乃"才"之讹字,上面所列陈鼓应诠释以及方一新、王云路译注,都据此将"可"改为"才"。其所以将"贤可"之"可"看作"才",最主要的原因在于"可"作"有贤才"义的形容词用法在上古汉语中并不多见,即如例(3)"午也可""赤也可"中的"可"似乎也能理解成省略了后续谓词的"可以"。此例"贤可"不当改作"贤才",唯保留"贤可",更符合前后句式结构的一致性。"依贤可"与"用仁良"其实是结构、语义都对应一致的成分,都为动宾结构,宾语也都是并列式双音成分,正如"仁良"由"仁"和"良"同义并列,"贤可"亦是"贤"和"可"同义并列。

《墨子虚词用法诠释》释"可",认为《墨子》中"可"有名词用法,"用作词组上之加词,意犹'能'也。此用法较少见"。其所举两例均为"贤可"句,即例(1)中的第二句"又选择天下贤可者,置立之以为三公"和例(2)"贤可之士"②。其所谓"词组上之加词",是指作后续成分的定语,概指修饰"者"(《墨子虚词用法诠释》将"者"看作是"指称词")③和"士",并释"可"为相当于"能"的名词,或认为"贤可"犹"贤能",其中"能"是名词(指"能力、才能"),"贤"是形容词,则"贤能"指"具有贤德之能",由此再进一步修饰后面的"者"和士",这就正如将《管子》中"贤可"解作"贤才",释为"贤德之才",均是解作定中式偏正结构,而不是联合式并列结构。这并不符合《墨子》中"贤可"与"贤良"用法相似、《管子》中"贤可"与"仁良"结构对举的语言事实,以及古

---

① 方一新,王云路.管子[M]//许嘉璐.诸子集成(文白对照).广州:广东教育出版社,2006:1177、1181.
② 谢德三.墨子虚词用法诠释[M].台北:学海出版社,1982:101.
③ 《墨子虚词用法诠释》将"者"看作"指称词","用以称代人、事、物、处所或时间等",即看作代词,而非结构助词,故这里认为"可"是其"加词"(定语)。"者"条见谢德三.墨子虚词用法诠释[M].台北:学海出版社,1982:207.

汉语中"贤良"类"贤×"双音词语的普遍规律。

"仁良"在上古汉语中极少并用，检索 CCL"古代汉语"语料库，仅见 1 次，即为《管子·宙合》中的这一例。《汉语大词典》也列有"仁良"词条，释为"仁爱善良。亦指仁爱善良的人"，所举例子也即《管子》此例，不过其句读仍如例(16a)，引作"仁良既明，通于可不利害之理，犹发蒙中"①。可以肯定的是，"仁"和"良"是同义复用组成"仁良"，其中"良"如我们前面已经提到的，当是"贤良"之义，而不仅仅是"善良"之义。

"贤"是兼有才德的，"贤"与其他同义或近义单音词复用形成双音词语"贤×"较多，兼有形容词与名词用法，在《汉语大词典》中即有"贤良、贤仁（贤明的人；贤良仁爱）、贤明、贤知(智)、贤俊、贤哲（贤明睿智；贤明睿智的人）、贤能、贤善、贤圣（道德才智极高；道德才智极高的人）、贤豪、贤懿"等。《汉语大词典》列出这些双音词的义项时，一般先列形容词义，后列名词义，如我们前面谈及"贤良"时所证，形容词义未必在先，这些词中有些使用频率较低，即其组合固定性不高，从"贤"与其他词组合多样性来看，组合具有一定的临时性、随意性。《汉语大词典》"贤仁"词条却是先列名词义，再列形容词义，两义项后各举 1 例，分别是《吕氏春秋·开春》中的"共伯和修其行，好贤仁，而海内皆以来为稽矣"，《东观汉记·光烈阴皇后传》中的"上以后性贤仁，宜母天下，欲授以尊位"②。我们检索北京大学 CCL"古代汉语"语料库，先秦典籍中"贤仁"仅 1 例，即《吕氏春秋》"好贤仁"1 例，可见，"贤仁"名词义确实早于形容词义。"贤""仁"在先秦汉语中均有独立的名词义，故"名+名"组合成联合式双音名词"贤仁"也是自然的。这再一次证明，这些双音词语的名词义和形容词义并不具有引申关系，而是来自"名+名"与"形+形"的不同本质，其根源还在于上古汉语中"贤"系列单音词兼有形容词、名词用法，尽管其名词义当由形容词义引申而来，但两者用法均普遍，这也是上古汉语单音词表义的一个特点。

基于上述特点，我们推测《管子》"依贤可，用仁良"中"仁良"很可能也是"名+名"同义复用形成的名词。《墨子》中 4 例"贤可"能较好地佐证《管子》中的 1 例"贤可"并非孤例，并非"贤才"之讹。《墨子》中"贤可"均用为形容

---

① 罗竹风.汉语大词典(缩印本)[M].上海：汉语大词典出版社，1997：465.
② 罗竹风.汉语大词典(缩印本)[M].上海：汉语大词典出版社，1997：6017.

词例,我们推测其当为"形+形"组合成双音形容词,与前面列举的"贤×"同义复用双音词语相比,"可"形容词用法有限,名词用法不见,故"贤可"为"名+名"组合的可能性不大。《管子》中"贤可"用为名词,表示"贤良的人",与后面的"仁良"同义,"仁良"指"仁爱贤良的人"。其中"可"如何具有名词用法?

吴毓江《墨子校注》给《墨子·尚同上》例(1)"是故选天下之贤可者"出注,其按语如下:

> "贤可"本篇屡见,《非命上》篇亦有,宋本、蜀本《御览》引此亦作"贤可"。《史记·燕世家》:"燕昭王谓郭隗曰:然诚得贤士以共国,以雪先王之耻,孤之愿也。先生视可者,得身事之。"《新序·杂事》三所引略同。"可者",即指上文之"贤士"也。《吕氏春秋·正名》篇曰:"人主虽不肖,犹若用贤,犹若听善,犹若为可者。其患在乎所谓贤,从不肖也;所谓善,而从邪辟;所谓可,从悖逆也。是刑名异充,而声实异谓也。"可证可与贤、善义近,故"贤可"连文。①

由吴按语可知,其亦注意到了《墨子》"贤可"之特殊用法,且举了《史记》《吕氏春秋》诸例说明"可"与"贤""善"义近,得出"贤可"为近义连文,即论证了其合理性。其结论与我们的看法相似,不过就其所举例子来看,前一例"可者"对应"贤士","可"与"贤"都是形容词用法,后一例,与"贤""善"照应的是"可者",三者分别为动词"用、听、为"的宾语。"贤、善"确实用为名词,"贤"指"贤人",但"善"指"善言",非指人,"可者"为名词,似当释为"可行的事",此处"可"与"贤、善"有别,其后所附"者"说明"可"非名词,而是形容词。《管子》"贤可"之"可"很可能是受到"贤×"中"×"的名词性的类化作用而来,"依贤可,用仁良"中"贤、仁、良"均有名词用法,作为与这些词在形容词用法上具有同义、近义的"可",处于前后照应结构中时,用如名词,当是受到这些词用法的感染。

《墨子》中"贤可"均为形容词,其词法本质当是"形+形"联合式双音词语;《管子》中"贤可"当为名词,其词法本质是"名+名"联合式双音词语,其

---

① 吴毓江,孙启治.墨子校注[M].北京:中华书局,2006:210.

中"可"用如名词,是受到"贤"等名词用法的感染而来。由此,《汉语大词典》释"贤可"为"贤良",即形容词用法,仅注意到了《墨子》用例,遗漏了《管子·宙合》"依贤可,用仁良"例中用为名词的情况,当补第二义项,为"贤良的人"。

孙卓彩、刘书玉《墨子词汇研究》一书在说明《墨子》具有"提供例证"的"辞书编写的语料价值"时,统计《汉语大词典》所收入的复音词语中引证直接源自《墨子》的多达1 130例,其中被认作是新词、新义的共1 053例,但在其具体列出的词语列表中,却无"贤可"①。《墨子》中的"贤可"不仅是《墨子》特殊词语,更重要的是为《管子》1例"贤可"提供了极为重要的佐证,有力证明其中"可"非"才"之讹,这例又为"贤可"词条补充了名词义项。"贤可"是"贤×"式同义(近义)并用双音词词族中的一个,与其他"贤×"一样,兼有形容词和名词两种用法。同时,《墨子》"贤良"形容词用法突出,与先秦其他典籍中"贤良"多为名词用法不同,这不仅可以帮助确定"贤良"内在的词法结构,而且还可以证明"贤良"形容词用法的引例大大早于《汉语大词典》引证的《汉书》时代。

第二节 选 择②

《汉语大词典》"选择"词条,义为"挑选;选取",首举例子即《墨子·尚同中》中的用例③。我们利用北京大学CCL"古代汉语"语料库对先秦主要典籍中"选择"加以检索,得14例,其中有10例在《墨子》中,另有4例分别在《孟子·滕文公上》、马王堆帛书《战国纵横家书·见田僻于梁南章》和《荀子·哀公》《逸周书·酆保解》中。《墨子》中"选择"见用频次高,且时代较早,当为"选择"最先连用成双音词的典籍,这一点特殊性引起了我们的注意。《墨子》中10例"选择"如下:

(1) 此言先王之治天下也,必选择贤者以为其群属辅佐。(《尚

---

① 孙卓彩,刘书玉.墨子词汇研究[M].北京:中国社会科学出版社,2008:272-276.
② 本部分内容修改稿《从〈墨子〉"选、择、选择"用法看"选择"成词》,发表于《励耘语言学刊》(第2辑)[M].北京:中华书局,2017:245-255.
③ 罗竹风.汉语大词典(缩印本)[M].上海:汉语大词典出版社,1997:6443.

贤下》)

(2) 夫明虖天下之所以乱者,生于无政长。是故<u>选</u>天下之贤可者,立以为天子。天子立,以其力为未足,又<u>选择</u>天下之贤可者,置立之以为三公。……诸侯国君既已立,以其力为未足,又<u>选择</u>其国之贤可者,置立之以为正长。(《尚同上》)

(3) 明乎民之无正长以一同天下之义,而天下乱也,是故<u>选择</u>天下贤良圣知辩慧之人,立以为天子,使从事乎一同天下之义。天子既以立矣,以为唯其耳目之请,不能独一同天下之义,是故<u>选择</u>天下赞阅贤良圣知辩慧之人,置以为三公,与从事乎一同天下之义。(《尚同中》)

(4) 是故天下之欲同一天下之义也,是故<u>选择</u>贤者立为天子。天子以其知力为未足独治天下,是以<u>选择</u>其次立为三公。三公又以其知力为未足独左右天子也,是以分国建诸侯。诸侯又以其知力为未足独治其四境之内也,是以<u>选择</u>其次立为卿之宰。卿之宰又以其知力为未足独左右其君也,是以<u>选择</u>其次立而为乡长家君。(《尚同下》)

(5) 及傅城,守将营无下三百人,四面四门之将,必<u>选择</u>之有功劳之臣及死事之后重者,从卒各百人。(《号令》)

10例"选择"分布在以上5段语段中,《尚同上、中、下》3篇为主,其中有8例"选择",另有2例分别在《尚贤下》与《号令》篇。例(2)中有3个平行的句子,"是故选天下之贤可者,立以为天子"与下文的"又选择天下之贤可者,置立之以为三公""又选择其国之贤可者,置立之以为正长",句式结构相似,仅第一处使用了单音词"选",后两句则使用了双音词"选择"。孙诒让《墨子间诂》、吴毓江《墨子校注》均引王念孙云:"'选'下有'择'字,而今本脱之,下文及中下二篇皆作'选择'。"①那么这一处"选"是否真的要像王念孙所说,要根据后两句及《尚同中》《尚同下》篇中的"选择"判断为是脱了一个"择"字呢? 是不是非得补上一个"择"字,变成"选择"? 如果结合"选择"词汇史形成过程与《墨子》中"选择"一词的特殊性,或许会得到不同答案。

双音词"选择"从表层看,是由两个单音动词"选"与"择"同义复用组合

---

① 孙诒让,孙启治.墨子间诂[M].北京:中华书局,2001:75;吴毓江,孙启治.墨子校注[M].北京:中华书局,2006:110.

而成。"选"义为"选择,挑选","择"义为"挑选",《王力古汉语字典》对两者用法作了如下辨析:

> (选、择)两个词都表示从众多事物中进行挑选的意思,区别在于挑选的对象和目的有所不同。"选"是按一定标准从众多事物中挑选出好的来,挑选的对象主要是人;"择"是根据挑选人的意愿和需要进行选择,挑选的对象固然也可以是人,但主要是选取者所需要的事物。①

这一辨析抓住了"选"与"择"用法的关键,即"选"的对象多是好的、优秀的人才,而"择"的对象则未必是好的,也未必是人。

《墨子》中不仅有"选择",也有"选"与"择"独立作动词用的情况,其用法大抵仍然符合上述区别性特点,而《墨子》中"选择"出现早,其使用体现出什么特点?其背后隐含着与"选""择"两个单音词怎样的功能演变关系?通过对《墨子》中"选""择""选择"三者用例的具体分析,将得出较为明确的结论。

一、《墨子》"选"用法

《墨子》中"选"共出现19次,除前面提到"选择"中10次,还有9次,其中4例为动词用法,义为"挑选";2例为形容词用法,义为"齐";3例为通假用法,通"馔",义为"供,供食"。3例通"馔"的"选",分别是:《明鬼下》"是何珪璧之不满度量?酒醴粢盛之不净洁也?牺牲之不全肥?春秋冬夏选失时(为什么春秋冬夏准备的供品不能按时呢)""官府选效(选效,义"准备好"),必先祭器祭服毕藏于府,祝宗有司毕立于朝,牺牲不与昔聚群";《号令》"豪杰之外多交诸侯者,常请之,令上通知之,善属之,所居之吏上数选具之(选具,即"馔具",供食),令无得擅出入,连质之"。下面重点分析《墨子》中"挑选"义与"齐"义的"选"。

(一)"挑选"义"选"

(6)是故选天下之贤可者,立以为天子。(《尚同上》)

---

① 王力.王力古汉语字典[M].北京:中华书局,2000:1457.

(7) 适(敌)人为穴而来,我亟使穴师选本,迎而穴之,为之且(具)内弩以应之。(《备城门》)

(8) 二十船为一队,选材士有力者三十人共船。(《备水》)

(9) 选厉锐卒,慎无使顾,审赏行罚,以静为故,从之以急,无使生虑,恚瘜(恙恚)高愤,民心百倍,多执数赏,卒乃不怠。(《杂守》)

例(6)—(9)"选"即"挑选"义动词,但句法功能不尽相同,例(6)(8)(9)"选"为谓语,均带宾语,分别为"天下之贤可者、材士(勇武之士)、锐卒",可见其所"挑选"的全部是"优质人选"。其中例(9)"选厉锐卒"之"选""厉"为两个动词连用,"厉"为"振奋"义,此段前文有"厉吾锐卒",用法同。

例(7)"选本"之"本"为讹字,王念孙以为"选本"当为"选士",孙诒让则说:"'本'与'卒'隶书亦相近,后文'城下楼卒,率一步一人',今本讹为'本',可证。王定为'士'之讹,未知是否。"①我们更为赞同孙诒让看法,"选卒"可能性更大,同例(9)。《王力古汉语字典》辨析,"'士'和'卒'的分别是:作战时,士在战车上面,卒则徒步"②。观察例(7)"我亟使穴师选本,迎而穴之",这里要做的是"迎而穴之"的工作,即挖掘隧道,"卒"更为适宜,且《备城门》篇此句上一段中另有"复使卒急为垒壁,以盖瓦复之",内容句式相似,"卒"被差使做具体的防御工事。而"士"语境有别,考察《备城门》等城守各篇,其中"士"一般均有表示身份性质的定语修饰,如:《备城门》中"城上十人一什长,属一吏士"之"吏士";《备梯》"武士"和"死士"(敢死的勇士),又有"贲士"与"主将"并称;《备水》"选材士有力者三十人共船""养材士"之"材士";《备蛾傅》"令勇士随而击之,以为勇士前行"之"勇士";《号令》"县各上其县中豪杰若谋士、居大夫、重厚口数多少"之"谋士","发候,必使乡邑忠信善重士,有亲戚、妻子,厚奉资之"中"忠信善重士","扞士受赏赐者"之"扞士"(捍卫城池的有功之士);《杂守》"有谋士,有勇士,有巧士,有使士",其中"使士",岑仲勉采吴汝纶看法"当作死士"③。由这些用法,可见《墨子》中"士"是有地位的、有才能的、有德行的,修饰"士"的这些定语侧重意志、德行,相比之下,如例(9)修饰"卒"的是形容词"锐","锐"着眼的是实际的做事能力,"卒"

---

① 孙诒让,孙启治.墨子间诂[M].北京:中华书局,2001:498.
② 王力.王力古汉语字典[M].北京:中华书局,2000:90.
③ 岑仲勉.墨子城守各篇简注[M].北京:中华书局,1958:154.

的"工具性"更强,相应的地位也更低,所以从事"穴"(挖隧道)和"为垒壁"(建造军营围墙或工事)等基础建筑工事的是"卒",而不是"士"。《墨子》中"士""卒"语义仍有较为明显的区分,再往后至战国末期,"士""卒"语义差别消弭,趋向并用。《荀子·议兵》"故齐之技击,不可以遇魏氏之武卒;魏氏之武卒,不可以遇秦之锐士"中出现"锐"修饰"士",此时"武卒""锐士"并用,两者语义不再有区分。又如《管子·制分》"妄行则群卒困,强进则锐士挫"句中也用"锐士",该"士"与前面"群卒"之"卒"同义。

例(7)"我亟使穴师选本(卒),迎而穴之"中"选卒"与其他几例的动宾结构不同,是"选"作定语修饰"卒"构成双音名词,与"穴师"并称,这里并不是"穴师"来挑选士卒,如岑仲勉所说,"穴师者精于开穴之工师,审知敌人在某处穴攻,即就其处开穴迎拒之,乃以穴御穴之法"[①],况且士卒从事挖穴之工作,并不需要特殊技能,如需特殊技能则可能需要专业的"穴师"来挑选。此外,前面有"亟"作状语修饰"使",如果兼语是"穴师",急急忙忙让穴师来挑选士卒,不仅容易导致混乱,且时间也极为仓促,不符合作战实际。穴师也好,士卒也好,都当是早已备好,穴师确定好,士卒挑选好,只等敌人一旦"为穴而来",就立马让"穴师选卒"开工,即"迎而穴之",选卒在穴师的指导下挖隧道,所以这个"使"字兼语句中兼语是"穴师选卒",第二个谓语是"迎而穴之",而不是"选"。尽管这一例中"选"也是"挑选"义的动词,但其句法成分不是谓语而是定语,当将其识别出来,方能正确理解句意。孙中原将此句译为"我方急使精于掘隧道的工师挑选士卒,迎面掘隧道"[②],显然是将"选卒"理解成了动宾结构,不当。方勇译注《墨子》对此句中"选本"采"选士"说,并专门给出了注释"精兵",译为"我方即刻派遣善于挖掘的精兵,迎头挖好深沟"[③],其对"选士"的注释是值得肯定的,其译文似乎将"穴师"看作了"选士"的定语,译成"善于挖掘",这一译文忽略了"穴师"的重要性。诚如岑仲勉对"穴师"的解说,"审知敌人在某处穴攻,即就其处开穴迎拒之",这是一项颇为专业的技术活,必得专业技术人员"穴师"来指导,如果仅是"善于挖掘的精兵",未必能准确把握"以穴御穴之法"的精髓。如上文所举,有智谋的是"士",而非"卒","迎而穴之"需要智谋,来自"穴师","善于挖掘的精兵"

---

① 岑仲勉.墨子城守各篇简注[M].北京:中华书局,1958:24.
② 谭家健,孙中原.墨子今注今译[M].北京:商务印书馆,2009:428.
③ 方勇.墨子[M].北京:中华书局,2011:477.

也只是负责挖掘的体力活。

我们考察了上古汉语中"选士"的用例,实则均用为动宾结构,而"选卒"却有较为明显的名词用例。《汉语大词典》"选卒"义为"挑选出来的兵卒,精兵",如《战国策·齐策一》中的"楚大胜齐,其良士选卒必殪,其余兵足以待天下",《吕氏春秋·爱类》中"王也者,非必坚甲利兵选卒练士也"①。前一句"选卒"与"良士"并称,后一句与"坚甲、利兵"等并称,都是"定语+名词中心语"的结构,"良、坚、利"是形容词,而"选"是动词,动词作定语,表示"精选出来的"。从常见用法来看,例(7)中作为与"穴师"并称的名词成分,"选本"之"本"为"卒"之讹比"士"之讹可能性更大。

(二) "齐"义"选"

《墨子》中2例"齐"义形容词"选"的例子如下:

(10) 故又使国君选其国之义,以尚同于天子。(《尚同下》)

(11) 凡守围城之法,厚以高,壕池深以广,楼撕揗,守备缮利,薪食足以支三月以上,人众以选,吏民和,大臣有功劳于上者多,主信以义,万民乐之无穷。(《备城门》)

这两个例子有必要辨析一下,因为很多人将其中"选"看作是"挑选"义,但实际上并非"挑选"或其他动词义,而是"齐"义,当为形容词。

例(10)这一句,谭家健译为"于是又使国君综合其国中意见,用来上同于天子",译文中用"综合"来对应"选"②。这一句旧本"以"字下有"义"字,俞樾《古书疑义举例》第五十四条"涉上下文而衍例"中列有此例,认为下"义"字是涉上"义"字而衍,许威汉、金甲给俞著评注时,在此例后加上注释"所以又使国君统一全国的思想,又集中统一到天子"③,即以"统一"来释"选";杨端志《训诂学》举到这一例"下'义'字涉上'义'字而误衍",也加了译注,译为"又让国君综合其国之大义,以上同于天子",并注明"选"释为"总,

---

① 罗竹风.汉语大词典(缩印本)[M].上海:汉语大词典出版社,1997:6442.
② 谭家健,孙中原.墨子今注今译[M].北京:商务印书馆,2009:79.
③ 许威汉,金甲.俞樾《古书疑义举例》评注[M].北京:商务印书馆,2012:135.

综合"①。以上3种今译对"选"的理解,"统一"义要比"综合"义更符合文意,那么"统一""综合"之解又都是从何而来?

例(10)前后文段中各有一句相似的句子,分别为"故又使家君总其家之义,以尚同于国君"和"天子又总天下之义,以尚同于天",两句中都用了"总",唯句(10)用"选",这大概是一些今译将"选"译为"综合"的主要原因,即"选"义同"总"。《汉语大词典》"总"有"统领;统率"义,引《墨子·非攻下》"一天下之和,总四海之内"为例②,这一例中"总"义同前面的"一",译为"统一"更佳。上面两句中"总"义即与"统一"义相似,更确切来说,是"使……一致"。

其实,关于例(10)的"选",《墨子间诂》已采俞樾明确的观点:

> 下"义"字衍文,上文云"故又使家君总其家之义,以尚同于国君",下文云"天子又总天下之义,以尚同于天",并无下"义"字,是其证也。上下文并言"总",而此言"选",选亦总也。《诗·猗嗟》篇"舞则选兮",毛传训选为齐。"选其国之义",犹齐其国之义。曰总,曰选,文异而义同也。《史记·仲尼弟子列传》"任不齐,字选",是选有齐义。《贾子·等齐》篇曰:"撰然齐等",撰与选通。③

《汉语大词典》"选"词条也列有"整齐"义项,除上面俞樾提到的《诗·齐风·猗嗟》例子,引例还有《史记·仲尼弟子列传》中"夫吴,城高以厚,地广以深,甲坚以新,士选以饱"与《吴越春秋·夫差内传》中"城厚而崇,池广以深,甲坚士选,器饱弩劲"④。如《王力古汉语字典》辨析"选"和"择"的区别所说,"选"是"按一定标准从众多事物中挑选出好的来",其挑选出的结果就是"都是好的",不是参差不齐的,由此引申出"齐"义,符合词义引申的认知逻辑。"齐"义"选"不是动词,而是形容词,俞樾所举"撰(选)然齐等"中"撰(选)然"即是"齐刷刷的样子",表摹状。例(10)"选其国之义"意思是"使得国中思想达到整齐一致",以与上面的天子相同,译为"统一"亦可,另两句

---

① 杨端志.训诂学[M].济南:山东文艺出版社,1992:394.
② 罗竹风.汉语大词典(缩印本)[M].上海:汉语大词典出版社,1997:5722.
③ 孙诒让,孙启治.墨子间诂[M].北京:中华书局,2001:94.
④ 罗竹风.汉语大词典(缩印本)[M].上海:汉语大词典出版社,1997:6441.

"总其家之义""总天下之义"之"总"义也如此,而不是"总括、综合"之义。

例(11)"人众以选",孙中原译为"防守的人多并且经过训练选择"①,也有将"人众以选"特意注释为"人数众多,而且都是精选出来的"②,诸如此类译注,都将其中"选"还是看作"挑选"义,语意上看似还比较通顺,其实并未切中要旨。

银雀山简本《尉缭子》有一句"……城坚而厚士民众篡薪食经〔□〕□劲矢仁矛戟〔□□□〕□策也",整理小组释文如下:

> 宋本作:"池深而广,城坚而厚,士民备,薪食给,弩坚矢疆(强),矛戟称之,此守法也。"简本"劲"上一残文,疑是"弩"字。"篡"读为"选",二字音近相通,银雀山竹书中屡见其例。《墨子·备城门》有"人众以选"语,"选"字用法与简文同。③

上面释文中引用《墨子》例(11)"人众以选"句,说明其与出土竹简本《尉缭子》中的"士民众篡(选)"用法相同。我们赞同这一看法,其相同用法当为"齐"义形容词用法。"城坚而厚"与"士民众篡(选)"是并称成分,前面"坚"与"厚"之间有表并列的连词"而"连接,后面"众"和"篡(选)"连用,没有连词,乃是由于主语成分不同,前面"城"是单音节,后面"士民"是双音成分,为了前后语句照应,均以四字格表达,后面连词缺位。《墨子》中的"人众以选"则恰好与"城坚而厚"结构一致,"以"同"而",也是表并列关系的连词,足见此处"选"为形容词,即为"齐"义。士民"众"且"齐",方是"备",简本《尉缭子》"士民众篡(选)"义正如宋本"士民备"。《墨子》"人众以选"义为"防守的人众多且整齐",其突出的更是一种秩序,这对于作战防御来说是极为重要的。

《墨子》"选"表"齐"义的用法,不仅可以为"选"引申出"齐"义提供例证,且能与出土简本《尉缭子》句相互印证。正确认识并理解"选"的这一形容词用法,将其与"挑选"义动词"选"区别开来,有利于正确辨析"选"与"择"用法的区别。

---

① 谭家健,孙中原.墨子今注今译[M].北京:商务印书馆,2009:426.
② 辛志凤,蒋玉斌,等.墨子译注[M].哈尔滨:黑龙江人民出版社,2003:451.
③ 银雀山汉墓竹简整理小组.银雀山简本《尉缭子》释文(附校注)[J].文物,1977,(2).

二、《墨子》"择"用法

《墨子》中"择"共 39 见,除"选择"中 10 见外,另有 29 见单用。其中 23 见为"选择"义动词;3 例为"区别"义,均见于"无择",表示两者没有区别;3 例为"释"义动词,均在《节葬下》中,"为而不已,操而不择"同一句式反复出现 3 次,《墨子间诂》引毕沅说"'择'同'释'",孙诒让按引《淮南子·说山训》高诱注"释,舍也"①,"操而不择",指"实行而不放弃",与前面"为而不已"(继续做而不停止)语义一致。关于"择"的"舍弃"义,《汉语大词典》《通假字汇释》等辞书多将其看作通"释"②,鲁普平论证了"'择'本身就具有去除、舍弃义,不必视为'释'之借字",认为"'择'既具有选取义,又具有舍弃、去除义,这种同词相反为义的现象,是语义内部结构反向演变所造成的"③。我们认为鲁文结论可取。

(一)"选择"义"择"

"择"单独表"选择"的有 23 例,其中"择"的对象为人的有 12 例,对象为事物的有 10 例,1 例对象是抽象的代词"彼"。

(12)《诗》曰"必择所堪(湛),必谨所堪"者,此之谓也。(《所染》)

(13) 非惟若书之说为然也,且惟昔者虞夏商周三代之圣王,其始建国营都日,必择国之正坛,置以为宗庙;必择木之脩茂者,立以为菆位(丛社);必择国之父兄慈孝贞良者,以为祝宗;必择六畜之胜腯肥倅,毛以为牺牲;珪璧琮璜,称财为度;必择五谷之芳黄,以为酒醴粢盛,故酒醴粢盛与岁上下也。(《明鬼下》)

(14) 武王以择车百两,虎贲之卒四百人,先庶国节窥戎,与殷人战乎牧之野。(《明鬼下》)

(15) 今士之用身,不若商人之用一布之慎也。商人用一布布(市),不敢继苟而讐(售)焉,必择良者。(《贵义》)

---

① 孙诒让,孙启治. 墨子间诂[M]. 北京:中华书局,2001:187.
② 罗竹风. 汉语大词典(缩印本)[M]. 上海:汉语大词典出版社,1997:3770;冯其庸,邓安生. 通假字汇释[M]. 北京:北京大学出版社,2006:528.
③ 鲁普平."择"之"释"义新探[J]. 语言研究,2016,(3).

(16) 凡入国,必择务而从事焉。……国家务夺侵凌,即语之兼爱、非攻,故曰择务而从事焉。(《鲁问》)

(17) 子墨子曰:"籍设而亲在百里之外,则遇难焉,期以一日也,及之则生,不及则死。今有固车良马于此,又有奴马四隅之轮于此,使子择焉,子将何乘?"对曰:"乘良马固车,可以速至。"(《鲁问》)

以上诸例"择"的对象是事物。例(12)"所堪(湛)"即"指染料","必择所堪(湛)"义为"必须正确地选择染料"[①];例(13)排比句式中,"择"的对象有国之正坛、木之脩茂者、六畜、五谷;例(14)"择"的对象是车;例(15)"择良者"的对象是交易的物品;例(16)"择"的对象"务",指"要务,紧要的事";例(17)"择"的对象是车马。对象为事物的"择",一般用作谓语,仅例(14)作定语。一般都带宾语,宾语多是选择的目标,目标成分语义上都是积极正向的,如例(13)(15)(16),故"择"作定语时,具有的语义也是指向积极的、好的结果,例(14)"择车"即指"挑选出来的精车";宾语也有选择的范围对象,如例(12)(17),例(12)宾语是选择对象名称,例(17)宾语"焉"指代的是前面的"固车良马"与"奴马四隅之轮",是具体的两个选择项。

"择"以作谓语为常,例(14)"择车"若脱离语境,是有歧义的,可以理解成动宾结构,故作定语是动词"择"的特殊用法,这种特殊用法后来成为双音节词凝固的一种途径,如"迁客骚人"之"迁"也是动词作定语,表示"被贬谪外调的","迁客"后凝固为双音词,"择车"也作为一个双音词被收入《汉语大词典》,释为"经过挑选的战车",所举例子即《墨子》例(14),且引孙诒让《墨子间诂》"择车,犹《吕氏春秋》云简车、选车"[②]。《汉语大词典》也收入了"选车"一词,释为"精选出来的兵车",引例为《吕氏春秋·贵因》"故选车三百,虎贲三千,朝要甲子之期而纣为禽"与《史记·张释之冯唐列传》"遣选车千三百乘"[③],《墨子》中"选"对象均为人,没有事物的,"选车"也不见于《墨子》及其前典籍,至《吕氏春秋》及其后"选车"见用,当是"选"与"择"的用法区别已经消融。《墨子》中动词"选"与"择"各有1例用作定语,分别是"选卒"与"择车",其对象一为人,一为物,这一对立正体现了"选"与"择"语义指向的

[①] 谭家健,孙中原.墨子今注今译[M].北京:商务印书馆,2009:14-15.
[②] 罗竹风.汉语大词典(缩印本)[M].上海:汉语大词典出版社,1997:3770.
[③] 罗竹风.汉语大词典(缩印本)[M].上海:汉语大词典出版社,1997:6441.

差异——"选"的对象是人,"择"的对象可以是物。

《墨子》中"择"对象为人的例子略多于事物,如下:

(18)"来,有国有土,告女讼刑,在今而安百姓,女何<u>择</u>言(否)人?何敬不刑?何度不及?"能<u>择</u>人而敬为刑,尧舜禹汤文武之道可及也。(《尚贤下》)

(19)谁以为二士,使其一士者执别,使其一士者执兼。……别士之言若此,行若此。……兼士之言若此,行若此。……此言而非兼,<u>择</u>即取兼,即此言行费也。(《兼爱下》)

(20)然而天下之士非兼者之言犹未止也,曰:意可以<u>择</u>士,而不可以<u>择</u>君乎?(《兼爱下》)

(21)是故古者天子之立三公、诸侯、卿之宰、乡长、家君,非特富贵遊佚而<u>择</u>之也,将使助治乱刑政也。(《尚同下》)

(22)爱之相若,<u>择</u>而杀其一人,其类在坑下之鼠。(《大取》)

(23)不识将<u>择</u>之二君者,将何从也?我以为当其于此也,天下无愚夫愚妇,虽非兼者,必从兼君是也。言而非兼,<u>择</u>即取兼,此言行拂也。(《兼爱下》)

(24)国君既已立矣,又以为唯其耳目之请,不能一同其国之义,是故<u>择</u>其国之贤者,置以为左右将军大夫,以远至乎乡里之长,与从是乎一同其国之义。(《尚贤下》)

(25)葆卫必取戍卒有重厚者,请<u>择</u>吏之忠信者、无害可任事者。①(《号令》)

上述诸例以及例(13)"<u>择</u>国之父兄慈孝贞良者,以为祝宗"中"择"对象为人,共12处。例(18)"女何择言人",孙诒让采王引之说法:"'言'当为'否',篆书二形相似,隶书亦相似,故'否'误为'言'。否与不古字通,故下二句云'何敬不刑,何度不及'也,今《书》作'何择非人,何敬非刑,何度非及',非、否、不并同义。"②可见"何择言(否)人"意思当是"除了贤人还有什么选

---

① 孙诒让按其中"请"疑"谨"之误,"忠信者"之"者"字当衍,见孙诒让,孙启治.墨子间诂[M].北京:中华书局,2001:607.
② 孙诒让,孙启治.墨子间诂[M].北京:中华书局,2001:70.

择的呢",用否定加反问构成肯定语义,即要"择人",即后面的"能择人",此处"人"并非选择范围对象,而是目标对象,即"人之贤良者"。例(19)"择即取兼","此言……费也"意为"说话非难兼相爱,找人帮忙却选择兼相爱者,这就是言行相违"①。"择"的宾语隐含,实即上文中的"别士"与"兼士",这是选择范围(两个选项),"择"的结果"取"的是"兼士",例(23)后一"择"用法同此。

选择的对象同样是人,前面"选"所带宾语都是挑选的结果,而"择"则较为多样化,有挑选范围对象,如例(20)"士、君"、例(23)"之二君(这两位国君)";有挑选目标(结果)对象,如例(18)"能择人"中"择"宾语"人"特指贤人,例(13)"国之父兄慈孝贞良者",例(21)"之"指代前面的"三公、诸侯、卿之宰、乡长、家君",例(24)"其国之贤者",例(25)"吏之忠信者、无害可任事者";也有宾语隐含,"选"为连动式中第一个动词的,如例(19)"择即取兼",隐含的是选择范围,例(22)"择而杀其一人,其类在坑下之鼠",隐含的是选择目标,其目标肯定不是积极正向的成分,此句意为"选择一个穷凶极恶的坏人而杀之,这犹如消灭一只穴中害鼠,应该毫不留情一样"②,选择的目标是如害鼠般的坏人,而不是选好人,这与后面"杀之"语义一致。可见"择"的目标语义上是多样化的,并非一概都是积极对象,但仍以积极语义成分为主,这一点与"选"一致,也是两者同义连用成"选择"的语义基础。

结合以上"择"对象为物或人的用例分析,"择"有一个较为明显的使用特点,即从 A 与 B 往往具有对立性的两方中选择一方的语义特点。如例(17)"今有固车良马于此,又有奴马四隅之轮于此,使子择焉",一方是坚车好马,一方是破车劣马;例(23)"择之二君","之二君"就是上文提到的"谁(设)以为二君,使其一君者执兼,使其一君者执别",即两位国君,一位主张兼相爱,一位主张别相恶,主张和言行完全对立相反的两方。从对立的双方中,根据需要选择一方,这是"择"基本的语义特征。这一特征在《墨子》中恰有 1 例用法可以用来概括,即《经说上》对《经上》"法异则观其宜"的解说:

(26) 取此择彼,问故观宜。以人之有黑者有不黑者也,止黑人;与

---

① 谭家健,孙中原.墨子今注今译[M].北京:商务印书馆,2009:98.
② 谭家健,孙中原.墨子今注今译[M].北京:商务印书馆,2009:359.

以有爱于人有不爱于人,心(止)爱人;是孰宜心(止)?①(《经说上》)

孙诒让《墨子间诂》:"择读为释。释、舍古通,见《节葬下》篇。"②将此句中的"择"看作通"释",义"舍弃",即与前面的"取"反义。杨俊光《〈墨经〉研究》认为:"以'择'为'去''舍',则使'取此'和'择彼'成为同义反复,恐非是;此'择'字,还是作本义——挑选、选取解为是。"③我们赞同杨的看法,此句"择"当为动词,与"取"同义,而非反义之"释",与《节葬下》"为而不已,操而不择"之"择"有别。

此句语意指在"此"与"彼"具有相对性的双方之间进行择取时,需要"观其宜",所以并非选取"此",也有可能选择"彼",若"择"为"释",则只有一种可能性了,不符合《经上》"法异则观其宜"文意,结合《经说上》后文举的例子以及"是孰宜",可知这里突出的是一个根据"其宜"而进行的选择,"此"与"彼"就是选择范围对象,正如上面所说,"择"的语义特征是在相对立的 A 与 B 之间根据需要进行选择,A 与 B 就是"此"与"彼"。可以说,《经说上》的这一例"取此择彼",对"择"的用法作出了很好的提炼。

例(26)"取此择彼,问故观宜",多被引作"择"通"释"的典型例子,《汉语大词典》"择"之"通'释',舍弃"义项,首引例子即此例,采用孙诒让的看法,《通假字汇释》"择"通"释"义项第一例同此④。弄清楚该例"择"为"取"义而非"舍弃"义,不仅有利于正确理解《墨子》文意思想,对汉语辞书编纂修订也有重要意义。

(二)"区别"义"择"

《墨子》中有 3 例"无择",其中"择"当是"区别"义,而非"选择"义。3 例"无择",1 例在《节葬下》篇,2 例在《大取》篇,如下:

(27)今又禁止事上帝鬼神,为政若此,上帝鬼神始得从上抚之曰:

---

① 《墨子间诂》"取此择读彼"(第 354 页),多一"读"字,于文意不达,今从《墨子校注》"取此择彼"(第 474 页)。
② 孙诒让,孙启治.墨子间诂[M].北京:中华书局,2001:354.
③ 杨俊光.《墨子》研究[M].南京:南京大学出版社,2002:775.
④ 罗竹风.汉语大词典(缩印本)[M].上海:汉语大词典出版社,1997:3770;冯其庸,邓安生.通假字汇释[M].北京:北京大学出版社,2006:528.

"我有是人也,与无是人也,孰愈?"曰:"我有是人也,与无是人也,无择也。"(《节葬下》)

(28) 断指与断腕,利于天下相若,无择也。死生利若一,无择也。①(《大取》)

《汉语大词典》收录了"无择"一词,义为"不用挑选;没有区别",所举例子即《墨子》中的两例,例(27)与例(28)前一句②。实际上,"无择"不当译为"不用挑选",而当是"没有区别"。这与"择"的"区别"义相关。《汉语大词典》中"择"第一义项是"挑选",第二义项就是"区别"③,其所举例子中属于上古汉语的有:

(29) 此亦妄人也已矣,如此,则与禽兽奚择哉?(《孟子·离娄下》)

(30) 耳不乐声,目不乐色,口不甘味,与死无择。(《吕氏春秋·情欲》)高诱注:"择,别也。"

这两例,均是将前面描述的对象与后一对象进行比较,比较对象"禽兽""死"均由介词"与"引出,一句是"奚择"反诘句式,一句是"无择"否定句式,前句语义上也是"无择"。这两句都是"A,与B无择"式,这与"择"作为"选择"义动词的用法有很大关系,如前文所述,"择"重在表现"具有对立性的双方A与B之间的择取",这一用法的"择"突出的语义是相关的两个对象之间的"差异性",即"区别",由此"择"由"挑选"义引申出"区别"义。

对比"选"由"选择,挑选"义引申出"齐"义,"择"则是由"选择,挑选"义引申出"区别"义,两者词义的引申,正与两者用法上对语义的细微"规定"相关,可以说是一个"趋同",一个"趋异",这两者如何妥协融合,将会体现在"选择"一词的使用中。

《汉语大词典》"择"的"区别"义引例时代还可提早,"无择"例可由《吕氏

---

① 此句"死生利若一,无择也",《墨子间诂》作"死生利若,一无择也",今据语义采《墨子今注今译》断句。
② 罗竹风. 汉语大词典(缩印本)[M]. 上海:汉语大词典出版社,1997:4132.
③ 罗竹风. 汉语大词典(缩印本)[M]. 上海:汉语大词典出版社,1997:3770.

春秋》例提早至《墨子》中例子。《孟子》中除了"奚择"例,还有"何择"用法,《梁惠王上》篇有"王若隐其无罪而就死地,则牛羊何择焉",意思是在"无罪而就死地"这一点上,牛羊是一样的,没有区别,但大王你却说是因为不忍心看着牛"若无罪而就死地"所以让换成羊去衅钟(杀牲以血涂钟行祭),老百姓肯定就不相信,而会觉得是大王吝啬,舍不得大的(牛),所以换成小的(羊),"牛羊何择焉"一反诘,连齐宣王都自觉理亏了,发出尴尬的笑:"是诚何心哉?我非爱其财而易之以羊也,宜乎百姓之谓我爱也。""牛羊何择"中"择"为"区别"义,而非"选择"义,因为当时并未将牛与羊两者放在一起来进行挑选,语义上承接上文"王若隐其无罪而就死地"这一情况,后面主语变成了"牛羊","何择"反诘,即"无择",表示的是在这一情况上没有区别,这里也不存在需要选择。杨伯峻译为:"如果说可怜它毫无罪过却被送进屠场,那么宰牛和宰羊又有什么不同呢?"①将"何择"译为"有什么不同"是准确的,不过译文主语"宰牛和宰羊"侧重的是人为事件,突出的是人在其中的主观态度,原文"牛羊"为主语,语意出发点是客体,这一细微的差异使"何择"的针对性发生了转移,前者针对的是"王"对牛羊的态度与情感,后者针对的是牛与羊"无罪而就死地"的客观状况,后者当更符合文意。"王"对"牛"是"隐(同情)"的,但王对"羊"到底"隐"还是"不隐"是未知的,既是未知,则无法确定"无择(没有不同)"义。

现在来看《墨子》中 3 例"无择"的用法,例(27)选择问句可以简化为"A 与 B,孰愈?""孰愈"即"两者中哪一个更好",其答案有且只有 3 种,一是 A,二是 B,三是"一样",故答句中的"无择"就是"没有区别",即"一样"。谭家健将"我有……无择也"译为"我有这些人和没有这些人,没有区别"②,这一译文是准确的。同样的"A 与 B,无择也",孙中原译作了"无所选择",例(28)整句译文为:

> 断掉一个指头与断掉手腕,如果对天下所带来的利益是相等的,那么在精神状态上就无所选择,不予计较。甚至于死生,如果对天下所带来的利益是相等的,那么在精神状态上也无所选择,不予计较。③

---

① 杨伯峻.孟子译注[M].北京:中华书局,1960:19.
② 谭家健,孙中原.墨子今注今译[M].北京:商务印书馆,2009:141.
③ 谭家健,孙中原.墨子今注今译[M].北京:商务印书馆,2009:354.

译文中"在精神状态上无所选择，不予计较"对译"无择"，前后都增加了"言外之意"。究竟是"没有区别"还是"没有选择"，两者一从客观而言，一从主观而言，似乎意思差别不大，但于文意却有较大相关性，译文的不确定性也会导致文意理解的差异。方勇将这一段译为："砍断指头和砍断手腕，对天下而言，利益差不多，没有什么区别。死与生，只要关系到有利于天下，也都没有选择。"①前一处译为"没有区别"，后一处译为"没有选择"，缺乏一致性。

吴毓江对此句注云："此示墨家牺牲精神之伟大。苟利天下，断指可，断腕亦可，生可，死亦可，举无择也。"②诚如此言，多有阐释《墨子》思想者，据此大谈墨家之牺牲精神，这正是从主观上对待死生的选择角度而言的，将其中"择"多理解为"选择"。事实上，正如胡适所说："有一件事是肯定的，墨家从不主张以自私自利为标准。一件事是'小害'还是'大利'，这要依它的社会价值来定；也就是说，或者依它直接对于社会，或者依个人对社会的价值来定。"这一段话后随即引用了《墨子·大取》中的"断指与断腕，利于天下相若，无择也。"③胡适所言即是对例(28)所做的注解，其本质并非指主观的选择，而是指客观的价值判断标准。这一段两个"无择也"有着承上启下的作用，前一句承接上文断指与断腕的例子，后一句紧接下文的例子："杀一人以存天下，非'杀人'以利于天下也；杀己以存天下，是杀己以利天下。""死生利若一"，其实指的是对生死的价值判断问题，而不是生死选择，同样是命，前者杀他人命，理当承担犯罪后果，后者献出自己的生命，两者因为对于天下所带来的利益是一样的，故其价值是没有区别的，并不是简单的是非判断。《大取》篇例(28)所在文段段首说："于所体之中而权轻重之谓权，权非为是也，亦非为非也。"体现的正是辩证的思想，其对利与害的辨析"断指以存腕，利之中取大，害之中取小也。害之中取小也，非取害也，取利也……遇盗人而断指以免身，利也，其遇盗，害也"，也是辩证思想的体现。

"死生利若一，无择也"指的是在生死问题上，要看其对整个社会的影响和价值，如果对社会的利益是一样的，那么它们的价值就没有区别，好比杀他人与牺牲自己，对社会有益，那么就同样有价值。此句把握住"无择"为

---

① 方勇.墨子[M].北京：中华书局，2011：373.
② 吴毓江，孙启治.墨子校注[M].北京：中华书局，2006：605.
③ 胡适，《先秦名学史》翻译组.先秦名学史[M].上海：学林出版社，1983：83.

"没有区别"义,其中"择"并非"选择"义是关键。将"择"解为"选择",才导致对这一段的理解偏离客观的价值标准的辩证讨论,而倾向于理解成对生死的选择,一种理解成不论生死,只要对社会有益,就不会逃避,如吴毓江所说的"生可,死亦可,举无择也",由此推衍出对墨家牺牲精神、侠义精神的推崇;一种则如孙诒让断句时将"一"属下,并谓"当作'非无择也',谓必舍死取生"①。显然,"必舍死取生"说与整个文段内容是不一致的,也非下文所举例子说明的结论。"一"不是"非"之讹,且属上,"若一"连文,表示"等同、一致",与前面"相若"功能一致,"相若"之"若"因为前面有了表互指的副词"相",不能再带其他宾语,但后面没有"相",则"若"需带宾语,"若一"字面义为"像一样"。

三、《墨子》"选择"成词

观察例(1)—(5)《墨子》中"选择"用例,10例中9例用为"$VP_1＋NP_1＋VP_2$(立/置/置立/置立之)$＋Conj$(以/而)$＋VP_3$(为)$＋NP_2$"句式中的VP_1,"选择"(VP_1)与"为"(VP_3)之间大多有另一个表"确立、设置"义的动词VP_2。VP_2呈现多样化形式,有单音"立/置",有双音"置立",也可以带宾语"之",仅1例缺失VP_2,即例(1)《尚贤下》"选择贤者以为其群属辅佐",其中VP_1与VP_3之间有连词"以"连接,1例《尚同下》"选择其次立而为乡长家君"中VP_2与VP_3之间有连词"而"连接,《尚同上》《尚同中》4例VP_2与VP_3之间有连词"以"连接,《尚同下》3例VP_2与VP_3直接连用,不用连词,具体情况为:《尚同上》"选择天下之贤可者,置立之以为三公""选择其国之贤可者,置立之以为正长",《尚同中》"选择天下贤良圣知辩慧之人,立以为天子""选择天下赞阅贤良圣知辩慧之人,置以为三公",《尚同下》"选择贤者立为天子""选择其次立为三公""选择其次立为卿之宰"。

10例中另有1例非连动式,而是"选择NP"动宾式,即例(5)《号令》"选择之有功劳之臣及死事之后重者"。岑仲勉注:"'后重',苏以为重室子,非是。'承重'见《仪礼疏》,今尚为通俗语,'重'亦为人后者之别称,守要地须求(选择之,'之',于也)死事者之后,系取其较可信用。"②表示挑选人选时,

---

① 孙诒让,孙启治.墨子间诂[M].北京:中华书局,2001:404.
② 岑仲勉.墨子城守各篇简注[M].北京:中华书局,1958:98.

如前面所分析，"选"或"择"后面一般都是直接加名词，多为目标对象，"择"后面也有范围对象（供选择的双方），在动词与宾语之间不用介词，故岑所谓"之,于也"可能不当，此处"之"相当于"其"，表特指，与例（22）《大取》"择而杀其一人"中"其"用法相似，"选择之 NP"相当于"选择其 NP"，即"选择那些有功的臣子和烈士的后代"。"之"用同"其"，而非"于"，则此例"选择"用法与《墨子》中"选择"的其他用法保持了一致性，即直接加宾语而不用介词。

《墨子》中"选择"的用法非常集中，除了上述句式上的特点，在语义上，其所针对的对象均为人，且都是目标对象，这是与"选"的动词功能一致的，没有了带其他事物对象的用法，也没有带范围对象或宾语省略的用法，这两个是"择"区别于"选"的特别用法。可见，"选择"在《墨子》中集中出现，成为一个双音词，其功能相当于"选"，或者说是"选"与"择"的共性用法，而不是简单的"选"和"择"用法的加和（并列词组的表现）。也就是说，可以确定"选择"是在《墨子》中结合成双音词，其后"选择"在句式及语义上均有扩展。

前面提到北京大学 CCL 语料库先秦典籍中"选择"共有 14 例，《墨子》10 例之外，其他 4 例如下：

(31) 将军皆令县急急为守备，譔（选）择贤者，令之坚守，将以救亡。（马王堆帛书《战国纵横家书·见田僃于梁南章》）①

(32) 使毕战问井地，孟子曰："子之君将行仁政，选择而使子，子必勉之。"（《孟子·滕文公上》）

(33) 哀公曰："敢问何如斯可谓庸人矣？"孔子对曰："所谓庸人者，口不能道善言，心不知邑邑；不知选贤人善士托其身焉以为己忧；动行不知所务，止立不知所定；日选择于物，不知所贵；从物如流，不知所归；五凿为正，心从而坏。如此则可谓庸人矣。"（《荀子·哀公》）

(34) 五祥：一君选择，二官得度，三务不舍，四不行略，五察民困。（《逸周书·酆保解》）

例(31)"譔"通"选"，"譔择"即"选择"，后带宾语"贤者"，用法同《墨子》，

---

① 马王堆汉墓帛书整理小组. 马王堆汉墓帛书——战国纵横家书[M]. 北京：文物出版社，1976：115.

例(32)"选择而使子"用法同例(22)《墨子·大取》"择而杀其一人"中"择"所处句式,即"选择"后不直接带宾语,而是在连动式中与后一动词共带同一宾语,该宾语出现在后一动词之后,不过语义上,此例"选择"的对象也是"贤人"(君将行仁政,用贤人以辅之),而"择"例对象则是坏人。例(33)《荀子》中"选择于物"之例,是"选择"用于事物最早的例子,且与对象为人的用法不同,特殊在于用介词"于"引出宾语,而不是直接带宾语,也就是说随着"选择"语义上进一步拓展,对象由人扩展至事物,这一用法并不是直接沿袭"择"的用法,而是"选择"自身词义引申的结果。

例(34)"君选择"后不带宾语,但隐含着"选取贤能之人"的语义,这一例值得注意,它与《墨子》及上述3例"选择"性质上当有差异。该例出自《逸周书·鄞保解》,其时代更早,姚蓉《逸周书文系年注析》将本篇系于"武王践天子位之年"(公元前1046年)①,为西周文献,时代大为早于《墨子》。此处"选"与"择"均为独立的单音动词,因两者兼具"挑选优秀人才"之常见用法,"选"与"择"前后连用,是一种"叠用"表达,其目的在于对语义加以强化,即强调"挑选贤能之人","选"与"择"尚未结合成双音词,其后不带宾语是其非双音动词的表现,至《墨子》中凝固成双音词的"选择"典型的特征是其后带上了宾语。区分该例"选择"是两个单音动词的并列组合,而非双音词,这一点很有必要,《汉语大词典》引"选择"用例,引《墨子》例是恰当的,不仅因为《墨子》中"选择"用例多,更主要的是《墨子》中"选择"是可以确定为双音词最早的用例。

通过上述诸例与《墨子》"选择"的比较,可以帮助认识"选择"演变成词的历程与语义功能的发展。

回到例(2)"选天下之贤可者,立以为天子",这一例"选"是否一定是脱了一"择"字呢?上文讲到"择"单用时,例(24)有"择其国之贤者,置以为左右将军大夫",两句句法结构相似,语义也相似,如果如王念孙校例(2)"选"下脱一"择"字,那么例(24)是不是"择"上脱一"选"字呢?显然这一判断是无法立足的。

综合前面对"选""择""选择"用法的梳理,我们认为在《墨子》中,三者都能独立用于"$VP_1+NP_1+VP_2+Conj+VP_3+NP_2$"句式中的 VP_1 位置,即

---

① 姚蓉.《逸周书》文系年注析[M].桂林:广西师范大学出版社,2015:94.

"选天下之贤可者"完全是可能的,并不能因为后文相似句式用了"选择"就判断其为"选择"之脱漏,而要给它补成"选择"。正如《墨子》"$VP_1+NP_1+VP_2+Conj+VP_3+NP_2$"句式中 VP_2 有"立""置""置立"三者单音、双音并用而未呈现完全统一的状况,例(2)"选天下之贤可者,立以为天子",后续两句"选择天下之贤可者,置立之以为三公""选择其国之贤可者,置立之以为正长"都使用了"置立",但前面一句则为"立",故第一句单用"选"是有原因的,正与单音"立"一致,而后两句用双音"选择",也正与后面的"置立"一致,例(24)单用"择"也是与后面单用的"置"一致,可见这些句子中使用单音的"选""择"还是双音的"选择"并非随意的,而是有一定的讲究。

《墨子》中"选择"与"选""择"并用,正如"置立"与"立""置"并用,恰恰生动地呈现出了《墨子》中双音词形成的动态性,如果一味追求词汇形式的一致性而轻易校改,则破坏了这一丰富多样化的语言事实,就会影响对词汇演变规律的准确揭示。从这一角度而言,《墨子》语料的"原始性"程度较其他先秦典籍较高,其对汉语词汇史研究的价值值得重视。

第三节 劝 沮

《汉语大词典》有"劝沮"词条,仅注"见'劝阻'","劝阻"词条注"亦作'劝沮'",下列两个义项,一是"鼓励和禁止",首举《墨子·非命中》"发宪布令以教诲,明赏罚以劝沮",二是"以理相劝并阻止其做某事或进行某种活动",首举《明史·阉党传·焦芳》"瑾(刘瑾)怒翰林官傲己,欲尽出之外,为张彩劝沮"。

从《汉语大词典》对"劝沮""劝阻"两词条关联方式来看,是将"劝阻"作为主条,将"劝沮"作为附条。《汉语大词典》"凡例"中对双音节复词的关联方式作出说明:"一般采用主条(甲)与附条(乙)的双向关联方式。甲条下注明'亦作乙',下引甲乙的例证。乙条只注明'见甲'。""这种关联方式,表明用字不同的甲乙两条实为一词。用字不同一般为古今字、异体字、通假字或同音、译音字等关系。"[1]可见,其将"劝沮""劝阻"看作一词,具有两种

---

[1] 罗竹风.汉语大词典(缩印本)[M].上海:汉语大词典出版社,1997:10"凡例".

词义。"沮""阻"究竟是古今字还是什么关系,下文再详细辨析。

现在我们先来看其列出的第一个义项,"鼓励和禁止",是"劝""沮"两个单音词词义的加和,组合起来并没有发生词义变化,因此这样的"劝沮"还当看作两个单音词并列组合,而不是复音词。《汉语大词典》给这一义项举出的3个例子,最早的是《墨子》例,"劝沮"连用确实最早出现在《墨子》中,且《墨子》中多"劝""沮"正反对举的用法。

一、《墨子》"劝""沮"对举

《墨子》"劝"共33次,"沮"见13次,另有1处校补"沮暴",则"沮"共计14次。《非命上》"是故古之圣王发宪出令,设以为赏罚以劝贤"中"劝贤",毕沅校:"中篇作'劝沮',是。"王念孙云:"原文是'劝贤',不得径改为'劝沮'。余谓'劝贤'下当有'沮暴'二字。'劝贤'承赏而言,'沮暴'承罚而言。《尚贤》篇曰'赏不当贤而罚不当暴,则是为贤者不劝,而为暴者不沮矣',《尚同》篇曰'赏誉不足以劝善,而刑罚不可以沮暴',皆其证。"①姜宝昌采王念孙看法:"王校是,今从之。"②这一句,我们也赞同在"劝贤"后面补上"沮暴"。《非命中》有"古之圣王,举孝子而劝之事亲,尊贤良而劝之为善,发宪布令以教诲,明赏罚以劝沮",句式相似,"劝沮"与前面的"赏罚"照应,《非命上》"设以为赏罚以劝贤"中"贤"为"沮"讹字可能性较小,从节律来看,"设以为赏罚"句式较长,连词"以"连接前后两部分,后面若为"劝贤沮暴",比起"劝沮"平衡性更好。此外,下文有:"执有命者之言曰:'上之所赏,命固且赏,非贤故赏也。上之所罚,命固且罚,不暴故罚也。'""非贤故赏"和"不暴故罚"针对的正是文段开头的"是故古之圣王发宪出令,设以为赏罚以劝贤",当先出现"劝贤沮暴",下文"贤""暴"与"赏""罚"共现才有依托。故我们将《非命上》这一句校作"是故古之圣王发宪出令,设以为赏罚以劝贤沮暴"。

《墨子》14例"沮",其中有13次与"劝"正反对举,仅有1例"沮"单独使用,为《尚贤下》篇"是以使百姓皆攸心解体,沮以为善,垂其股肱之力,而不相劳来也"。相应的,33次"劝"有13次与"沮"对举,另有20次单用。

先来看"劝""沮"对举使用的情况。"劝"为"勉励、鼓励"义,"沮"为"阻

---

① 孙诒让,孙启治.墨子间诂[M].北京:中华书局,2001:270.
② 姜宝昌.墨论训释[M].济南:齐鲁书社,2016:576.

止、禁止"义,两者语义相反。两词对举,在上古典籍中多见,于《墨子》见用最早,使用最多。这13组"劝""沮"使用的句子,如下:

(1) 若苟赏不当贤而罚不当暴,则是为贤者不<u>劝</u>而为暴者不<u>沮</u>矣。(《尚贤中》)

(2) 今惟毋以尚贤为政其国家百姓,使国为善者<u>劝</u>,为暴者<u>沮</u>。(《尚贤下》)

(3) 大以为政于天下,使天下之为善者<u>劝</u>,为暴者<u>沮</u>。(《尚贤下》)

(4) 然者吾所以贵尧舜禹汤文武之道者,何故以哉?以其唯毋临众发政而治民,使天下之为善者可而<u>劝</u>也,为暴者可而<u>沮</u>也。(《尚贤下》)

(5) 若苟上下不同义,赏誉不足以<u>劝</u>善,而刑罚不足以<u>沮</u>暴。(《尚同中》)

(6) 若苟上下不同义,上之所赏,则众之所非,曰人众与处,于众得非。则是虽使得上之赏,未足以<u>劝</u>乎!上唯毋立而为政乎国家,为民正长,曰:"人可罚,吾将罚之。"若苟上下不同义,上之所罚,则众之所誉,曰人众与处,于众得誉。则是虽使得上之罚,未足以<u>沮</u>乎!(《尚同中》)

(7) 若立而为政乎国家,为民正长,赏誉不足以<u>劝</u>善,而刑罚不<u>沮</u>暴,则是不与乡吾本言民始生未有正长之时同乎?(《尚同中》)

(8) 若苟义不同者有党,上以若人为善,将赏之,若人唯使得上之赏,而辟百姓之毁,是以为善者必未可使<u>劝</u>,见有赏也。上以若人为暴,将罚之,若人唯使得上之罚,而怀百姓之誉,是以为暴者必未可使<u>沮</u>,见有罚也。(《尚同下》)

(9) 故计上之赏誉,不足以<u>劝</u>善,计其毁罚,不足以<u>沮</u>暴。(《尚同下》)

(10) 计厚葬久丧,奚当此三利者?我意若使法其言,用其谋,厚葬久丧实可以富贫众寡、定危治乱乎?此仁也,义也,孝子之事也,为人谋者不可不<u>劝</u>也。仁者将兴之天下,谁贾而使民誉之,终勿废也。意亦使法其言,用其谋,厚葬久丧实不可以富贫众寡、定危理乱乎?此非仁非义,非孝子之事也,为人谋者不可不<u>沮</u>也。仁者将求除之天下,相废而使人非之,终身勿为。(《节葬下》)

(11) 是故子墨子曰：乡者，吾本言曰，意亦使法其言，用其谋，计厚葬久丧，请可以富贫众寡、定危治乱乎，则仁也，义也，孝子之事也，为人谋者不可不<u>劝</u>也；意亦使法其言，用其谋，若人厚葬久丧，实不可以富贫众寡、定危治乱乎？则非仁也，非义也，非孝子之事也，为人谋者不可不<u>沮</u>也。(《节葬下》)

(12) 是故古之圣王发宪出令，设以为赏罚以<u>劝</u>贤<u>沮</u>暴。(《非命上》)

(13) 古之圣王，举孝子而劝之事亲，尊贤良而劝之为善，发宪布令以教诲，明赏罚以<u>劝沮</u>。(《非命中》)

13组"劝""沮"对举出现的篇目较为集中，见用于《尚贤》中、下篇，《尚同》中、下篇，《节葬下》篇与《非命》上、中篇。这13组"劝""沮"针对的对象具有同一性，"劝"的对象为"善""贤""仁""义""孝子之事"或"为善者""为贤者"，"沮"的对象则相反，是"暴""非仁非义""非孝子之事"或"为暴者"。

《墨子大辞典》释"沮"14次，均为"阻止"；"劝"33次，一并释为"劝勉"①。在"劝""沮"对举共现的文段中，两词词义基本如此，不过就其所处句法特征而言，这13组又可分为两类，其中一类含有意念被动语义，如例(1)(2)(3)(4)(8)等，这5组"劝""沮"的主语是"为贤/善者""为暴者"，正是受到"劝""沮"的对象，故这5组"劝""沮"带有被动语义，即"受到勉励""受到阻止"，例(6)"未足以劝""未足以沮"承接前面的"使得上之赏""使得上之罚"，也含有被动语义。另外7组"劝""沮"为主动语义，即句中受事对象处于"劝""沮"宾语位置或隐含缺省，如例(5)(7)(9)(12)均为"劝善""沮暴"，受事"善""暴"处于宾语位置，例(10)(11)都是受事话题化，"劝""沮"与前面的受事成分在句法上不再具有直接关联，主语"为人谋者"与"劝""沮"间为主动语义。例(13)受事宾语隐含缺省。

可见，"劝""沮"的受事成分处于宾语或主语的位置，或承前隐含，是较为灵活的。当"劝""沮"的受事成分处于主语位置，"劝""沮"就具有被动语义，正是这一句法语义的使用，推动"劝""沮"语义向受事对象主观化引申，发展出形容词用法，表现出"受到勉励的、积极的、努力的""受到抑制的、消

---

① 孙中原.墨子大辞典[M].北京：商务印书馆，2016：173、257.

极的"等语义,这一引申义在《墨子》其他"劝""沮"用法中有所体现。

《墨子》"劝""沮"对举使用,仅《非命中》"明赏罚以劝沮"中连用,这一例"劝""沮"也是独立表义,分别照应前面的"赏""罚",与其他12组对举的"劝""沮"用法一样,不当视为复合词。"劝""沮"对举或出现在并列复句中,或以句群语段的形式,形成语意上正反两方面的对照。使用整齐句式从正反两方面展开论述,使说理明白透彻。"劝""沮"对举集中出现在《尚贤》中、下篇与《尚同》中、下篇,而《尚贤上》《尚同上》篇幅较为简短,中、下篇论述更为丰富。"劝贤""沮暴"并举,反复强调"尚贤"的重要性;又从"劝贤沮暴"的角度,突出"尚同"对有效地推行"尚贤"政策的重要性。

二、《墨子》"劝""沮"单用

除"劝""沮"对举使用,《墨子》还有20次"劝"单用,1例"沮"单用。《墨子》"劝"单用,最主要的用法也是"劝勉、鼓励、劝导"义动词,后面可以直接加人物宾语或事件宾语,表示对某人或某事加以勉励,更为常见的是用于兼语句中,表示"勉励某人做某事",分别有3例、2例、9例,共14例;另有5例"劝"出现在被动句中,受事作主语,或为无指代词"莫",或为"于"字被动式,此时"劝"为被动语义,为"受到勉励、受到鼓励"义;还有1例"劝"当为形容词用法,义为"积极、努力"。这20例"劝"的语义、句式分类情况见表5-1:

表5-1 《墨子》"劝"单用语义、句式分类表

语义	句式	频次	用例
劝勉,鼓励;劝导(14)	劝 + Sb.(人物宾语)	3	劝之以赏誉,威之以刑罚(《兼爱下》) 今天下莫为义,则子如劝我者也,何故止我?(《贵义》) 故劝子于学(《公孟》)
	劝+VP(事件宾语)	2	故圣人以治天下为事者,恶得不禁恶而劝爱?(《兼爱上》) 不可以不劝爱人者,此也(《兼爱上》)
	劝+Sb.+VP兼语式	9	举孝子而劝之事亲,尊贤良而劝之为善(《非命中》) 必务举孝子而劝之事亲,尊贤良之人而教之为善(《非命下》) 今孔某深虑同谋以奉贼,劳思尽知以行邪,劝下乱上,教臣杀君,非贤人之行也(《非儒下》) 劝之伐吴……劝越伐吴(《非儒下》) 故虽治国,劝之无魇,然后可也(《公孟》) 故劝子葬也(《公孟》) 此所以劝吏民坚守胜围也(《号令》)

(续表)

语 义	句 式	频次	用 例
被动：受到勉励、鼓励(5)	民+劝	1	是以民皆劝其赏,畏其罚,相率而为贤(《尚贤中》)
	莫不+劝	2	虽在农与工肆之人,莫不竞劝而尚意(德)(《尚贤上》) 日月之所照,舟车之所及,雨露之所渐,粒食之所养,得此莫不劝誉(《尚贤下》)
	承上省略主语"于"字被动式	2	有游于子墨子之门者……劝于善言而学……亓长子嗜酒而不葬,……劝于善言而葬(《公孟》)
勤勉、努力	劝以教人	1	有力者疾以助人,有财者勉以分人,有道者劝以教人(《尚贤下》)
总计		20	

《说文解字·力部》："劝,勉也。"①《汉语大词典》"劝"前3个义项分别是"奖勉；鼓励""劝导；劝说""勤勉；努力"。第一个义项当是"劝"之本义,乃"劝勉,鼓励"义；"劝"可以采取各种方式来达成,注重通过言语来勉励某人做某事,则引申出第二个义项"劝导、劝说",这一语义延续至现代汉语中成为"劝"最主要的用法；第三个义项"勤勉、努力"为形容词用法,是由动词义引申而来,其引申的机制与"劝"的受事作主语这一句式表达方式相关。

《汉语大词典》"劝"第一义项引例首举《国语·越语上》"国人皆劝,父勉其子,兄勉其弟,妇勉其夫",第二义项首引《尚书·顾命》"柔远能迩,安劝大小庶邦"。如上面所说,第二义项由第一义项引申而来,第一义项引例时间宜提早。在《尚书·大禹谟》中有"戒之用休,董之用威,劝之以九歌,俾勿坏"句,其中"劝之以九歌"即"用九德之歌来劝勉民众",其中"劝"即用本义"劝勉"。《墨子》中"劝"最主要的语义是"劝勉、勉励"义,与"沮"对举时均为该义,单用时也以该义为主,此外还有"劝导、劝说"义,如：

(14) 乃遣子贡之齐,因南郭惠子以见田常,劝之伐吴；以教高、国、鲍、晏,使毋得害田常之乱；劝越伐吴。(《非儒下》)

(15) 鲁有昆弟五人者,亓父死,亓长子嗜酒而不葬,亓四弟曰："子与我葬,当为子沽酒。"劝于善言而葬,已葬而责酒于其四弟。四弟曰："吾未予子酒矣,子葬子父,我葬吾父,岂独吾父哉? 子不葬,则人将笑

---

① 许慎,徐铉.说文解字[M].北京：中华书局,2013：293.

子,故劝子葬也。"(《公孟》)

例(15),"劝子葬"之"劝"即是用语言去劝导、劝说,即"劝于善言而葬"之"善言",但"劝于善言而葬"之"劝"与"劝子葬"之"劝"语义有别,该句为被动式,主语省略,"劝"是"受到鼓舞"义。

从《墨子》"劝""沮"对举使用以及"劝"单独使用来看,都有受事作主语的句式,且也是较为常见的句式,这样的句式中,"劝""沮"就具有了被动语义,从而使得语义向受事对象发生主观化演变,由"受到勉励、鼓励"的语义进一步引申出"积极、努力"的态度。这一形容词语义,《汉语大词典》确立为"勤勉;努力",列出最早的两个例子如下:

(16) 若是则田野大辟,而农夫劝其事矣。(《管子·轻重乙》)

(17) 商贾无市井之事则不比;庶人有旦暮之业则劝;百工有器械之巧则壮。(《庄子·徐无鬼》)

例(16)"劝"为形容词,用如动词,表示"勤勉地对待,努力地做";例(17)3个并列小句,"劝"的性质与前面的"比"("乐"义)、后面的"壮"相同,都是形容词,句意为"众人有朝夕的工作就会努力"。"劝"的形容词义早在《管子》《庄子》之前就已见用。《论语》中有两见"劝":

(18) 季康子问:"使民敬、忠以劝,如之何?"子曰:"临之以庄则敬,孝慈则忠,举善而教不能则劝。"(《论语·为政》)

此句中"劝"与前面的"敬""忠"并列,"以"为并列连词,均为形容词,"举善而教不能则劝"中"劝"义为"受到鼓舞而积极、努力"。《墨子》中"劝"也有1例为形容词:

(19) 有力者疾以助人,有财者勉以分人,有道者劝以教人。若此,则饥者得食,寒者得衣,乱者得治。(《尚贤下》)

此例前面3个并列小句,谭家健译为"有力气的赶快帮助别人,有钱财的努力分给别人,有知识的勉力教育他人"①。"疾""勉""劝"都是用作形容词,对后面的行为加以修饰,语义上表示进行某一行为时的一种主观态度——积极的态度。《墨子》中"劝"多作动词,表示"劝勉、鼓励、劝说"等义,但这一例"劝"不是动词,而是同"疾""勉"一样的形容词,表示"积极、努力"去做某一件事。"疾以助人""勉以分人""劝以教人"中的"以"为其代表性用法——连接状语与中心语的连词,表示修饰关系。

《墨子》唯一一例未与"劝"在同一语段中对举共现的"沮"与例(19)出现在同一篇中,且所处文段语意相反,如下:

(20) 是以使百姓皆攸心解体,沮以为善,垂其股肱之力,而不相劳来也;腐臭余财,而不相分资也,隐慝良道,而不相教诲也。若此,则饥者不得食,寒者不得衣,乱者不得治。(《尚贤下》)

这例"沮以为善"与上面的"劝以教人"结构相同,"沮以为善"中"以"也是连词,连接状语"沮"与谓语"为善",表示修饰关系。"沮"不是动词,而是同"疾""勉""劝"一样的形容词,其语义正与"劝"相反,指不积极地对待或从事某一行为,即消极懈怠的心理、态度。

《汉语大词典》"沮"第五个义项为"沮丧,灰心失望",其所举最早用例引自《庄子》,如例(21):

(21) 且举世而誉之而不加劝,举世而非之而不加沮。(《庄子·逍遥游》)

《庄子·逍遥游》中的这一例也是"沮"与"劝"对举,两者都是形容词用法,陈鼓应译为"宋荣子能够做到整个世界都夸赞他却不感到奋勉,整个世界都非议他却不感到沮丧"②。更确切来说,前句指"不会因为全世界赞誉他而更加积极、努力",后句指"不会因为全世界指责他而更加消极、懈怠",宋荣子"定乎内外之分,辩乎荣辱之境",保持自我行事的独立性,不受外人

---

① 谭家健,孙中原.墨子今注今译[M].北京:商务印书馆,2009:57.
② 陈鼓应.庄子今注今译[M].北京:商务印书馆,2012:24.

赞誉或批评所影响。这一例,更清晰地表明"沮"作形容词,正是与形容词"劝"(积极的、努力的)相反的一种状态,即消极的、懈怠的。

《墨子·尚贤下》篇中的"沮以为善"例,可将"沮"的形容词词义例证由《庄子》提前。准确判断"沮以为善"之"沮"不是"阻"义动词,而是形容词,不仅能够帮助确定"沮"形容词引申义产生的时代,也能帮助正确理解"沮以为善"的语意。前人多将"沮以为善"之"沮"解为"阻",进而将"以"解为代词"其",译为"阻止他们为善",这是错误的"随文释义",这一问题,我们在第六章第二节将作出专门讨论。

三、"沮""阻"文字关系

前面提到《汉语大词典》把"劝阻"作为主条,"劝沮"作为附条,那么"沮"和"阻"到底是什么关系呢?《墨子》中不见"阻"字,《墨子大辞典》列"阻"词条,1次,为《非命上》"下以阻百姓之从事"①,这一例原文用的并非"阻"字,而是"驵"字。

(22) 上以说王公大人,下以<u>驵</u>百姓之从事。(《非命上》)

"驵"本义"壮马、骏马",但它又多通假作其他音近的字,《汉语大词典》即列其通假义项有3项,分别是通"组""阻""怚",其中通"阻",即引《墨子·非命上》例(22),并录孙诒让《墨子间诂》引毕沅所说:"驵,阻字假音。"这一例"驵"也当是通"沮"之用。

《墨子》通篇不见用"阻","沮"表示"禁止,阻止"义,且多与"鼓励,劝勉"义的"劝"对举使用,这在一定程度上表明"沮"的"禁止,阻止"义并非通"阻"的通假义,而是"沮"本身固有的词义。《墨子》中"劝""沮"对举使用丰富,其又多用于受事作主语的句法中,使得其词义由动词义向被动语义引申,最终发展出表示"勤勉、积极"与"沮丧、消极"的形容词义。这启发我们对"沮""阻"两字的关系作出重新思考。

《通假字汇释》"沮"词条,列有"通'阻',阻止"条,引朱骏声《说文通训定

---

① 孙中原.墨子大辞典[M].北京:商务印书馆,2016:545.

声》:"沮,借为阻。"并按:"沮、阻同谐且声,古多通借。"①这是将"沮"的"阻止"义看作音同"阻"字通假而来,不是"沮"字的本义。

《王力古汉语字典》"沮"词条下列出"沮、阻"一组"同源字",加以分析,如下:

> "沮"从母鱼部,"阻"照二鱼部。两字邻纽叠韵。"阻"的本义是险阻,引申为阻止,在这一意义上和"沮"同义。《孟子·梁惠王下》:"嬖人有臧仓者沮君。"孙奭《音义》:"沮,本亦作阻。"两字同源。②

王力在《同源字典》中更为明确地将"阻""沮"列为一组同源字,并说明:

> "阻"是险阻,"沮"是阻止,二字同源。险阻使道路阻塞,阻塞则不能行走,故引申为阻止。阻止之义写作"沮",也可以写作"阻"。③

"阻"由"险阻"义引申为"阻止"义,这一词义引申说是对的,不过,在"阻止"义上,并不如《同源字典》所说的"写作'沮',也可以写作'阻'",两字在"阻止"义上有先后的替换关系。也就是说,"沮""阻"两字用法是有明确分工的,"沮"表"阻止"义时,"阻"并不表示"阻止"义,而是作形容词,表"险阻"。如《左传》中"沮""阻"两字用法有着明显区分,"沮"为动词,表"阻止"义,如:

(23) 齐君恐不得礼,故不出,而使四子来。左右或<u>沮</u>之,曰:"君不出,必执吾使。"(《左传·宣公十七年》)

(24) 逐我者出,纳我者死。赏罚无章,何以<u>沮</u>劝?君失其信,而国无刑,不亦难乎!(《左传·襄公二十七年》)

例(23)"沮"有主语,且带宾语"之",例(24)"沮劝"并用,宾语隐含。

《左传》"阻"的用例如:

---

① 冯其庸,邓安生.通假字汇释[M].北京:北京大学出版社,2006:449-450.
② 王力.王力古汉语字典[M].北京:中华书局,2000:577.
③ 王力.同源字典[M].北京:商务印书馆,2002:165.

(25) 夫州吁，阻兵而安忍。阻兵，无众；安忍，无亲。众叛、亲离，难以济矣。(《左传·隐公四年》)

(26) 公曰："君子不重伤，不禽二毛。古之为军也，不以阻隘也。寡人虽亡国之余，不鼓不成列。"子鱼曰："君未知战，勍敌之人，隘而不列，天赞我也；阻而鼓之，不亦可乎？犹有惧焉。……三军以利用也，金鼓以声气也。利而用之，阻隘可也；声盛致志，鼓儳可也。"(《左传·僖公二十二年》)

例(25)杨伯峻注："阻，仗恃也。"并引《汉书·朱建传》"不欲阻险"，释为"不欲恃险也"。又将"阻兵，无众"释为"恃力则众不附"①。可见，"阻"并非"阻止"义，而是由其本义"险阻"引申出的"仗恃"义，因险阻而有所凭恃。

例(26)"不以阻隘"，杨伯峻注："杜注'不因阻隘以求胜'，以阻与隘为同义平列连用，俞樾《平议》驳之，谓阻隘为阻其隘，则是动宾结构。阻，扼也。不以阻隘，言不扼敌于险隘。俞说似长，下文'阻而鼓之'可证。"又将"阻而鼓之，不亦可乎"释为："我因其隘，扼而鸣鼓以攻击之，何尝不可。"②《春秋左传词典》中"阻"首列"阻击"义，举例即"阻隘可也"③。可见是将"阻"看作动词，将"阻隘"看作动宾结构。沈玉成据杨注将语段中几处"阻"句分别译为"不在险隘的地方阻击""由于地形狭隘而没有摆开阵势，这是上天在帮助我；把他们拦截而攻击，不也是可以的吗""在狭路阻击是可以的"④。我们认为这几个"阻"也是"险阻"义，当取杜注"不因阻隘以求胜"解，"阻""隘"义近复用。

"不以阻隘"句，当是"以"作谓词，"阻隘"为其宾语，句义为"不凭恃险要狭窄的地形"。我们考察古汉语中"不以"所处的句式，多为"不以(O)VP"，即介词"以"引介宾语O(多承上文省略)修饰VP。"不以"独立作谓语的，其后没有动宾结构作宾语的，都是名词性成分，如：

(27) 桓公九合诸侯，不以兵车，管仲之力也。(《论语·宪问》)

---

① 杨伯峻.春秋左传注(修订本)[M].北京：中华书局,2009：36.
② 杨伯峻.春秋左传注(修订本)[M].北京：中华书局,2009：398.
③ 杨伯峻,徐提.春秋左传词典[M].中华书局,1985：436.
④ 沈玉成.左传译文[M].北京：中华书局,1981：99.

(28) 怙其俊才而<u>不以茂德</u>,兹益罪也。(《左传·宣公十五年》)

(29) 晏,不跸,下车七乘,<u>不以兵甲</u>。(《左传·襄公二十五年》)

(30) 域民<u>不以封疆之界</u>,固国<u>不以山溪之险</u>,威天下<u>不以兵革之利</u>。(《孟子·公孙丑下》)

(31) 离娄之明、公输子之巧,<u>不以规矩</u>,不能成方圆。(《孟子·离娄上》)

以上诸例是先秦典籍中"不以"独立作谓语且后面不是单音节成分的主要例子,可见其后宾语成分无一例是动宾结构,或为定中名词结构,如"茂德""封疆之界""山溪之险""兵革之利",或为并列词组,如"兵车"(武器战车)、"兵甲"(武器盔甲)、"规矩"(圆规矩尺)。由此可佐证,"不以阻隘"中"阻隘"不当为动宾结构,而是并列结构,"阻""隘"形容词义引申出名词义,指险要的地势、狭窄的地势。"阻而鼓之"并非连动句式,其中"而"是表修饰的连词,指利用险要的地势来击鼓攻击,句式与"隘而不列"相似,"由于地势狭窄而没有摆开阵势",其中"而"也是表修饰的连词。至于"利而用之,阻隘可也;声盛致志,鼓儳可也",容易将"阻隘可也"类比于后面的"鼓儳可也","鼓儳"是动宾结构,义为"击鼓攻击没有摆开阵势、不整齐的敌军",但前后两个句式并不对应一致,"阻隘可也"承接前面的"利而用之",义即"阻隘"有利可用,对于军队来说,就要利用它来战胜对方,此句回应前面的"古之为军也,不以阻隘也",而"声盛致志,鼓儳可也"回应的是"不鼓不成列",分别针对两个方面而言,语义及句式上无必然一致性。

《汉语大词典》"阻"前面3个义项分别为"险要;险要之地""引申指关隘""地势高低不平",第四个义项才是"阻隔;障隔"义,其后分别有"隔绝;断绝""妨碍;阻碍""阻止;阻拦"等动词义。其中"阻止;阻拦"义举了《左传》"阻而鼓之"例,其后即下例:

(32) 能自知人,故非之弗为<u>阻</u>。(《吕氏春秋·知士》)(高诱注:"阻,止。")

我们推测"阻"用作"阻止"义动词,当是在战国后期。由《墨子》"沮以为善"以及《庄子》"举世而非之而不加沮"等例可知,战国中期"沮"逐渐发展出

"不积极的、沮丧"义形容词用法。

通过前面对《墨子》"沮""劝"句式语义的考察可知,"沮"原为"阻止"动词义,该施动义演变为被动义,进一步演变为主观化形容词义。"阻"原义为"险阻",是客观性的形容词义,由"险阻"义引申出"阻止"义动词用法。在"阻止"义上,"沮"字被"阻"字替换,"沮"主要表达形容词词义,此时"阻"则完成了由形容词义向动词义的引申转变,即在"禁止、阻止"义上,"沮"与"阻"构成古今字关系,而不是通假字与本字的关系,这一语言真相与两者的词义引申演变有关,使得"禁止、阻止"这一词义上经历了"沮""阻"两字的替换更迭。

姜宝昌释例(1)"为贤者不劝而为暴者不沮"中"沮"为"同阻,止也"。并引《小尔雅·广言》:"沮,疑也。"胡承珙义证:"沮与阻同。"《孟子·梁惠王下》:"嬖人有臧仓者沮君。"焦循正义:"沮、阻同训止,其字可通也。"[①]这是用"阻止"义后用之字释古字,可能并未弄清楚在"阻止"义上先后替换的关系。两字先后替换,与"沮""阻"各自独立的词义引申有关。

《汉语大词典》"沮"第一个义项是"终止,阻止",首引《诗·小雅·巧言》:"君子如怒,乱庶遄沮。"并引毛传:"沮,止也。"《汉语大词典》将"阻止"义看作"沮"的本义,而没有将这一词义看作通"阻",这是非常正确的。

---

① 姜宝昌.墨论训释[M].济南:齐鲁书社,2016:114.

第六章 《墨子》句法语义个案辨析

在古书注释中,有时候容易"随文释义"而将某些虚词释以具体的某个词义。句法着眼于句子整体,通过相关句式加以比照,能够更为准确地给句中的虚词加以定位和定性。在"释词"时,如果不观照句法的完整性,容易出现"断章取义"式的失误。句法与语义有着密切的关联,句法的准确分析以及句法之间的类比,能够帮助明晰词语的语义。通过对句法进行考察分析,语义的是非就能得到明辨。本章通过《墨子》3 句释词有歧义的例子,来展示句法分析对语义把握和释词的重要意义。

第一节 "籍设而亲 VP"之"而"辨析

《汉语大词典》"而"有义项"代词。你;你的",例如《诗·大雅·桑柔》:"嗟尔朋友,予岂不知而作。"郑玄笺:"而,犹女也。"《左传·襄公十四年》:"是而子杀余之弟也。"杜预注:"而,女也。"冯其庸、邓安生《通假字汇释》释"而"通"汝","代词,你,你们",按:"'汝'本水名,训为你,你的,皆属'本无其字'的假借。'而''汝'一声之转,故通借。"①

《墨子》中"而"有多种用法,其中也有作第二人称代词的用法,谢德三《墨子虚词用法诠释》释"而"的用法,列出的第一种用法就是"指称词","作人身称代词用,称代第二人身,其意与'尔''汝''其'相同",共举 7 例,前 6

---

① 冯其庸,邓安生.通假字汇释[M].北京:北京大学出版社,2006:710.

例"而"当确为第二人称代词,如:

(1) 此圣王之道,先王之书《距年》之言也。传曰:"求圣君哲人,以裨辅而身。"(《尚贤中》)
(2) 乡长之所是必亦是之,乡长之所非必亦非之。去而不善言,学乡长之善言;去而不善行,学乡长之善行。(《尚同中》)

例(1)中"而身"即"你自己"。例(2)"而不善言""而不善行","而"均指"你的",与"乡长"的"善言""善行"相对,在《尚同上》篇中有相似的表达,如例(3),"而"作"若",均作第二人称代词。

(3) 乡长之所是必皆是之,乡长之所非必皆非之。去若不善言,学乡长之善言;去若不善行,学乡长之善行。(《尚同上》)

《墨子》"而"作第二人称代词用之例,如谢著所列,前6例无疑问,唯其所列最后一个例子当可进一步斟酌①,如下:

(4) 子墨子曰:"籍设而亲在百里之外,则遇难焉,期以一日也,及之则生,不及则死。今有固车良马于此,又有奴马四隅之轮于此,使子择焉,子将何乘?"对曰:"乘良马固车,可以速至。"(《鲁问》)

这一句中的"而",谢著看作第二人称代词,则是将"而亲"看作如例(1)(2)"而身""而不善言"之"而",即第二人称代词作定语,为"你的双亲"义。从语意上来看,这一理解似乎较为通顺,但在研究《墨子》中"藉/籍"相关假设词用法时,我们发现这一个处于假设词与假设内容之间的"而"似乎另有他用,并非与"亲"组合成一个语义单位。

一、关于"而"的不同看法

由于双音节奏的韵律作用,加之语意上较为通顺,将例(4)"而"看作第

---

① 谢德三. 墨子虚词用法诠释[M]. 台北:学海出版社,1982:138. 为节省篇幅,原文6例中仅转引2例加以说明。

二人称代词的看法较为普遍。除上面谢著外,《墨子》译注相关的著作,凡对此句"而"作出注释的,多作此解。主要有：王焕镳《墨子校释》注"籍设"为"假设",注"而"为"通'尔',你",并注"亲"为"指父母亲"①；李渔叔《墨子今注今译》注"籍设而"为"而与汝同。籍设而就是'假如你……'"②；中国哲学史教学资料汇编编选组《中国哲学史教学资料汇编 先秦部分》注："'籍',同'借'。'籍设',假设。'而'同'尔'。'而亲',你的父亲。"③又有周才珠、齐瑞端注："籍,通'藉',假设。而亲,你的父母。而,第二人称代词。"④

上述诸看法均认为例(4)"籍设而"中"籍设"表假设,"而"是第二人称代词,属下,"而亲"为"你的父母亲"之义。不过也有不同的看法,姜宝昌注例(4)"籍设而"为"即'藉设,假设'"⑤,将其与例(5)"籍设而"视为同一用法：

(5) 吴虑谓子墨子曰："义耳义耳,焉用言之哉?"子墨子曰："<u>籍设而</u>天下不知耕,教人耕,与不教人耕而独耕者,其功孰多?"吴虑曰："教人耕者其功多。"子墨子曰："<u>籍设而</u>攻不义之国,鼓而使众进战,与不鼓而使众进战而独进战者,其功孰多?"吴虑曰："鼓而进众者其功多。"(《鲁问》)

姜宝昌注例(5)"籍设"为"即藉设,假设,'籍'通藉,藉之言借也",又"'籍设而',犹'籍设',亦犹'藉设','而',语助词"⑥。姜著对例(4)(5)"籍设而"的注释,与前面介绍的一般理解有着明显的差异,这就是"而"不再与"身"结合,而是属上,与"籍设"黏着在一起,相应的,"而"不是第二人称代词,而是一个"语助词"。

姜著看法与我们研究《墨子》"藉/籍"相关假设词所得出的结论具有相通性。与"而"作第二人称代词的看法比较,呈现出两个问题：一是"籍设"与其所引起的假设成分之间的"而"在结构上是否具有必要性? 二是"而亲"是否必须连文,即此处"亲"前面是否一定需要第二人称代词"而"来加以修

---

① 王焕镳. 墨子校释[M]. 杭州：浙江人民出版社,1984：396.
② 李渔叔. 墨子今注今译[M]. 台北：台湾商务印书馆股份有限公司,1974：385-386.
③ 中国哲学史教学资料汇编编选组. 中国哲学史教学资料汇编 先秦部分 上[M]. 北京：中华书局,1962：219.
④ 周才珠,齐瑞端. 墨子全译[M]. 贵阳：贵州人民出版社,1995：600.
⑤ 姜宝昌. 墨论训释[M]. 济南：齐鲁书社,2016：811.
⑥ 姜宝昌. 墨论训释[M]. 济南：齐鲁书社,2016：801.

饰？解决这两个问题，那么就可以确定此处"而"到底属上还是属下，到底是连词还是代词或其他。

二、"籍设"的性质及使用规律

"籍设"引起假设条件句，该用法的"籍"乃是通"藉"而来。我们曾对《墨子》中"藉"相关假设词作出全面的研究，《墨子》中"藉"有独立作假设连词的用法，直接引起假设复句中的条件小句，共有 2 例，分别在《兼爱下》《大取》篇中，《非命下》有 1 例"藚若"，实则为"藉若"之讹，即"藉"与"若"两个单音假设连词同义复用，《鲁问》篇中则有 5 例"藉"相关的假设用法，都用通假字"籍"，且并非独立引起假设条件句，而是通过"而"与假设成分连接①。"藉"表假设的连词用法由"凭借"义动词虚化而来，这一过程正体现在 2 例"籍而"用法上：

(6) 翟尝计之矣。翟虑耕而食天下之人矣，盛，然后当一农之耕，分诸天下，不能人得一升粟。<u>籍而</u>以为得一升粟，其不能饱天下之饥者，既可睹矣。翟虑织而衣天下之人矣，盛，然后当一妇人之织，分诸天下，不能人得尺布。<u>籍而</u>以为得尺布，其不能暖天下之寒者，既可睹矣。(《鲁问》)

姜宝昌注例(6)"籍而以为得一升粟"中"籍而"为"犹'藉而'，亦犹'藉'，'而'，语助词"，并引朱熹《集注》注《论语·阳货》"已而，已而"中"而"为"语助辞"②。"籍而 VP"中的"而"与"已而"之"而"用法并不相同。"已而"中"而"位于句末，确实是语助词，但"籍而 VP"中"而"从句式表层来看，当是连接"籍"与 VP 的连词。当"凭借"义的"藉(籍)"后面所接的内容为"虚拟"的非真实条件时，"藉(籍)"具有了表示假设某一条件存在的语义，随着语义的抽象化(弱化)，句法上"藉(籍)"逐渐与后续 VP 独立开来，最终独立为假设连词，此时不再需要"而"连接，直接连起假设小句。例(6)"籍"与 VP 之间通过"而"来连接，说明"籍"还带有其原本的动词意味。

与此相似，例(5)"籍设而天下不知耕"与"籍设而攻不义之国"也都是"籍设"引起假设条件成分，分别是"天下不知耕"和"攻不义之国"，或为

---

① 张萍.《墨子》"藉"相关特殊假设词及其汉语史价值[J].枣庄学院学报,2017,(1).
② 姜宝昌.墨论训释[M].济南：齐鲁书社,2016：798.

"NP+VP"式,或为"VP"式,假设词"籍设"显然还不是独立的假设连词,需要连词"而"来连接前后项。同处于《鲁问》篇,表假设语义的"籍"与"籍设"在句法功能上体现出一致性,即都不是成熟的连词,表现在两者都需要通过连词"而"来连接假设条件成分。"籍设"由"籍"与"设"同义复合而来,其动词意味较独立的"籍"更为明显,与"籍设"平行的"假设"作为双音词保留在现代汉语中,《现代汉语词典》(第7版)将其标注为动词①。

显然,例(5)两例"籍设而(NP+)VP"句中"而"是连词,例(4)"籍设而"的用法当与这两例相同。由于"籍设"并不具有行为动词义,其所具有的假设意味,实际上构成的是对其后内容的一种修饰,即明确其虚构性,由此句法上连接两个谓词性成分的"而"实际上表达了前后两者之间一定的修饰意味。由于"籍设"动词意味弱,其与后面假设内容成分之间的"而"的连词性质就容易被忽视,或如姜宝昌将其视为"语气助词",或如谢德三等将其与下文的"亲"连文理解作第二人称代词。

在对例(4)的分析中造成这两种理解的根源在于对《墨子》"籍""籍设"表假设时的性质认识不足。《鲁问》篇中"籍""籍设"表假设,语义上已经相当抽象,但句法地位上还保留着一定的动词意味,故与后面假设内容"(NP+)VP"连接时,需要连词"而"加以连接。我们在《〈墨子〉"藉"相关特殊假设词及其汉语史价值》一文中指出,《墨子》2例"藉"作独立连词以及1例假设连词复用"藉(藉)若"所在篇目《兼爱上》《大取》《非命下》诸篇为墨子后学所作,其时代当晚于"墨语"篇目《鲁问》。由此看来,《鲁问》中"籍"正处于由动词进一步向连词虚化的过程中,表现在语义上已经抽象化,而句法上还需要通过连词"而"与后面的成分连接。将"而"看作语助词或第二人称代词,正是受了语义影响而忽略了句法发展上的滞后性。

于富章在讨论主谓间之"而"字的性质时,提到一种现象,"由'而'字同另一个表假设的连词联用,很像同义复词似的"②,共举4例,其中3例来自《墨子·鲁问》,即例(6)"籍而以为得一升粟"、例(5)"籍设而天下不知耕"以及例(4),另有1例为:

---

① 《现代汉语词典》(第7版)第628页注"假设"为动词,一义为"姑且认定",一义为"虚构"(如"故事情节是假设的")。其第一义往往连起一句虚拟性的内容,其句法功能接近连词,但还具有动词意味,并非单纯的连词。

② 于富章.主谓间之"而"字辨[J].东北师大学报(哲学社会科学版),1983,(4).

(7) 故向万物之美而不能嗛也，假而得问而嗛之，则不能离也。（《荀子·正名》）

于文认为这些句子中的"假""籍"是表假设的连词，"籍设"为"自然就是同义复词形式的假设连词了"，为考究这些句子中"而"是什么性质，于文将其与下列句子中的"而"进行了比较：

(8) 夫成安君有百战百胜之计，一旦而失之，军败鄗下，身死泜上。（《史记·屈原列传》）

(9) 若天之中实不爱此民也，何故而人有杀不辜而天予之不祥哉？（《墨子·天志下》）

(10) 此譬犹瘖者而使为行人，聋者而使为乐师。（《墨子·尚贤下》）

于文认为例(8)、例(9)"而"表示状语与谓语之间的关联，例(10)"是把两个'而'字用于提前的兼语与前一谓语动词之间"，指出"如果还可以说'而'字是表示关联的话，那么表示什么同什么相关联，就不好说得具体了"，进而将其看作例(8)(9)"类化的结果"①。由此，于文提出上面"假而""籍设而"之"而"是"用于谓语前或用于主语前与假设连词'假''籍设'之间的，关联什么，也不宜说得具体。理论上讲，不该关联着一个连词，但语言中在这样使用，似乎也是类化作用的产物"，"这里的'而'字不是表假设的连词，该是肯定的。也应该注意到这样使用的并不多见，其寿命似也不长"。

可见，于文将《墨子·鲁问》"籍而""籍设而"中的"而"看作由例(8)(9)修饰关系的连词"而"类化产生，否定了该"而"表假设关系，但又无法"具体"说明"而"关联什么。问题的关键在于"籍""籍设"虽然语义上表假设意味了，但句法上还不是成熟的连词，其原本的动词性质一定程度上滞留在句法形式上，使得"而"仍然具有连接的作用。当"藉"进一步发展成为成熟的连词，可以直接连起假设小句，该"而"就消失了，或并入前面的单音连词，这正

---

① 于富章. 主谓间之"而"字辨[J]. 东北师大学报（哲学社会科学版），1983,(4). 于文此处共举6例，为节省篇幅，仅转引代表性3例说明其结论。

第六章 《墨子》句法语义个案辨析

是于文所谓"这样使用的并不多见,其寿命似也不长"的真正原因。其原因不是这一表达"不宜说得具体",而在于"藉(籍)"由动词向连词演变有着一个句法、语义转变的过程,而在这一过程中,语义与句法的发展并不具有完全一致性,应该说,句法上的演变具有一定的滞后性。

《墨子》中表假设的"籍""籍设"引起假设成分"(NP)+VP",均需连词"而"在中间加以连接,这正体现了"藉(籍)"由动词向假设连词发展的句法、语义演变动态过程。充分认识到其用法处于这一动态演变过程,而不将"籍""籍设"简单看作连词,不仅有利于探讨连词"藉(籍)"的来源,也能更准确地把握其后"而"的性质。

正如上文所分析,"籍/籍设而(NP)+VP"假设小句中,语义上"籍/籍设"表达的假设意味对其后的"(NP)+VP"构成修饰关系。这一点正与于文比较的例(8)"一旦而失之"中"而"的作用相似。例(8)中"一旦"是副词,其对后面VP"失之"的修饰关系比较明显,故中间的"而"显然为连接状语与谓语中心语的连词。正因为将"籍/籍设"简单看作连词,所以忽略了其语义上对"(NP)+VP"的修饰作用。语义上的修饰意味来源于"籍""籍设"本身的动词特性,"凭借"义"籍"后面跟虚拟性条件内容时,语义上就具有了假设意味,句法上,"而"连接的正是前后两个谓词性成分。"藉(籍)"后来进一步虚化为连词,句法上完成转型,"而"退出。

"籍设"结构上与"假设"相似。何乐士列"假设"为"假设连词"[1];《古代汉语虚词词典》"假设"词条释为"复合虚词,用例见于汉代,后一直沿用至今",并明确为"连词"[2]。不过《现代汉语词典》中"假设"却被标注为"动词",一义为"姑且认定",一义为"虚构"(如"故事情节是假设的")[3],现代汉语虚词词典一般也不列"假设"一词,显然也是将其看作动词[4]。实际上《现代汉语词典》所列第一义往往连起一句虚拟性的内容,其句法功能接近连

---

[1] 何乐士.古代汉语虚词词典[M].北京:语文出版社,2004:225.
[2] 中国社会科学院语言研究所古代汉语研究室.古代汉语虚词词典[M].北京:商务印书馆,2012:287.
[3] 中国社会科学院语言研究所词典编辑室.现代汉语词典(第7版)[M].北京:商务印书馆,2016:628.
[4] 张斌.现代汉语虚词词典[M].北京:商务印书馆,2001;北京大学中文系1955、1957级语言班.现代汉语虚词例释[M].北京:商务印书馆,1982;侯学超.现代汉语虚词词典[M].北京:北京大学出版社,1998;朱景松.现代汉语虚词词典[M].北京:语文出版社,2007.多列连词"假如、假若、假使",均未列"假设"。

词,这一用法当是从中古汉语中延续而来。

《汉语大词典》"假设"词条,释为"如果,假定",所引首例为《汉书·贾谊传》:"假设陛下居齐桓之处,将不合诸侯而匡天下乎?"与我们对古汉语语料考察的结论一致,该"假设"确实具有较为明显的连词性。上古汉语中无"藉设"的用法,仅《墨子》有3例"籍设",且当为动词,尽管其语义已经抽象为表示假设,但句法上并未发展成"假设"一样的成熟连词,表现在"籍设"通过连词"而"与"(NP)+VP"关联起来,《墨子》之后不见使用。其未进一步发展出连词用法,或当与"假设"的产生有一定关系,两者结构相似,表示假设的语义上,在"假"与"借(藉)"这组平行词的选择中,"假"最终胜出,沿用至现代汉语中的是"假使""假若"等同义复合词,而平行的"藉使""藉若"等词在汉语史上昙花一现,"籍设"的情况与此相似,尚未来得及进一步虚化为连词。

综上所述,我们认为例(4)"籍设而亲在百里之外,则遇难焉,期以一日也,及之则生,不及则死"是"籍设而NP+VP"句式,"而"连接动词"籍设"与"NP+VP",表示前后语义上的修饰关系,"籍设"说明后续"NP+VP"成分为虚拟内容,实际上这一例"籍设而"后接假设成分当是"亲在百里之外,则遇难焉,期以一日也",与例(5)两个"籍设而"后续成分为简单"(NP+)VP"有所不同,但用法是一致的。正确理解"而"的连词性,必须分清"籍设"语义上的抽象化与句法词性上的滞后性具有不一致性。

将"而"属下,与"亲"连读成"而亲",解为"尔亲",一是未关照到"籍设而(NP+)VP"句式的特殊性与使用规律,二是受了双音节律的影响。"而亲"连读,看似语意通顺,实际上是简单地把"籍设"看作"假设",当作单纯的假设连词,如上文所析,中古汉语中产生的"假设"一开始就具有了连词的用法,而上古汉语中的"籍设"却是一个动词,并未发展成为连词。

三、"而亲"非必然语义组合

回到例(4),"籍设"引起的假设推理"亲在百里之外,则遇难焉,期以一日也,及之则生,不及则死"中,"亲"前面并不需要第二人称代词加以限定。这个假设推理是后面的另一个假设选择的大前提:"今有固车良马于此,又有奴马四隅之轮于此,使子择焉,子将何乘?"在这个后续假设选择里,才出现"子将何乘",让对方来选择。前面大前提显然是泛而设之的,并非针对后面的"子"而言的"尔亲"。在古汉语中,即使是明确的某人的父母亲,在指称

时,"亲"前面也不一定需要人称代词加以限定,如:

(11) 仲子固进,而聂政谢曰:"臣有老母,家贫,客游以为狗屠,可旦夕得甘脆以养亲。亲供养备,义不敢当仲子之赐。"(《战国策·韩策二》)

这一句中,前面讲"臣有老母",后面的"养亲""亲供养备"之"亲"都是指"我的母亲",但前面并不需要第一人称代词来限定"亲"。比照而言,例(4)中"亲"即使明确指对方之父母亲,也不必用第二人称代词来对其加以限定,或者可以说不用人称代词限定是常态。"亲"前面确实也有人称代词限定的用法,我们检索了上古汉语主要典籍,共见2例"尔亲"的用法,如下:

(12) 齐人或为孟氏谋,曰:"鲁,尔亲也,饰棺置诸堂阜,鲁必取之。"从之。(《左传·文公十五年》)
(13) 曾子怒曰:"商,女何无罪也?吾与女事夫子于洙泗之间,退而老于西河之上,使西河之民疑女于夫子,尔罪一也;丧尔亲,使民未有闻焉,尔罪二也;丧尔子,丧尔明,尔罪三也。而曰女何无罪与!"(《礼记·檀弓上》)

例(13)句中"丧尔亲"即指"你的父母去世了",正是用"尔"对"亲"加以限定,一连串的"尔"作定语,以极强的针对性加重了指责语气。

"亲"前面可不用人称代词加以限定,这一条是判断例(4)"籍设而亲VP"句中"而"非第二人称代词的一个旁证,最主要的判断依据还在于"籍设"的特性及其使用规律。

附带说明一下,前面提到多家注释将"而"看作修饰"亲"的第二人称代词,或释为"汝",或释为"尔",其实这里是有讲究的,并非可"汝"可"尔"。也就是说,即使这里确实是"而"作第二人称代词修饰"亲",那么这个"而"只能通"尔",而非通"汝"。胡适曾提到"尔""汝"的文法区别,其中一条是"凡尔作'你的'或'你们的'解时,决不可用汝代之"①,也就是说作定语来修饰的

---

① 胡适."尔""汝"二字之文法[M]//姜义华.胡适学术文集 语言文字研究.北京:中华书局,1993:116-119.

"亲"的第二人称代词只能是"尔",而不能是"汝",正如例(13)中"汝"与"尔"的使用有语法上的区别。

综上,《墨子》中"而"确实有作第二人称代词的用法,但《墨子·鲁问》"籍设而亲在百里之外……"句中"而"并非这一用法。其中"而"仍当是连词,连接动词"籍设"与后续"NP+VP"假设成分,这一用法与《墨子·鲁问》另外2例"籍而VP"、2例"籍设而(NP+)VP"用法保持一致,是《鲁问》篇中"籍""籍设"尚未发展成为独立连词时的句法规律。"亲"表"父母亲"义,前面多不用人称代词加以限定,为该句中"而"非第二人称代词的用法提供了旁证。

从《墨子·鲁问》"籍设而亲VP"句中"而"究竟是用作第二人称代词还是连词这一个案研究中,我们可以得到启示,即语感、韵律或许会带来看似较为通顺的解读,但对某一虚词用法的考察,最可靠的是依据某一句法运用的普遍规律,而不是对其单独加以语意的揣测。句法规律的探究中,历史语言事实及其本质的挖掘尤为重要,保持清晰的历时演变观念,可以防止发生以今律古的不当判断。

第二节 "沮以为善"解诂[①]

《墨子·尚贤下》有一句"沮以为善",历来多将"沮"解为"阻止",将"以"解为代词"其",对这两个词的词性及用法的判断值得进一步商榷。对"沮以为善"的正确理解,离不开对实词"沮"的语义与虚词"以"所在句法结构的正确把握。

一、"沮"为"阻"、"以"为"其"的看法

(1) 是以使百姓皆攸心解体,沮以为善,垂其股肱之力,而不相劳来也;腐臭余财,而不相分资也;隐慝良道,而不相教诲也。若此,则饥者不得食,寒者不得衣,乱者不得治。(《尚贤下》)

[①] 此部分内容撰成论文《〈墨子〉"沮以为善"解诂——句法、语义关联一例》,为《牡丹江师范学院学报》(哲学社会科学版)录用,将刊于2018年第2期。

第六章 《墨子》句法语义个案辨析

谭家健将例(1)第一句译为"这样就会使百姓人心涣散,阻止他们为善。舍弃其手足之力,而不相互勉励帮助"①;姜宝昌释"攸心解体"为"攸心懈体","谓悬乎其心、懈怠其身也",将整句译为"这样,使百姓皆悬危其心,懈怠其身,不啻阻遏其修德行善,即使有强劲身体,竟徒垂手足,不能慰勉别人"②。"沮以为善"对应译为"阻止他们为善"或"阻遏其修德行善"。前面"攸心解体"主语是"百姓"(实际是"使"字兼语式中的兼语),后面"垂其股肱之力"主语也是承上的"百姓",为何中间的"沮以为善"主语发生了变化?从语意连贯来看,这不符合语句表达规律。"沮以为善"是否解为"阻止他们为善",还需要进一步推敲。

上述两种译文具有代表性,显然都是将"沮"译为"阻止,阻遏",相应的,"以"似也看作了代词。王焕镳《墨子集诂》引王闿运云:"以,其。"并按"王说是"③,《墨子校释》中直接注释"以"为"犹'其'"④。将"以"看作指称代词,与对"沮"用法的判断直接相关。谢德三《墨子虚词用法诠释》"以"词条下,列出"以"有"指称词"的用法,"作三身指称词用,意与'其'同,如口语之'他们'",其所举例句即例(1)1例,并按:"《古书虚字集释》'以'犹'其'也。是也。'以'字在句中为动词'沮'之止词,又是'为善'之起词。"⑤可见其看法源自《古书虚字集释》。"止词"即宾语,"起词"即主语,《墨子虚词用法诠释》实则指明了代词"以"作兼语。

将"沮"直接注为"阻止,阻遏","以"注为"其"的,也多见于《墨子》译注中,周才珠、齐瑞端注"沮"为"阻遏","以"为"其";路德斌、赵杰注"沮"为"阻止";于永玉、郭守信释"沮"为"阻止","以"为"其"。⑥确实,"沮"在上古汉语中,主要作动词,义为"阻止、阻遏"。《墨子》共14次"沮"(其中1例,《非命上》篇"是故古之圣王发宪出令,设以为赏罚以劝贤",据王念孙校,补为"设以为赏罚以劝贤沮暴"),《墨子大辞典》"沮"词条,将14次"沮"一概释为

---

① 谭家健,孙中原.墨子今注今译[M].北京:商务印书馆,2009:58.
② 姜宝昌.墨论训释[M].济南:齐鲁书社,2016:149,151.
③ 王焕镳.墨子集诂[M].上海:上海古籍出版社,2005:210.
④ 王焕镳.墨子校释[M].杭州:浙江人民出版社,1984:72.
⑤ 谢德三.墨子虚词用法诠释[M].台北:学海出版社,1982:81.
⑥ 周才珠,齐瑞端.墨子全译[M].贵阳:贵州人民出版社,1995:83;路德斌,赵杰.墨子新注[M].北京:西苑出版社,2001:34;于永玉,郭守信.四库全书精华 子部 贰[M].北京:中国文史出版社,2005:501.

"阻止",其所列诸例中即有"沮以为善"①。通过一一考察辨析,《墨子》其余13次"沮"均与"劝"对举使用,语义相反,"劝"为"勉励、鼓励"义,"沮"为"阻止、禁止"义,唯有"沮以为善"1例"沮"不当作动词,而当作形容词解。

二、"沮"为形容词、"以"为连词

将"沮"解作"阻止、阻遏"义动词,直接导致将"以"解作代词。"沮"作"阻止"义解,前后句意不连贯;"以"作代词解,亦未关照到其他类似结构中"以"的功能。

观察"沮以为善"句所处的前后语句,可见"沮以为善"是"使百姓 $VP_1 VP_2 VP_3$ ……"式兼语句中的一个 VP,其主语当是承接前面的"百姓",小句可补足为"使百姓沮以为善"。当把"沮"解为"阻止、阻遏"时,如上面所列,谭家健译为"这样就会使百姓人心涣散,阻止他们为善","阻止"的主语显然不再是"百姓",割裂了兼语句结构。"沮"解作"阻止、阻遏"导致前后语意不连贯,姜宝昌译文"使百姓皆悬危其心,懈怠其身,不啻阻遏其修德行善"中加入"不啻",正是对语意衔接的一种调整。于永玉、郭守信译为"这样就使老百姓人心涣散,做好事也被阻止,百姓就会不用手足劳动,变得懒惰,更不会勉励帮助别人"②,其中,使用被动句式来译"沮其为善",打破了原句兼语引领后续一系列 VP 的连贯性。由这些译文可见,"沮"作"阻止、阻遏"解不符合语句连贯、语意衔接的要求。

着眼于整个句式结构,重视"以"连接前后成分的作用,反过来可以帮助判断"沮"非"阻"。《墨子·尚贤下》篇中,在"沮以为善"语段的上文,有如下语句:

(2) 曰:然女何为而得富贵而辟贫贱?莫若为贤,为贤之道将奈何?曰:有力者疾以助人,有财者勉以分人,有道者劝以教人。若此,则饥者得食,寒者得衣,乱者得治。(《尚贤下》)

比照例(1)、例(2)两个语段,语意上正反相对,例(1)"沮以为善"结构与例(2)中"疾以助人""勉以分人""劝以教人"是相似的。例(2)3 个并列小

---

① 孙中原. 墨子大辞典[M]. 北京:商务印书馆,2016:173.
② 于永玉,郭守信. 四库全书精华 子部 贰[M]. 北京:中国文史出版社,2005:501.

句,谭家健译为"有力气的赶快帮助别人,有钱财的努力分给别人,有知识的勉力教育他人"①。"疾""勉""劝"都是用作形容词,对后面的行为加以修饰,语义上表示进行某一行为时的一种主观态度——积极的态度。《墨子》中"劝"多作动词,表示"劝勉、鼓励、劝说"等义,但这一例"劝"不是动词,而是同"疾""勉"一样的形容词,表示"积极、努力"去做某一件事。显然,"疾以助人""勉以分人""劝以教人"中的"以"不是代词,而是其颇具代表性的用法——连接状语与中心语的连词,表示修饰关系。

与"疾以助人"等结构比照可知,"沮以为善"中"以"也不是代词,而是连词,连接状语"沮"与谓语"为善",表示修饰关系。"沮"不是动词,而是同"疾""勉""劝"一样的形容词,其语义正与"劝"相反,指不积极地对待或从事某一行为,即消极懈怠的心理、态度。

"沮以为善"句,王焕镳《墨子集诂》载曹耀湘、王闿运两家说法,曹耀湘云:"沮,抑也。'沮以为善'者,谓不相劝勉为善也。"王闿运云:"以,其。"王焕镳按:"王说是。"②结合上文分析,可见曹耀湘对"沮"及"沮以为善"的理解值得重视,当为正解。"沮"即"不相劝勉"的态度,不努力、消极地对待"为善"的行为。方勇译为:"因此百姓都人心涣散,不愿积极地去做善事,宁愿让四肢的气力闲置,也不愿劳作相互帮助。"③用"不愿积极地去做善事",正是对"沮以为善"的正确理解,与前句语意上衔接自然。

将"沮以为善"中"以"解作代词"其",盖受解"沮"为"阻"义动词影响,其关键在于未对"沮"的形容词用法加以足够重视。"劝"本义为"勉励、鼓励",与之相反,"沮"本义为"阻止、禁止",动词义是两词在先秦汉语中最为常见的用法,但同时也引申出了形容词词义。《汉语大词典》"沮"第五个义项为"沮丧,灰心失望",其所举最早用例引自《庄子》,如例(3):

(3) 且举世而誉之而不加劝,举世而非之而不加沮。(《庄子·逍遥游》)

《庄子·逍遥游》中的这一例也是"沮"与"劝"对举,两者都是形容词用

---

① 谭家健,孙中原.墨子今注今译[M].北京:商务印书馆,2009:57.
② 王焕镳.墨子集诂[M].上海:上海古籍出版社,2005:210.
③ 方勇.墨子[M].北京:中华书局,2011:82.

法,陈鼓应译为"宋荣子能够做到整个世界都夸赞他却不感到奋勉,整个世界都非议他却不感到沮丧"[①]。更确切来说,前句指"不会因为全世界赞誉他而更加积极、努力",后句指"不会因为全世界指责他而更加消极、懈怠",宋荣子"定乎内外之分,辩乎荣辱之境",保持自我行事的独立性,不受外人赞誉或批评所影响。这一例,更清晰地表明"沮"作形容词,正是与形容词"劝"(积极的、努力的)相反的一种状态,即消极的、懈怠的。

"劝""沮"对举最早出现在《墨子》,且频次最多,但《墨子》13组"劝""沮"对举都用作动词,如:

(4) 若苟上下不同义,赏誉不足以劝善,而刑罚不足以沮暴。(《尚同中》)

(5) 若苟赏不当贤而罚不当暴,则是为贤者不劝而为暴者不沮矣。(《尚贤中》)

"劝""沮"为动词,既有受事作宾语的情况,如例(4),也有受事作主语的句式,如例(5),后一种句式就含有被动语义,"劝""沮"分别为"被鼓励""被抑制",这种含有被动语义的"劝""沮"在13组中占到6组。《墨子》"劝"共33次,除与"沮"对举使用13次外,除例(2)"有道者劝以教人",其余19次"劝"也都是用作动词,句中含被动语义的有5次,如:

(6) 是以民皆劝其赏,畏其罚,相率而为贤。(《尚贤中》)

(7) 有遊于子墨子之门者,身体强良,思虑徇通,欲使随而学。子墨子曰:"姑学乎,吾将仕子。"劝于善言而学,其年,而责仕于子墨子。(《公孟》)

例(6)"民皆劝其赏,畏其罚"中"其赏、其罚"作原因补语,"因为奖赏而受到鼓励""因为刑罚而感到害怕";例(7)"劝于善言而学"为"于"字被动式,义为"受到好话的鼓舞而学习"。

当"劝""沮"的受事在句中作主语成分,这一句法环境赋予"劝""沮"被

---

① 陈鼓应.庄子今注今译[M].北京:商务印书馆,2012:24.

动语义,继而词义向受事主观化引申,表达人物对待事物或行为的态度,即"积极的、努力的"或"消极的、懈怠的"。

《汉语大词典》"劝"的第三个义项为"勤勉;努力",即其形容词词义,举出最早的两个例子是:

(8) 若是则田野大辟,而农夫<u>劝</u>其事矣。(《管子·轻重乙》)
(9) 商贾无市井之事则不比;庶人有旦暮之业则<u>劝</u>;百工有器械之巧则壮。(《庄子·徐无鬼》)

例(8)形容词"劝"用如动词,表示"勤勉地对待,努力地做";例(9)3个并列小句,"劝"的性质与前面的"比"("乐"义)、后面的"壮"相同,都是形容词,句意为"众人有朝夕的工作就会努力"。"劝"的形容词用法早在《管子》《庄子》之前就已见用。《论语》中有两见"劝":

(10) 季康子问:"使民敬、忠以<u>劝</u>,如之何?"子曰:"临之以庄则敬,孝慈则忠,举善而教不能则<u>劝</u>。"(《论语·为政》)

"使民敬、忠以劝"之"以"为并列连词,"劝"与前面的"敬""忠"并列,均为形容词,"举善而教不能则劝"中"劝"也是"积极、努力"义,指受到"举善而教不能"的鼓舞而变得积极、努力。

由此,《墨子》中尽管"劝""沮"作动词用为主,但"劝以教人""沮以为善"中"劝""沮"当是形容词用法,通过连词"以"对"教人""为善"的行为加以修饰,表达进行某一行为时"积极、努力的"或"消极、懈怠的"一种态度。《墨子》"沮以为善"可将"沮"形容词义项例证由《庄子》例提前。

三、"沮"非"且"、"以"非"于"

例(1)句,于省吾《双剑誃墨子新证》否定孙诒让"攸与悠通"的看法,从毕沅"攸"作"放"的看法,并认为"是以使百姓皆放心解体,言使百姓皆违心解体也",又说"沮字应读作且"[①]。这一看法及例句为王海根《古代汉语通

---

① 于省吾.双剑誃诸子新证[M].北京:中华书局,2009:267.

假字大字典》所收录,"沮"通"且",释为"并且(连词)"①。于省吾读"沮"为"且",大概是将"攸心解体"与"为善"相关联,突出两者之间的承接关系,忽略了"沮"的实在语义以及"沮"在《墨子》中多与"劝"对立并用的语言事实,亦未注意到"沮以为善"与上文"劝以教人"等句式的相似性。关于"攸心解体",语义上当是分别针对"沮以为善"与"垂其股肱之力"而言,"攸心"讲主观心态上的消极态度,"解体"如姜宝昌所说,即"懈体",讲行为上的松懈怠惰,一是动机上的消极,一是实际的不作为。

《墨子·亲士》篇有:

(11) 昔者文公出走而正天下,桓公去国而霸诸侯,越王句践遇吴王之丑,而尚摄中国之贤君。三子之能达名成功于天下也,皆于其国<u>抑而大丑</u>也。(《亲士》)

关于这一句中的"抑而大丑",诸家也多有讨论,王焕镳按:"'抑而大丑'者,谓忍其大耻也。……'而'犹'其'也。"②该理解与其对"沮以为善"的理解较为相似。《墨子集诂》载陈柱云:"'而'通'以'。以,于也。《尚同中篇》'沮以为善',犹云'沮于为善也'。'抑而大丑',犹云'屈于大耻'。"③(引文中"沮以为善"出处篇名《尚同中》误,当是《尚贤下》篇)释"以"为"于"不当,尽管"沮以为善"与"沮于为善"语义较为接近,但"以"与"于"两者句法功能不同,"以"是连词,连接的结构是状中关系,"于"是介词,前后成分之间是中补关系,故不能将"以"释作"于"。"抑"与"沮"确实具有相似之处,都用作形容词,但连词"而"连接的前后成分之间的关系与"以"不同。"于其国抑而大丑"中连词"而"连接两个谓语成分"抑"与"大丑",表示并列关系,"抑"指"受抑屈、抑郁不得志","大丑"是名词作谓语,表示"遭受大耻辱"。

正确解读"沮""以",方能准确把握"沮以为善"的语义。对"沮"词性、语义的把握与对虚词"以"功能的把握,是相辅相成的。在这一个案研究中,有3个关键之处:一是始终重视"沮以为善"前后语句的语意衔接关联,才能注意到"沮"释为"阻"的不妥;二是重视虚词结构之间的类似比较,从比较中得

---

① 王海根.古代汉语通假字大字典[M].福州:福建人民出版社,2006:506.
② 王焕镳.墨子集诂[M].上海:上海古籍出版社,2005:4.
③ 王焕镳.墨子集诂[M].上海:上海古籍出版社,2005:4.

到启发,尽量避免"随文释义"式对虚词进行解释;三是重视区分词的本义与引申义,具体句子具体分析,不以"相似性"遮掩"差别",方能对某一句作出最正确的解诂。一言以蔽之,将句法与语义结合起来考察,是古书释义的一条有益途径。

第三节 "使穴师选本"校勘解读

《墨子·备城门》"我亟使穴师选本迎而穴之"句,其中"本"为讹字,王念孙认为当为"士",孙诒让倾向于为"卒"。当今译注本多采王说,并将"选本"当作动宾式理解,译为"让穴师挑选士卒"。考察《墨子》城守诸篇"士""卒"使用的差异,可得出该句"本"为"卒"的可能性更大。细辨语意,"选本(卒)"中"选"当是作定语修饰"卒","穴师"与"选卒"并列,为"使"字兼语句中的兼语成分,此句当译为"我方让擅长穴战的工师和精兵迎面挖掘隧道"。这一个案从句法语义比较辨析角度,尝试解决《墨子》讹字校勘及解读问题,从中可以窥见语言学研究在古籍校勘与解读中有着特殊作用。

一、关于讹字"本"的看法及对"选"的解读

《墨子·备城门》中有如下句子:

(1) 适(敌)人为穴而来,我亟使穴师选本,迎而穴之,为之且(具)内弩以应之。(《备城门》)

这一句中"选本"之"本"为讹字,王念孙以为"选本"当为"选士",孙诒让则说:"'本'与'卒'隶书亦相近,后文'城下楼卒,率一步一人',今本讹为'本',可证。王定为'士'之讹,未知是否。"[1]可见,孙诒让更倾向"本"是"卒"之讹。吴毓江《墨子校注》兼列王、孙二说,并未下按己见[2]。究竟是"选士"还是"选卒",在今天的译注本中,多取王说。

---

[1] 孙诒让,孙启治. 墨子间诂[M]. 北京:中华书局,2001:498.
[2] 吴毓江,孙启治. 墨子校注[M]. 北京:中华书局,2006:795.

岑仲勉《墨子城守各篇简注》此句即取"我亟使穴师选士,迎而穴之"①;姜宝昌《墨守训释》引王念孙说,认为"士"字"义形近讹作'本'","王校是,今从之",释"士"为"士卒,甲士,军士",译为"守方应急令专务凿穴之工师挑选得力士卒,相迎挖掘穴道"②;孙以楷、甄长松译《墨子全译》附《墨子》原文,注"'本'当作'士'",并译为"我方立即令坑道师挑选士兵,迎头挖坑道"③。孙中原作"我急使穴师选士,迎而穴之",译为"我方急使精于掘隧道的工师挑选士卒,迎面掘隧道"④;方勇对此句中"选本"亦采"选士"说,并专门注释为"精兵",译为"我方即刻派遣善于挖掘的精兵,迎头挖好深沟"⑤。

综观诸家注译,有两个问题:一是文字校勘上,多取王说,认为是"选士",仅孙诒让提出或为"选卒";二是对"选士"的译文上,多看作动宾式,即"选"是动词,唯方勇解为偏正式,即认为"选"作定语修饰"士"。我们尝试从"士""卒"两词词义与使用的细微差别来探讨例(1)"本"究竟是"士"还是"卒";同时结合文意,辨析"我亟使穴师选本"句的句法语义,看"选本"究竟是动宾结构还是偏正结构,即"选"是作谓语还是定语。

二、"本"为"卒"而非"士"

《王力古汉语字典》中对"士"与"卒"作出辨析:"'士'和'卒'的分别是:作战时,士在战车上面,卒则徒步。"⑥在战车上面还是徒步,实际上体现的是两者身份、地位的差异,显然"士"比"卒"身份要特殊、地位要高,卒处于军队最基层。

观察例(1)"我亟使穴师选本,迎而穴之",这里要做的是"迎而穴之"的工作,即挖掘隧道,这样一项基础性的体力工作,"卒"更为适宜,且例(1)句上一段中有相似语境使用了"卒",可加以佐证:

(2) 复使<u>卒</u>急为垒壁,以盖瓦复之。(《备城门》)

---

① 岑仲勉.墨子城守各篇简注[M].北京:中华书局,1958:23.
② 姜宝昌.墨守训释[M].济南:齐鲁书社,2014:20.
③ 孙以楷,甄长松.墨子全译[M].成都:巴蜀书社,2000:448、212.
④ 谭家健,孙中原.墨子今注今译[M].北京:商务印书馆,2009:421、428.
⑤ 方勇.墨子[M].北京:中华书局,2011:477.
⑥ 王力.王力古汉语字典[M].北京:中华书局,2000:90.

这一句内容句式与例(1)较为相似,"卒"被差使做具体的防御工事。可见,例(1)从事挖掘隧道这种基础性体力工作的为"卒"的可能性更大。

与"卒"使用的语境不同,《墨子》中"士"见用的语境都不重在具体的基础性工作,其使用也呈现出一定的规律。考察《备城门》等城守各篇,其中"士"一般均有表示身份性质的定语修饰,如:

(3) 城上十人一什长,属一吏士。(《备城门》)

(4) 敢问客众而勇,烟资(堙茨)吾池,军卒并进,云梯既施,攻备已具,武士又多,争上吾城,为之奈何?……令我死士左右出穴门击遗师,令赍士、主将皆听城鼓之音而出,又听城鼓之音而入。(《备梯》)

从例(3)中"十人一什长,属一吏士",可见"吏士"地位在"什长"之上。《汉语大词典》"吏士"词条注"犹言官兵"①。例(4)有"武士",义为"勇武之士",前文已有"军卒",后又突出一般士卒中的勇武之士多,前后比照,可见"士"与"卒"之别。下文又有"死士"(敢死的勇士),还有"赍士"(勇士)与"主将"并称,也可看出"士"之特殊。

此外,《备水》篇有"选材士有力者三十人共船""养材士"之"材士";《备蛾傅》篇有"令勇士随而击之,以为勇士前行"之"勇士";《号令》篇有"县各上其县中豪杰若谋士、居大夫、重厚口数多少"之"谋士","发候,必使乡邑忠信善重士,有亲戚、妻子,厚奉资之"中"忠信善重士","扞士受赏赐者"之"扞士"(捍卫城池的有功之士);《杂守》篇"有谋士,有勇士,有巧士,有使士",其中"使士",岑仲勉采吴汝纶看法"当作死士"②。

综合上述各例中"×士"的用法,可见《墨子》城守诸篇中"士"是有地位的、有才能的、有德行的,修饰"士"的这些定语侧重意志、德行。与此相比,"卒"见用的语境中并不侧重这些语义,如:

(5) 选厉锐卒,慎无使顾,审赏行罚,以静为故,从之以急,无使生虑,恚瘛(恙恚)高愤,民心百倍,多执数赏,卒乃不息。(《杂守》)

---

① 罗竹风.汉语大词典(缩印本)[M].上海:汉语大词典出版社,2000:221.
② 岑仲勉.墨子城守各篇简注[M].北京:中华书局,1958:154.

例(5)"选厉锐卒"之"选""厉"为两个动词连用,"厉"为"振奋"义,此段前文有"厉吾锐卒",用法相同。修饰"卒"的是形容词"锐","锐"着眼的是实际的做事能力,"卒"的"工具性"更强,相应的地位也更低。

通过《墨子》城守诸篇"卒""士"使用的差异比较,可以基本确定从事"穴"(挖隧道)和"为垒壁"(建造军营围墙或工事)等基础建筑工事的是"卒",而不是"士",即例(1)"选本"之"本"为"卒"之讹比"士"之讹的可能性要大。

三、"选"作定语而非谓语

从多个译注本对例(1)"我亟使穴师选本(卒),迎而穴之"的译文可以看出,多将"我亟使穴师选卒"看作兼语句,将"选"看作第二个动词,语义上解为"让穴师挑选士卒",这一解读于文意并不切合,关键在于句法分析失当。

如岑仲勉所说,"穴师者精于开穴之工师,审知敌人在某处穴攻,即就其处开穴迎拒之,乃以穴御穴之法"[①],可知"穴师"的要务在于指导如何挖穴,而不在于挑选士卒。士卒从事挖穴之工作,并不需要特殊技能,如需特殊技能则可能需要专业的"穴师"来挑选人员。由前面"亟"作状语修饰"使"可知情况紧急,如果兼语是"穴师",急急忙忙让穴师来挑选士卒,不仅容易导致混乱,且时间也极为仓促,不符合作战实际。穴师也好,士卒也好,都当是早已备好,穴师确定好,士卒挑选好,只等敌人一旦"为穴而来",就立马让"穴师选卒"开工,即"迎而穴之",选卒在穴师的指导下挖隧道,所以这个"使"字兼语句中兼语是"穴师选卒",第二个谓语是"迎而穴之",而不是"选"。

多将"使穴师选卒"看作兼语式来理解,可能是受两个因素影响。一是"迎而穴之"可以独立,这样节律上容易在其前读开,导致将"我亟使穴师选本"看作完整小句,将"迎而穴之"看成后续承接小句,《墨子》诸多译注本都在"迎而穴之"前读开,其实当与"使穴师选卒"连文。二是"选"最常见的用法是作"挑选"义动词,往往后带宾语。我们考察了《墨子》19 见"选"的用法,其中 10 次见于"选择"一词,单独使用的 9 次中 3 例为文字通假,借为"馔",2 例为"齐"义形容词,4 例为"挑选"义动词。[②]"选"作动词,如例(5)

---

① 岑仲勉.墨子城守各篇简注[M].北京:中华书局,1958:24.
② 张萍.从《墨子》"选、择、选择"用法看"选择"成词[M]//励耘语言学刊(第 2 辑).北京:中华书局,2017:245-255.

"选厉锐卒",又如:

(6) 夫明虖天下之所以乱者,生于无政长,是故<u>选</u>天下之贤可者,立以为天子。(《尚同上》)

(7) 二十船为一队,<u>选</u>材士有力者三十人共船。(《备水》)

例(6)(7)中"选"同例(5),均为"挑选"义动词,后带宾语,宾语都是目标对象,且是积极正向语义。还有1例动词"选"即例(1),只不过与上面3例不同,这一例"选"不是作谓语,而是作定语,修饰"本(卒)"。"选卒"为双音名词结构,与"穴师"并称,"穴师"之"穴"是名词用如动词,表示"善于挖隧道",作定语,修饰"师"。"穴师"与"选卒"结构相似。

与"选卒"中"选"作定语的用法相似,《墨子》中单用的"挑选"义"择"也有用为定语的例子:

(8) 武王以<u>择</u>车百两,虎贲之卒四百人,先庶国节窥戎,与殷人战乎牧之野。(《明鬼下》)

例(8)"择车"中"择"作定语,表"挑选出来的精车"。

上文提到仅方勇注"选士"为"精兵",译为"我方即刻派遣善于挖掘的精兵,迎头挖好深沟"①,其对"选士"的注释是值得肯定的(注意到了"选"用为定语),其译文似乎将"穴师"看作了"选士"的定语,译成"善于挖掘",这一译文忽略了"穴师"的重要性。"以穴御穴"是一项颇为专业的技术活,必得专业技术人员"穴师"来指导,如果仅是"善于挖掘的精兵",未必能准确把握"以穴御穴之法"的精髓,"迎而穴之"需要智谋,来自"穴师",而"善于挖掘的精兵"也只是负责挖掘的体力活。可见,在"以穴御穴"之法的实践中,"穴师"与"选卒"是缺一不可的参与者。

我们考察了上古汉语中"选士"的用例,实则均用为动宾结构,而"选卒"却有较为明显的名词用例。《汉语大词典》列"选卒"词条,释为"挑选出来的兵卒,精兵",如《战国策·齐策一》中的"楚大胜齐,其良士选卒必殪,其余兵

---

① 方勇.墨子[M].北京:中华书局,2011:477.

足以待天下",《吕氏春秋·爱类》中"王也者,非必坚甲利兵选卒练士也"①。前一句"选卒"与"良士"并称,后一句与"坚甲、利兵"等并称,都是"定语+名词中心语"的结构,"良、坚、利"是形容词,而"选"是动词作定语,表示"精选出来的"。从常见用法来看,例(1)中作为与"穴师"并称的名词成分,"选本"为"选卒"的可能性比"选士"要大,方勇释"选士"为"精兵",未注意到这一用法上"士"与"卒"的差别。

《汉语大词典》列有"士卒"词条,释为"甲士和步卒,后泛指士兵"②。尽管"士卒"后凝固成双音词,如例(1)多个译注本采"选士",译文中多将"士"译为"士卒",但上古典籍中"士""卒"两词还是有着细微的语义差别,致使两者单独使用时呈现不同的特点,如前饰定语的差异。例(1)"本"字究竟是"士"之讹还是"卒"之讹,并非两可的情况,结合句意与"士""卒"两词使用的特点,可以基本确定"本"为"卒"之讹,而非"士"之讹,由此可见,孙诒让的看法值得重视。尽管很多译注本采用孙诒让《墨子间诂》,但在"选本"之讹字问题上,多采《墨子间诂》引王念孙"当为'选士'"说,并未对孙诒让提出的"本"为"卒"字之讹的看法加以参考,且孙诒让提到后文"城下楼卒,率一步一人"中"卒"字今本讹为"本",这属于同类讹字,可以佐证。

此外,结合例(1)句意,可知对例(1)句法分析多有不当,关键在于"选卒"中"选"不作谓语,而是定语修饰"卒",与前面的"穴师"并列,"使"式兼语句当是"我亟使穴师选卒迎而穴之",后承接"为之具内弩以应之",前后句式长度相仿,不当在"迎而穴之"前面读开。《墨子》注本多在"迎而穴之"前面读开,大概受"选"作动词一般带宾语的常见用法影响。结合语境与语意,仔细推敲,即可发现"选卒"解为动宾式不合理,当为偏正式名词结构,其中"选"作定语。

通过"选本"句文字校勘与句法语义辨析研究,我们解决了《墨子》中一处文字讹误问题,基本可以在两种"未知是否"的看法中作出判定;同时也对相关语句的句法结构以及语义理解提出了更为合理的辨析,纠正了较为普遍的误解。

由此可以窥见语言文字学研究对于古籍文本校勘以及文句解读的重要

---

① 罗竹风.汉语大词典(缩印本)[M].上海:汉语大词典出版社,2000:6442.
② 罗竹风.汉语大词典(缩印本)[M].上海:汉语大词典出版社,2000:1163.

意义。同时,这一个案研究也给我们启发,看似"差不多"的字词之间往往隐藏着具体的细微差别,看似"差不多"的句意理解却可能掩盖了语言表达的真相。重视这些"微不足道"之处,利用语言使用规律加以辨别推敲,既可为古籍文本的校勘与理解作出一点一滴的努力,也能为呈现一个更加可靠的古籍版本及其在当今的正确解读贡献一份力量。

参 考 文 献

[1] 安徽大学中文系《商君书》注译小组.《商君书》选注[M]. 合肥：安徽人民出版社,1974.

[2] 敖桂华,刘乃叔.《孟子》书中"无以"新解[J]. 古籍整理研究学刊,1999,(6).

[3] 北京大学中文系1955、1957级语言班. 现代汉语虚词例释[M]. 北京：商务印书馆,1982.

[4] 曹海英. 墨子[M]. 哈尔滨：北方文艺出版社,2014.

[5] 岑仲勉. 墨子城守各篇简注[M]. 北京：中华书局,1958.

[6] 朝阳重型机器厂,等.《商君书》选注[M]. 沈阳：辽宁人民出版社,1975.

[7] 陈鼓应. 管子四篇诠释：稷下道家代表作解析[M]. 北京：商务印书馆,2006.

[8] 陈鼓应. 庄子今注今译[M]. 北京：商务印书馆,2012.

[9] 陈鼓应. 老子注译及评介（修订增补本）[M]. 北京：中华书局,1984.

[10] 陈蒲清,梅季. 论衡[M]//许嘉璐. 诸子集成（文白对照）. 广州：广东教育出版社,2006.

[11] 陈奇猷. 吕氏春秋新校释[M]. 上海：上海古籍出版社,2002.

[12] 陈桐生. 国语[M]. 北京：中华书局,2013.

[13] 楚永安. 文言复式虚词[M]. 北京：中国人民大学出版社,1986.

[14] 崔立斌.《孟子》词类研究[M]. 开封：河南大学出版社,2004.

[15] 戴丽萍. 大学英语[M]. 北京：北京交通大学出版社,2008.

[16] 戴望.管子校正(诸子集成)[M].上海：世界书局,1935.

[17] 董志翘,蔡镜浩.中古虚词语法例释[M].长春：吉林教育出版社,1994.

[18] 董志翘,马景仑.王力《古代汉语》同步辅导与练习(下)[M].北京：中华书局,2009.

[19] 杜丽荣.《商君书》实词研究[M].济南：山东文艺出版社,2010.

[20] 段玉裁.说文解字注[M].上海：上海古籍出版社,1988.

[21] 樊东.尚书译注[M].上海：上海三联书店,2013.

[22] 范晓.说语义成分[J].汉语学习,2003,(1).

[23] 方梅.北京话里"说"的语法化——从言说动词到从句标记[J].中国方言学报,2006,(1).

[24] 方勇.墨子[M].北京：中华书局,2011.

[25] 方有国.上古汉语语法研究[M].成都：巴蜀书社,2002.

[26] 冯赫.处所词"所"与"许"的关系[J].中国语文,2013,(6).

[27] 冯其庸,邓安生.通假字汇释[M].北京：北京大学出版社,2006.

[28] 高小方.古代汉语[M].南京：江苏教育出版社,2009.

[29] 郭沫若.管子集校(一)[M]//郭沫若.郭沫若全集历史编(第五卷).北京：人民出版社,1984.

[30] 郭沫若.十批判书[M].北京：人民出版社,2012.

[31] 郭锡良.汉语史论集[M].北京：商务印书馆,1997.

[32] 郭锡良.介词"以"的起源和发展[J].古汉语研究,1998,(1).

[33] 管锡华.读《读书杂志》札记[J].中国语文,1984,(4).

[34] 韩峥嵘.古汉语虚词手册[M].长春：吉林人民出版社,1984.

[35] 何乐士.古代汉语虚词词典[M].北京：语文出版社,2006.

[36] 洪波.先秦判断句的几个问题[J].南开学报,2000,(5).

[37] 洪成玉.古汉语复音虚词和固定结构[M].杭州：浙江人民出版社,1983.

[38] 胡敕瑞.将然、选择与意愿——上古汉语将来时与选择问标记的来源[J].古汉语研究,2016,(2).

[39] 侯学超.现代汉语虚词词典[M].北京：北京大学出版社,1998.

[40] 胡适,《先秦名学史》翻译组.先秦名学史[M].上海：学林出版社,

1983.

[41] 胡适.中国古代哲学史[M].上海：上海古籍出版社,2014.

[42] 黄怀信.逸周书校补注译(修订本)[M].西安：三秦出版社,2006.

[43] 黄怀信,张懋镕,田旭东.逸周书汇校集注[M].上海：上海古籍出版社,2007.

[44] 黄怀信.《逸周书》源流考辨[M].西安：西北大学出版社,1992.

[45] 贾谊,阎振益,钟夏.新书校注[M].北京：中华书局,2000.

[46] 姜涛.管子新注[M].济南：齐鲁书社,2006.

[47] 姜宝昌.墨守训释[M].济南：齐鲁书社,2014.

[48] 姜宝昌.墨论训释[M].济南：齐鲁书社,2016.

[49] 金良年.孟子译注[M].上海：上海古籍出版社,2012.

[50] 林连通,郑张尚芳.汉字字音演变大字典[M].南昌：江西教育出版社,2012.

[51] 李零.孙子译注[M].北京：中华书局,2009.

[52] 李梦生.春秋左传译注[M].上海：上海古籍出版社,2010.

[53] 李民,王健.尚书译注[M].上海：上海古籍出版社,2012.

[54] 李索.敦煌写本《春秋经传集解》异文中同源通用现象研究[M]//北京师范大学民俗典籍文字研究中心.民俗典籍文字研究(第3辑).北京：商务印书馆,2006.

[55] 李小龙.墨子[M].北京：中华书局,2011.

[56] 李学勤.清华简九篇综述[J].文物,2010,(5).

[57] 李学勤,《十三经注疏》整理委员会.十三经注疏·礼记正义[M].北京：北京大学出版社,1999.

[58] 李学勤,《十三经注疏》整理委员会.十三经注疏·周礼注疏[M].北京：北京大学出版社,1999.

[59] 李渔叔.墨子今注今译[M].台北：台湾商务印书馆股份有限公司,1974.

[60] 梁奇.墨子译注[M].上海：上海三联书店,2014.

[61] 梁启雄.荀子简释[M].北京：中华书局,1983.

[62] 刘丹青.汉语里的一个内容宾语标句词——从"说道"的"道"说起[M]//中国社会科学院语言研究所《中国语文》编辑部.庆祝《中国语

文》创刊50周年学术论文集[M].北京：商务印书馆,2004.

[63] 刘海章,石泽镒,刘承汉.文言句读通释[M].郑州：文心出版社,1986.

[64] 刘利.上古汉语的双音节连词"然而"[J].中国语文,2005,(2).

[65] 刘琳,吴洪泽.古籍整理学[M].成都：四川大学出版社,2003.

[66] 刘熙,毕沅,王先谦,祝敏彻,孙玉文.释名疏证补[M].北京：中华书局,2008.

[67] 卢守助.晏子春秋译注(国学经典译注丛书)[M].上海：上海古籍出版社,2012.

[68] 鲁普平."择"之"释"义新探[J].语言研究,2016,(3).

[69] 路德斌,赵杰.墨子新注[M].北京：西苑出版社,2001.

[70] 罗竹风.汉语大词典(缩印本)[M].上海：汉语大词典出版社,1997.

[71] 吕叔湘.文言虚字[M].上海：开明书店,1957.

[72] 吕叔湘,徐仲华.文言虚词例解[M].北京：北京出版社,1965.

[73] 马建忠.马氏文通[M].北京：商务印书馆,2010.

[74] 马王堆汉墓帛书整理小组.马王堆汉墓帛书——战国纵横家书[M].北京：文物出版社,1976.

[75] 马真.先秦复音词初探[J].北京大学学报(哲学社会科学版),1980,(5).

[76] 马振亚,李子兵,李纯金.文言语法[M].吉林：吉林大学社会科学论丛编辑部,1988.

[77] 梅季,林金保.墨子[M]//许嘉璐.诸子集成(文白对照).广州：广东教育出版社,2006.

[78] 墨翟,施明.墨子[M].广州：广州出版社,2004.

[79] 南开大学中文系古代汉语教研室.古代汉语读本[M].天津：天津人民出版社,1981.

[80] 裴学海.古书虚字集释[M].上海：上海书店,1996.

[81] 彭慧."高邮王氏四种"汉语语义学研究[M].上海：上海古籍出版社,2014.

[82] 彭睿.构式语法化的机制和后果——以"从而"、"以及"和"极其"的演变为例[J].汉语学报,2007,(3).

[83] 钱光.《墨子》复音词初探[J].甘肃社会科学,1992,(1).

[84] 清华大学出土文献研究与保护中心,李学勤. 清华大学藏战国竹简（壹）[M]. 上海：中西书局,2010.

[85] 裘锡圭. 说"以"[M]//裘锡圭. 古文字论集. 北京：中华书局,1992.

[86] 人民文学出版社编辑部. 古文观止详注[M]. 北京：人民文学出版社,2014.

[87] 《商君书新注》编辑组. 商君书新注[M]. 西安：陕西人民出版社,1975.

[88] 沈溶. 虚字指南[M]. 上海：上海东方书局,1935.

[89] 沈玉成. 左传译文[M]. 北京：中华书局,1981.

[90] 石光瑛,陈新. 新序校释[M]. 北京：中华书局,2001.

[91] 石磊. 商君书（全本全注全译丛书）[M]. 北京：中华书局,2011.

[92] 石毓智. 语法的概念基础[M]. 上海：上海外语教育出版社,2006.

[93] 水渭松. 墨子导读[M]. 成都：巴蜀书社,1991.

[94] 司马迁,韩兆琦. 史记（评注本）[M]. 长沙：岳麓书社,2004.

[95] 孙良明. 古代汉语语法变化研究[M]. 北京：语文出版社,1994.

[96] 孙星衍,陈抗,盛冬铃. 尚书今古文注疏[M]. 北京：中华书局,1986.

[97] 孙诒让,孙启治. 墨子间诂[M]. 北京：中华书局,2001.

[98] 孙以楷,甄长松. 墨子全译[M]. 成都：巴蜀书社,2000.

[99] 孙卓彩,刘书玉. 墨子词汇研究[M]. 北京：中国社会科学出版社,2008.

[100] 孙中原. 墨学七讲[M]. 北京：中国人民大学出版社,2013.

[101] 孙中原. 墨子大辞典[M]. 北京：商务印书馆,2016.

[102] 谭家健,孙中原. 墨子今注今译[M]. 北京：商务印书馆,2009.

[103] 谭家健.《逸周书》与先秦文学[M]//文史哲编辑部. 中国古代文学作家·作品·文学现象. 北京：商务印书馆,2012.

[104] 汤化. 晏子春秋[M]. 北京：中华书局,2011.

[105] 汤可敬. 说文解字今释[M]. 长沙：岳麓书社,2001.

[106] 唐作藩. 上古音手册（增订本）[M]. 北京：中华书局,2013.

[107] 田范芬. 连词"以及"的历史来源[J]. 古汉语研究,2004,(1).

[108] 汪少华. 词语训释二则[J]. 古汉语研究,2000,(1).

[109] 汪维辉. 汉语"说类词"的历时演变与共时分布[J]. 中国语文,2003,(4).

[110] 王充,北京大学历史系《论衡》注释小组. 论衡注释[M]. 北京：中华书局,1979.

[111] 王海棻. 疑问代词"奚"及其与"何"字用法的比较[M]//王海棻. 古汉语论集. 北京：社会科学文献出版社,2014.

[112] 王海棻. 古汉语疑问范畴词典[M]. 南京：江苏教育出版社,2001.

[113] 王海棻. 古代抉择询问句式综述[M]//南开大学中国语言文学系古代汉语教研室. 纪念马汉麟先生学术论文集. 天津：南开大学出版社,1998.

[114] 王海根. 古代汉语通假字大字典[M]. 福州：福建人民出版社,2006.

[115] 王焕镳. 墨子集诂[M]. 上海：上海古籍出版社,2005.

[116] 王焕镳. 墨子校释[M]. 杭州：浙江人民出版社,1984.

[117] 王慧兰. "于是"的词汇化——兼谈连词词汇化过程中的代词并入现象[M]//沈家煊,吴福祥,李宗江. 语法化与语法研究（三）. 北京：商务印书馆,2007.

[118] 王力. 古代汉语（校订重排本）[M]. 北京：中华书局,1999.

[119] 王力. 汉语史稿[M]. 北京：中华书局,1980.

[120] 王力. 同源字典[M]. 北京：商务印书馆,1982.

[121] 王力. 王力古汉语字典[M]. 北京：中华书局,2000.

[122] 王抡才. 英语句型学习手册[M]. 西安：陕西科学技术出版社,1991.

[123] 王梦鸥. 礼记今注今译[M]. 北京：新世界出版社,2011.

[124] 王念孙. 读书杂志（第十一册）[M]. 北京：中国书店,1985.

[125] 王世舜,王翠叶. 尚书[M]. 北京：中华书局,2012.

[126] 王引之. 经传释词（黄侃、杨树达批本）[M]. 长沙：岳麓书社,1982.

[127] 王有宗,高军强,凌朝栋. 分段详注评点史记菁华录[M]. 北京：商务印书馆,2014.

[128] 魏德胜.《睡虎地秦墓竹简》语法研究[M]. 北京：首都师范大学出版社,2000.

[129] 吴昌莹. 经词衍释[M]. 北京：中华书局,1956.

[130] 吴毓江,孙启治. 墨子校注[M]. 北京：中华书局,2006.

[131] 武振玉. 金文"以"字用法初探[J]. 北方论丛,2005,(3).

[132] 夏先培. 上古汉语疑问代词宾语后置现象探析[M]//《中国语言学

报》编委会.中国语言学报(第15期).北京：商务印书馆,2012.
[133] 向熹.简明汉语史(修订本)[M].北京：商务印书馆,2010.
[134] 谢德三.墨子虚词用法诠释[M].台北：学海出版社,1982.
[135] 解慧全,崔永琳,郑天一.古书虚词通解[M].北京：中华书局,2008.
[136] 辛战军.老子译注[M].北京：中华书局,2008.
[137] 辛志凤,蒋玉斌,等.墨子译注[M].哈尔滨：黑龙江人民出版社,2003.
[138] 邢福义.汉语复句研究[M].北京：商务印书馆,2014.
[139] 徐复观.徐复观论经学史二种[M].上海：上海书店出版社,2006.
[140] 徐仁甫.广释词[M].成都：四川人民出版社,1981.
[141] 徐萧斧.古汉语中的"与"和"及"[J].中国语文,1981,(5).
[142] 徐正英,常佩雨.周礼[M].北京：中华书局,2014.
[143] 许嘉璐,梅季.诸子集成(文白对照)[M].广州：广东教育出版社,2006.
[144] 许慎,徐铉.说文解字[M].北京：中华书局,2013.
[145] 许威汉,金甲.俞樾《古书疑义举例》评注[M].北京：商务印书馆,2012.
[146] 宣兆琦.《考工记》的国别和成书年代[J].自然科学史研究,1993,(4).
[147] 颜昌峣.管子校释[M].长沙：岳麓书社,1996.
[148] 杨伯峻.春秋左传注(修订本)[M].北京：中华书局,2009.
[149] 杨伯峻.孟子译注[M].北京：中华书局,1960.
[150] 杨伯峻.古汉语虚词[M].北京：中华书局,1981.
[151] 杨伯峻,徐提.春秋左传词典[M].北京：中华书局,1985.
[152] 杨伯峻,何乐士.古汉语语法及其发展(修订本)[M].北京：语文出版社,2012.
[153] 杨端志.训诂学[M].济南：山东文艺出版社,1992.
[154] 杨俊光.《墨经》研究[M].南京：南京大学出版社,2002.
[155] 杨树达.词诠[M].上海：上海古籍出版社,2006.
[156] 杨树达.马氏文通刊误[M].上海：上海古籍出版社,2013.
[157] 杨树达.高等国文法[M].上海：上海古籍出版社,2013.

[158] 杨天宇.周礼译注[M].上海:上海古籍出版社,2004.

[159] 姚庆瑞,王玉林.文言固定句式及熟语[M].西安:陕西人民出版社,1987.

[160] 姚蓉.《周书》文系年注析[M].桂林:广西师范大学出版社,2015.

[161] 姚尧."或"和"或者"的语法化[J].语言研究,2012,(1).

[162] 姚振武."以为"的形成及相关问题[J].古汉语研究,1997,(3).

[163] 姚振武.上古汉语语法史[M].上海:上海古籍出版社,2015.

[164] 易孟醇.先秦语法[M].长沙:湖南大学出版社,2005.

[165] 银雀山汉墓竹简整理小组.银雀山简本《尉缭子》释文(附校注)[J].文物,1977,(2).

[166] 于长虹,韩阙林.常用文言虚词手册[M].石家庄:河北人民出版社,1983.

[167] 于富章.主谓间之"而"字辨[J].东北师大学报(哲学社会科学版),1983,(4).

[168] 于峻嵘.古汉语双宾式的个案考察与理论研究——《荀子》双宾式论析[J].河北师范大学学报,2009,(3).

[169] 于省吾.双剑誃诸子新证[M].北京:中华书局,2009.

[170] 于永玉,郭守信.四库全书精华 子部 贰[M].北京:中国文史出版社,2005.

[171] 张斌.现代汉语虚词词典[M].北京:商务印书馆,2001.

[172] 张赪.《尚书》言说动词"曰"的虚化用法研究[M]//张显成.古汉语语法研究新论:出土文献与古汉语语法研讨会暨第九届海峡两岸汉语语法史研讨会论文集.重庆:西南师范大学出版社,2015.

[173] 张福德.《史记》中的"以"字析论[J].古汉语研究,1997,(1).

[174] 张福通.形式对应与词汇兴替——"未+动词性结构+前"的演变机制[J].汉语学报,2017,(3).

[175] 张觉,等.韩非子译注[M].上海:上海古籍出版社,2012.

[176] 张美兰.汉语双宾语结构句法及其语义的历时研究[M].北京:清华大学出版社,2014.

[177] 张双棣,等.吕氏春秋译注(修订本)[M].北京:北京大学出版社,2011.

[178] 张萍.试论古汉语中的单纯连接词"是以"——兼与结果连词"是以"比较[J].语言科学,2010,(1).

[179] 张萍.试论古汉语中结果连词"是以"的词汇化[J].中国语文通讯,2012,(1).

[180] 张萍.《墨子虚词用法诠释》释"以"商榷[J].常熟理工学院学报,2013,(3).

[181] 张萍.《墨子》校注二例商兑——兼议古书校注中的语法史视角[J].常州工学院学报,2014,(6).

[182] 张萍.古汉语结果连词"是以"消亡原因探讨——兼论源结构对词汇化所成双音节词的影响[M]//《词汇学理论与应用》编委会.词汇学理论与应用(七).北京:商务印书馆,2014.

[183] 张萍."借以"词汇化研究——兼及"藉以"的演变[J].常熟理工学院学报(哲学社会科学),2015,(3).

[184] 张萍.汉语"以"之研究[M].上海:上海人民出版社,2015.

[185] 张萍.论古汉语"认为"义动词"以"的产生[M]//北京大学中国语言学研究中心《语言学论丛》编委会.语言学论丛(第53辑).北京:商务印书馆,2016.

[186] 张萍.《墨子》在汉语史研究中的语料价值[J].枣庄学院学报,2016,(3).

[187] 张萍.《墨子》"藉"相关特殊假设词及其汉语史价值[J].枣庄学院学报,2017,(1).

[188] 张萍.《墨子》篇章衔接连词"若苟"用法探究[J].当代修辞学,2017,(4).

[189] 张萍.从《墨子》"选、择、选择"用法看"选择"成词[M]//励耘语言学刊(第2辑).北京:中华书局,2017.

[190] 张萍.由《墨子》"贤可"例看其汉语词汇史语料价值——兼辨《管子·宙合》"依贤可,用仁良"例[J].《语言研究集刊》采用,待刊.

[191] 张萍.《墨子》"沮以为善"解诂——句法、语义关联一例[J].牡丹江师范学院学报(哲学社会科学版)采用,将刊于2018年第2期。

[192] 张闻玉.逸周书全译[M].贵阳:贵州人民出版社,2000.

[193] 张永祥.国语译注[M].上海:上海三联书店,2014.

[194] 赵逵夫.楚辞语言词典[M].上海:上海辞书出版社,2013.
[195] 赵振铎.论先秦两汉汉语[J].古汉语研究,1994,(3).
[196] 中国社会科学院语言研究所词典编辑室.现代汉语词典(第7版)[M].北京:商务印书馆,2016.
[197] 中国社会科学院语言研究所古代汉语研究室.古代汉语虚词词典[M].北京:商务印书馆,2012.
[198] 中国哲学史教学资料汇编编选组.中国哲学史教学资料汇编 先秦部分 上[M].北京:中华书局,1962.
[199] 周才珠,齐瑞端.墨子全译[M].贵阳:贵州人民出版社,1995.
[200] 周生亚.古籍阅读基础[M].天津:百花文艺出版社,2011.
[201] 周广干.《汉语大词典》失收双音假设连词榷补[M]//浙江大学汉语史研究中心.汉语史学报(第13辑).上海:上海教育出版社,2013.
[202] 周荫同.文言虚字实词义[M].西安:陕西人民出版社,1983.
[203] 朱景松.现代汉语虚词词典[M].北京:语文出版社,2007.
[204] 朱骏声.说文通训定声[M].北京:中华书局,1984.
[205] 胡适."尔""汝"二字之文法[M]//姜义华.胡适学术文集 语言文字研究.北京:中华书局,1993.

后　　记

  我对《墨子》语言的研究,始于10年前。
  2006年9月保研南京大学汉语言文字学专业,由于这一级硕士学制调整为两年半,中文系开始允许提前攻读博士,要求是于2008年4月完成硕士毕业论文并通过学位答辩。征得导师高小方教授同意,我决定提前攻读博士。2007年准备硕士论文开题时,我选择了《墨子》"以""之""所"3个虚词打算做研究。这一选题缘自此前偶然接触到台湾学者谢德三的《墨子虚词用法诠释》一书。由于我对古汉语虚词句法研究感兴趣,在阅读中发现对有些例句虚词用法的诠释还可进一步商榷,其中关于"以""之""所"部分,可探讨的问题比较多,因而打算对《墨子》中这3个虚词的用法进行全面研究。
  后由于时间有限,硕士学位论文仅完成"以"部分的研究。2008年攻读博士时,开始围绕"以"用法的历时演变作专题研究。在此过程中我进一步加深了对硕士论文中相关问题的认识,也逐渐意识到《墨子》语料的特殊性。有一些想法至今已有10余年,比如对《墨子》"吾闻之曰""语言有之曰"等句式中的"之"的看法,早在2007年硕士论文开题报告中,即已参照英语形式宾语it提出将其看作形式宾语。尽管硕士论文未及真正研究,但一直以来都在思考着这些问题。如今终于着手做了这些研究,证实了10余年的想法,有一种积蓄已久终于完成的喜悦乃至兴奋感。
  在研究中,不断挖掘出《墨子》语言现象中值得探讨的问题,如今这一研究暂告一段落,但绝非终点,我还将继续对《墨子》其他特殊语言现象作持续的研究,以继续揭示《墨子》对汉语史词汇、语法研究所具有的重要语料价值,同时也从语言学规律入手为《墨子》文本校勘与解读提供可资参考的佐证。

在这一阶段性研究完成之际,我的心中充满了感激。

感谢我的导师高小方教授在我决定提前攻博时,予我肯定,给我支持,鼓励和指导我开展《墨子》虚词相关的研究。2015年在我博士论文获得上海市学术著作出版基金资助出版时,特向高老师求序,序言中老师对我的溢美之词是鞭策我不断努力、追求进步的动力。如今此书将要出版,我也很想求老师赐序,因为《墨子》语言研究的起步正是伴随着老师的指导开始的,然而我又不敢以此"小事"去扰烦他老人家。老师年近古稀,还正废寝忘食、夜以继日地忙于《汉语大词典》的修订工作。老师对事业的热爱与倾心、严谨与认真,是我们青年学者的榜样!

感谢上海大学中国语言文学高原学科对本书出版的资助。感谢邵炳军教授组织筹划高原学科丛书出版,并关照到语言学学科古代汉语方向,使得本书得以纳入出版计划,并将由上海大学出版社出版。邵老师关心中文系发展大局,关心学科平衡发展,更对青年教师尤加关照与提携。自我2011年入职以来,多得邵老师关心与勉励。在邵老师的鼓励下,我申报并获得2015年"上海大学蔡冠深优秀青年教师奖";在邵老师的鼓励下,这两年我担任了中文系教工支部副书记职务;2017年我的课题获得教育部立项,也收到邵老师祝贺的信息。感谢邵老师,我工作上取得的这些成绩,有您的功劳,感谢您的关心和鼓励,给我以信心和鼓舞。感谢陈晓兰教授,作为高原学科经费管理负责人,陈老师百忙之中亲自关心我书稿的完成情况,对资助出版给予了大力支持。感谢中文系系主任黄景春教授对本书出版的关心和支持。感谢教学秘书周薇老师,帮助办理经费手续,保证了本书的顺利出版。

感谢上海市教育委员会科研创新项目、上海市哲学社会科学"十二五"规划青年课题的资助,勉励我在学术研究上持续前行,从不敢懈怠。

感谢《语言科学》《语言学论丛》《励耘语言学刊》《当代修辞学》《上古汉语研究》等期刊、集刊,给予我论文发表的机会,审稿专家提出细致、宝贵的修改意见,启发我不断深入研究,不断完善论述,给我以精进的动力与指导。一些肯定意见更是让我深受鼓舞,如论文《上古汉语形式宾语句研究》向《上古汉语研究》投稿后,收到编辑部审稿意见,有这样的话:"上古汉语形式宾语句理论的提出及其类型分析,是本文的一大发明。……总之,本文是一篇有理论突破的上古汉语语法研究论文,值得重视。"同时,也感谢《枣庄学院学报》《牡丹江师范学院学报》等期刊,尽管并不是所谓的"核心期刊",但编辑严谨认真、有序高效的工作态度和方式,让人信任并乐意将一些有独到见解的小论文投过去。《枣庄学院学报》有"墨学研究"专栏,我非常愿意将《墨子》相关的研究刊发在此专栏,也感谢通过这个平台,将语言学视角的研究成果介绍到墨学研究领域。

感谢上海大学出版社农雪玲老师,农老师认真负责、真诚友善,为本书的出版付出了辛苦工作。

这里我还想由衷地感谢我的家人。感谢我的公公婆婆帮助我照顾孩子,照顾我们的日常饮食。因为有你们的辛苦付出,我才能有更多的时间和精力来做我喜爱的研究工作。感谢我的爸爸妈妈,一直对我充满信心并为我的研究成绩而感到自豪。我妈妈时常打来电话,关心我在忙什么,有时候我答以"改论文",过几天再接到妈妈电话时,妈妈首先问的是:"论文改好了吗?"并且说为了让我安心改论文,这两天没给我打电话。妈妈的关心和体贴,顿时让我心生愧疚。感谢我的先生,你的乐观与宽容,时常感染我,让我学会以积极的态度面对临时的困难;你的信任和勉励,启发和激发着我不断追求更高更远更宽的视野。总之,我在事业上取得的任何一点成绩,都离不开家人的默默付出和全力支持。

我刚满4岁的女儿敏而,有时候嚷着要妈妈陪她读故事书,陪她玩,妈妈急急地安排她自己玩玩具,说得最多的话是"妈妈要工作""妈妈要写东西"。是的,我想她是不大懂什么是"做研究",什么是"论文"或"著作",所以一般我不大这么跟她说,我只是说妈妈要工作。只要我一离开书桌,回头就见她已经爬在了我的椅子上,小手在电脑键盘上噼里啪啦,口中说着"我帮妈妈工作"。她应该不是觉得工作辛苦,她一定觉得工作怎么这么好玩,就像有魔力一般,把妈妈整天黏在书桌前。其实不正是如此吗?从事古汉语教学与研究,做的是自己热爱的工作,正唯乐在其中。看窗外绿了草坪,黄了橘子,秃了枝桠,我在小小的书房里,装满诗意和远方。亲爱的宝贝,妈妈是多么希望时刻陪着你,看着你成长的每一步,记录你哭笑的每一个瞬间。请原谅妈妈这一份私心,这一份心底里对自由的向往与追求,想做自己喜爱的事情。

写论文做研究辛苦吗?辛苦,需要花费大量的时间和精力,比如改书

后　记

稿,每天脑子里想着有几个地方需要修改,想着一个个问题怎么解决,以致上火舌生溃疡,疼到口水都不愿意往下咽的程度,还继续坐在电脑面前思考、修改。又比如国庆一整个假期,感冒尚未痊愈,几乎连楼也很少下,只修改了一篇论文,需要修改的几个问题很长一段时间里一直在脑中盘旋,甚至常常夜里终于躺下准备入睡时,脑子里又浮现这些问题,思绪纯粹、清晰,然后却不知不觉睡着了。论文的修改完善,研究的深入精化,这是一项无止境的工作,所谓"精益求精",研究工作也是如此。然而,研究就是有这么大的魅力,引人入胜,教人乐此不疲,不舍中断。

张　萍

2017 年 10 月于沪上宝山寓所